Novo Regime do Arrendamento Comercial

CB126291

Novo Regime do Arrendamento Comercial

Fernando de Gravato Morais

Professor Associado da Escola de Direito da Universidade do Minho

Doutor em Direito

2011 · 3ª Edição

ALMEDINA

NOVO REGIME DO ARRENDAMENTO COMERCIAL

AUTOR
Fernando de Gravato Morais

EDITOR
EDIÇÕES ALMEDINA, S.A.
Rua Fernandes Tomás nºs 76, 78, 80
3000-167 Coimbra
Tel.: 239 851 904 · Fax: 239 851 901
www.almedina.net · editora@almedina.net

DESIGN DE CAPA
FBA.

PRÉ-IMPRESSÃO
EDIÇÕES ALMEDINA, S.A.

IMPRESSÃO E ACABAMENTO
PAPELMUNDE, SMG, LDA.
V. N. de Famalicão

Outubro, 2011

DEPÓSITO LEGAL
335386/11

Apesar do cuidado e rigor colocados na elaboração da presente obra, devem os diplomas legais dela constantes ser sempre objecto de confirmação com as publicações oficiais.
Toda a reprodução desta obra, por fotocópia ou outro qualquer processo, sem prévia autorização escrita do Editor, é ilícita e passível de procedimento judicial contra o infractor.

ALMEDINA | GRUPOALMEDINA

BIBLIOTECA NACIONAL DE PORTUGAL – CATALOGAÇÃO NA PUBLICAÇÃO
MORAIS, Fernando de Gravato
Novo regime do arrendamento comercial. – 3ª ed.
(Manuais universitários)
ISBN 978-972-40-4674-7
CDU 347

NOTA PRÉVIA À 3ª EDIÇÃO

Decorridos 4 anos sobre a segunda edição deste livro, decidimos alargar o âmbito desta monografia, considerando que seria proveitoso desenvolver alguns assuntos, suscitar novas questões e procurar outros caminhos.

A nível estrutural, operamos algumas modificações, embora com reduzido âmbito.

Em relação a cada uma das matérias que entendemos dever ser especialmente debatidas, exploramos as que nos últimos anos têm gerado mais discussão. Assim, entre outras, tratamos com maior alcance das questões referentes à denúncia e à oposição à renovação dos contratos vinculísticos, conferimos maior relevo ao contrato-promessa de arrendamento, aprofundamos específicos aspectos da "duração do contrato", abordamos a excepção de não cumprimento invocada pelo arrendatário e vamos mais longe no tocante ao incumprimento da obrigação de pagamento da renda. Por fim, adicionamos um capítulo relativo ao fiador do arrendatário.

À nova jurisprudência foi ainda dado destaque, principalmente quanto aos arestos que consideramos mais importantes.

O propósito final foi o de tornar a obra mais completa, mais abrangente, mais clara e mais actual.

O presente trabalho é o resultado de reflexões realizadas no período imediatamente anterior à entrada em vigor do Novo Regime do Arrendamento Urbano.

Este texto procura ser um estudo sistematizado e abrangente do contrato de arrendamento comercial.

Cura-se, no essencial, de dois temas: por um lado, o de saber qual o regime aplicável aos contratos antigos; por outro, o de conhecer qual a disciplina empregue aos contratos novos.

De realçar que alguns dos problemas que especificamente se suscitam decorrem, aliás, de algumas conferências que realizamos ao longo destes últimos três meses.

A publicação dirige-se a um grupo alargado de juristas, sem descurar os alunos do Curso de Direito.

ABREVIATURAS MAIS UTILIZADAS

Ac.	Acórdão
art.	artigo
BFD	Boletim da Faculdade de Direito da Universidade de Coimbra
BMJ	Boletim do Ministério da Justiça
CC	Código Civil
CCom.	Código Comercial
CE	Código das Expropriações
CIRE	Código da Insolvência e da Recuperação de Empresas
CIS	Código do Imposto de Selo
cit.	citado
CJ	Colectânea de Jurisprudência
CPC	Código de Processo Civil
CPI	Código da Propriedade Industrial
CPPT	Código do Procedimento e do Processo Tributário
CSC	Código das Sociedades Comerciais
CT	Código do Trabalho
CVM	Código dos Valores Mobiliários
DJ	Direito e Justiça
DL	Decreto-Lei
Dir.	Directiva
Ed.	Edição
EIRL	Estabelecimento Individual de Responsabilidade Limitada
esp.	Especialmente
org.	organizado (editado) por
p. (pp.)	página (s)
NRAU	Novo Regime do Arrendamento Urbano
RAU	Regime do Arrendamento Urbano

RDE Revista de Direito e Economia
RDES Revista de Direito e de Estudos Sociais
reimp. Reimpressão
Rel. Relação
RFDUL Revista da Faculdade de Direito da Universidade de Lisboa
RLJ Revista de Legislação e de Jurisprudência
RNAU Regime dos Novos Arrendamentos Urbanos
RNPC Registo Nacional das Pessoas Colectivas
ROA Revista da Ordem dos Advogados
RTNRAU Regime de Transição para o Novo Regime do Arrendamento Urbano
SI *Scientia Ivridica*
STJ Supremo Tribunal de Justiça
TGSI Tabela Geral do Imposto de Selo
TIT. Título
v.g. *verbi gratia*
Vol. Volume

PLANO SUCINTO

Título I
Aspectos gerais da reforma

§ 1. A sistematização da reforma. § 2. Principais notas da reforma em sede de arrendamento comercial.

§ 1. A sistematização da reforma

Depois de algumas tentativas frustradas quanto à aprovação de uma disciplina arrendatícia adequada aos tempos actuais – salientando-se aqui o anteprojecto RNAU, dado a conhecer em 2004[1] – a Lei 6/2006, de 27 de Fevereiro (NRAU) institui novas regras sobre a temática em causa.

Vejamos a sua sistematização.

[1] Sobre este anteprojecto, ver ANTÓNIO MENEZES CORDEIRO, "A modernização do Direito português do arrendamento urbano", O Direito, 2004, II, III, pp. 235 ss., MANUEL CARNEIRO DA FRADA, "O Regime dos Novos Arrendamentos Urbanos: nótula", O Direito, 2004, II, III, pp. 255 ss., LUÍS MENEZES LEITÃO, "Primeiras observações sobre as disposições preliminares do Regime dos Novos Arrendamentos Urbanos e sobre os novos artigos 1064º", O Direito, 2004, II, III, pp. 263 ss., PEDRO ROMANO MARTINEZ, "Celebração e execução do contrato de arrendamento segundo o Regime dos Novos Arrendamentos Urbanos", O Direito, 2004, II, III, pp. 273 ss., ANTÓNIO PINTO MONTEIRO e PAULO VIDEIRA HENRIQUES, "A cessação do contrato no Regime dos Novos Arrendamentos Urbanos", O Direito, 2004, II, III, pp. 289 ss., RITA LOBO XAVIER, "O Regime dos Novos Arrendamentos Urbanos e a perspectiva do Direito da Família", O Direito, 2004, II, III, pp. 315 ss., JORGE PINTO FURTADO, "Do arrendamento para comércio ou indústria no Regime dos Novos Arrendamentos Urbanos", O Direito, 2004, II, III, pp. 335 ss., FRANCISCO CASTRO FRAGA e CRISTINA GOUVEIA CARVALHO, "O regime transitório", O Direito, 2004, II, III, pp. 355 ss., MARIA DA GLÓRIA GARCIA, "A utilização dos edifícios habitacionais, a sua conservação e a certificação das condições mínimas de habitabilidade dos edifícios arrendados", O Direito, 2004, II, III, pp. 385 ss. e JOÃO ANTÓNIO PINTO MONTEIRO, "O Regime Dos Novos Arrendamentos Urbanos sob uma perspectiva de Direito comparado", O Direito, 2004, II, III, pp. 407 ss.

O Título I do diploma em apreço opera modificações em várias áreas:

- no Código Civil, destacam-se as alterações verificadas nos regimes da locação (cfr. art. 1024º, nº 2, art. 1042º, art. 1047º, art. 1048º, art. 1051º, als. f) e g), art. 1054º, nº 1, e art. 1055º, nº 1, proémio), da propriedade horizontal (art. 1417º, nº 1) e dos efeitos do casamento quanto às pessoas e aos bens dos cônjuges (art. 1682º-B, al. a));
- ainda no Código Civil, releva-se a reintrodução da matéria arrendatícia nos arts. 1064º a 1113º CC[2].
- no Código de Processo Civil, assinalem-se, entre outros, os novos arts. 930º-B a E;
- no Código do Imposto Municipal sobre as Transmissões Onerosas de Imóveis (CIMTOI), no Código do Imposto Municipal sobre Imóveis (CIMI) e no Código do Registo Predial (CRP) é dada nova redacção a alguns dos seus preceitos.

Por outro lado, estabelece-se, no Capítulo II do Título I, um conjunto de disposições gerais que envolvem, no essencial, os seguintes assuntos: as comunicações entre as partes, as condições de legitimidade das associações representativas dos contratantes para assegurar a defesa judicial dos membros, as matérias da acção de despejo, do justo impedimento, da consignação em depósito e da determinação da renda.

O Título II é dedicado às regras transitórias. Tais normativos integram dois grupos:

- por um lado, consagra-se o regime a que ficam sujeitos os contratos habitacionais celebrados na vigência do RAU (portanto, a partir de Dezembro de 1990) e os contratos não habitacionais concluídos após a entrada em vigor do DL 257/95, de 30 de Setembro;
- por outro lado, dispõe-se acerca da adequação da disciplina relativa aos contratos habitacionais celebrados antes da vigência do RAU e aos contratos não habitacionais realizados anteriormente ao DL 257/95, de 30 de Setembro.

Duas notas se impõem quanto ao conteúdo do título em causa.

À separação efectuada subjaz o seguinte critério: na última hipótese citada o vinculismo era a única via possível[3]; naquele caso, os contratos de arrenda-

[2] O Código Civil já conteve as regras do arrendamento urbano nos arts. 1083º a 1120º CC, as quais posteriormente – em finais de 1990 – foram revogadas pelo RAU.

[3] Ressalvados naturalmente os arrendamentos de cariz temporário (*v.g.*, os arrendamentos para habitação não permanente em praias, os arrendamentos de espaços não habitáveis para armazenagem).

mento, quanto ao prazo, podiam já revestir duas modalidades, a vinculista ou a duração limitada.

O presente título trata essencialmente da adequação dos contratos antigos ao novo regime, sobressaindo algumas especificidades, como *v.g.* ao nível do direito de denúncia do senhorio.

Num último título, o terceiro, prevêem-se um conjunto de disposições finais. Aí cura-se da "aplicação no tempo" (art. 59º). Estabelece-se ainda uma "norma revogatória" (art. 60º). Dispõe-se também acerca da "manutenção de regimes" (art. 61º).

Deve salientar-se que o trabalho encetado não se encontra acabado. Há que proceder à regulamentação de matérias conexas (art. 63º) e à consagração de várias leis complementares (art. 64º).

Um conjunto de textos legais foi já dado a conhecer. Cabe enumerá-los:

- Requisitos do contrato de arrendamento;
- Definição de conceito fiscal de prédio devoluto;
- Nível de conservação;
- Comissões arbitrais municipais;
- Regime jurídico das obras em prédios arrendados;
- Determinação do rendimento anual bruto corrigido e atribuição do subsídio de renda.

Outros diplomas deveriam ser objecto de publicação. Releve-se, pela sua importância, o regime jurídico da utilização de espaços em centros comerciais (art. 64º, nº 2, al. d) da Lei 6/2006). Todavia, o Governo não aprovou no prazo de 180 dias o texto legal em causa.

§ 2. Principais notas da reforma em sede de arrendamento comercial

Numa apreciação global do NRAU, em especial no que toca ao arrendamento comercial, há vários aspectos que merecem destaque.

Em primeiro lugar, deve relevar-se a adopção de uma nova classificação quanto aos tipos de arrendamento. Assim, alude-se agora a arrendamentos habitacionais e não habitacionais[4]. Não se refere expressamente o NRAU ao arrendamento comercial, embora haja alguns resquícios da disciplina anterior (*v.g.*, o diploma que trata dos requisitos do contrato, alude no art. 5º, nº 8 aos "arren-

[4] Não tratamos neste texto do arrendamento para o exercício de profissão liberal. Ver, quanto a este assunto, GRAVATO MORAIS, "Arrendamento para o exercício de profissão liberal", Maia Jurídica, Revista de Direito, Julho/Dezembro 2006, pp. 23 ss.

damentos que tenham por objecto espaços não habitáveis ou utilizáveis para comércio, indústria ...").

Afasta-se, pois, a anterior divisão existente no RAU (art. 3º), que distinguia os arrendamentos para habitação (arts. 74º ss.), para comércio (arts. 110º ss.), para o exercício de profissões liberais (arts. 121º ss.) e para outra qualquer aplicação lícita do prédio, de cariz não habitacional (art. 123º).

A solução não parece ser a mais adequada – aliás, não era este o caminho seguido no anteprojecto de 2004[5]. Com efeito, não só se desconsidera a especificidade do arrendamento comercial, como também se aglutina em poucos preceitos – os disponíveis no Código Civil –, de modo apressado, incompleto e pouco simplificado, as regras que subjazem à transmissão do estabelecimento comercial instalado em imóvel arrendado (e também todas as outras, *v.g.*, as relativas ao arrendamento para o exercício de profissão liberal).

Realce-se também, quanto ao regime a aplicar, a cisão efectuada entre os contratos celebrados perante as leis antigas (Código Civil e RAU) e os concluídos em face da lei nova.

Quanto a estes, saliente-se a perspectiva liberal adoptada, que se manifesta, por exemplo, no afastamento da prorrogação forçada do contrato em relação ao senhorio.

Relativamente aos negócios celebrados em face das regras do pretérito, o princípio adoptado é o seguinte: o da tutela das posições contratuais já existentes. Com efeito, mantém-se a disciplina vinculista no tocante à impossibilidade do senhorio extinguir o contrato sem motivo (como que se assemelhando à prorrogação imperativa do contrato). Cessa, todavia, esse benefício caso se verifiquem determinadas vicissitudes (*v.g.*, o trespasse de estabelecimento instalado em imóvel arrendado). De igual modo se afasta a protecção do locatário mercantil quanto à actualização de rendas, consagrando-se agora uma actualização de tipo extraordinário.

Em relação aos novos contratos, sobressai a adopção, como regra base em muitas das matérias arrendatícias, do princípio da liberdade contratual. Especificamente, em sede de arrendamento mercantil, a duração do contrato, a denúncia e oposição à prorrogação daquele, assim como o regime de obras, estão subordinados ao princípio assinalado. Em termos gerais, e portanto também empregue ao negócio em estudo, a actualização das rendas rege-se pelo mesmo princípio.

Impõe-se ainda observar, do ponto de vista substantivo, outras medidas de fundo: a nova classificação dos contratos quanto ao prazo (opõem-se agora os

[5] Ver PINTO FURTADO, "Do arrendamento para comércio ou indústria no Regime dos Novos Arrendamentos Urbanos", cit., pp. 334 e 335.

contratos com prazo certo aos contratos de duração indeterminada) e as importantes modificações operadas no tocante à figura da resolução do contrato pelo senhorio, quer ao nível do modo do exercício do direito, quer ao nível dos fundamentos resolutivos.

Em sede processual, destaca-se a criação de sete títulos executivos extrajudiciais (seis que visam a entrega de coisa certa e um que tem em vista o pagamento de quantia certa) – art. 15º do NRAU – e a suspensão da execução na hipótese de recepção em prazo da respectiva oposição pelo arrendatário (no caso de estarmos perante os referidos títulos executivos extrajudiciais) – art. 930º-B, nº 1, al. a) do CPC.

Uma nota específica de cariz formal: actualmente dispomos exactamente de 50 normativos no Código Civil – arts. 1064º a 1113 – e de aproximadamente, por referência a esta data, 170 disposições em diplomas avulsos que curam da matéria arrendatícia, sendo que algumas destas reflectem alguns dos preceitos inseridos no diploma civilista (cfr. o art. 1103º, nº 3 e nº 4 do CC, NRAU e o art. 6º do regime jurídico das obras em prédios arrendados).

Posto isto, cumpre observar que o estudo que nos propomos efectuar dos arrendamentos mercantis se divide em duas partes: por um lado, há que saber qual o regime a aplicar aos contratos de arrendamento já celebrados aquando da entrada em vigor do NRAU; por outro lado, cabe analisar as novas regras em relação aos negócios concluídos a partir de 28 de Junho de 2006.

Título II
Disciplina aplicável aos contratos de arrendamento comercial anteriores ao NRAU: as disposições transitórias

Capítulo Primeiro
Considerações gerais, o quadro legal anterior à reforma e os possíveis modelos a adoptar

§ 1. Considerações gerais

Os arts. 26º a 58º do NRAU, inseridos no título II, sob a epígrafe "normas transitórias", contêm o regime a que estão sujeitos os contratos concluídos até à entrada em vigor do NRAU.

Por definição, as disposições transitórias são aquelas "que duram pouco tempo", "que passam depressa"[6]. Ora, não é isso que sucede nos negócios aqui em análise, como a locução pretende fazer crer. Ao invés, são preceitos que, em princípio, podem permanecer em vigor por um largo período temporal. Aliás, o que assinalamos é até mais visível em sede de arrendamento habitacional, já que se prevêem poucas vicissitudes que afectam a regra geral.

O novo texto atende à distinção operada quanto ao tipo de arrendamento e considera, para alguns efeitos (*v.g.*, em sede de actualização da renda), apenas a celebração dos contratos até um dado prazo.

§ 2. O quadro legal anterior à reforma

1. Momento da viragem da política legislativa

Na história legislativa do arrendamento (aqui se incluindo também o arrendamento comercial) devem realçar-se duas fases no tocante ao tipo de contratos a concluir (tendo por referência o seu prazo de duração), o que afectou necessariamente todo o regime anterior:

- num primeiro momento, os negócios em causa, independentemente do período inicial pelo qual fossem celebrados (1 ano, 5 anos ou 10 anos), estavam sujeitos à disciplina vinculista de grau máximo;
- numa segunda fase, permitiu-se também, para além daqueles, a realização de contratos de outro tipo (designados de "duração limitada"), ampliando-se as modalidades de arrendamento quanto ao prazo, sendo que aqui o vinculismo consagrado se pode considerar de grau reduzido.

Mas, nesta história, as duas fases mencionadas não coincidem no tempo quanto às espécies de contratos de arrendamento, atendendo agora ao seu fim (no NRAU, como sabemos, adopta-se um critério simplificado, distinguindo-se os arrendamentos habitacionais dos não habitacionais).

Considerando então o fim dos contratos, cabe afirmar que o início da viragem da política legislativa, na tentativa de atenuar as regras protectoras de uma das partes (o arrendatário) até então vigentes, que veio permitir, em alternativa, a realização de outro tipo de contratos, ocorreu em momentos distintos para o arrendamento habitacional e para o arrendamento não habitacional.

[6] Dicionário da Língua Portuguesa Contemporânea, Vol. II, Lisboa, 2001, p. 3612.

Quanto àquele, saliente-se que o DL 321-B/90, de 15 de Outubro, facultou, no quadro do arrendamento habitacional, a celebração de contratos de duração limitada a partir da entrada em vigor da lei.

Quanto a este, tal possibilidade apenas ocorreu aproximadamente cinco anos mais tarde. Foi o DL 257/95, de 30 de Setembro (cuja entrada em vigor se verificou em 5 de Outubro de 1995) que veio ampliar as modalidades de arrendamento para fins não habitacionais quanto ao prazo.

Uma importante conclusão se pode desde já extrair: os arrendamentos para comércio (e em geral os arrendamentos para fins não habitacionais) foram menos permeáveis ao abandono do regime de tutela do inquilino até então vigente. A mudança foi operada, em relação ao arrendamento habitacional, bem mais tarde, como vimos.

Questionar-se-á qual a razão de ser de tal discrepância. Podem indicar-se, neste momento, *dois caminhos possíveis*: a manutenção do regime de favorecimento do locatário comercial até 1995 deveu-se a interesses de cariz puramente mercantil (porque se considerava que merecia uma maior protecção em razão do estabelecimento comercial que se encontrava instalado no prédio) ou tal solução (que vigorou de 1990 a 1995) está relacionada com a forte pressão exercida na feitura da lei pelos representantes dos comerciantes e com algum retraimento da parte do legislador no tocante à introdução de um regime mais liberal.

2. O vinculismo e as suas modalidades

Dito isto, e tendo em conta a constante alusão ao termo "vinculismo", impõe-se uma breve explicação quanto ao seu significado à luz dos contratos antigos, sem se descurar também aqui a questão de saber em que medida essa faceta diminui nos contratos de duração limitada.

2.1. O vinculismo de grau máximo no anterior regime

Desde há muito tempo que se usa na doutrina e na jurisprudência, com muita frequência, o termo "vinculismo" para aludir aos contratos do passado.

Em termos gerais, pode afirmar-se que está em causa um conjunto de regras, da mais variada índole, que tutelam a pessoa do arrendatário perante o senhorio.

Por circunstâncias várias, entendeu-se em determinada altura que o locatário (habitacional ou não) merecia uma protecção específica – mais ou menos lata – em detrimento do direito de propriedade do locador do imóvel[7].

[7] Quanto ao vinculismo, ver, entre outros, MENEZES CORDEIRO, "O novo regime do arrendamento urbano", O Direito, 2004, II, pp. 319 ss. (o autor refere que, por força de tal regime, "os proprietários deixam de o ser, em termos plenos. Não investem, não melhoram, não transaccionam"; conclui mesmo "que o vinculismo congela os bens"), PINTO FURTADO, Manual do arrendamento urbano, 3ª Ed. Revista e Actuali-

Enunciemos, pois, alguns aspectos da disciplina anterior que justificam o qualificativo empregue para os contratos agora em análise.

2.1.1. Prorrogação forçada do contrato em relação ao senhorio

A principal manifestação de cariz vinculista do arrendamento resulta da regra da prorrogação[8] forçada ou imperativa do contrato em relação ao senhorio. Assim, em princípio, o locador não pode fazer extinguir o negócio para o fim do prazo (ao invés do que sucede com o arrendatário), estando sujeito à sua continuidade, sem limite temporal (art. 68º, nº 2 do RAU).

Ora, esta imposição legal acaba por transformar um contrato temporário num contrato que, do ponto de vista substancial, não tem uma duração definida. Com efeito, basta que o arrendatário cumpra as obrigações que daquele emergem para que o locador se veja impedido de pôr termo ao negócio.

Em dados casos, porém, permitia-se circunstancialmente ao senhorio a "denúncia motivada" do contrato. Esta possibilidade estava subordinada a requisitos exigentes (arts. 69º, 70º e 71º RAU).

2.1.2. Casos de transmissão da inteira posição contratual de arrendatário

Mas o vinculismo, como se deixou antever, não se limita à atribuição desta específica vantagem ao inquilino. Abarca outras vertentes. Também opera ao nível da transmissão do contrato, com a manutenção da tutela do novo arrendatário em relação ao senhorio.

Cabe aqui esclarecer que a protecção abarca o inquilino em geral, ou seja, o arrendatário cuja posição se transmite e o locatário subsequente, que beneficia, nos mesmos termos, da situação jurídica anterior.

Salientem-se dois casos paradigmáticos em sede de arrendamento mercantil:

- a morte do arrendatário, pessoa física (art. 112º do RAU e o art. 1113º do CC, versão antiga), não importa a caducidade do contrato, mas antes a sua

zada, Coimbra, 2001, pp. 147 ss., em esp. pp. 193 ss. (o jurista dedica, de resto, extensas páginas na explicação do cariz vinculista dos contratos antigos).

[8] A lei referia-se – e assim se continua a dispor no quadro do NRAU – quase sempre à "renovação" (vejam-se, por exemplo, os arts. 100º e 118º RAU; ao invés, o art. 655º CC – agora revogado – usava as duas expressões). Ora, como observa ROBERTO BALDI, "a renovação do contrato é coisa diversa da prorrogação: contrato renovado é um contrato novo que se estipula, tendo cessado o precedente, mas que tem o mesmo conteúdo, sendo que no caso da prorrogação é o contrato originário que vale, mas relativamente ao qual as partes estenderam a sua duração" (Il contratto di agenzia, 5ª Ed., Milano, 1992, p. 230).
A situação descrita parece aproximar-se mais da prorrogação, como, de resto, já a designámos (GRAVATO MORAIS, Alienação e oneração de estabelecimento comercial, Coimbra, 2004, p. 36, em especial a nota 50). Ver, também neste sentido, PINTO FURTADO, Manual do Arrendamento Urbano, cit., p. 706, nota 15, e JANUÁRIO GOMES, Arrendamentos Comerciais, 2ª Ed. Remodelada (reimp.), Coimbra, 1993, pp. 284 e 285.

comunicabilidade para o respectivo sucessor, herdeiro ou legatário (embora também seja possível a renúncia à transmissibilidade da situação jurídica do locatário)[9];

- a transferência definitiva do estabelecimento comercial instalado em imóvel arrendado (art. 115º, nº 1 do RAU e art. 1118º, nº 1 do CC, versão antiga) importa, se assim as partes o pretenderem (ou, dito de outro modo, se nada estipularem no contrato de trespasse), a cessão, com o mesmo conteúdo, da posição do arrendatário sem necessidade de consentimento do senhorio.

Tutela-se, desta forma, o novo arrendatário e, por efeito do facto em causa, o estabelecimento comercial instalado no prédio.

2.1.3. Actualização de rendas

Num outro âmbito, realce-se que a protecção do locatário se consubstanciou ainda, por várias décadas, na dificuldade imposta ao senhorio no tocante à actualização da renda.

Desde o congelamento das rendas – em sede habitacional – à sua sujeição a actualizações pontuais, muito restritas e sujeitas a procedimentos complexos, muitas foram as medidas tomadas. Os desvios a estas regras limitativas são pouco numerosos.

Vejamos, em particular, o quadro legislativo no último quartel do século passado em sede de arrendamento comercial para se perceber melhor os contornos da situação.

Até ao princípio da década de 80, o regime aplicável constava dos antigos arts. 1104º e 1105º do CC.

A actualização ocorria de forma quinquenal, podendo o senhorio exigir do inquilino "uma renda mensal correspondente ao duodécimo do rendimento ilíquido inscrito na matriz" (cfr. o anterior art. 1104º, nº 1 do CC). De realçar que o locador podia já nessa altura "requerer a avaliação fiscal do prédio, destinada a corrigir o rendimento ilíquido inscrito na matriz" (cfr. o antigo art. 1105º, nº 1 CC). No entanto, a avaliação não podia solicitar-se, em princípio, "sem que t[ivessem] decorrido cinco anos sobre a avaliação anterior ou sobre a fixação ou a alteração contratual da renda" (cfr. o revogado art. 1105º, nº 2 CC). Previa-se uma situação de excepção: a "avaliação determinada por trespasse de estabelecimento ... pod[ia] realizar-se desde que t[ivesse] decorrido mais de um ano sobre os factos referidos no número anterior" (cfr. o antigo art. 1105º, nº 3 do CC).

[9] Quanto à morte do arrendatário habitacional, a solução é semelhante (cfr. o art. 85º RAU, o art. 1111º CC, texto primitivo e subsequentes alterações ocorridas em 1977, 1981 e 1985).

No início dos anos 80, foram publicados três diplomas que modificaram a disciplina descrita: o DL 330/81, de 4 de Dezembro, o DL 198/92, de 17 de Maio, o DL 392/82, de 18 de Setembro.

O primeiro texto permitia ao senhorio exigir, em relação ao contratos novos, actualizações anuais de renda (art. 1º), que tinham por base um coeficiente de actualização (art. 2º). O diploma era ainda aplicável aos arrendamentos comerciais "existentes à data da sua entrada em vigor, decorridos 5 anos sobre a sua última avaliação, fixação ou alteração contratual de renda", mas também ocorrido o "trespasse de estabelecimento comercial ou industrial ... desde que tenha decorrido mais de um ano sobre aquele facto" (art. 4º, nº 1). Acresce que poderia ser requerida "uma avaliação fiscal extraordinária para ajustamento das rendas praticadas à data da aplicação do regime de actualização anual" (art. 4º, nº 2).

O segundo texto – DL 189/82, de 17 de Maio –, pouco traz de novo. Visa, no essencial, a uniformização de situações, esclarecendo que o DL 330/81 se aplica "a todos os arrendamentos urbanos destinados a fins diferentes da habitação" (art. 2º).

O último diploma – o DL 392/82, de 18 de Setembro – torna mais claros os termos da avaliação fiscal extraordinária mencionada.

Ulteriormente, o DL 436/83, de 19 de Dezembro – que revogou os 3 diplomas assinalados – reviu os critérios de actualização das rendas, atendendo a que daqueles textos resultavam grandes distorções nos seus valores (§ 1 do preâmbulo).

Sucedeu, porém, que o Acórdão nº 77/88[10] do Tribunal Constitucional declarou, com força obrigatória geral, a inconstitucionalidade das normas do DL 436/83, com excepção dos arts. 6º e 7º, nº 1 e 2. Foram assim repristinados os 3 diplomas citados.

De notar que o art. 9º do articulado do diploma preambular do RAU determinava a manutenção em vigor dos diplomas em causa enquanto tivessem aplicação.

No RAU, em particular com o DL 257/95, houve uma tendencial acção legislativa liberalizadora (cfr. art. 119º)[11].

2.1.4. Restrições impostas ao senhorio no âmbito da cessação do contrato

O carácter vinculista do arrendamento era, de igual sorte, visível nas limitações impostas ao senhorio para fazer cessar o contrato.

[10] No DR, I Série, nº 98, de 28.4.1988, pp. 1698 ss.

[11] Ver, sobre o tema, CARLOS MATEUS, "A actualização de rendas nos arrendamentos não habitacionais – algumas considerações", Maia Jurídica, Revista de Direito, Julho/Dezembro 2006, pp. 39 ss.

Por um lado, mostrava-se necessário – ao contrário do que sucede com o inquilino – o recurso à via judicial (acção de despejo) para extinguir o negócio, com todas as desvantagens que tal procedimento judicial acarreta (não só em termos da sua longa duração, como também no tocante aos custos que envolve).

Por outro lado, em sede resolutiva, vigorava a regra da taxatividade dos fundamentos invocados pelo senhorio, que encontrava expressão no art. 64º RAU, o qual espelhava o anterior regime do art. 1093º CC.

No quadro da denúncia motivada, impunham-se, como se afirmou, requisitos específicos muito exigentes para que o senhorio pudesse pôr termo ao contrato (arts. 69º ss. RAU).

2.1.5. Outros casos

Há ainda outras medidas que visam a protecção do arrendatário mercantil. Enunciemos algumas delas:

- a atribuição de um direito de preferência ao arrendatário (comercial) na venda ou na dação em cumprimento do local arrendado pelo senhorio (art. 47º, nº 1 do RAU);
- o diferimento da desocupação do prédio nas hipóteses de caducidade e de denúncia motivada do contrato pelo senhorio (art. 114º do RAU);
- mais recentemente, a exibição do recibo de renda pelo locatário era susceptível de convalidar o contrato de arrendamento nulo por falta de redução a escrito (art. 7º, nºs 1 e 2, com a redacção dada pelo DL 64-A/2000, de 22 de Abril, que equiparou, à data, o regime do arrendamento comercial – de cariz vinculista ou não – ao do arrendamento habitacional)[12].

2.2. O vinculismo de grau reduzido no anterior regime

Como mencionámos, a partir de certa altura – mais precisamente desde 5 de Outubro de 1995 –, a par dos arrendamentos "sem duração limitada", permitiu-se a celebração de contratos de arrendamento de "duração limitada".

Opera-se então uma modificação substancial em face da anterior disciplina. Explicitemos os seus contornos.

2.2.1. A prorrogação automática (mas não imperativa) do contrato

No quadro agora em análise, previa-se que os contratos deste tipo deviam observar um prazo inicial mínimo de duração (*in casu*, de cinco anos). Decorrido o período em causa, o negócio prorrogava-se automaticamente, se as partes não o fizessem cessar.

[12] Esta medida não é, note-se, exclusiva dos arrendamentos vinculistas, mas tem carácter geral.

Permitia-se então a extinção do negócio pelo senhorio para o fim do prazo, desde que tal fosse comunicado ao arrendatário com um dado tempo de antecedência (um ano, nos termos do nº 2 do art. 100º RAU *ex vi* art. 117º, nº 2 RAU; no entanto, as partes podiam livremente convencionar o prazo de denúncia pelo senhorio, ao abrigo do art. 118º, nº 2 RAU).

Como se constata, o principal esteio de protecção do inquilino cai (caso as partes optem por celebrar negócios deste último tipo).

2.2.2. Outras hipóteses em que se verifica a diminuição da tutela do arrendatário

Nos contratos de arrendamento comercial de duração limitada, a redução da tutela do locatário perpassa por outras vertentes.

Ao nível da transmissão da posição contratual, o regime não foi formalmente alterado (já que é o mesmo dos contratos sem duração limitada), mas o facto de o senhorio se poder opor à prorrogação gera a possibilidade de a transferência da situação jurídica ser, também ela, temporária.

A disciplina da actualização das rendas sofre algumas modificações, permitindo-se nalguns casos, e verificadas certas circunstâncias (por exemplo, a estipulação de um prazo de duração efectiva do contrato superior a 5 anos), a sua actualização convencional (art. 119º RAU).

Em relação aos modos da cessação do contrato, a matéria, pelo menos formalmente, permanece inalterada. Isto porque se subsistem os mesmos entraves à resolução pelo locador, também não é menos verdade que a possibilidade de oposição à prorrogação sempre permite pôr termo ao negócio, sem as restrições impostas em sede resolutiva.

§ 2. Possíveis modelos a adoptar em sede de direito transitório

1. O anteprojecto RNAU

A temática que seguidamente examinamos é a de saber quais as alternativas ao dispor do legislador quanto ao regime a aplicar aos contratos celebrados anteriormente à sua entrada em vigor, atenta a reforma que se pretendia operar.

Havia vários caminhos possíveis. Nesta análise, concretizamos o nosso raciocínio, através dos exemplos decorrentes dos dois anteprojectos e da própria lei vigente.

Em 18 de Novembro de 2004, na sequência de uma iniciativa do XVI Governo Constitucional, foi dado a conhecer o anteprojecto RNAU – Regime dos Novos Arrendamentos Urbanos.

O regime de transição (que constava de um diploma autónomo) partia do seguinte pressuposto: a necessidade de aos contratos do pretérito se aplicar inteiramente a nova disciplina (seja fomentando o acordo das partes – art. 3º –, seja impondo condições para o seu emprego – assim, no tocante aos contratos celebrados na vigência do RAU, aplicar-se-iam tais preceitos quando a prorrogação se verificasse ou, nos outros negócios, decorridos 3 anos após a entrada em vigor da lei – art. 4º; nos contratos concluídos antes do RAU, a aplicação de tais regras decorreria da iniciativa do senhorio – art. 5º).

Através do sistema consagrado, num curto espaço de tempo, os negócios do pretérito ficariam sujeitos às novas regras, de pendor marcadamente não vinculista[13].

2. O anteprojecto NRAU

Tinham apenas decorrido 7 meses sobre o RNAU, quando o XVII Governo Constitucional aprovou, em 23 de Junho de 2005, o primeiro texto da Proposta de Lei do Arrendamento Urbano, na generalidade, tendo em vista abrir um período de reflexão acerca das soluções legislativas adoptadas, tendo-se procedido à sua imediata disponibilização *on-line*[14], ao seu envio aos parceiros sociais com interesses no sector do arrendamento urbano, à realização de reuniões e à recolha de todos os contributos.

Após esta audição pública, foram introduzidas na Proposta de Lei as clarificações, as alterações e os aditamentos considerados pertinentes, seguindo-se a aprovação do texto final, na especialidade, no dia 22 de Julho de 2005.

Ora, no anteprojecto NRAU – Novo Regime do Arrendamento Urbano – a matéria em causa não constava de diploma próprio, antes se encontrando integrada na nova disciplina. Assim, o Título II consagrava um conjunto de "normas transitórias", constantes dos arts. 26º a 58º.

Se, do ponto de vista formal, a posição seguida era diversa da anterior, o mesmo ocorreu quanto à filosofia adoptada, porquanto se procurava manter, em larga escala, a tutela antiga do arrendatário e, portanto, as principais vantagens já existentes.

Assim, todos os contratos do passado permaneciam sujeitos à disciplina do RAU quanto à duração, à renovação e à denúncia (arts. 26º e 28º anteprojecto NRAU). Esta medida tinha como principal efeito preservar a prorrogação forçada do contrato em relação ao senhorio.

[13] Cfr., sobre esta temática, FRANCISCO CASTRO FRAGA e CRISTINA GOUVEIA CARVALHO, "O regime transitório", cit., pp. 355 ss.

[14] Ver, sobre o assunto, www.seaal.gov.pt/.

Previam-se, por outro lado, formas de actualização das rendas (arts. 30º a 55º anteprojecto NRAU) para os contratos de arrendamento de cariz vinculista anteriores a Dezembro de 1990 (quanto aos habitacionais) e Outubro de 1995 (quanto aos não habitacionais).

Para além disso, a mencionada proposta continha normas específicas acerca da transmissibilidade dos contratos. Ao nível do arrendamento para fins não habitacionais, consagravam-se mecanismos que operavam a extinção do contrato do pretérito ou que permitam ao senhorio integrar a sociedade arrendatária. Assim, cessavam os negócios de arrendamento não habitacional por morte do locatário (art. 57º anteprojecto NRAU). Por outro lado, atribuía-se ao locador um direito de preferência na alienação de quotas (art. 58º anteprojecto NRAU)[15].

3. A Lei 6/2006

A versão final do citado texto sofreu, no entanto, algumas modificações muito relevantes.

No NRAU – Lei 6/2006, de 27 de Fevereiro –, acolhe-se uma outra perspectiva: os contratos do passado estão agora sujeitos à nova disciplina (art. 26º, nº 1, 1ª parte e art. 26º, nº 4, proémio, 1ª parte), embora com algumas especificidades que pretendem criar mecanismos de correcção em relação aos contratos antigos (cfr., *v.g.*, art. 26º, nº 1, parte final e art. 26º, nº 4, proémio, parte final e as suas várias alíneas).

No tocante aos contratos não habitacionais (aqui se incluindo o arrendamento comercial) concluídos depois da entrada em vigor do DL 257/95, a estrutura seguida é semelhante em relação ao anteprojecto – disposições gerais (arts. 27º a 29º), actualização de rendas (arts. 30º a 56º) e transmissão por morte (arts. 57º e 58º). Todavia, é muito significativa a remissão efectuada para o art. 26º, que regula os negócios celebrados posteriormente ao RAU e ao DL 257/95, de 30 de Setembro e que se aplica àqueles com as necessárias adaptações.

Este preceito – art. 26º –, que trata de questões relevantes, tem 6 números e, pode dizer-se, alguma densidade. Não se refere à temática das rendas, porque estas não são actualizáveis em relação aos negócios referidos. Em termos estruturais, regulam-se matérias como a transmissão por morte, renovação dos contratos de duração limitada, especificidades dos contratos de duração indeterminada, particularidades da transmissão por morte nos arrendamentos habitacionais sem duração limitada e vicissitudes que afectam decisivamente o regime dos arrendamentos não habitacionais sem duração limitada.

[15] *Vide* FRANCISCO CASTRO FRAGA e CRISTINA GOUVEIA CARVALHO, "As normas transitórias", O Direito, 2005, II, pp. 407 ss.

A nosso ver, este último modelo – que se pode qualificar, de alguma sorte, como intermédio em relação aos dois outros anteriormente mencionados e que integra no seu âmbito, como veremos, dois sub-modelos para as duas diferentes modalidades de arrendamentos que aí se enumeram – compatibiliza de modo mais adequado os interesses das partes e as expectativas adquiridas pelo respectivo arrendatário comercial no quadro legal vigente à data da conclusão do contrato, embora seja também susceptível de alguns reparos relevantes, atento o tipo de circunstâncias que afectam a sua posição contratual.

Capítulo II
As normas transitórias em particular: regime do arrendamento comercial sem duração limitada (vinculístico)

Impõe-se seguidamente curar do regime aplicável aos negócios realizados anteriormente à data da entrada em vigor do NRAU.

Tratamos, em primeiro lugar, dos contratos de arrendamento mercantil sem duração limitada e das inúmeras especificidades consagradas.

Ulteriormente, analisam-se as (escassas) particularidades dos contratos de arrendamento comercial de duração limitada.

Secção I
Subordinação ao NRAU

§ 1. A mera substituição das regras. § 2. Algumas consequências relevantes da substituição das regras. 1. As *novas* regras. 1.1. Os parâmetros da resolução. 1.2. A denúncia pelo arrendatário. 1.3. As comunicações entre as partes. 1.4. A criação de títulos executivos extrajudiciais. 2. O emprego das normas actuais idênticas às do passado. 3. A *manutenção* das regras do pretérito.

§ 1. A mera substituição das regras

O princípio geral que subjaz ao novo diploma é o de que qualquer contrato de arrendamento comercial de cariz vinculista, independentemente do momento em que foi concluído, está submetido ao NRAU (cfr. art. 26º, nº 1, 1ª parte NRAU, e o mesmo preceito *ex vi* art. 28º NRAU, *vide* ainda o art. 27º NRAU).

Cumpre afirmar que a todos estes negócios, designados agora "sem duração limitada" (art. 26º, nº 4, 1ª parte NRAU), se aplicam, nos termos da norma mencionada, as regras relativas aos "contratos de duração indeterminada", em especial as consagradas nos arts. 1099º ss. CC[16]. Portanto, assimilam-se aqueles a estes, que lhes são substancialmente próximos.

§ 2. Algumas consequências relevantes da substituição das regras

Daqui resultam três situações distintas quanto aos contratos antigos: a aplicação dos preceitos do presente (ligeira ou substancialmente diferentes); o emprego das disposições do NRAU, com pouca ou nenhuma divergência em relação aos preceitos do RAU; a manutenção das *normas* do pretérito.

1. As novas regras

Uma primeira consequência deste regime de transição é o da inaplicabilidade das disposições anteriores, já que o NRAU faz cair ou modifica (total ou parcialmente) muitas das regras do pretérito. Identifiquemos alguns exemplos elucidativos.

1.1. Os parâmetros da resolução

Ao nível da resolução do contrato de arrendamento para comércio alteram-se, no quadro dos arts. 1083º ss. CC, NRAU, alguns dos parâmetros do pretérito.

A nível substancial, reconduzem-se os fundamentos resolutivos ao regime geral do incumprimento, embora com algumas especificidades (art. 1083º, nº 2, proémio CC, NRAU). Abandona-se, por outro lado, o princípio da taxatividade consagrado no (antigo) art. 64º RAU, favorecendo com isto os interesses do locador.

A nível do exercício formal do direito também há diferenças significativas. O senhorio não necessita de instaurar a competente acção de despejo para pôr fim ao contrato. Tal todavia só vale para um escasso número de casos (art. 1084º, nº 4 CC, NRAU e art. 9º, nº 7 NRAU). Ao arrendatário, tal como no passado, é-lhe permitido resolver extrajudicialmente o negócio (art. 1083º, nº 1 CC, NRAU), embora esteja sujeito aos procedimentos previstos no art. 9º, nºs 1 a 6 NRAU.

[16] Note-se que os arts. 1099º a 1104º CC curam tão só da temática da denúncia do contrato pelo arrendatário e pelo senhorio.

Ora, esta disciplina – que tendencialmente promove a equiparação das posições das partes – vale para todos os contratos do passado, o que configura uma ruptura relativa dos mecanismos de protecção do locatário.

1.2. A denúncia pelo arrendatário

Assume agora destaque a figura da denúncia pelo arrendatário, com as suas características comuns, ou seja, imotivada e a todo o tempo.

Releva-se, desde já, uma diferença importante em relação ao passado, pois os contratos vinculistas só podiam ser feitos cessar, pelo inquilino, para o fim do prazo pelo qual eram celebrados (normalmente de um ano).

Ora, com as novas regras parece cessar a possibilidade de o inquilino se opor à prorrogação do contrato, pois este é transformado num negócio de duração indeterminada. Assim, o art. 1055º CC *ex vi* art. 68º, nº 1 RAU já não se lhes aplica.

O prazo de pré-aviso, ao abrigo do art. 1100º CC, NRAU, é unificado: ascende a 120 dias, permitindo, por outro lado, ao inquilino a invocação do mecanismo a todo o tempo.

Configurando o caso típico – contrato celebrado pelo prazo de um ano, renovável imperativamente em relação ao senhorio – a aplicação das novas regras não traz soluções muito diversas das do pretérito. Todavia, na hipótese de o contrato ter sido celebrado no passado, nos termos descritos, mas pelo prazo de, *v.g.*, 3 ou de 4 ou de mais anos, a questão traduz respostas bem diferentes.

Figuremos um contrato celebrado, no pretérito, por 4 anos, renovável por iguais períodos (imperativamente em relação ao senhorio, automaticamente quanto ao arrendatário). Ora, é muito provável que esta via tenha sido seguida para limitar o inquilino a uma duração do contrato mais longa. À luz do art. 1055º CC, este último apenas podia extinguir o negócio para o termo do prazo (ou das suas renovações). Agora – atenta a inexistência de regra transitória específica – parece que o locatário pode fazer cessar o contrato *ad nutum* e a todo o tempo.

1.3. As comunicações entre as partes

Destaque-se igualmente um conjunto de disposições que visam a uniformização dos procedimentos referentes às comunicações entre as partes.

Em relação à forma, a regra geral consta dos art. 9º, nº s 1 a 6 NRAU. A carta registada com aviso de recepção e a entrega em mão são as modalidades alternativas previstas para as seguintes hipóteses: cessação do contrato, actualização de rendas e obras.

O art. 9º, nº 7 NRAU regula a solenidade a observar quando a resolução por falta de pagamento de renda pelo senhorio opera extrajudicialmente (art. 1084º, nº 1 CC, NRAU). A notificação avulsa ou o contacto pessoal de pessoas dotadas de especiais qualidades (advogado, solicitador e solicitador de execução) são as vias ao dispor.

Ulteriormente, trata-se das vicissitudes das comunicações (art. 10º NRAU), da disciplina a aplicar em caso de pluralidade de senhorios ou de inquilinos (art. 11º NRAU) e, por fim, dos aspectos atinentes à casa de morada de família (art. 12º NRAU).

1.4. A criação de títulos executivos extrajudiciais

Realce-se uma importante inovação processual do presente, inteiramente válida para os contratos do passado.

Foram criados 7 títulos executivos extrajudiciais:

- 6 deles servem de base à execução para entrega de coisa certa sempre que o imóvel não seja desocupado na data devida por lei ou por convenção das partes (art. 15º, nº 1 NRAU);
- um outro serve de sustentação à execução para entrega de quantia certa (por falta de pagamento da renda) – art. 15º, nº 2 NRAU.

Na larga maioria das situações assume lugar de destaque o contrato (escrito) de arrendamento – conquanto o legislador não tenha usado invariavelmente a mesma expressão –, já que sem ele não se mostra possível a constituição do respectivo título executivo (cfr. art. 15º, nº 1, als. a), b), c), d), e) e nº 2 NRAU).

Apenas numa hipótese, a base do título executivo é outra: o comprovativo da comunicação da iniciativa do senhorio e o documento de resposta do arrendatário (art. 15º, nº 1, al. f) NRAU).

Ressalva-se, porém, que aos contratos vinculistas jamais se aplicam as referidas als. b) e c), sendo que a citada al. d) é susceptível de se empregar, mas apenas se houver quebra da principal manifestação proteccionista do inquilino.

2. O emprego das normas actuais idênticas às do passado

Há outras matérias, pelo contrário, que se mantêm substancialmente intocadas.

Trata-se de uma continuidade no regime do passado, seja porque se entendeu necessária a sua manutenção, apesar do favorecimento do locatário comercial, seja porque a disciplina já se considerava equilibrada.

São os casos da revogação por mútuo acordo (o art. 1082º CC, NRAU só ligeiramente e em termos formais diverge do art. 62º RAU), da caducidade do contrato (o art. 1051º CC, NRAU pouco se altera em relação à redacção anterior) ou do subarrendamento (os arts. 1088º a 1090º CC, NRAU, reproduzem os arts. 44º a 46º RAU).

3. A manutenção das regras do pretérito

Há disposições que, apesar de revogadas, permanecem actualmente "vigentes". Tal sucede com a temática do fiador do locatário.

Antes do NRAU, o art. 655º CC traçava uma disciplina própria sobre esta matéria.

A revogação (a nosso ver, inopinada) desta norma, fruto do art. 2º, nº 1 NRAU, não impede que se mantenha o seu regime quanto aos contratos do pretérito[17].

[17] GRAVATO MORAIS, "Fiador do locatário", Scientia Ivridica, 2007, pp. 87 ss..

Secção II

Regime transitório geral aplicável a qualquer contrato vinculístico

I – Denúncia do contrato pelo senhorio. § 1. Denúncia imotivada. 1. Manutenção do vinculismo. 2. Vicissitudes que afectam o vinculismo. 2.1. Trespasse de estabelecimento comercial. 2.1.1. O trespasse do estabelecimento e a posição de arrendatário. 2.1.2. Interferência do trespasse no conteúdo da posição de arrendatário. 2.1.2.1. Seu alcance. 2.1.2.2. Justificação. 2.1.2.3. Consequências práticas. 2.2. Locação de estabelecimento comercial. 2.2.1. A locação de estabelecimento e a posição de arrendatário. 2.2.2. Interferência da locação de estabelecimento no conteúdo da posição arrendatícia. 2.2.2.1. Seu alcance. 2.2.2.2. Motivação. 2.2.2.3. Situações específicas. 2.3. Outras hipóteses. 2.3.1. Usufruto de estabelecimento comercial. 2.3.2. Locação financeira de estabelecimento comercial. 2.3.3. Transmissão definitiva de estabelecimento comercial na sequência da fusão ou da cisão de sociedades. 2.3.4. Penhor de estabelecimento comercial. 2.3.5. Penhora de estabelecimento comercial. 2.3.5.1. A posição do arrendatário após a indicação do estabelecimento à penhora. 2.3.5.2. A alienação de estabelecimento a um terceiro na pendência da acção executiva após a penhora. 2.3.6. Arresto de estabelecimento comercial. 2.3.7. Arrolamento de estabelecimento comercial. 2.3.8. Partilha de estabelecimento comercial por efeito do divórcio. 3. Vicissitudes que afectam o vinculismo (cont,): transmissão entre vivos da posição social. 3.1. A solução proposta e os seus antecedentes. 3.2. Pressupostos. 3.2.1. A sociedade comercial como arrendatário. 3.2.2. Transmissão da participação social por acto entre vivos. 3.2.3. Alteração da titularidade da posição social em mais de 50%. 3.3. Âmbito da transmissão. 3.3.1. Transmissão (ões) num único acto. 3.3.2. Transmissões repartidas. 3.4. Alterações do contrato de sociedade e suas implicações na transmissão de participações sociais. 3.4.1. Aumento do capital social. 3.4.1.1. A operação societária em sentido estrito. 3.4.1.2. Aumento de capital social e a fraude a lei. 3.4.2. Redução do capital social. 3.4.3. Fusão e cisão de sociedades. 3.4.4. Transformação de sociedades. 3.5. Transmissão de participações sociais. 3.5.1. Transmissão de quotas. 3.5.1.1. Cessão de quotas. 3.5.1.2. Venda da quota em processo executivo. 3.5.2. Transmissão de acções. 3.5.3. Usufruto de participações sociais. 3.5.4. Penhor de participações sociais. 3.5.5. Outros casos: amortização de participações sociais. 3.6. A comunicação ao senhorio da transmissão da posição social ou o ónus de fiscalização pelo locador dessa transferência. 3.7. Apreciação crítica específica. 4. Efeitos da verificação das circunstâncias que afectam o vinculismo. 5. Da possível derrogação convencional do regime jurídico que quebra o vinculismo. 5.1. O carácter imperativo da manutenção do vinculismo. 5.2. A imperatividade moderada aposta no normativo. 6. Notas finais. § 2. Denúncia motivada para habitação. 1. Considerações gerais. 2. Denúncia para habitação do senhorio. 2.1. Antecedentes. 2.2. Os requisitos da denúncia em especial. 2.2.1. Substanciais. 2.2.2. Processual. 2.2.3. Temporais. 2.2.4. Indemnizatório. 2.2.5. Pós-contratuais. 2.3. Denúncia para habitação dos descendentes em 1º grau. 2.4. Inexistência de impedimentos à denúncia motivada para habitação.

II – Da inoponibilidade do senhorio à renovação do contrato vinculista. 1. O problema suscitado. 2. As posições existentes. 3. Crítica à orientação que defende a possibilidade de oposição à renovação do contrato vinculista; argumentação e contra-argumentação. 3.1. Relevo da nova política (legal) de dirigismo contratual e desconsideração do regime transitório previsto. 3.2. Destaque do conflito entre normas supletivas. 3.3. Aplicação de normas próprias dos contratos de arrendamento com prazo certo aos contratos de arrendamento de duração indeterminada (ou a ele equiparados). 3.4. Faculdade de oposição à renovação dos contratos de arrendamento (pelo senhorio) que perduram há mais de 30 anos. 3.5. Generalização do regime da denúncia a todos os contratos vinculísticos (habitacionais ou não).

III – Morte do arrendatário comercial: seus efeitos na relação locatícia. 1. Transmissão do estabelecimento por morte do seu proprietário: sua qualificação. 2. O destino do contrato de arrendamento por morte do locatário mercantil. 2.1. Âmbito. 2.2. Regra geral: caducidade do contrato de arrendamento. 2.2.1. Enquadramento. 2.2.2 Alcance. 2.2.3. Outros efeitos da cessação do contrato. 2.2.3.1. A desocupação do locado. 2.2.3.2. A não desocupação do locado na data prevista. 2.2.3.3. A inexistência de tutela indemnizatória. 2.2.4. Apreciação da regra geral. 2.3. Desvio à regra: transmissibilidade da posição de arrendatário. 2.3.1. Pressupostos. 2.3.1.1. Do ponto de vista do transmitente. 2.3.2.2. Do ponto de vista do transmissário. a) O sucessor; b) A existência de estabelecimento a funcionar no local há mais de três anos; c) A exploração do estabelecimento em comum há mais de três anos; i) Elemento material; ii) Elemento temporal; 2.3.2. Ónus da prova. 2.3.3. A comunicação a realizar pelo sucessor. 2.3.3.1. O dever de comunicação. 2.3.3.2. Conteúdo da comunicação. 2.3.3.3. Forma. 2.3.4. Efeitos da transmissibilidade da posição arrendatícia. 2.4. Extinção da pessoa colectiva.

Para além do princípio genérico adoptado, consagra-se no art. 26º, nºs 2, 4 e 6 NRAU (empregue ainda *ex vi* art. 28º NRAU) um conjunto de preceitos peculiares que visam a adaptação e a "harmonização" com a nova disciplina aplicável aos contratos celebrados a partir de 28 de Junho de 2006.

No entanto, nem todas as alíneas do nº 4 do art. 26º NRAU tocam o arrendamento comercial.

Não se esqueça ainda a publicação de diplomas específicos, que curam de aspectos relevantes quanto a determinadas matérias (por exemplo, a actualização de rendas) ou que consagram mesmo regimes especiais transitórios (DL 157/2006, de 8 de Agosto).

Deste modo, tratamos em primeiro lugar de um conjunto de particularidades empregues a todos os negócios vinculistas. Por um lado, atendemos à denúncia do contrato pelo senhorio, analisando a de cariz imotivado e a de natureza motivada para habitação. Destacamos ainda o problema da inoponibilidade do senhorio á renovação do contrato vinculista. Posteriormente, abordamos a temática da morte do arrendatário.

I – DENÚNCIA DO CONTRATO PELO SENHORIO

§ 1. Denúncia imotivada

1. Manutenção do vinculismo

O estudo que, de imediato, efectuamos incide sobre o direito de denúncia (imotivada) e, em particular, acerca da limitação imposta à aplicabilidade do art. 1101º, al. c) CC, NRAU, expressa no art. 26º, nº 4, al. c) NRAU.

Com efeito, o art. 1101º, al. c) CC, NRAU dispõe que o locador pode extinguir o negócio "mediante comunicação ao arrendatário com antecedência mínima não inferior a cinco anos sobre a data em que pretenda a cessação"[18]. Portanto, o senhorio pode pôr termo ao contrato a todo o tempo, dando um (relativamente amplo) prazo de pré-aviso, sem que para tal tenha que invocar qualquer fundamento.

Ora, o art. 26º, nº 4, al. c) NRAU, ao determinar a inaplicabilidade da norma civilista, impede que os anteriores contratos de arrendamento de tipo vinculista sejam denunciados sem motivo. Impossibilita-se assim a denúncia *ex lege* e *ad nutum*. Estabelece-se, pois, a continuidade do regime no que toca à protecção dos interesses do arrendatário mercantil que celebrou um negócio em face de um dado quadro legal.

Desta sorte, pode afirmar-se que a principal faceta vinculista dos contratos de arrendamento celebrados até à data de 28 de Junho de 2006 permanece intacta.

[18] Sendo que se impõe ainda uma nova comunicação, entre o 15º mês e o 12º mês – por referência à data em que opera a cessação –, para efeito da "confirmação da denúncia" (art. 1104º CC, NRAU).

2. Vicissitudes que afectam o vinculismo

Embora a regra adoptada seja a de manter imodificada a posição jurídica do arrendatário no tocante à possibilidade de denúncia imotivada do contrato pelo senhorio, há um conjunto variado de circunstâncias que são susceptíveis de alterar esta situação. Impõe-se, pois, o seu exame.

2.1. Trespasse de estabelecimento comercial

2.1.1. O trespasse do estabelecimento e a posição de arrendatário

Como sabemos, o conceito de trespasse é bastante lato. Trata-se da transmissão definitiva, por acto entre vivos, onerosa ou gratuita, de um estabelecimento comercial. Envolve, assim, figuras de cariz bastante distinto: a venda (voluntária, executiva ou sede de liquidação da massa insolvente), a troca, a dação em cumprimento, a doação, e ainda outras situações ligadas a operações societárias (*v.g.*, a entrada com um estabelecimento para uma sociedade)[19].

Encontrando-se a organização mercantil instalada em imóvel arrendado, a regra aplicável aos contratos celebrados do passado (e que não comportava desvios) – que é a do presente (conquanto agora, em sede transitória, existam excepções relevantes) – podia sintetizar-se do seguinte modo: se nada foi estipulado (ou se nada foi convencionado em sentido contrário) no contrato de trespasse quanto à posição de arrendatário do imóvel (um dos elementos incorpóreos do estabelecimento), esta transmite-se naturalmente para o adquirente da unidade jurídica (art. 115º, nº 1, da lei antiga e art. 1112º, nº 1, al. a) da lei nova) sem necessidade de consentimento do senhorio.

Assim, o trespassário da organização mercantil, beneficia, em princípio, da posição do anterior inquilino do imóvel, nos termos e com o alcance definidos no contrato de arrendamento para comércio. Retira, em geral, vantagens a vários níveis (quanto ao regime da renda, à disciplina das obras ou da cláusula de fim amplo), e, em particular, no que toca à impossibilidade de "oposição à prorrogação" do contrato pelo locador – ou, nos termos da actual lei, à não utilização do mecanismo da denúncia (imotivada) do contrato. De resto, o art. 1112º, nº 1, al. a) CC, NRAU representa um desvio à regra ínsita no art. 424º CC.

2.1.2. Interferência do trespasse no conteúdo da posição de arrendatário

2.1.2.1. Seu alcance

O regime transitório modifica o princípio geral enunciado.

[19] A transformação (simples) de uma sociedade – que envolve a alteração do tipo legal de sociedade para outro (arts. 130º ss. CSC) – não integra o conceito de trespasse, nem acarreta a transmissão da posição de arrendatário.

Embora se mantenha no quadro das disposições transitórias o mesmo desvio (dado que se continua a aplicar o art. 1112º, nº 1, al. a) CC, NRAU), há agora uma especificidade: a posição contratual do anterior inquilino não se transfere exactamente nos mesmos termos, dado que aqui é empregue o art. 1101º, al. c) CC, NRAU.

Assim se, após a entrada em vigor do diploma, for celebrado um negócio de trespasse de estabelecimento comercial instalado no imóvel arrendado – e no pressuposto de que as partes mantêm a organização mercantil no locado – cessa o impedimento que vinculava o senhorio à "prorrogação forçada" do contrato (art. 26º, nº 6, al. a) NRAU).

Desta sorte, o trespasse[20] interfere negativamente (na perspectiva do novo arrendatário) na transmissão do conteúdo da posição contratual do anterior locatário.

2.1.2.2. Justificação

Procurando justificar esta consequência gravosa para o novo inquilino (e também novo proprietário do estabelecimento), pode afirmar-se que a transmissão da posição jurídica (por via da transferência definitiva da unidade jurídica) é a causa (ou uma das causas) da mudança da disciplina. Há um outro arrendatário comercial, na maior parte dos casos desconhecido do senhorio e que lhe é imposto (cfr. anterior art. 115º RAU e o actual art. 1112º, nº 1 CC, NRAU), pelo que se entende justificado forçar este último a um regime menos favorável, atendendo a que o espírito da nova lei é o de afastar, em larga medida, a principal faceta vinculista.

Aduza-se ainda uma outra circunstância de cariz economicista: os contraentes no trespasse do estabelecimento (trespassante e trespassário) são os que mais vantagens retiram do negócio que concluíram. Aquele, em razão da alienação do estabelecimento por um dado valor (no caso de trespasse oneroso), resultando daí um substancial lucro. Este, porque lhe é transmitida a posição de locatário do prédio – ficando adstrito ao pagamento da mesma renda, normalmente baixa –, por força da transferência definitiva da organização mercantil. Por sua

[20] Note-se que o que afirmámos vale, *mutatis mutandis*, em caso de trespasse parcial do estabelecimento. Ora, se há uma parte autónoma ou autonomizável de um estabelecimento (instalado em imóvel arrendado) que se destaca, que consegue adquirir uma imagem específica no quadro da organização mercantil de que faz parte, então pode ser objecto de negociação. Acontece que do acto em causa resulta o fraccionamento da posição jurídica de arrendatário em duas ou mais parcelas. Também aqui há lugar à aplicação do art. 1101º, al. c) CC, NRAU, quanto à parte do imóvel transferida, podendo no entanto discutir-se se o regime é extensivo ao arrendatário (parcial) do imóvel que não transmitiu a outra parte do estabelecimento. Ver, sobre o assunto, GRAVATO MORAIS, "Algumas reflexões em torno da figura do trespasse parcial", SI, 1997, pp. 143 ss.

vez, o senhorio, proprietário do imóvel, é o que – ao invés – menos proveitos colhe da mudança da situação de arrendatário. Aliás, em regra, até sai bastante prejudicado.

Também nos parece claro, por outro lado, que esta alteração do conteúdo do contrato de arrendamento interfere materialmente com o eventual trespasse a realizar. Pode bem falar-se de uma clara e inequívoca restrição imposta à circulação e à negociação definitiva do estabelecimento comercial.

Com efeito, várias consequências podem ocorrer:

- a existência de, pelo menos, uma forte limitação à celebração deste tipo de negócios, no sentido de que, ponderadas as vantagens e os inconvenientes, não há interesse na sua conclusão; daí que se pode aludir até a um "impedimento de facto" à realização dos mesmos; com efeito, antes da celebração, o potencial adquirente tem necessariamente de reflectir acerca das consequências eventualmente gravosas da nova disciplina, pelo que pode, em concreto, não se mostrar interessado na aquisição do estabelecimento; mas haverá casos em que é o credor exequente quem tem de ponderar adequadamente as consequências da indicação do bem à penhora; estas situações podem ter, de resto, particular incidência no caso de ter sido penhorado o estabelecimento comercial – em data anterior a 28 de Junho de 2006 –, mas que só posteriormente é vendido, em sede executiva, já em face da nova lei; em termos gerais, pode afirmar-se que a medida consagrada impõe, muito provavelmente, a renegociação do contrato de arrendamento, no sentido de se evitar a denúncia imotivada; portanto, pode daí resultar uma *intromissão do senhorio no negócio de trespasse.*
- a existência de uma diminuição do valor do trespasse oneroso; na verdade, o potencial transmissário só está efectivamente interessado na aquisição por um valor (substancialmente) inferior àquele que decorreria de uma situação típica, pois a posição arrendatícia, que integra a organização mercantil, é agora substancialmente mais débil (já que não beneficia da prorrogação imperativa do contrato em relação ao senhorio).

2.1.2.3. Consequências práticas

Importa acrescentar que, em face do regime transitório, o locador não parece ter, na larga maioria das situações, qualquer interesse em socorrer-se do direito de preferência que a lei lhe atribui nos casos de venda ou de dação em cumprimento do estabelecimento comercial (cfr. art. 1112º, nº 4 CC, NRAU, na esteira do art. 116º RAU). Com efeito, não necessita de realizar um investimento avultado na aquisição da organização mercantil, pois pode denunciar *ad libitum* o contrato de arrendamento dando um prazo de pré-aviso de 5 anos, levando assim à desocupação do local.

2.2. Locação de estabelecimento comercial

2.2.1. A locação do estabelecimento e a posição de arrendatário

Frequentemente a transferência temporária e retribuída da organização mercantil para um terceiro envolve igualmente a cessão do gozo do imóvel para esse sujeito. Também aqui – como no passado – tal ocorre se prescinde do consentimento do senhorio, devendo, contudo, ser-lhe aquela cessão comunicada (art. 1109º, nº 2 CC).

Mas, nestes casos – ao invés do que sucede em sede de trespasse –, não há agora qualquer mudança na pessoa do inquilino. É o proprietário do estabelecimento (e também seu locador) que mantém a titularidade da posição arrendatícia, apesar de ter cedido à exploração a unidade jurídica e, por essa via, igualmente o gozo do prédio.

Continua, portanto, adstrito às obrigações decorrentes da sua qualidade de arrendatário (designadamente, o dever de pagamento da renda), mas onerado com um dever de vigilância acrescido, pois não se encontra a gozar o imóvel, pelo que, por exemplo, há um risco elevado de utilização do prédio para um fim diverso.

2.2.2 Interferência da locação de estabelecimento no conteúdo da posição arrendatícia

2.2.2.1. Seu alcance

O regime transitório modifica expressamente a regra geral enunciada: a intocabilidade do conteúdo da posição de arrendatário.

Se, até à data da entrada em vigor do NRAU, a situação arrendatícia não era de todo afectada, agora o quadro é bem diverso, quer do ponto de vista do locador do estabelecimento (e inquilino do imóvel), quer do ponto de vista do locatário (e cessionário do gozo do prédio).

Determina o art. 26º, nº 6, al. a) NRAU que a locação de estabelecimento instalado em imóvel arrendado – após a entrada em vigor do NRAU – constitui também uma circunstância de modificabilidade da situação arrendatícia, permitindo ao senhorio denunciar o contrato com um relativamente amplo prazo de pré-aviso.

2.2.2.2. Motivação

Portanto, não é agora a mutação da posição de inquilino – pois esta não ocorre – que preside, em face da norma transitória, à alteração do conteúdo do contrato de arrendamento, mas é a circunstância do locado estar a ser gozado por um terceiro alheio ao negócio que provoca tal consequência.

Já a outra razão atrás invocada parece, todavia, manter-se: a "cessão de exploração" é muito mais vantajosa para as partes nele envolvidas do que para o senhorio. Para este sempre representou um prejuízo manifesto.

Dir-se-á que a solução se afigura pouco razoável sobretudo nos casos de impedimento breve do proprietário do estabelecimento, *v.g.*, por doença temporária. Com efeito, é o próprio arrendatário do imóvel que cede à exploração a sua organização mercantil por um período de 6 meses, que se encontra sujeito à perda do benefício principal resultante do contrato de arrendamento mercantil.

Mas o legislador não quis prever eventuais situações de excepção, já que poderiam permitir aos inquilinos ultrapassar os impedimentos à aplicação do novo regime.

2.2.2.3. Situações específicas

Há casos, porém, em que a solução não é tão linear nem tão clara. Estamos a pensar na continuidade da locação do estabelecimento findo o seu prazo contratual.

Figure-se a existência de uma locação de estabelecimento pelo período de 2 anos, com início em Janeiro de 2006. Naturalmente que a entrada em vigor da lei não afecta o contrato de arrendamento, apesar de se encontrar em execução o negócio em apreço. Mas à data da prorrogação do contrato, *in casu* por igual período, em Janeiro de 2008, deve entender-se que se modifica o conteúdo da posição arrendatícia?

A solução não está prevista na lei. A argumentação pode direccionar-se em ambos os sentidos, consoante a fundamentação escolhida. Se se privilegiar o primordial objectivo do NRAU – a extinção do vinculismo –, então considera-se aplicável, em qualquer situação, o art. 1101º, al. c) CC, NRAU na data da prorrogação ou da renovação do negócio. Caso se atenda, com rigor, à qualificação jurídica a dar ao tempo da continuidade do negócio, pode retirar-se uma de duas conclusões: ou se trata de uma mera prorrogação do (mesmo) contrato ou de uma renovação, e portanto de um contrato novo e distinto. Naquela hipótese, ao contrário desta, não se aplicaria o art. 1101º, al. c) CC, NRAU.

Parece, no entanto, que do ponto de vista dos valores em jogo, o arrendatário comercial não tem, a partir de determinado momento, nenhum interesse digno de protecção legal a preservar, nem qualquer expectativa que mereça ser tutelada. Assim, mesmo na hipótese de prorrogação contratual – *in casu*, em Janeiro de 2008 – deve considerar-se que o senhorio se pode socorrer, a partir dessa data, do art. 1101º, al. c) CC, NRAU.

2.3. Outras hipóteses

Literalmente, o art. 26º, nº 6, al. a) NRAU não consagra outras formas de alienação ou de oneração de estabelecimento comercial instalado em imóvel arrendado. Cumpre, pois, analisar algumas situações específicas, no sentido de saber se naquele estão ou não contempladas.

2.3.1. Usufruto do estabelecimento comercial

Não se prevê o usufruto de estabelecimento mercantil, negócio reconhecidamente aceite pela doutrina e pela jurisprudência portuguesas[21]. Aqui estamos perante uma transmissão temporária da organização do comerciante, tal como na locação, resultando daí uma limitação dos poderes do proprietário do estabelecimento. Todavia, diferentemente daquela, os poderes do usufrutuário revestem uma maior amplitude.

Em face duma situação deste género, o proprietário (da raiz) do estabelecimento mantém-se o arrendatário do imóvel, dispondo o exercente da possibilidade de gozar a organização mercantil e o prédio onde esta se encontra instalada, nos termos e dentro dos limites do usufruto.

As razões que na locação de estabelecimento determinam a modificação do regime arrendatício parecem levar a que também aqui se aplique extensivamente o art. 26º, nº 6, al. a) NRAU e, consequentemente, os arts. 1101º, al. c) e 1104º ambos do CC, NRAU.

2.3.2. Locação financeira de estabelecimento comercial

Não alude igualmente o art. 26º, nº 6, al. a) NRAU à locação financeira de estabelecimento comercial (instalado em imóvel arrendado)[22].

Claro que se perspectivarmos a operação em causa no seu todo, fácil é perceber que esta envolve a celebração de um outro negócio (por força da obrigação de aquisição da coisa imposta ao locador, nos termos do art. 9º, nº 1, al. a) DL 149/95), justamente a compra e venda da unidade jurídica. Tal aquisição pelo locador financeiro configura um trespasse, pelo que há lugar à aplicação imediata do art. 1101º, al. c) CC, NRAU.

Mas a organização mercantil pode ter sido restituída ao locador, porque, *v.g.*, o locatário não exerceu o direito de aquisição, sendo que aquele pretende ceder

[21] Ver, sobre o assunto, GRAVATO MORAIS e as menções aí efectuadas (Alienação e oneração de estabelecimento comercial, cit., pp. 154 ss.) e MARIA OLINDA GARCIA, Arrendamentos para comércio e fins equiparados, Coimbra, 2006, pp. 99 ss.

[22] GRAVATO MORAIS, Manual da locação financeira, Coimbra, 2006, pp. 33 e 34 e "Locação financeira de estabelecimento comercial", Estudos em Homenagem a Ferrer Correia, Orlando de Carvalho e Vasco da Gama Lobo Xavier (em fase de publicação).

novamente o seu gozo a outrem com a faculdade de compra por parte do novo utente do estabelecimento. Embora seja discutível que aqui possa falar-se de uma específica forma de locação financeira, idênticas razões justificam a aplicação do normativo extensivamente, já que estão abrangidos no seu espírito.

2.3.3. Transmissão definitiva do estabelecimento comercial na sequência da fusão ou da cisão de sociedades

De igual sorte, não se prevê em nenhuma das alíneas mencionadas a transferência definitiva de estabelecimento comercial na sequência da fusão ou da cisão de sociedades.

A orientação que perfilhamos, ao contrário de outros autores[23], é a de que em tal hipótese – caso a operação societária em apreço envolva a alienação de uma organização mercantil – não há trespasse de estabelecimento, mas tão só a sua transmissão definitiva.

Tal deve-se, entre outros motivos, à cessão universal, em bloco, dos direitos e das obrigações para a sociedade resultante da fusão ou da cisão (art. 112º CSC) e à regulamentação de cariz distinto, de âmbito mais lato e mais abrangente, que subjaz aos negócios societários em causa[24].

Ora, essa possibilidade não está, de igual sorte, directamente contemplada na alínea a) – onde apenas se alude ao trespasse.

Aqui transmite-se, correspondentemente, a situação de locatário para a sociedade incorporante ou nova, sem necessidade de aquiescência do senhorio. Por si só, a alteração da posição de arrendatário, por efeito da respectiva operação societária, leva-nos a considerar aqui a aplicação do art. 1101º, al. c) e do art. 1104º ambos do CC, NRAU.

É certo, porém, que tal consequência pode criar alguns entraves aos negócios em causa, já que a sociedade se vê sujeita à possibilidade de extinção do contrato de arrendamento com o prazo de pré-aviso de 5 anos.

Mas também não é menos verdade que a razão de ser do NRAU é a do afastamento da principal vertente vinculista. Aliás, no que toca à transmissão por morte da pessoa física (que, de algum modo, é comparável à extinção da pessoa colectiva), como veremos, a solução é ainda mais gravosa.

[23] PINTO FURTADO entende que não há sequer alienação de estabelecimento comercial (em Manual de arrendamento urbano, cit., pp. 600 e 601).
HENRIQUE MESQUITA considera que há trespasse ("Anotação ao Ac. Rel. Coimbra, de 24 de Junho de 1997", RLJ, Ano 131º, nº 3890, p. 157, e "Anotação ao Ac. Rel. Lisboa, de 25 de Outubro de 1994", RLJ, Ano 128º, nº 3849, p. 58), o mesmo defendendo ARAGÃO SEIA, Arrendamento Urbano, 7ª Ed., Revista e Actualizado, Coimbra, 2003, p. 680.

[24] GRAVATO MORAIS, Alienação e oneração de estabelecimento comercial, cit., pp. 129 ss.

2.3.4. Penhor de estabelecimento comercial

Atentemos agora no penhor de estabelecimento comercial, negócio pacificamente admitido na nossa doutrina[25].

Este modo de oneração da organização mercantil não pressupõe o desapossamento da mesma, nem envolve qualquer cessão do gozo do estabelecimento, nem sequer do imóvel onde está instalado.

Este negócio, em princípio, não interfere com o conteúdo da posição arrendatícia, que se mantém assim inalterado. O art. 26º, nº 6 NRAU não afecta a situação do inquilino, proprietário do estabelecimento que o deu de penhor.

No entanto, em concreto pode, na sequência do acto em causa, haver lugar à alienação do estabelecimento instalado em imóvel arrendado. Cabe identificar especificamente as três vias enunciadas.

Ao abrigo do art. 674º, nº 1 CC havendo "receio fundado de que a coisa empenhada se perca ou se deteriore", o credor tem "a faculdade de proceder à venda antecipada da coisa, mediante prévia autorização judicial".

É ainda viável que o credor pignoratício adquira o direito de se fazer pagar pelo produto da venda judicial do estabelecimento empenhado (art. 675º, nº 1 CC).

Mostra-se ainda possível a adjudicação ao credor do estabelecimento empenhado pelo valor que o tribunal fixar, desde que as partes assim o convencionem (art. 675º, nº 2 CC).

Em qualquer destas hipóteses, é possível ao senhorio o recurso ao art. 1101º, c) CC, NRAU e ao art. 1104º CC, por efeito do emprego do art. 26º, 6, al. a), 1ª parte NRAU, alterando-se, desta forma, o conteúdo da posição arrendatícia.

2.3.5. Penhora do estabelecimento comercial

2.3.5.1. A posição do arrendatário após a indicação do estabelecimento à penhora

A penhora do estabelecimento comercial é admissível no quadro do art. 862º-A CPC.

Indicada a organização mercantil à penhora, pelo credor exequente, e realizada esta, isso é susceptível de gerar consequências ao nível da actividade do estabelecimento comercial.

À partida, a penhora não interfere no funcionamento normal da unidade jurídica, realizando-se a sua gestão através do executado, ainda que nalguns casos possa essa actividade ser fiscalizada (art. 862º-A, nº 2, 1ª parte CPC).

[25] Para mais pormenores, cfr. GRAVATO MORAIS, Alienação e oneração de estabelecimento comercial, cit., pp. 158 ss. e RUI PINTO DUARTE, "O penhor de estabelecimento comercial", em Comemorações dos 35 anos do Código Civil e dos 25 anos da reforma de 1977, Coimbra, 2007, pp. 63 ss.

Pode, todavia, a gestão efectuar-se mediante administrador (art. 862-Aº, nº 3 CPC) ou ser entregue a depositário (art. 862º, nº 4 CPC). Em qualquer destas situações, existe um terceiro que se encontra à frente do estabelecimento. É legítimo falar-se aqui de um desapossamento da organização mercantil.

Dito isto, importa saber se nesta fase do processo executivo – e em particular quando o proprietário não se encontra na gestão do estabelecimento – o art. 26º, nº 6 NRAU se aplica.

A conclusão é negativa. O acto de penhora, ainda que com "desapossamento", não representa um acto voluntário do ponto de vista do proprietário da organização mercantil. É, para além disso, um acto intermédio se considerarmos as fases do processo executivo e perfeitamente reversível. Com efeito, se bem que seja susceptível de desencadear a respectiva venda do estabelecimento, nem sempre esta é (ou pode ser) a consequência. Basta que o proprietário da organização, executado, pague ao credor exequente o valor em dívida para que sucumba a potencial alienação executiva.

Consideramos assim que até ao momento da venda executiva (que configura, como se sabe, um trespasse) o senhorio está impedido de se socorrer do art. 1101º, al. c) CC, NRAU.

2.3.5.2. A alienação do estabelecimento a um terceiro na pendência da acção executiva após a penhora

Refira-se que após a realização da penhora, mas antes da eventual venda executiva, se mostra possível a alienação do estabelecimento pelo executado a um terceiro.

Este acto é, no entanto, inoponível ao exequente, embora perfeitamente válido entre as partes (art. 819º CC).

Se tal circunstancialismo se verificar (*v.g.*, trespasse por venda) dir-se-ia que o senhorio pode denunciar o contrato de arrendamento com prazo de pré-aviso de 5 anos (art. 1101º, al. c), CC, NRAU *ex vi* art. 26º, nº 6, al. a) NRAU).

Todavia, assim não consideramos. Figurando um caso de venda voluntária do estabelecimento comercial teríamos a seguinte situação: facultando-se ao senhorio a denúncia do contrato de arrendamento, nos termos descritos, o estabelecimento na pendência da acção executiva já estaria desvalorizado por efeito do trespasse. O credor exequente estaria numa situação financeira mais débil por força da perda do valor de um elemento relevante da organização mercantil quando a alienação é ineficaz em relação a si. Por sua vez, o adquirente executivo veria o estabelecimento já despojado, à data da aquisição, do elemento vinculista.

Nestes termos, a transmissão definitiva do estabelecimento na pendência da acção executiva não afecta a posição jurídica de arrendatário, não sendo portanto aplicável o art. 26º, nº 6, al. a) NRAU.

2.3.6. Arresto de estabelecimento comercial

No caso de arresto de estabelecimento comercial instalado em imóvel arrendado vale a orientação seguida a propósito da penhora.

Sendo pacífica a admissibilidade da figura no quadro em causa e sem prejuízo das suas especificidades, a remissão efectuada nos normativos atinentes ao arresto para as regras da penhora (art. 622º, nº 2 CC e art. 846º CPC *ex vi* art. 855º CPC) não pode conduzir a outra solução que não a vertida na análise do ponto anterior.

Enquanto meio conservatório da garantia patrimonial, o arresto não interfere com o vinculismo arrendatício.

2.3.7. Arrolamento do estabelecimento comercial

De igual sorte, o arrolamento de estabelecimento comercial, atenta a sua finalidade conservatória e em razão da sua conexão com as regras da penhora (cfr. art. 423º, nº 5 CPC), não interfere com a posição locatícia.

2.3.8. Partilha do estabelecimento comercial por efeito do divórcio

Cabe suscitar a questão de saber se, por efeito do divórcio, houver lugar à partilha do estabelecimento comercial, nos termos do art. 1689º CC, se isso se reflecte na relação arrendatícia.

A premissa de que partimos é, pois, a seguinte: na pendência do casamento o bem era comum, sendo, por efeito da referida partilha, atribuído agora a um dos cônjuges.

Cremos que a atribuição a um dos cônjuges (portanto, na totalidade) da propriedade da organização mercantil não configura uma transmissão propriamente dita. Aliás, a *transferência* apenas envolve uma parcela da unidade jurídica. Por isso, a situação arrendatícia não é afectada por via da partilha efectuada em razão do divórcio.

3. Vicissitudes que afectam o vinculismo (cont.): a transmissão entre vivos da posição social

3.1. A solução proposta e os seus antecedentes

Mas nem só a alienação e a oneração do estabelecimento comercial são susceptíveis de afectar o vinculismo. Outros actos – que podem nada ter a ver com a transmissão da organização mercantil – podem ser prejudiciais para o inquilino. Vejamos.

Dispõe o art. 26º, nº 6, al. b) NRAU que, sendo "o arrendatário uma sociedade [designadamente comercial], ocorra a transmissão *inter vivos* de posição ou posições sociais que determine a alteração da titularidade em mais de 50% face à situação existente aquando da entrada em vigor da presente lei".

Assinale-se que o anteprojecto NRAU de 2005 previa, no art. 58º, uma solução radicalmente diversa da que resultou da Lei 6/2006: atribuía-se ao senhorio um "direito de preferência na alienação de qualquer quota", sendo que o locador podia, "a qualquer momento, solicitar à sociedade informação sobre a identidade dos sócios"[26].

3.2. Pressupostos

Mas, incidindo a nossa análise no art. 26º, nº 6, al. b) NRAU, importa curar das condições da sua aplicabilidade, a saber:

- o arrendatário do imóvel (e proprietário do estabelecimento mercantil) deve ser uma sociedade comercial;
- a verificação de transmissão por acto entre vivos da posição social;
- a transferência da titularidade das participações sociais na sociedade em causa deve ser superior a 50% em relação à situação vigente aquando da entrada em vigor da lei.

3.2.1. A sociedade comercial como arrendatário

A especial qualificação do arrendatário é relevante no quadro do art. 26º, nº 6, al. b) NRAU: deve ser uma sociedade.

Ora, interessam-nos em particular, no estudo que realizamos, as sociedades comerciais. Relativamente a estas, é indiferente o seu tipo, bem como as suas espécies. Queremos com isto significar, por um lado, que pode revestir um dos quatro tipos legais. Por outro, é irrelevante que esteja em causa ou não uma sociedade unipessoal.

3.2.2. Transmissão da participação social por acto entre vivos

É ainda *conditio sine qua non* de aplicabilidade da norma a "transmissão *inter vivos* de posição ou [de] posições sociais".

A locução usada suscita-nos três considerações.

Em primeiro lugar, assinale-se que o emprego da terminologia "posição(ões) social(is)" não deixa margem para dúvidas quanto ao lato alcance do normativo. Nele se integra qualquer transferência de participações sociais, independentemente do tipo de sociedade em causa.

[26] Note-se que, textualmente, a norma apenas era aplicável às sociedades por quotas e obrigava o senhorio, caso este quisesse, a adquirir as quotas e, portanto, a tornar-se sócio da sociedade em causa. Ora, esta solução era manifestamente gravosa para o senhorio.

Por outro lado, utiliza-se o vocábulo "transmissão". Também aqui se acolheu uma noção ampla, seguindo-se a orientação do Código das Sociedades Comerciais. Por exemplo, tanto cabe aqui a cessão da quota, como outra qualquer transferência da mesma (cfr. art. 228º CSC).

Uma ulterior nota se impõe: limita-se o âmbito da transmissão, reduzindo-a aos actos entre vivos. Literalmente apenas se excluem as transmissões *mortis causa* das participações sociais, independentemente do valor percentual nelas envolvido[27]. Essas não geram qualquer alteração, nem qualquer interferência na posição arrendatícia de cariz vinculista de que é titular a sociedade comercial.

3.2.3. Alteração da titularidade da posição social em mais de 50%

Releve-se ainda "a alteração da titularidade" da(s) participação(ões) social(is) "em mais de 50% face à situação existente aquando da entrada em vigor da lei".

A escolha do termo "titularidade" é consentânea com a designação constante de várias normas do CSC (cfr. arts. 222º, 233º, 269º, 303º, 462º). Embora se possa sustentar a propriedade das participações sociais, enquanto coisas imateriais, não pode deixar de se assinalar que a temática é objecto de discussão doutrinária[28].

De todo o modo, o que nos interessa relevar para o caso em apreço é a seguinte conclusão: só a transmissão da propriedade das participações sociais que supere a percentagem de 50% interfere, negativamente do ponto de vista do inquilino (a sociedade), na relação arrendatícia.

3.3. Âmbito da transmissão

3.3.1. Transmissão(ões) num acto único

Analisemos a hipótese mais simples tida em vista pelo legislador: a transferência, depois de 28 de Junho de 2006, de uma ou de várias participações sociais – num único acto – que na sua globalidade seja(m) superior(es) ao valor percentual indicado (de 50%).

Estamos, portanto, a aludir, *v.g.*, à transmissão de uma ou de várias quotas, num só acto, que supere a mencionada percentagem.

Verificada esta hipótese, a sociedade locatária, titular de um ou de vários estabelecimentos comerciais instalados em imóveis arrendados, perde o primordial benefício vinculista que detinha em relação a todos os contratos de arrendamento.

[27] Por exemplo, quanto às sociedades por quotas, o Código das Sociedades Comerciais expressa o seguinte princípio: por morte do sócio a quota transmite-se para os respectivos sucessores; no entanto, o contrato pode dispor diversamente (art. 225º ss.).

[28] COUTINHO DE ABREU, Curso de Direito Comercial, II, 2ª Ed., Coimbra, 2007, pp. 349 ss.

3.3.2. Transmissões repartidas

Outras situações se podem figurar. Com efeito, pode suceder que a transmissão das participações sociais tenha sido fraccionada no tempo.

Imagine-se que só após a segunda (ou a terceira...) transferência é ultrapassado o valor percentual referido. E, nesse caso, a transmissão é independente do período de tempo que medeie entre elas, *v.g.*, um mês, um ano ou três anos?

A resposta é, a nosso ver, clara: se o vinculismo arrendatício não fosse afectado, bastaria aos sócios dividir a transmissão das respectivas participações sociais para iludir a aplicação da regra em causa.

A mesma conclusão vale quanto ao período de tempo que medeia entre a entrada em vigor do NRAU e o momento em que se atinge o citado valor percentual.

Pode, porém, discutir-se se é a mesma a consequência nos casos em que ocorre, numa determinada data, uma cessão da participação social que representa 40% do capital social, sendo que posteriormente é cedida essa mesma posição a duas outras pessoas, que adquiriram respectivamente 20% cada.

A resposta é agora negativa. Aqui não há a transferência de posições sociais que "determine a alteração da titularidade em mais de 50% face à situação existente aquando da entrada em vigor da lei" (art. 26º, nº 6, al. b) NRAU).

3.4. Alterações do contrato de sociedade e suas implicações na transmissão de participações sociais

3.4.1. Aumento do capital social

3.4.1.1. A operação societária em sentido estrito

No domínio das alterações do contrato de sociedade, cabe relevar a temática do aumento do capital social.

Duas questões se suscitam: uma relativamente à operação propriamente dita; outra referente a eventuais transmissões posteriores das participações sociais.

Importa averiguar, em primeiro lugar, se o mero aumento do capital social traz consequências para as relações arrendatícias de que é titular a sociedade em causa.

Aqui podem considerar-se várias hipóteses:

- o aumento visa a admissão de novos sócios (art. 268º, nº 2 CSC);
- o aumento é realizado pelos próprios sócios, sendo que as suas entradas são realizadas proporcionalmente ao direito de preferência, caso este lhes assista (art. 268º, nº 1 CSC).

Ora, em ambas as vias não há, no tocante à sociedade em causa, uma transmissão *inter vivos* de participações sociais que determine a alteração da titularidade em mais de 50%.

No entanto, não pode deixar de relevar-se que, no caso de aumento sem admissão de novos sócios, as participações existentes à data do referido aumento sofrem individualmente um acréscimo na respectiva proporção. Isto não significa, contudo, que haja transferência de posições sociais. Aliás, uma conclusão contrária configuraria acolher uma intromissão legislativa inusitada na vida societária, o que seguramente não se terá pretendido.

Em relação ao segundo problema, importa saber se, após a realização do referido acto societário, houver uma transmissão da participação social em que termos a relação arrendatícia pode ser afectada.

Tomemos como exemplo uma sociedade por quotas e a seguinte hipótese:

- um dos sócios transmitiu, em dado momento (Janeiro de 2007), uma participação social que representava 40% (€ 4 000) por referência a um certo montante do capital social (€ 10 000);
- ulteriormente (em Julho de 2007), ocorreu um aumento do capital social na percentagem de 100% (€ 20 000);
- meses mais tarde (Outubro de 2007), um dos sócios transferiu a sua participação social na percentagem de 15% (€ 3 000) por referência ao capital social actual (€ 20 000).

Podem seguir-se vários caminhos para efectuar o cálculo. O mais simples é o de proceder à contabilização considerando a percentagem envolvida nas transmissões das duas participações sociais (40% + 15%) por referência ao capital social do respectivo momento em que ocorreram. *In casu*, isso significaria que o valor estabelecido no art. 26º, nº 6, al. b) NRAU tinha sido ultrapassado.

Poderíamos chegar ao mesmo resultado se atendêssemos a um dado capital social (ou o de € 10 000 ou o de € 20 000), valorando os valores das transmissões sempre à luz de um deles.

A conclusão seria sempre esta: em termos globais, houve duas transmissões de participações sociais *inter vivos* que, globalmente, excederam (55%) o valor previsto na lei (50%). Desta sorte, o senhorio poderia socorrer-se do regime da denúncia motivada previsto nos arts. 1101º, al. c) e 1104º CC, NRAU.

O que não se pode é imputar o valor da primeira transmissão (€ 4 000) à luz do capital social ulteriormente modificado (€ 20 000). Isso significaria que a percentagem desta específica transmissão seria de 20% (4.000/20.000). Nesta hipótese, a operação de aumento do capital social poderia ter servido para iludir o preceito em causa.

3.4.1.2. Aumento de capital social e a fraude a lei

Pode suscitar-se, todavia, o caso de o aumento de capital social alterar significativamente o quadro das participações sociais dos sócios.

Figuremos um exemplo para perceber os detalhes do problema:

- foi aprovado o aumento do capital social da sociedade XYZ, cujo capital social é de € 50 000, igualmente repartidos pelos seus 5 sócios (A, B, C, D e E);
- o sócio A (ou eventualmente um sujeito estranho à sociedade) propõe-se entrar para a sociedade com dinheiro (ou em espécie) no valor de € 100 000;
- esta alteração do capital tem como consequência que o sócio A (ou o sócio novo) irá deter uma posição na sociedade que ultrapassa os 66%;
- por esta via, todos os outros sócios verão diminuído substancialmente o valor da sua participação social.

Como se constata, por via do aumento substancial do capital social (imputada a um sujeito), pode verificar-se uma modificação lata dos valores das participações sociais dos sócios.

O que significa que esse sócio, sem que haja transmissão alguma de participação social – e logo não se cumprindo formalmente o pressuposto do art. 26º, nº 6, al. b) do NRAU –, possa ficar a deter, através de um único acto, uma percentagem de 50% para além do que detinha naquela sociedade.

Suscita-se, assim, a questão de saber se tal aumento da participação social do sócio permite concluir que se verifica o circunstancialismo do art. 26º, nº 6, al. b) do NRAU.

A nosso ver, tal pode acontecer. Todavia, no caso concreto, é necessário apurar o que esteve na base desse aumento do capital social. Só concluindo que tal operação societária teve como propósito desvirtuar o regime transitório em causa, será legítima a aplicabilidade da norma. De todo o modo, é ao senhorio – a quem nada é comunicado, porque a lei não o exige – que compete averiguar tal circunstancialismo e fazer a sua demonstração em tribunal, no caso de pretender a quebra do vinculismo. Ora, só a via da fraude à lei permite superar a não aplicabilidade do art. 26º, nº 6, al. b) do NRAU e com isso fazer cessar o vinculismo arrendatício.

3.4.2. Redução do capital social

A questão pode também suscitar-se em sentido inverso.

Não é de descartar a possibilidade de haver interesse na redução do capital social, porque, *v.g.*, este se tornou muito elevado em função do objecto social.

Atendendo ao facto de tal operação acarretar possíveis perdas aos credores os procedimentos a adoptar são, em princípio, mais rigorosos quando confrontados com aqueloutros referentes ao aumento do capital (cfr. arts. 94º a 96º CSC).

Valem aqui, com as necessárias adaptações, considerações similares. A redução do capital social *de per si* não envolve qualquer transferência de posições sociais. Pode, no entanto, servir indirectamente como mecanismo para atenuar o peso das transferências posteriores de participações sociais. O recurso ao procedimento acima identificado supre eventuais discrepâncias na contabilização a realizar a final.

3.4.3. Fusão e cisão de sociedades

Em relação à fusão e à cisão de sociedades já destacámos a problemática existente ao nível da transmissão do estabelecimento comercial.

De todo o modo, não queríamos deixar de reforçar que opera a situação de locatário para a sociedade incorporante ou nova, sem necessidade de aquiescência do senhorio. Tal alteração, que tem na base a respectiva operação, conjugada com a *ratio* do novo regime (que rejeita o vinculismo) e – por maioria de razão – com a rigorosa disciplina estabelecida para o caso de morte do arrendatário, pessoa singular, sempre nos conduziria a aplicação das regras da denúncia imotivada pelo senhorio.

3.4.4. Transformação de sociedades

Impõe-se ainda abordar a temática da transformação de sociedades, à qual fizemos acima uma breve alusão.

O regime jurídico geral encontra-se nos arts. 130º ss. CSC.

A noção é a tradicional: está aqui em causa a mudança de um tipo legal de sociedade para um outro.

Podem distinguir-se, no entanto, dois tipos de operações deste género: a transformação simples (ou formal) e a transformação novatória (ou extintiva).

Naquela situação – a hipótese regra – não há alteração do montante nominal das participações dos sócios, nem da sua proporção no capital social (art. 136º, nº 1 CSC), sendo que não envolve a extinção da personalidade jurídica anterior.

Assim, como bem assinala Raúl Ventura, "tudo era da sociedade e dela continua"[29], não afectando a identidade da sociedade. Isto ainda que haja modificações ao contrato, mas note-se da mesma sociedade.

[29] Sustenta o autor que "de modo geral, a sociedade mantém todas as relações jurídicas de que é titular activo e passivo e mantém-nas por não ter havido mudança de titular ... tudo era da sociedade e dela continua" (Fusão, cisão, transformação de sociedades", Coimbra, 1990, p. 449).

Pode haver todavia alterações subjectivas imperiosas. Estamos a pensar no aumento do número de sócios, no caso de transformação de uma sociedade por quotas (com 3 sócios, *v.g.*) numa sociedade anónima (em que pelo menos – e em regra – são exigidos 5 sócios), ou na hipótese de sociedade unipessoal que se pretende transformar numa sociedade de outro tipo.

A outra modalidade tem carácter excepcional. Por efeito de deliberação dos sócios em sentido contrário, a transformação é extintiva. Implica a dissolução, embora sem liquidação (ou seja, sem extinção da personalidade anterior). Agora trata-se não só de uma nova organização societária, como também de uma outra pessoa jurídica. Há uma nova pessoa que "sucede global e automaticamente à sociedade anterior" (art. 130º, nº 6 CSC).

Ora, na primeira via não se suscitam dúvidas quanto à não aplicabilidade do art. 26º, nº 6, al. b) NRAU. Tal como foi concebida esta operação não afecta a relação arrendatícia de que seja titular a sociedade. Nada se modifica. Mantém-se, por isso, o vinculismo.

Atendendo à segunda possibilidade, tendemos a sustentar conclusão oposta. A extinção da sociedade e a consequente criação de uma nova entidade, que sucede de forma global e automática à anterior assim o sugere. Temos então a típica sucessão universal. É certo que às duas espécies de transformação se aplicam, em princípio, as mesmas regras (art. 130º, nº 4 CSC), mas as peculiaridades previstas não podem deixar de se repercutir negativamente na esfera jurídica da sociedade arrendatária.

Se é certo que não há transmissão da posição social que envolva a alteração da titularidade em mais de 50%, também não é menos verdade que se opera a extinção da própria sociedade. O art. 1101º, al. c) CC, NRAU é susceptível de ser aqui empregue.

3.5. Transmissão de participações sociais

3.5.1. Transmissão de quotas

3.5.1.1. Cessão de quotas

A espécie mais relevante no âmbito da transmissão de quotas é justamente a cessão de quotas.

Ao abrigo das regras gerais, tal cessão encontra-se sujeita a procedimentos próprios, ao abrigo dos arts. 228º CSC e 242º-A ss. CSC:

- o consentimento prévio da sociedade, desnecessário porém nalguns casos (art. 228º, nº 2);
- a redução a escrito (art. 228º, nº 1 CSC) ou a utilização de documento equivalente (art. 4º-A CSC);

- a solicitação junto da sociedade, pelo cedente ou pelo cessionário, da promoção do registo (art. 242º-B, nº 1 CSC)[30];
- a comunicação (da cessão) à sociedade ou o reconhecimento dessa cessão por esta (art. 228º, nº 3 CSC);
- o registo da cessão (art. 3º, al. c) CRC).

A disciplina em causa é susceptível de suscitar dois tipos de problemas no específico quadro em análise.

Pode bem suceder que tenha sido efectuada a referida notificação, mas o registo da cessão de quotas não tenha sido realizado (cfr., *v.g.*, o art. 242º-E CSC). Há naturalmente que apurar responsabilidades (cfr. art. 242º-F CSC), mas não deixa de ser verdade que, enquanto não houver registo, o senhorio não pode conhecer a *cessão de quotas*.

Mas pode ainda dar-se a situação de ter havido registo (pelo cedente ou pelo cessionário) – e assim a possibilidade de o senhorio conhecer da existência da cessão de quotas –, conquanto inexista a comunicação à sociedade, pelo que a transmissão é ineficaz em relação a esta.

Ali, a questão resolve-se de acordo com as regras da responsabilidade civil. Aqui, os interesses do locador parecem ceder em face dos interesses da sociedade.

De todo o modo, pressupondo a existência de regularidade dos procedimentos, se a cessão importar a transmissão em mais de 50%, o senhorio pode socorrer-se do regime do art. 1101º, al. c) CC, NRAU.

Note-se que é assaz usual a existência no contrato de sociedade de uma cláusula de preferência dos sócios e/ou da sociedade na cessão onerosa de quotas[31]. Sendo, em princípio, válidas tais estipulações, impõe-se salientar que a transmissão da participação social por esta via importa – nos termos citados – as mesmas consequências da cessão a terceiros.

3.5.1.2. Venda da quota em processo executivo

O art. 239º CPC admite a penhora de quotas e a sua subsequente venda em processo executivo. Há, no entanto, algumas especificidades a destacar.

Em primeiro lugar, permite-se sem mais a referida penhora, impedindo que o contrato lhe possa opor quaisquer entraves (art. 239º, nº 2 CSC).

Todavia, a entrada de um estranho para a sociedade – por efeito da venda – é (ou pode ser) atenuada através de algumas medidas (uma convencional, outra legal), a saber:

[30] COUTINHO DE ABREU assinala que a solicitação da respectiva promoção do registo "vale também como comunicação à sociedade dessa cessão" (ob. cit., pp. 367 e 368).

[31] Ver, sobre o tema, COUTINHO DE ABREU, ob. cit., pp. 371 e 372.

- o contrato atribui à sociedade o direito a amortizar quotas em caso de penhora (art. 239º, nº 3 CSC);
- a lei estabelece um direito de preferência a favor dos sócios e, depois, da sociedade (ou de uma pessoa por ela designada) – art. 239º, nº 5 CSC.

A mera penhora da quota (que, *v.g.*, seja superior a 50%) não envolve modificação na relação arrendatícia.

Já a venda executiva implica a sua transferência – que se for superior a 50% ou perfizer juntamente com transmissões anteriores um valor acima do assinalado –, pelo que é susceptível de afectar o vinculismo locatício.

Cabe salientar que a aquisição da quota, na sequência do exercício do direito legal de preferência pelo sócio ou pela sociedade, está igualmente sujeita à disciplina do art. 26º, nº 6, al. b) NRAU.

3.5.2. Transmissão de acções

As acções tituladas ao portador transferem-se, em princípio, por entrega do respectivo título ao adquirente ou ao depositário por ele designado (art. 101º, nº 1 CVM), embora a transmissão possa operar – sem a correspondente *traditio* – por registo na conta do depositário indicado pelo adquirente, caso os títulos se encontrem já depositados junto deste.

Por sua vez, a transmissão das acções tituladas nominativas dá-se por declaração escrita no título a favor do transmissário (art. 102º CVM).

Quanto às acções escriturais, nominativas ou ao portador, é o registo na conta do adquirente que faz operar a transmissão (art. 80º, nº 1 CVM), conquanto se ressalve que "a compra em mercado regulamentado de valores mobiliários escriturais confere ao comprador, independentemente do registo e a partir da realização da operação, legitimidade para a venda nesse mercado" (art. 80º, nº 2 CVM).

Atendendo a que o problema da transferência da participação social que altere a titularidade em mais de 50% foi já desenvolvido *supra*, cabe apenas destacar a dificuldade (ou quase impossibilidade) de o senhorio se aperceber dessa cessão no caso de acções tituladas ao portador cuja transferência opere por entrega do título.

O preenchimento dos requisitos legais, que envolve a modificação da relação arrendatícia, é independente do tipo de acções transmitidas.

De todo o modo, cumpre salientar que pode haver uma especial e acrescida complexidade por parte do senhorio em conhecer (ou em detectar) a existência da transferência de acções tituladas ao portador com entrega do título ao respectivo adquirente. É certo que se pode afirmar que o art. 138º, nº 1 CIRS, que tem como epígrafe, "aquisição e alienação de acções e outros valores mobiliários", impõe aos "alienantes e adquirentes de acções" a obrigação de entrega "da declaração de modelo oficial à Direcção-Geral dos Impostos, quando a respectiva alienação ou a aquisição tenha sido realizada sem a intervenção das entidades referidas nos artigos 123º e 124º, nos 30 dias subsequentes à realização das operações"[32]. No entanto, este dever pode não ser cumprido ou o senhorio pode mesmo desconhecê-lo. Este mecanismo não é, pois, totalmente eficaz para averiguar da existência da transmissão.

3.5.3. Usufruto de participações sociais

É actualmente pacífico o usufruto de participações sociais[33]. Embora haja preceitos específicos que regulam esta figura em função do tipo de sociedade (cfr. art. 182º, nº 3, quanto às sociedades em nome colectivo, arts. 214º, nº 8, 233º, nº 4 e 269º, em relação às sociedades por quotas, e arts. 293º, art. 328º, al. c), art. 385º, nº 3, todos do CSC), o usufruto, em geral, incorpora as características gerais da figura: importa a transmissão temporária da respectiva participação, ficando o titular que cedeu o gozo diminuído nos seus poderes de uso e fruição.

Dado que se trata de uma transmissão temporária, cremos que o usufruto de participação social que supere os 50% não envolve, em princípio, qualquer modificação do regime vinculista, no pressuposto, claro está, de que a sociedade seja proprietária de um (ou de vários) estabelecimento(s) instalado em imóvel(is) arrendado(s). Não há aqui "a alteração da titularidade" da "posição ou [das] posições sociais" em "mais de 50%".

3.5.4. Penhor de participações sociais

Nada obsta igualmente ao penhor de participações sociais, havendo naturalmente regras especiais a aplicar atendendo à natureza do seu objecto. De todo o modo, não se modifica o quadro geral civilista do instituto.

A mera constituição da garantia (quanto a uma participação social que supere o valor percentual em causa) não faz operar qualquer modificação na relação arrendatícia, apesar de o penhor em causa ser tratado na lei "como uma sua virtual alienação"[34]. Vale o mesmo argumento atrás usado: inexiste qualquer alteração da titularidade da posição social.

Não se exclua, porém, que possa ocorrer a venda em execução do penhor. Verificando-se a mudança da titularidade da participação social (que exceda o valor em causa), então os arrendamentos de que seja titular a sociedade perdem o seu cariz vinculista.

[32] É o designado Modelo 4, relativo ao art. 138º CIRS (ver http://www.dgci.min-financas.pt/NR/rdonlyres/53645B30-318B-4B13-8E4F-E2813FEC9ED1/0/12a_MOD_4IRS_05.pdf).

[33] PEDRO PAIS DE VASCONCELOS, A participação social nas sociedades comerciais, cit., pp. 359 ss.

[34] PEDRO PAIS DE VASCONCELOS, A participação social nas sociedades comerciais, cit., p. 364.

3.5.5. Outros casos: amortização de participações sociais

Refira-se, em termos gerais, que a amortização de uma participação social importa a extinção da mesma.

Pela sua relevância curamos aqui da amortização de quotas, excluindo da nossa análise os casos de amortização por efeito da morte de um sócio (art. 225º, nº 2 e art. 226º, nº 1 ambos do CSC) em razão do disposto no art. 26º, nº 6, al. b) NRAU.

Dito isto, importa salientar que a amortização pode resultar da lei ou do contrato (arts. 232 a 237º CSC) e está sujeita ao preenchimento de dados requisitos (art. 232º, nº 3 e art. 236º, nº 1 ambos do CSC).

Relativamente às suas consequências no capital social da sociedade, podem figurar-se algumas alternativas:

- a correspondente redução do capital social;
- o aumento, na devida proporção, das quotas dos restantes sócios;
- a possibilidade de a quota figurar no balanço como quota amortizada;
- a faculdade de (posteriormente e por deliberação dos sócios) em vez da quota amortizada sejam criadas uma ou várias quotas destinadas a serem alienadas a um ou a alguns sócios, ou a terceiros (art. 237º, nº 3 CSC).

Para efeito da aplicação ou não do art. 26º, nº 6, al. b) NRAU, a questão aqui deve analisar-se casuisticamente, devendo usar-se como critério de aferição da aplicabilidade da norma enunciada o acto que se encontra por detrás da específica amortização.

3.6. A comunicação ao senhorio da transmissão da posição social ou o ónus de fiscalização pelo senhorio da transferência

Analisamos, em especial, as várias situações que emergem (directa ou indirectamente) do art. 26º, nº 6 NRAU. Mas a norma suscita outras perplexidades que o legislador não soluciona expressamente. Estamos a aludir à existência (ou não) de um dever de comunicação ao senhorio da transmissibilidade das posições sociais.

Com efeito, na sequência da alienação ou da oneração de estabelecimento comercial existe uma obrigação de comunicação da transferência da posição de arrendatário ou da cessão do gozo do imóvel (cfr. art. 1112º, nº 3 e art. 1109º, nº 2 ambos do CC, NRAU), a disciplina transitória não prevê tal dever nesta específica hipótese.

Acresce que o Código das Sociedades Comerciais apenas determina, *v.g.*, quanto à cessão de quotas, a sua comunicação à sociedade por escrito (ou o seu reconhecimento, expresso ou tácito, de tal cessão), sob pena de ineficácia (art. 228º, nº 3 CSC).

As dúvidas mantêm-se (e multiplicam-se até) no que toca à legitimidade para realizar a comunicação, ao prazo e ao conteúdo da eventual notificação, sem esquecer as consequências emergentes da sua falta ou da sua extemporaneidade (caso se entenda que há um prazo a observar).

Numa outra perspectiva, poder-se-ia até pensar que caberia ao senhorio questionar a qualquer momento a sociedade quanto à existência da eventual transmissão da posição ou das posições sociais, como de resto se dispunha no anteprojecto do NRAU, na parte relativa às disposições transitórias (art. 58º anteprojecto NRAU).

Na falta de medida expressa, parece caber ao locador o ónus de fiscalizar uma eventual transmissão que se tenha realizado. Pode efectuá-lo junto da competente Conservatória do Registo Comercial, requerendo regularmente a competente certidão que comprova (ou não) a existência da transmissão de participações sociais. Esta solução é pouco razoável e onerosa do seu ponto de vista. Pode, por isso, admitir-se até que, à luz do princípio da boa fé na execução dos contratos, seja solicitado ao inquilino (a sociedade) informação relevante sobre a temática, que deve, portanto, ser remetida ao senhorio.

3.7. Apreciação crítica específica

Note-se que, nas hipóteses analisadas, também não há qualquer mudança da posição de arrendatário. A sociedade comercial continua a ser a locatária do imóvel. Na maior parte dos casos não se verifica qualquer alteração na titularidade do(s) estabelecimento(s) comercial(is) de que é titular a sociedade. O negócio não envolve, de resto, qualquer benefício patrimonial para esta. Apenas os seus sócios transmitem as participações sociais.

Em função do exposto, pode concluir-se que a sanção que a lei comina é drástica para este específico arrendatário mercantil (a sociedade).

Acresce que o valor percentual encontrado ("mais de 50%") é bastante limitativo. Relembre-se que a doutrina equiparava, para certos efeitos, a situação à disciplina do trespasse do estabelecimento, mas tão só quando tal se justificasse. Dito de outro modo, quando se pudesse antever uma transmissão indirecta do(s) estabelecimento(s) comercial(is). Ora, sempre sustentamos que tal caminho deve restringir-se às hipóteses de transferência total ou por larga maioria das participações sociais[35].

Para além disso, não pode deixar de reconhecer-se que o legislador arrendatício interfere e imiscui-se excessivamente na vida societária. Com efeito, está agora a coarctar-se significativamente a transferência da posição dos sócios

[35] GRAVATO MORAIS, Alienação e oneração de estabelecimento comercial, cit., p. 124.

numa dada sociedade, pois isso é susceptível de alterar substancialmente o próprio destino daquela.

Figuremos um exemplo elucidativo (que pode não estar, em concreto, longe da realidade): uma sociedade é proprietária de 10 estabelecimentos comerciais instalados em imóveis arrendados a vários senhorios; a alteração da titularidade das posições sociais em mais de 50%, conquanto não acarrete a transmissão dos 10 estabelecimentos comerciais (que permanecem na sua esfera jurídica, já que o objecto do negócio são, *v.g.*, tratando-se de uma sociedade por quotas as próprias quotas)[36], nem a cessão da posição de arrendatária, envolve a perda do principal benefício vinculista para a sociedade; esta estaria sujeita à denúncia imotivada do contrato de arrendamento em relação aos 10 imóveis onde tinha instalado os 10 estabelecimentos; tal situação configura seguramente uma perda financeira muito significativa, podendo mesmo acarretar, no limite, a insolvência da própria sociedade, já que teria que arrendar novos prédios para instalação dos vários estabelecimentos que detinha.

Para finalizar, deve referir-se que muito provavelmente se pretendeu prevenir a transferência de participações sociais que configurassem *trespasses ocultos*. Procura-se, assim, evitar a fraude à lei e, portanto, a utilização de mecanismos que impedissem a transmissibilidade, de facto, da posição de arrendatário. No entanto, a solução ditada parece ser, na maior parte dos casos, excessiva e desmesurada, não levando em consideração os interesses societários.

4. Efeitos da verificação das circunstâncias que afectam o vinculismo

Importa agora conhecer, mais detalhadamente, as consequências que decorrem da verificação das vicissitudes que afectam o vinculismo.

Determina o proémio do art. 26º, nº 6 NRAU que, em relação aos arrendamentos não habitacionais – onde se integra o arrendamento comercial – "cessa o disposto na alínea c) do nº 4 [do art. 26º]", o qual prevê, como se sabe, que "não se aplica a alínea c) do art. 1101º do Código Civil".

Portanto, o art. 26º, nº 6, proémio NRAU manda aplicar a disciplina do arrendamento habitacional relativa à denúncia imotivada.

Assim, através do recurso ao argumento *a contrario sensu*, pode afirmar-se que o senhorio pode agora fazer cessar, *ad libitum* e a todo o tempo, o contrato de arrendamento comercial (originariamente sem duração limitada) com uma antecedência de 5 anos em relação à data em que pretende operar a extinção.

[36] Nem se tratava, *in casu*, de uma transferência oculta dos estabelecimentos comerciais que pertenciam à sociedade.

De todo o modo, impõe-se ainda a "confirmação da denúncia" entre o 15º e o 12º meses relativamente à data da sua efectivação, sob pena da ineficácia da declaração que visou essa mesma denúncia (art. 1104º CC, NRAU).

Portanto, o que daqui resulta é que a verificação de uma qualquer das circunstâncias a que fizemos alusão afecta o contrato de arrendamento mercantil de tipo vinculístico, sujeitando-o a um regime diverso.

Conquanto este já não se prorrogasse imperativamente em relação ao senhorio, pois foi transformado num contrato de duração indeterminada (logo sem prazo), agora confere-se ao locador a possibilidade de lhe pôr termo para um dado momento, embora com um longo período de pré-aviso. A protecção do arrendatário mercantil ou do novo arrendatário, consoante o facto ocorrido, é agora residual.

Não optou o legislador pela solução mais drástica, que seria a cessação do contrato por efeito de qualquer das vicissitudes a que aludimos.

Todavia, não pode deixar de se observar que a consequência consagrada representa para o arrendatário mercantil uma solução gravosa, que interfere com a própria negociação do estabelecimento, que claramente se limita em sede de direito transitório, e com a vida societária.

Cumpre, no entanto, realçar que a atribuição ao senhorio de um (novo) direito de denúncia, de cariz imotivado, nem sempre implicará que o locador do imóvel dele se socorra. Com efeito, as regras de actualização da renda relativas aos contratos anteriores a entrada em vigor do DL 257/95 são susceptíveis de evitar, pelo menos nalguns casos, que o senhorio exerça o direito em causa, porque já se encontra a receber uma retribuição compatível com o real valor locatício do prédio. No tocante aos contratos de arrendamento mercantil de tipo vinculístico concluídos posteriormente àquela data, a aproximação à renda real pode evitar uma eventual extinção do negócio.

Porém, não deixa de ser menos verdade que, independentemente destas considerações, o senhorio pode sempre pôr termo ao contrato.

Ora, na sequência da cessação do negócio, por via de denúncia injustificada, parece ser aqui aplicável o art. 1081º, nº 1 CC, donde é "imediatamente exigível ... a desocupação do local e a sua entrega" (ao contrário dos anteriores arts. 113º e 114º RAU).

Não sendo restituído o prédio, o contrato de arrendamento, acompanhado dos comprovativos das (duas) comunicações acima enunciadas – a da denúncia e a da sua confirmação –, pode servir de base à execução para entrega de coisa certa (art. 15º, nº 1, al. d) NRAU).

5. Da possível derrogação convencional do regime jurídico que quebra o vinculismo

5.1. O carácter imperativo da manutenção do vinculismo

O regime jurídico consagrado no art. 26º do NRAU, especialmente nos seus nº 4 (proémio e al. c)) e nº 6 (com específica ligação intrínseca entre eles), tem, a nosso ver, carácter imperativo.

Trata-se de situações que não admitem, pelo interesse público que lhes subjaz, o afastamento convencional.

Esta temática envolve duas facetas (que podem até conflituar), que devem ser analisadas, a saber:

- o interesse do senhorio em fazer cair por imposição ou por acto discricionário o vinculismo;
- o interesse do arrendatário em perpetuar o vinculismo.

Desta sorte, o afastamento da regra geral da continuidade do vinculismo (nº 4), o adicionar, por convenção, de vicissitudes ao nº 6 que levem à derrogação do cariz vinculista (ou perpétuo) do contrato de arrendamento mercantil (nº 6) – o que é do interesse do senhorio –, ou a manutenção do vinculismo para lá do que o nº 6 restringe – o que é do interesse do arrendatário mercantil –, não devem ser admissíveis.

5.2. A imperatividade moderada aposta no normativo

A imperatividade que entendemos consagrada na disposição é-o no sentido de impedir apenas a proibição do afastamento puro e simples do vinculismo.

Assim, não nos parecem admissíveis convenções – por via de aditamentos ao contrato de arrendamento – no sentido da manutenção do vinculismo apesar do trespasse do estabelecimento comercial ou de qualquer dos outros actos consagrados no art. 26º, nº 6 do NRAU. Esta é uma forma de perpetuar esse tipo de arrendamentos que não se concebe. Tal, de resto, contraria a razão de ser da lei, que pretende justamente que certas vicissitudes afectem o carácter temporalmente ilimitado do arrendamento. Tais estipulações manteriam ilimitado o arrendamento mercantil, contrariando pura e simplesmente o que se pretende na nova lei.

Igualmente não admitimos que se preveja a falta de consequências para qualquer um dos actos previstos no art. 26º, nº 6 NRAU. Isso poderia significar o perpetuar do arrendamento.

Tais cláusulas são nulas, nos termos do art. 294º do CC.

Mas, a nosso ver, o carácter injuntivo do preceito não é absoluto. Queremos com isto afirmar que há casos em que se devem admitir convenções que afastem, de modo relativo, o preceituado no art. 26º, nº 6.

Desta sorte, já consideramos – porque o regime actual também o permite quanto aos contratos do presente – que é possível, com a concordância do senhorio, estender o prazo de pré-aviso de denúncia deste para além dos 5 anos, à luz da regra da liberdade contratual (art. 1110º, nº 1 do CC, NRAU).

Do mesmo modo, consideramos válidas as estipulações que impeçam durante um certo período de tempo, mais ou menos longo (meses ou eventualmente anos) que o senhorio não possa denunciar o contrato depois de ocorrida uma das vicissitudes previstas no art. 26º, nº 6 NRAU[37]. É a mesma lógica apontada acima que prevalece: se o legislador admite que os contratos do presente estejam sujeitos à regra da liberdade contratual, tal deve valer para os contratos do passado, desde que o senhorio assim o consinta prévia, contemporânea ou postecipadamente à vicissitude em causa.

6. Notas finais

Como expressámos, a mudança de regime por efeito da verificação de uma das vicissitudes aplica-se a todos os contratos realizados perante qualquer das disciplinas do pretérito (RAU e Código Civil) e, portanto, mesmo quando as partes tinham a possibilidade de escolher em vez de um negócio vinculista (de grau amplo) um contrato de duração limitada, que expressava uma protecção do arrendatário de grau reduzido.

Ora, se o senhorio (no âmbito do princípio da liberdade de celebrar ou não um determinado tipo de contrato) não quis, nem pretendeu – a partir de 5 de Outubro de 1995 – a conclusão de um negócio do primeiro tipo referido, cabe questionar porque razão o legislador se imiscuiu agora no contrato de arrendamento comercial celebrado impondo às partes – *e em especial ao senhorio* – um regime de cariz diverso, que confere escassa segurança ao inquilino. A solução encontrada não se compreende e desconsidera a vontade das partes.

Cumpre notar que, do confronto com o locatário habitacional, bem pode afirmar-se que a protecção do arrendatário comercial "sobreviveu" à reforma de 90, apenas cedendo em dados aspectos em 1995. Mas, na actual reforma de 2006, os interesses deste último forma afectados de forma muito substancial e até desmesurada no confronto com a disciplina transitória habitacional.

[37] Tal aliás é admitido no art. 1098º, nº 2 CC, NRAU, embora aí com benefício para o senhorio (já que impõe uma duração efectiva do contrato de arrendamento com prazo certo de 6 meses).

§ 2. Denúncia motivada para habitação

1. Considerações gerais

A restrição decorrente do art. 26º, nº 4, al. c) NRAU não se estende às outras alíneas do art. 1101º CC (isto é, às als. a) e b) do mesmo normativo).

Atentemos nas hipóteses previstas naquela, deixando para posterior análise esta[38]. Assim, limitamos em seguida o nosso estudo às hipóteses de "necessidade de habitação pelo próprio [senhorio] ou pelos seus descendentes em 1º grau" (al. b)), deixando para momento ulterior as situações em que o senhorio pretende a "demolição ou [a] realização de obra de remodelação ou [de] restauro profundos" (al. c)), sem prejuízo dos demais pressupostos dos arts. 1102º e 1103º CC, NRAU.

A sistematização seguida deve-se ao facto de, por um lado, a denúncia motivada para habitação ser aplicável a qualquer contrato vinculista e, por outro lado, à circunstância de ter sido consagrado um regime transitório especial para a denúncia motivada para demolição ou para obras de remodelação ou de restauro profundos, a qual resulta dos arts. 23º ss. DL 157/2006, de 8 de Agosto, e que é apenas empregue aos contratos celebrados anteriormente à entrada em vigor do DL 257/95.

2. Denúncia para habitação do senhorio

2.1. Antecedentes

O senhorio pode fazer cessar a todo o tempo, agora justificadamente, o contrato de arrendamento comercial sem duração indeterminada.

Aliás, já o podia fazer no quadro do anterior regime. Nada impedia, posto que preenchidos os requisitos legais, a denúncia do contrato nos termos previstos nos arts. 68º, nº 2, 69º a 73º RAU[39].

Tais casos sempre assumiram uma vertente excepcional, sendo que actualmente se aproximam, do ponto de vista da exigência e sob o aspecto substancial, dos pressupostos do anterior RAU.

Tal disciplina não contende com a faceta vinculista que se entendeu, por princípio, preservar.

[38] Cfr. infra, neste capítulo, Sec. IV, § 1, 1.

[39] Ver, sobre o assunto, JANUÁRIO GOMES, Arrendamentos Comerciais, 2ª Ed. Remodelada (reimpressão), Coimbra, 1993, pp. 286 ss.

2.2. Os requisitos da denúncia em especial

Os arts. 1102º e 1103º CC, NRAU consagram um conjunto de requisitos de índole diversa e globalmente muito exigentes para que o senhorio possa denunciar fundadamente o contrato de arrendamento comercial para sua habitação.

2.2.1. Substanciais

Tratemos, em primeiro lugar, dos pressupostos materiais, justificativos da extinção.

Desde logo, a denúncia deve ter na sua base a "necessidade de habitação" (art. 1101º, al. a), 1ª parte CC, NRAU), impondo-se ainda que tal desiderato seja prosseguido "pelo senhorio" (art. 1101º, al. a), 1ª parte CC, NRAU).

Quanto aos outros requisitos substanciais do passado, todos eles se mantêm.

Por um lado, exige-se a verificação de uma de duas circunstâncias em relação ao senhorio, dependentes da sua situação e do tempo ou da transmissibilidade do imóvel, sem que aqui o elemento temporal tenha qualquer tipo de interferência. Senão vejamos.

O art. 1102º, nº 1, al. a), 1ª parte CC, NRAU determina que só pode propor a acção de despejo, por denúncia motivada, o locador que é proprietário, comproprietário ou usufrutuário do prédio. Para além disso, deve deter qualquer uma destas qualidades há mais de cinco anos.

Alternativamente, ao abrigo da parte final da al. a) do nº 1 do art. 1102º CC, NRAU, basta a mera aquisição do prédio por sucessão para que se preencha este sub-requisito material[40]. Não há, *in casu*, dependência de um período temporal.

Mas o legislador determina ainda, tal como no revogado RAU, que o locador não tenha há mais de um ano, em determinada zona, casa própria ou arrendada que satisfaça as suas necessidades de habitação (art. 1102º, nº 1, al. b) CC, NRAU[41]).

Igualmente se conjuga a vertente temporal (que agora funciona por omissão, ou seja, exige-se que "não tenha...") com um outro elemento de fundo que funciona nos mesmos termos. O facto de o senhorio ser o proprietário de um prédio ou ser arrendatário de um imóvel que satisfaça as suas necessidades habitacionais na zona em causa preclude a utilização desta via.

As limitações estendem-se a um outro nível. Se o senhorio, nessa qualidade, tiver arrendado vários imóveis (independentemente do fim, ou seja, para habitação ou não), sendo que os contratos ainda estão em vigor, então a denúncia justificada apenas se admite relativamente ao locado arrendado há menos

[40] A disposição é idêntica ao revogado art. 71º, nº 1, al. a) RAU.

[41] Também aqui a regra é similar ao antigo art. 71º, nº 1, al. b) RAU.

tempo, no pressuposto que satisfaça as necessidades de habitação própria e da família (art. 1102º, nº 2 CC, NRAU[42]).

Portanto, se existirem dois imóveis arrendados para habitação (de 1970 e 1992) e um outro arrendado para comércio (de 1989) – pertencentes ao mesmo senhorio – há que ver qual o prédio locado há menos tempo. Caso seja aquele, é o contrato mais recente objecto de denúncia. De todo o modo, cremos que na hipótese de se verificar objectivamente qualquer dos impedimentos ao exercício do direito de denúncia motivada (*v.g.*, quanto ao primeiro negócio – o realizado em 1970 –, ocorre que o arrendatário habitacional tem mais de 65 anos ou reside no locado há mais de 30 anos), pode o senhorio de imediato denunciar o contrato imediatamente menos recente, *in casu*, o contrato de arrendamento comercial.

Note-se que o requisito que emerge do art. 1102º, nº 1, al. a) CC, NRAU deve verificar-se em relação ao senhorio.

2.2.2. Processual

A denúncia imotivada em análise é efectuada "nos termos da lei de processo". Assim, tal como outrora, não se prescinde da correspondente propositura da acção de despejo (art. 14º NRAU).

2.2.3. Temporais

Este modo de extinção do contrato está ainda subordinado a um conjunto vasto de pressupostos de índole meramente temporal.

Desde logo, da "denúncia não pode resultar uma duração total do contrato inferior a cinco anos" (art. 1103º, nº 7 CC, NRAU). Ora, não é crível que este seja um efectivo obstáculo à denúncia nos arrendamentos vinculistas, visto que, na sua larguíssima maioria, já perduram há mais tempo.

Impõe-se, no entanto, uma outra condição temporal prévia: a acção de despejo necessita de ser instaurada com um certo tempo de antecedência – *in casu*, de 6 meses – em relação ao momento em que se pretende a desocupação (art. 1103º, nº 1, parte final CC, NRAU)[43].

O objectivo é o de dar ao arrendatário um certo período para preparar a sua saída do locado. Não se exige, todavia, que o senhorio faça a denúncia para o termo do prazo do contrato (cfr. o antigo art. 70º RAU), pois este *transformou-se* num negócio sem prazo. Acolhe-se, por esta via, a regra do imediatismo da denúncia.

[42] O normativo corresponde ao revogado art. 71º, nº 2 RAU.

[43] Há diferenças entre esta regra e o correspondente art. 70º RAU, que fazia referência ao fim do prazo.

2.2.4. Indemnizatório

A cessação do contrato está dependente do pagamento, pelo senhorio ao arrendatário, de um montante ressarcitório que "não pode ser inferior a um ano de renda" (art. 1102º, nº 1 CC, NRAU e art. 26º, nº 4, al. b) NRAU).

Este foi o critério que se entendeu adequado e que serve como forma de indemnizar os danos sofridos pelo inquilino com a extinção *abrupta* do contrato e a consequente imposição do abandono do locado.

Em relação ao passado, atenua-se o valor a pagar, pelo menos em abstracto, em virtude de, no RAU, tal importância ascender a dois anos e meio da renda vigente, portanto 30 meses (cfr. o revogado art. 72º RAU).

No entanto, em concreto pode revelar-se superior em razão da actualização extraordinária de renda prevista no NRAU, já que se tem em conta, como afirmámos, o montante mensal, mas agora calculado ao abrigo dos arts. 30º e 31º NRAU (art. 26º, nº 4, al. b) NRAU).

2.2.5. Pós-contratuais

Reconhecido pelo tribunal o motivo da denúncia e verificada a desocupação (e a entrega) do imóvel pelo arrendatário, o senhorio encontra-se adstrito ao cumprimento de dois específicos deveres de utilização do prédio.

Dado que a denúncia se fundamentou na necessidade de habitação, é razoável a imposição de um curto período temporal para dar ao imóvel o respectivo uso (habitacional). O prazo tido como adequado é de 6 meses (art. 1103º, nº 2, 1ª frase CC, NRAU), o que configura uma extensão do anterior prazo de 60 dias constante do RAU (art. 72º, nº 2, 1ª parte CC, NRAU).

Acresce que o momento da utilização efectiva do locado pelo senhorio – e aqui parece relevar a data em que o ex-locador começa a transferir, ainda que naquele não habite, os móveis para a sua nova residência, ou a altura em que começa a realizar obras de melhoramento do imóvel – marca o início do período mínimo de 3 anos em que se deve verificar essa específica utilização (art. 1103º, nº 2, parte final CC, NRAU). Em relação ao regime do passado, mantém-se o prazo de permanência no locado de 3 anos.

Quanto a uma eventual desocupação do prédio pelo proprietário, ex-senhorio, durante esse período, o art. 1103º, nº 6, parte inicial CC, NRAU refere-se a "caso de força maior" que permite exonerar aquele da obrigação de utilização. No RAU não se admitia que estivesse devoluto durante mais de um ano sem motivo de força maior (art. 72º, nº 2 RAU).

Mas qual o significado da expressão "força maior" nesta específica hipótese. Isto porque, por exemplo, o art. 1072º, nº 2, al. a) CC, NRAU alude à "força maior" e à "doença". Ora, parece-nos que a expressão em análise engloba também esta última justificação, sendo por isso igualmente causa de exclusão da responsabilidade do proprietário do imóvel.

Dito isto, cabe referir que o senhorio está impedido de arrendar novamente o prédio a outrem. Isso significaria desvirtuar o mecanismo da denúncia posto ao seu dispor.

De igual sorte se encontra proibido de usar o imóvel para um outro fim, *v.g.*, o comércio ou o exercício de profissão liberal.

O incumprimento pelo proprietário do locado (e ex-senhorio) dos deveres de utilização decorrentes do nº 2 do art. 1103º CC, NRAU, é sancionado de forma gravosa.

Por um lado, torna-se "responsável por todas as despesas e demais danos, patrimoniais e não patrimoniais, ocasionados ao [ex-]arrendatário" (art. 1103º, nº 6, 3º trecho CC, NRAU). Estipula-se, de resto, um limite mínimo indemnizatório de dois anos de renda vigente. Este valor suscita, desde logo, a questão de saber se o "ex-inquilino" necessita de provar os prejuízos causados. A resposta é, quanto a nós, negativa. A esta quantia aquele tem sempre direito. Caso consiga demonstrar que foram ocasionados danos em valor superior ao de dois anos da renda vigente, então é essa a soma devida.

Note-se que, no regime do pretérito, se estabelecia uma dupla indemnização: de "dois anos e meio de renda à data do despejo" (art. 72º, nº 1 *ex vi* art. 72º, nº 2 ambos do RAU), a ela acrescendo a "importância correspondente a dois anos de renda" (art. 72º, nº 2 RAU).

A inexistência de um tecto indemnizatório superior parece-nos criticável. Tanto mais que todos os danos, incluindo os não patrimoniais, são ressarcíveis. Para além disso, basta que o inadimplemento se reporte à violação de um desses deveres pós-contratuais. O critério é desajustado e inadequado.

Mas este não é o único efeito emergente do incumprimento dos deveres de utilização efectiva para o fim invocado. Tal inadimplemento confere igualmente ao arrendatário o direito à reocupação do locado (art. 1103º, nº 6, última frase CC, NRAU). Repristina-se, assim, o contrato de arrendamento, denunciado pelo senhorio.

Esta sanção – que não tem cariz inovador em relação ao RAU, já que o art. 72º, nº 2, *in fine* desse diploma legitimava o locatário a reocupar o imóvel – pressupõe que o antigo inquilino instaure a competente acção judicial para reaver o prédio[44].

Esta via parece-nos pouco exequível do ponto de vista prático. Pressupõe-se o exercício de uma apertada vigilância sobre o locado após a sua restituição,

[44] Podendo aqui discutir-se se deve correr por apenso à acção de despejo ou processado como um mero incidente. Ver ARAGÃO SEIA, Arrendamento Urbano, cit., p. 527.

o que só será possível, *v.g.*, se o ex-arrendatário mantiver a sua vida familiar num local muito próximo ao do imóvel onde residiu. Acresce que a referida acção não é seguramente decidida em curto prazo, pelo que a reocupação efectiva pode demorar um bom par de anos.

2.3. Denúncia para habitação dos descendentes em 1º grau

A denúncia pode ainda ser efectuada pelo senhorio com base na necessidade de habitação do prédio pelos descendentes em primeiro grau (art. 1101º, al. a), parte final CC, NRAU).

Desta sorte, excluem-se todos os outros descendentes de grau superior (2º ou 3º), netos ou bisnetos do locador, de obterem o locado para aquela finalidade.

De todo o modo, o adoptado pleno[45] do senhorio deve ser equiparado aos descendentes em 1º grau, atento o facto de adquirir a situação de filho do adoptante e de se integrar com os seus descendentes na família daquele (art. 1986º CC). O regime é-lhes, a nosso ver, igualmente aplicável.

Este direito de denúncia "está sujeito à verificação do requisito previsto na alínea a) do nº 1 relativamente ao senhorio" (ou seja, que ele seja o proprietário, comproprietário ou usufrutuário do prédio há mais de 5 anos ou, independentemente desse prazo, se o tiver adquirido por sucessão) e "do da alínea b) do mesmo número para o descendente" (isto é, que este não tenha há mais de um ano, na área dos concelhos de Lisboa ou Porto e seus limítrofes, ou no respectivo concelho quanto ao resto do país, casa própria ou arrendada que satisfaça as suas necessidades de habitação) – art. 1102º, nº 3 CC, NRAU.

2.4. Inexistência de impedimentos à denúncia motivada para habitação

Na situação em análise, ao invés do arrendamento habitacional, o arrendatário comercial não pode invocar impedimentos ao exercício pelo senhorio (ou pelos seus descendentes em 1º grau) ao direito de denúncia motivada.

Apesar de se manter em vigor o art. 107º RAU[46] (art. 26º, nº 4, al. a) NRAU), este normativo não é aplicável nesta sede.

[45] A solução afigura-se discutível quanto aos adoptados restritos. As limitações emergentes desta específica qualidade levam-nos a rejeitar tal possibilidade.

[46] Prevêem-se na disposição um conjunto de pressupostos que "limitam" (ou melhor impedem) o exercício do direito de denúncia pelo senhorio. Refiram-se, entre outros, o facto de o arrendatário ter "65 ou mais anos de idade", a circunstância de o inquilino se encontrar "na situação de reforma por invalidez absoluta" ou a "man[utenção] no local arrendado há 30 ou mais anos, nessa qualidade" (art. 107º, nº 1, als. a) e b) RAU – com a redacção dada pelo DL 329-B/2000, de 22.12).

II – DA INOPONIBILIDADE DO SENHORIO À RENOVAÇÃO DO CONTRATO VINCULISTA

1. O problema suscitado

Tem sido suscitado, recentemente, o problema de saber se o senhorio – já que está impedido de denunciar o contrato imotivadamente (já que não ocorreu qualquer vicissitude prevista no art. 26º, nº 6 NRAU), nem justificadamente se encontram preenchidos os pressupostos exigentes – se pode opor à renovação de um contrato de arrendamento mercantil celebrado há mais de 30 anos, depois da entrada em vigor do NRAU.

Os casos postos assentam nas seguintes premissas:

- o contrato de arrendamento comercial foi celebrado há mais de 30 anos;
- seguia, à data da sua conclusão, o único regime possível quanto à duração do contrato: o da prorrogação imperativa do contrato (por iguais períodos) em relação ao senhorio.
- após a entrada em vigor do NRAU (28 de Junho de 2006), mas apenas quando o contrato perfez 30 anos de vigência, os senhorios comunicam ao inquilino a oposição à renovação do contrato, a operar em data específica dependendo do período de duração do contrato (em regra, 6 meses ou um ano).

2. As posições existentes

Há quem entenda que tal caminho se mostra admissível à luz da nova lei e do regime transitório nela consagrado.

Foi o caso do Acórdão do Supremo Tribunal de Justiça, de 27 de Maio de 2010[47].

Discordamos de tal entendimento, a par do que outros tribunais já fizeram, como foi o caso do Ac. Rel. do Porto, de 23 de Fevereiro de 2010[48].

Na verdade, como sustentamos, a única via possível para o senhorio é a da denúncia (imotivada ou motivada) do contrato de arrendamento comercial vinculista (preenchidos os requisitos assinalados atrás), sendo liminarmente de afastar a possibilidade de oposição à renovação, tendo em conta, entre outros fundamentos, que a nova lei aplica ao contrato (com prazo, mas que era perpétuo em relação ao senhorio) as regras dos negócios de duração indeterminada.

[47] Ver Ac. STJ, de 27 de Maio de 2010 (HÉLDER ROQUE), www.dgsi.pt.

[48] Cfr. Ac. Rel. Porto, de 23.2.2010 (VIEIRA E CUNHA), www.dgsi.pt, onde se afirma clara e peremptoriamente que os arts. 26º a 28º do NRAU impedem o regime da denúncia livre, não sendo aplicável, desta sorte, o disposto no art. 1055º do CC, NRAU (p. 5).

3. Crítica à orientação que defende a possibilidade de oposição à renovação do contrato vinculista; argumentação e contra-argumentação.

Vejamos a argumentação usada pelo Supremo Tribunal de Justiça, no aresto de 27 de Maio de 2010, e a nossa contra-argumentação.

3.1. Relevo da nova política (legal) de dirigismo contratual e desconsideração do regime transitório previsto

No aresto do STJ, destaca-se o art. 59º NRAU, especialmente os seus nºs 1 e 3.

Determina-se naquele número que "o NRAU aplica-se aos contratos celebrados após a sua entrada em vigor, bem como às relações contratuais constituídas que subsistam nessa data, sem prejuízo do previsto nas normas transitórias" (sublinhado nosso).

Neste número (o nº 3) especifica-se que "as normas supletivas contidas no NRAU só se aplicam aos contratos celebrados antes da entrada em vigor da presente lei quando não sejam em sentido oposto ao de norma supletiva vigente aquando da celebração, caso em que é essa a norma aplicável".

O tribunal serve-se dos dois referidos números para afirmar que "só quanto aos preceitos imperativos essa aplicação está, de imediata, garantida, mas já não quanto às normas supletivas, que apenas se aplicam aos contratos celebrados antes da entrada em vigor da presente lei quando não sejam em sentido oposto ao de norma supletiva vigente aquando da celebração, caso em que é esta a norma aplicável" (2º § da p. 9 do aresto).

E justifica a posição: "é que o estatuto do contrato, ou melhor o estatuto da autonomia privada ... sempre foi um estatuto subordinado ao "estatuto legal", razão pela qual a lei nova assumindo uma política de dirigismo contratual, visando proteger interesses colectivos, com repercussões na economia, como acontece com a situação dos arrendamentos que perduram há mais de trinta anos, restringe o domínio da autonomia contratual e é, em regra, de aplicação imediata" (§ 3, da p. 9 do aresto).

Deve referir-se, em primeiro lugar, que o nº 1 do art. 59º do NRAU estabelece uma regra geral (na primeira parte) e um regime de excepção (na parte final).

Aquela, diz-nos que o NRAU é aplicável aos contratos celebrados depois da sua entrada em vigor e ainda às relações contratuais constituídas que subsistam nessa data. Tal significa que aos contratos antigos se empregam, em princípio, as disposições do NRAU.

Esta, exclui as normas específicas de cariz transitório (que são muitas, variadas e algumas até densas), que visam aplicar-se aos contratos celebrados antes da entrada em vigor do NRAU e que perdurem para além dele.

Ora, o tribunal não encontrou uma norma de cariz transitório que resolvesse a questão posta: a da admissibilidade (ou não) da prorrogação do contrato de arrendamento. Parece-nos, no entanto, que ela existe. Senão vejamos.

O art. 26º, nº 4 do NRAU – que é uma norma imperativa, de interesse e ordem pública –, destaca peremptoriamente, no seu proémio, que "os contratos sem duração limitada [portanto, os vinculísticos] regem-se [a partir da data da entrada em vigor do NRAU] pelas regras aplicáveis aos contratos de duração indeterminada... (sublinhados nossos)".

Daqui resulta expressamente que a disciplina dos contratos antigos (os vinculistas) passou a ser a dos contratos de duração indeterminada, que são aqueles que se lhes equiparam "ex lege".

Conclui-se, assim – de acordo com o regime-regra expresso nos arts. 1099º ss. do CC, NRAU – que os contratos de arrendamento antigos só podem cessar por denúncia (do arrendatário – art. 1100º do CC, NRAU – ou do senhorio – arts. 1101º ss. do CC, NRAU) e deixaram de poder extinguir-se por oposição à renovação (que, recorde-se, só o inquilino o podia fazer).

Por outro lado, os contratos vinculísticos deixaram de se prorrogar, em particular para efeito da respectiva oposição [pelo arrendatário[49]], com a entrada em vigor da nova lei.

Mas do regime transitório, constante dos arts. 26º ss. do NRAU, em especial do número 4 do art. 26º, emergem especificidades muito relevantes.

Uma delas é a que estabelece o princípio geral da "não [aplicação] da alínea c) do art. 1101º do Código Civil". Isto significa, quanto ao senhorio, que a denúncia apenas pode ser motivada (art. 1101º, als. a) e b) do CC, NRAU), já que se impede, em relação aos contratos antigos, o emprego do preceito (justamente o art. 1101º, al. c) do CC, NRAU que permite a denúncia imotivada e a todo o tempo). Deste modo, mantém-se o vinculismo arrendatício dos contratos do pretérito. Outra não pode ser a conclusão[50].

E tanto assim é que se cria um regime muito próprio para uma eventual quebra do vinculismo, permitindo ao senhorio fazê-lo a partir do momento em que ocorram determinadas vicissitudes: as previstas no art. 26º, nº 6, al. a) ou al. b) do NRAU.

Ora, se seguíssemos o raciocínio do aresto, estaríamos a desconsiderar o regime transitório e, em particular, os distintos modos de quebra do vinculismo arrendatício (resultantes do art. 26º, nº 6 NRAU), que não deixam de ser duros e gravosos para o inquilino, muito embora se reconheça que esta situação assim

[49] Já que o senhorio não o podia fazer: nem à luz do Código Civil de 1966, nem à luz do RAU.

[50] No tocante ao arrendatário, aplica-se sem restrições a regra da denúncia imotivada e a todo o tempo (art. 1100º do CC).

se manteve fruto de uma inércia legislativa duradoura que perpetuou o arrendamento sem razões aparentes ou bastantes.

O tribunal, surpreendentemente, relevou a política de dirigismo contratual que emerge da lei, desconsiderando em absoluto a norma transitória que estabelece um regime especial para a denúncia imotivada pelo senhorio (e pelo arrendatário).

Cabe ainda dizer que, do confronto entre os anteprojectos RNAU e NRAU (tendo sido este que deu origem, com algumas mutações, à nova lei), são visíveis as suas diferenças a este nível. De resto, este contraria os princípios mais duros daquele, que fazia cessar o vinculismo num curto prazo, se as partes não chegassem a acordo[51]. Nunca foi propósito do anteprojecto do NRAU e do próprio NRAU fazer cessar abruptamente o vinculismo arrendatício.

3.2. Destaque do conflito entre normas supletivas

Atentemos agora no confronto de normas em razão do seu tipo.

O tribunal, de acordo com a análise do nº 3 do art. 59º NRAU, afirma, por outro lado, o seguinte: do confronto entre as normas supletivas – as contidas no NRAU e as do regime supletivo vigente aquando da celebração do contrato –, aquelas (as do NRAU) só prevalecem quando forem no mesmo sentido da norma supletiva aplicável ao tempo da conclusão do contrato.

Pode, desta forma, inferir-se o seguinte: se as disposições (supletivas) não forem no mesmo sentido, deve dar-se prevalência à norma supletiva aplicável ao tempo do contrato.

Exemplifiquemos:

- o art. 1075º, nº 2 CC, NRAU, referente ao momento o vencimento das rendas, vai no mesmo sentido do art. 20º RAU (quanto à mesma temática); logo, há que empregar aquela norma (1ª hipótese enunciada);
- o art. 1076º, nº 1 do CC, NRAU permite a antecipação das rendas, havendo acordo escrito, por período não superior a 3 meses, diversamente do art. 21º, nº 1 do RAU, que apenas faculta a antecipação da renda até um mês; donde há que aplicar o regime desta norma do RAU se o negócio foi celebrado à sua luz (2ª hipótese enunciada).

Cabe, por outro lado, realçar, a *contrario sensu*, que se o conflito for entre uma norma imperativa e uma disposição supletiva, esta (naturalmente) cede perante aquela.

[51] Ver FRANCISCO CASTRO FRAGA e CRISTINA GOUVEIA CARVALHO, "O regime transitório", O Direito, 2004, II, III, pp. 367 ss.

Ora, em primeiro lugar, o art. 26º, nº 4 NRAU, não é uma norma supletiva, mas antes uma disposição imperativa, como tivemos oportunidade de referir.

Em segundo lugar, como decorrência do que dissemos no ponto anterior, inexiste qualquer conflito entre normas supletivas.

Em terceiro lugar, o art. 1055º do CC invocado pelo tribunal, no quadro do Código Civil de 1966, é um preceito aplicável à locação em geral.

Mas a disposição em causa tem, tal como se salienta adequadamente no aresto, cariz supletivo. E apenas era empregue em relação ao inquilino. Todavia, a norma jamais (ou sequer) era aplicável, em sede de arrendamento urbano, quanto ao senhorio.

O locador apenas podia denunciar o contrato (justificadamente) nos casos previstos no art. 69º do RAU – o que tem óbvios contornos distintos da denúncia imotivada (ou da oposição à renovação). E, naquelas circunstâncias, o art. 70º do RAU configura "uma norma imperativa", que permitia "a denúncia [ou melhor, a oposição à prorrogação do contrato] a exercer pelo senhorio ... com uma antecedência de 6 meses relativamente ao fim do prazo do contrato..."[52].

3.3. Aplicação de normas próprias dos contratos de arrendamento com prazo certo aos contratos de arrendamento de duração indeterminada (ou a ele equiparados)

Cumpre igualmente referir que, na decisão, se utiliza, *ab initio*, uma disposição do Código Civil, por força da reforma do NRAU, outrora aplicável aos contratos de arrendamento vinculísticos – o art. 1055º do CC, NRAU.

Na verdade, à luz das leis antigas (limitando a nossa análise ao CC e ao RAU), essa regra tinha uma dupla faceta: empregava-se aos contratos vinculísticos (do lado e só do lado do arrendatário, como vimos) – art. 1055º CC de 1966 e art. 68º, nº 1 RAU; e utilizava-se, para além disso, no regime da locação em geral.

Ulteriormente, segue o tribunal o mesmo caminho, quando aplica o art. 1096º, nº 2 e o art. 1097º (*ex vi* art. 1110º do CC, NRAU), ambos do CC, NRAU.

Acontece que os arrendamentos em causa são vinculísticos e utilizando as palavras da lei, "regem-se" actualmente pelas regras dos contratos de duração indeterminada. É esta *equiparação* de regras que impede o emprego das normas citadas ao caso concreto, as quais tem como epígrafe "oposição à renovação", "renovação automática" e "oposição à renovação deduzida pelo senhorio". Ora, jamais se poderiam usar para os contratos celebrados por tempo indeterminado,

[52] ROMANO MARTINEZ, Direito das Obrigações (Parte especial) Contratos, 2ª Ed., Coimbra, Almedina, 2007 (3ª reimpressão da edição de 2001), p. 224 (embora o autor sempre se refira à denúncia, mas em bom rigor está em causa apenas uma situação de oposição à renovação do contrato).

que não são tidos como prorrogáveis no quadro da nova lei. O seu campo de aplicação reduz-se, à luz do CC, NRAU, aos contratos com prazo certo.

E tanto assim é que no art. 1103º, nº 1 do CC, NRAU, relativo à denúncia mas agora motivada (nos contratos de duração indeterminada), se consagra que deve ser feita "com antecedência não inferior a seis meses sobre a data pretendida para a desocupação" (sublinhado nosso). No RAU, a homóloga norma – o art. 70º – referia-se à mesma antecedência mínima de 6 meses relativamente "ao fim do prazo contratual" sublinhado nosso). A diferença assinalada demonstra que, nos nossos dias, os contratos vinculísticos deixaram de ter prazo, pois são equiparados aos contratos celebrados por tempo indeterminado.

3.4. Faculdade de oposição à renovação dos contratos de arrendamento (pelo senhorio) que perduram há mais de 30 anos

Outros dos argumentos usados pelo tribunal foi o de que um arrendamento que perdura consecutivamente há mais de 30 anos (p. 7, § 3) "restringe o domínio da autonomia contratual", o que é contrariado pela lei nova que privilegia o "estatuto legal".

Ora, não encontramos na lei o critério temporal restritivo enunciado – o dos 30 anos.

A possibilidade de aplicação do art. 1025º do CC não colhe. Do que se trata aí é de estabelecer que o período inicial de duração do contrato de locação não pode exceder os 30 anos. Apenas isso. Note-se que não se impede que o contrato tenha sido celebrado, por exemplo, por período inicial de dez anos e que entretanto foi objecto de 5 renovações (ou até mais) por igual período.

Igual raciocínio vale para o semelhante art. 1095º, nº 2 do CC, NRAU, aplicável aos novos contratos com prazo certo.

Em ambas as hipóteses enunciadas, tratar-se-á de normas exclusivamente aplicáveis a contratos com prazo certo (e não de duração indeterminada – ou de contrato a este equiparado, por via do art. 26º, nº 4 do NRAU).

3.5. Generalização do regime da denúncia a todos os contratos vinculísticos (habitacionais ou não)

Afirma-se ainda na decisão que, por via da nova lei, "a admissibilidade de denúncia livre pelo senhorio constitui o denominador comum à totalidade dos contratos de arrendamento" (p. 10, §§ 3 ss.), parecendo com isso querer significar a inclusão também dos contratos de arrendamento habitacional.

Também aqui não vemos, pelas razões expostas (e até usando um argumento de maioria de razão e a ausência de um regime transitório semelhante ao do arrendamento não habitacional – no art. 26º, nº 6 – que quebre o laço do vinculismo, exceptuada a temperada regra do art. 57º do NRAU), sustentabilidade para a tese defendida[53].

III - MORTE DO ARRENDATÁRIO COMERCIAL: SEUS EFEITOS NA RELAÇÃO LOCATÍCIA

A questão de saber qual o regime aplicável na sequência da morte do arrendatário do imóvel onde está instalado o estabelecimento comercial pressupõe naturalmente que não se descure, pelo menos para efeitos de enquadramento, o problema da qualificação da transmissão da organização mercantil.

1. Transmissão do estabelecimento por morte do seu proprietário: sua qualificação

Note-se que a morte do proprietário do estabelecimento e a transferência deste último para o respectivo sucessor, herdeiro ou legatário, não configura, a nosso ver, um trespasse[54].

Do que se trata aqui é da transmissão universal, em globo, do estabelecimento comercial para o respectivo sucessor, não havendo que questionar o que sucede a cada um dos elementos do estabelecimento.

Acresce que se consegue, pela análise das (poucas) regras existentes, distinguir na lei uma disciplina própria – diversa da que globalmente se consagra para o trespasse – para a transmissão do estabelecimento por morte[55].

[53] De todo o modo, veja-se a favor da posição que defendemos os seguintes arestos:

- o Ac. Rel. do Porto, de 13.7.2011 (JOSÉ FERRAZ), www.dgsi.pt "Só são denunciáveis justificadamente nas situações previstas nas alíneas a) e b) desse artigo 1101º. É o que, segundo entendemos, resulta claro do artigo 26º/4, al. c), da Lei 6/2006 (não verificada qualquer das situações previstas no nº 6 desse artigo). É mantido, pois, o regime vinculístico que caracteriza tais contratos, não gozando o senhorio da faculdade de livremente os denunciar". Assinalando mais á frente que "tendo o contrato que vincula [as partes] sido celebrado em 1971, destinando o arrendado ao exercício do comércio ou indústria, não estava sujeito a duração limitada, antes a sua renovação se impunha ao senhorio, constituindo um arrendamento vinculístico. Por isso, e atento o disposto no artigo 26º/4, ex vi 28º, da Lei nº 6/2006, não dispõe a senhoria da faculdade de se opor à sua renovação...";
- o Ac. Rel. do Porto, de 23.2.2010 (VIEIRA E CUNHA), www.dgsi.pt, que afirma clara e peremptoriamente que os arts. 26º a 28º do NRAU impedem o regime da denúncia livre, não sendo aplicável, desta sorte, o disposto no art. 1055º do CC, NRAU.

[54] Ao contrário do que uma parte restrita da doutrina entende (cfr. PEREIRA COELHO, Arrendamento. Direito substantivo e processual, Coimbra, 1988, pp. 214, nota 1, e ANA COSTA AFONSO, Os contratos de instalação de lojistas em centros comerciais, Porto, 2003, p. 281, n. 627).

2. O destino do contrato de arrendamento por morte do locatário mercantil

2.1. Âmbito

O art. 26º, nº 2 NRAU – também empregue *ex vi* art. 28º NRAU – alude à "transmissão por morte", efectuando uma remissão expressa para o art. 58º NRAU.

A disciplina aplica-se a todos os contratos de arrendamento comercial de cariz vinculista, independentemente do momento da sua celebração.

É assim indiferente que tenham sido celebrados à luz do Código Civil (antiga redacção), no quadro do RAU ou no domínio do DL 257/95.

A extensão do regime a todos os contratos do tipo indicado, assim como a consequência prevista na norma, têm por finalidade um ataque total à regra da prorrogação imperativa do negócio em relação ao senhorio.

2.2. Regra geral: caducidade do contrato de arrendamento

2.2.1. Enquadramento

Ora, a citada disposição, na sua primeira parte, consagra a seguinte regra: "o arrendamento para fins não habitacionais [aqui interessa-nos apenas o de cariz comercial] termina com a morte do arrendatário..." (sublinhado nosso).

Quanto ao destino do contrato, utiliza-se um termo juridicamente neutro e inócuo – justamente "termina". Ao invés, na norma imediatamente anterior, ao tratar da mesma matéria, embora em sede habitacional, usa-se adequadamente a expressão "não caduca" – art. 57º, nº 1, al. a) NRAU (sublinhado nosso).

Se procurarmos na mesma área (a mercantil), na lei actual, também o art. 1113º, nº 1, 1ª frase CC, NRAU, emprega rigorosamente a mesma locução – "não caduca".

De igual sorte, no passado, consagrava-se semelhante termo – cfr. art. 112º, nº 1, 1ª frase RAU.

Note-se que a temática da "morte do locatário" sempre foi assim enquadrada – art. 1051º, al. d) CC (tal como em geral sucede no direito privado).

Parece, assim, não haver dúvida que estamos perante um caso de caducidade do contrato de arrendamento mercantil.

2.2.2. Alcance

Pode discutir-se, tal como se fazia no passado à luz do art. 112º RAU, se esta norma se aplica também às pessoas colectivas.

A resposta é, quanto a nós, negativa. Justifiquemos.

Saliente-se que a disposição transitória alude à "transmissão por morte" e à "morte do arrendatário". Donde se pode concluir que tem apenas em vista a pessoa física. Nesse sentido retiram-se mais alguns argumentos de texto (o uso das palavras "sucessor" e "decesso"), mas também outro tipo de fundamentos. À morte de uma pessoa física e à extinção da pessoa colectiva estão subjacentes regras díspares e sem paralelo.

2.2.3. Outros efeitos da cessação do contrato

Cessando o contrato de arrendamento comercial por morte do locatário, ao sucessor, transmissário do estabelecimento mercantil, restam duas possibilidades:

- desocupar e entregar o prédio, instalando o estabelecimento noutro local, ou
- negociar com o senhorio a conclusão de um outro contrato de arrendamento à luz do novo quadro legal.

2.2.3.1. A desocupação do locado

Nada se estabelece em especial, no art. 58º NRAU, quanto à desocupação do locado.

Impõe-se saber quando deve ela ocorrer.

Atendendo ao regime da cessação do contrato de arrendamento urbano, previsto na subsecção IV, constatamos que existe nas disposições comuns (referentes à Divisão I), uma regra quanto aos efeitos da extinção – o art. 1081º CC, NRAU. Aí se consagra a imediata exigibilidade da desocupação do local e da sua entrega, com as reparações que incumbam ao arrendatário (art. 1081º, nº 1 CC). Só que nas divisões seguintes apenas se cura da revogação por acordo das partes e da resolução. Mas não se alude a esta forma de extinção do contrato.

Sucede que nas situações de caducidade previstas no art. 1051º CC – em especial o da morte do locatário – se determina que "a restituição do prédio, tratando-se de arrendamento, só pode ser exigida passados seis meses sobre a verificação do facto que determina a caducidade..." (art. 1053º, 1ª hipótese do CC)[56].

A nosso ver, esta disciplina, em função da sua especificidade, deve prevalecer sobre aquela, que, de resto, não parece ser consentânea – nem sequer literalmente – com esta específica forma de extinção do contrato[57].

Cai assim mais uma protecção do arrendatário comercial (vinculista), pois consagravam-se particularidades quanto ao diferimento da desocupação do imóvel. Com efeito, previam-se prazos de diferimento da desocupação, que variavam em função do número de anos de vigência do contrato:

[55] Cfr. GRAVATO MORAIS, Alienação e oneração de estabelecimento comercial, cit., p. 79, nota 167.

[56] A redacção anterior do art. 1053º CC apenas divergia quanto ao prazo, que se encontrava fixado em três meses.

[57] Neste sentido, MENEZES LEITÃO, Arrendamento Urbano, cit., p. 104.

- se o negócio tivesse durado menos de um ano, mostrava-se necessário que decorressem três meses sobre a verificação do facto gerador da caducidade (a morte) – art. 1053º CC;
- se o contrato tivesse durado entre um e dez anos, o prazo ascendia a um ano após tal facto – art. 114º, nº 1 RAU;
- se durasse há 10 anos ou mais, o prazo duplicava, elevando-se para dois anos – art. 114º, nº 2 RAU.

2.2.3.2. A não desocupação do locado na data prevista

Importa averiguar o que pode fazer o senhorio para reaver o seu imóvel, quando o inquilino não o restitui.

O art. 15º NRAU não prevê, em nenhuma das suas hipóteses, a possibilidade de, na situação em análise, se constituir de um título executivo extrajudicial que possa servir de base à entrega de coisa certa.

Apenas num dos casos de caducidade do contrato – pelo decurso do prazo (art. 15º, nº 1, al. b) NRAU – se permite tal caminho.

Podem figurar-se algumas possibilidades de não restituição do prédio: o locado fica desocupado após o decesso do arrendatário (ou após a data em que era exigível que assim ficasse), mas não há entrega do imóvel; não há lugar à desocupação do prédio, nem à entrega do mesmo; o sucessor arroga-se a qualidade de transmissário da posição arrendatícia.

Em qualquer das vias enunciadas, cabe ao senhorio, depois de exigir a entrega do locado, o recurso à acção de reivindicação da propriedade (art. 1311º CC).

2.2.3.3. A inexistência de tutela indemnizatória

A regra transitória em análise – o art. 58º NRAU – não atribui qualquer compensação em dinheiro ao sucessor do arrendatário, ainda que por facto do inquilino (agora falecido) o prédio tenha aumentado o seu valor locatício.

De igual sorte, inexiste qualquer referência ao tema, seja nas regras do arrendamento urbano, seja na disciplina geral da locação.

Donde se conclui que não é possível actualmente exigir qualquer indemnização pelo aumento do valor locatício. O arrendatário comercial vinculista perde assim mais uma vantagem em relação ao regime de outrora.

Com efeito, aí dispunha-se acerca da compensação em dinheiro no caso de caducidade do contrato (também por efeito da morte do inquilino), sempre que, por facto seu, o prédio arrendado tivesse aumentado o seu valor locativo (cfr. o revogado art. 113º nº 1 RAU), embora aí se estabelecessem limites pecuniários à compensação, que não podia exceder a soma correspondente a 10 vezes a renda anual.

2.2.4. Apreciação da regra geral

Consagra-se uma disciplina específica oposta à vigente em sede de arrendamento mercantil para os contratos novos, onde vale a regra da comunicabilidade da situação jurídica (cfr., na esteira do revogado art. 112º RAU, o actual art. 1113º CC, NRAU).

É, portanto, bastante mais drástica a sanção emergente do art. 58º, nº 1, 1ª parte NRAU, quando confrontada com a hipótese anteriormente debatida. Aí, tão só se modifica o regime do direito de denúncia do senhorio (configurando, mesmo aí, um desvio à regra enunciada). Aqui, cessa o contrato de arrendamento de cariz vinculista, sendo que a solução proposta integra agora um princípio geral.

No sentido de evitar as consequências gravosas decorrentes desta situação, alguns arrendatários, pessoas físicas, optaram pela constituição de sociedades comerciais – antes de 28 de Junho de 2006, início da vigência da Lei 6/2006 – no sentido de impedir a consequência enunciada no preceito.

A situação era a seguinte: o comerciante em nome individual, agora sócio, em regra único, entra para a sociedade com o seu estabelecimento mercantil; trata-se aqui de uma entrada em espécie, que configura, como sabemos, um trespasse ocorrido antes da vigência do NRAU; assim se transmite a posição arrendatícia sem necessidade de aquiescência do senhorio.

Com efeito, isso permitiu, pelo menos num primeiro momento, manter o vinculismo em caso de morte do antigo arrendatário comercial, agora apenas sócio da sociedade, já que o locador não pode denunciar imotivadamente o contrato.

Repare-se que, como estamos perante um trespasse de estabelecimento comercial ocorrido há menos de 5 anos (por referência à entrada em vigor da lei), o (novo) arrendatário – a sociedade – vai beneficiar do actualização da renda faseada em 10 anos.

De todo o modo, não há que descurar a possibilidade de invocação pelo senhorio do instituto da desconsideração da personalidade jurídica ou mesmo da figura da simulação (arts. 240º ss. CC).

3. Desvio à regra geral: transmissão da posição de arrendatário

3.1. Pressupostos

O art. 58º, nº 1, 2ª parte NRAU, prevê, contudo, um desvio a esta regra – facultando a transmissão da posição de arrendatário – desde que preenchidos determinados pressupostos. Identifiquem-se as exigências legais.

3.1.1. Do ponto de vista do transmitente

Examinemos, em primeiro lugar, a questão sob o prisma do transmitente, pessoa física.

Decorre do art. 58º, nº 1, NRAU que a cessão da posição contratual está dependente da circunstância de o arrendatário [mercantil] que faleceu ser (ainda) o "primitivo".

Textualmente, como sabemos, o termo utilizado tem em vista o inquilino originário.

Mas o tema deve debater-se.

Ao contrário do art. 112º, nº 1 RAU – que apenas se referia a "arrendatário [mercantil]" –, o art. 85º, nº 1 RAU empregava a locução "arrendatário primitivo [habitacional]", ao qual acrescia uma outra ("daquele a quem tiver sido cedida a sua posição contratual").

À luz do regime do passado, a situação de arrendatário comercial era facilmente transmissível por acto entre vivos, sem necessidade de consentimento do senhorio (por efeito, *v.g.*, do trespasse do estabelecimento comercial), mas também por morte (da pessoa física), dado que a lei igualmente favorecia largamente essa transferência. E note-se que tal regime vigorava no Código Civil (antiga redacção), mas ainda no próprio RAU. Portanto, inexistiam, neste aspecto, restrições à cedibilidade de tal posição jurídica.

Em função desta disciplina, diremos que, nos contratos vinculistas (em particular os mais antigos[58]), é muitíssimo provável que o primeiro locatário não seja já o actual. Ou porque já faleceu ou porque já cedeu a sua posição negocial. Portanto, as regras do passado potenciavam a transmissão.

Em face deste circunstancialismo, cremos que aquele a quem tenha sido transmitida a posição arrendatícia antes da entrada em vigor do NRAU deve ser equiparado ao locatário primitivo.

Isso não significa, por outro lado, dar guarida ao vinculismo em relação ao sucessor. A norma não deixa de ter aplicação residual (em face dos outros requisitos que se impõem). Por outro lado, o senhorio sempre tem ao seu alcance a possibilidade de um aumento extraordinário das rendas, o qual pode ocorrer mesmo que o imóvel se encontre num estado de conservação mau ou péssimo.

Se não estendêssemos o âmbito de aplicação do normativo esvaziar-se-ia o sentido útil da disposição, em virtude de esta ser apenas em escassíssimos casos aplicável.

[58] Quanto aos arrendamentos mais recentes, a questão tem menos pertinência. Isto porque, muito provavelmente, as rendas são bem superiores ao valor de mercado do arrendamento. Aqui é o senhorio que muito provavelmente não pretenderá que o contrato se extinga por morte.

Acresce que, na disposição, se exige a exploração em comum com o primitivo arrendatário (sublinhado nosso), o que agravaria desmesuradamente as condições do seu emprego[59].

3.1.2. Do ponto de vista do transmissário

Analisemos agora o tema do ponto de vista do transmissário.

a) O sucessor

O potencial inquilino é necessariamente um sucessor, já que estamos no âmbito da transmissão por morte de uma pessoa física. São, portanto, as regras do direito das sucessões a delimitar o alcance do desvio estabelecido.

O art. 58º, nº 2 NRAU refere-se apenas ao "sucessor", sem estabelecer qualquer restrição. Assim, tanto os herdeiros, como os legatários, são potenciais transmissários (art. 2030º CC).

Quanto àqueles, não parece haver razão para limitar o seu âmbito aos herdeiros legitimários (art. 2157º CC), pelo que também os herdeiros legítimos são igualmente potenciais beneficiários da transferência (art. 2133º CC).

Em relação aos legatários – os que sucedem em bens determinados (*in casu*, o estabelecimento comercial) – não há igualmente obstáculos a assinalar.

b) A existência de estabelecimento a funcionar no local há mais de três anos

Exige-se ainda a existência de um estabelecimento a funcionar no local há mais de três anos.

O requisito pode parecer desnecessário, porquanto a norma é dirigida essencialmente aos contratos de arrendamento para comércio muito antigos. Ora, os estabelecimentos estão a funcionar no prédio seguramente há bastante tempo e, portanto, há bem mais de três anos.

Mas pode imaginar-se que a organização mercantil esteve encerrada durante algum tempo, tendo posteriormente sido reaberta, encontrando-se, por exemplo, a funcionar há apenas dois anos.

Nestes casos – ou em hipóteses semelhantes –, há que discutir se o pressuposto se encontra (ou não) preenchido. Cabe apurar as razões do encerramento para obter uma resposta válida.

c) A exploração do estabelecimento em comum há mais de três anos

Impõe-se, por fim, que o arrendatário e o sucessor explorem em comum o estabelecimento (a funcionar no local) há mais de 3 anos.

[59] Concordando com uma interpretação deste género, embora a argumentação não seja coincidente, cfr. OLINDA GARCIA, Arrendamentos para comércio..., cit., pp. 75 e 76.

i) Elemento material

Considerado globalmente, o requisito (material) em apreço suscita algumas interrogações. Em primeiro lugar, há que determinar o que significa "exploração em comum do estabelecimento".

Esta locução reforça a ideia, ínsita no art. 58º, nº 2 NRAU, de que o legislador só está interessado na transmissão se houver a possibilidade de manutenção da actividade: a vontade de continuar a exploração.

Mas este objectivo não é suficiente, nem único, para a aplicação da disposição nesta parte.

Se, com a expressão usada, se tem em vista a exploração efectiva, de facto, "em conjunto" com o inquilino comercial, o normativo parece criar muitos obstáculos à transferência. Essa exploração, ao lado do arrendatário falecido, reduz a escassíssimas hipóteses a cedibilidade da posição arrendatícia.

Se, ao invés, se pretende abarcar, para além daquelas hipóteses, outras em que alguém retira *vantagens* da organização mercantil, então o campo de aplicação da disposição é bem mais lato.

Estamos a pensar fundamentalmente na questão de saber se o cônjuge do inquilino, que não explore efectivamente em comum com ele o estabelecimento – porque não exerce aí qualquer tipo de actividade –, deve beneficiar do regime legal, dado que o estabelecimento é, *in casu*, um bem comum[60].

Não se descurem ainda os casos em que o arrendatário, após divórcio, casa de novo, sendo o estabelecimento um bem próprio. Ora, embora o seu actual cônjuge não explore de facto a organização mercantil (mas de alguma sorte dela retire proveitos), não deixa, em princípio, de ser responsável pelas dívidas resultantes da actividade comercial (art. 1691º, nº 1, al. d) CC).

Figure-se ainda a hipótese do filho do inquilino que colhe *benefícios* da actividade do estabelecimento, mas que não explora em comum com ele, no dia a dia, a unidade jurídica em causa[61]. Note-se que o facto de aquele ser igualmente trabalhador no estabelecimento em causa também não parece afastar o emprego do normativo. É, aliás, nestas situações que a tutela mais se impõe.

Sustentamos, desta sorte, uma interpretação ampla da locução. Recorrendo ao elemento sistemático, encontramos no NRAU a expressão "economia comum" (art. 1093º, nº 2 CC), sendo que aí o seu significado é lato. Aduza-se ainda a compatibilidade com o espírito da lei. Assinale-se, por outro lado, que

[60] O estabelecimento é um bem comum se tiver sido adquirido na constância do matrimónio – se o regime de bens for o da comunhão de adquiridos – ou independentemente da data da compra – se os cônjuges estiverem casados sob o regime da comunhão geral de bens.

[61] Ou do amigo íntimo a quem foi legada a organização mercantil.

o legislador não pode ter querido consagrar um desvio "fictício" à regra impedindo ou tornando-o quase inútil o seu emprego[62].

Uma última nota para as dificuldades que esta norma pode trazer se houver mais do que um sucessor, mas só um deles se considera que "explora em comum" com o arrendatário que faleceu, o estabelecimento mercantil. Ora, por efeito do decesso, pode ocorrer que os sucessores, *maxime* os herdeiros, sejam proprietários da organização mercantil, mas só um deles tenha direito à transmissão.

ii) Elemento temporal

Cabe ainda observar um requisito temporal: a exploração em comum do estabelecimento deve existir há mais de três anos, ou melhor nos três anos que precederam a morte do locatário.

Tutela-se aqui uma certa expectativa do sucessor na perspectiva da continuidade da actividade naquele imóvel.

3.2. Ónus da prova

De acordo com os requisitos acima identificados, impende sobre o sucessor o ónus da prova quanto aos seguintes pressupostos:

- a sua qualidade (de sucessor);
- a existência de estabelecimento mercantil a funcionar no local há mais de três anos;
- a "exploração em comum" (pelo arrendatário e pelo sucessor) do estabelecimento nos três anos que precederam o decesso do inquilino.

3.3. A comunicação a realizar pelo sucessor com direito à transmissão

3.3.1. O dever de comunicação

O art. 58º, nº 2 NRAU assinala que "o sucessor com direito à transmissão comunica ao senhorio, nos três meses posteriores ao decesso, a vontade de continuar a exploração".

Expressa-se o normativo de forma algo atípica, pois determina apenas que "o sucessor ... comunica...". Ao contrário de outras disposições, que abordam temática semelhante, sempre se aludiu ao dever de comunicar (cfr. art. 1113º, nº 2 NRAU, e os revogados art. 89º RAU e art. 112º, nº 2 RAU).

Parece-nos que a lógica que subjaz à disciplina da comunicação é inteiramente semelhante às normas do presente e do passado. Está, desta sorte, em causa um dever de comunicar.

[62] Ver, sobre o assunto, MARIA OLINDA GARCIA, Arrendamentos para comércio e fins equiparados, cit., pp. 73 ss.

3.3.2. Conteúdo da comunicação

Importa averiguar qual o conteúdo da comunicação a realizar pelo sucessor com direito à transmissão.

O art. 58º, nº 2 NRAU, é pouco claro. Ao tratar deste problema apenas determina que o sucessor, nos três meses subsequentes ao falecimento do locatário, manifeste a "vontade de continuar a exploração".

Parece bastar, pois, que do escrito a enviar ao senhorio conste a mencionada expressão ou uma locução semelhante.

Mas nada mais aí se exige.

De todo o modo, não se deve descurar o regime geral aplicável às comunicações a realizar pelo sucessor, transmissário da posição arrendatícia.

O art. 1113º, nº 2 CC, NRAU não cura directamente da temática, mas remete para o art. 1107º CC, NRAU, referente ao arrendamento habitacional, aplicando-se a disciplina aí prevista com as necessárias adaptações.

Desta sorte, para além da mera declaração da "vontade de continuar a exploração", impõe-se a junção de vários documentos. Por um lado, os comprovativos da morte do arrendatário (a certidão de óbito). Por outro lado, os que demonstram a sua qualidade de sucessor (*v.g.*, o testamento).

3.3.3. Forma

O art. 58º, nº 2 NRAU não alude expressamente ao modo de realização desta comunicação.

Não se trata de uma situação de cessação do contrato de arrendamento (prevista no art. 9º NRAU), mas antes da sua continuidade.

Acresce que nem o art. 1107º CC, NRAU (em sede de arrendamento habitacional), nem o art. 1113º CC, NRAU (referente ao arrendamento não habitacional), regulam a solenidade a observar.

Note-se que o art. 112º do anterior RAU (quanto ao arrendamento mercantil) vinculava o inquilino à comunicação por escrito, ao invés do que sucedia no art. 89º do antigo RAU (no tocante ao arrendamento habitacional), que exigia o envio de uma carta registada com aviso de recepção.

A nosso ver, valem as mesmas razões que obrigam à remessa da carta registada com aviso de recepção (ou entrega em mão do documento com nota de recepção do senhorio), regra essa ínsita no art. 9º, nºs 1 a 6 NRAU.

3.4. Efeitos da transmissibilidade da posição arrendatícia

Em jeito de conclusão, refira-se que o primordial objectivo visado pelo legislador é o da quebra do principal esteio protector do inquilino. Só que, no caso concreto, em vez de optar pela modificação do conteúdo do contrato de arrendamento vinculístico (anteriormente celebrado), transformando-o num pleno contrato de duração indeterminada sempre que ocorra o decesso do locatário – o que até se afiguraria mais correcto e adequado –, escolhe-se agora a via da extinção (abrupta e repentina) do referido negócio.

Verificando-se, pelo contrário, o desvio assinalado, o contrato de arrendamento comercial mantém o principal elemento vinculista, ou seja, o senhorio está impedido de denunciar imotivadamente o contrato (com um dado prazo de antecedência). Portanto, não há aqui lugar à aplicabilidade do art. 1101º, al. c) CC, NRAU. No entanto, permanece a possibilidade de denúncia justificada pelo senhorio (art. 1101º, als. a) e b) CC, NRAU).

Cabe ainda questionar qual será o regime a empregar no caso de falecimento do sucessor (e adquirente do estabelecimento). Haverá continuidade do arrendamento para o sucessor subsequente ou deve considerar-se que, nessa hipótese, se extingue o contrato?

Tendemos a considerar que o negócio cessa. Tal posição está em consonância com a razão de ser da lei. A referência ao "arrendatário primitivo" deve interpretar-se no sentido de que a transmissão do contrato, por efeito da sucessão, só pode ocorrer uma vez. Aliás, a norma tem carácter transitório. Doutra sorte, a transferência do benefício para os vários sucessores permitiria, no limite, a extensão *ad eternum* do vinculismo[63].

4. Extinção da pessoa colectiva

Quanto às pessoas colectivas, não se prevê nenhum regime transitório de cariz especial.

Nem se pode sequer afirmar que o art. 58º NRAU é susceptível de aplicação, até porque a extinção da pessoa colectiva acarreta, em princípio, a caducidade do contrato de arrendamento. É a regra expressa no art. 1051º, al. d) CC, de resto idêntica à do art. 58º NRAU.

Há situações, porém, em que tal efeito não se produz apesar da extinção da pessoa colectiva. Tal sucede na fusão ou na cisão de sociedades sempre que a operação envolva a transferência de um (ou de vários) estabelecimento(s) instalado(s) em imóvel(is) arrendado(s). Mas aqui como vimos, embora não haja trespasse, a transmissão definitiva da organização mercantil permite ao senhorio a denúncia imotivada, seguindo-se aqui o regime do arrendamento habitacional (art. 1101º, al., c) CC, NRAU).

[63] OLINDA GARCIA entende diversamente. Sustenta a autora que "se aquele que sucedeu no direito, ao abrigo do art. 58º vier, se seguida, a falecer, volta de novo a colocar-se a questão em relação a algum sucessor que com ele (e eventualmente com anteriores arrendatários) tenha explorado o estabelecimento em comum" (Arrendamentos comerciais..., cit., pp. 76 ss.).

Secção III
Regime transitório geral: os contratos vinculísticos anteriores ao RAU

§ 1. Actualização das rendas

Cabe agora estudar duas outras particularidades, que se aplicam apenas a alguns contratos de arrendamento para habitação. Uma que beneficia o senhorio (a actualização de rendas), outra que atribui uma possível vantagem ao arrendatário (a compensação pelas obras efectuadas).

Como vimos, o cariz vinculista dos arrendamentos comerciais (nas duas anteriores vertentes descritas) é muito afectado. Há que apreciar seguidamente o que sucede em relação à actualização (extraordinária) da renda.

1. Âmbito

Cumpre desde já realçar que a temática da actualização de rendas contempla apenas os contratos de arrendamento vinculísticos concluídos previamente à entrada em vigor do DL 257/95.

Dispõe o art. 51º NRAU que são susceptíveis de actualização "as rendas relativas a contratos [de arrendamento comercial] celebrados antes da entrada em vigor do DL 257/95, de 30 de Setembro" [portanto, os negócios anteriores a 5 de Outubro de 1995].

Os outros casos, independentemente da sua natureza, não estão sujeitos à actualização de rendas. A circunstância de terem sido recentemente realizados indicia que, na fixação inicial da renda, terá sido ponderado um valor já elevado, pelo que não se mostra necessário qualquer aumento de cariz extraordinário.

2. Limitação

A renda actualizada, nos termos das regras em análise, tem um limite máximo: o seu valor anual não pode exceder 4% do valor do locado. Este representa o produto da avaliação fiscal multiplicado pelo coeficiente de conservação (art. 32º, nº 1 NRAU).

Discutiu-se, e ainda se debate, se a percentagem consagrada é a mais adequada.

Alguns autores sustentam que "parece demasiado baix[a]" em razão de "o valor líquido da renda, depois de deduzidos os encargos com obras, com o IMI e com o IRS, traduz[ir] uma remuneração líquida do capital pouco atractiva" para o senhorio[64].

Se as razões invocadas são atendíveis, também não é menos verdade que, depois de um período longo onde existiram inúmeras limitações ao aumento da renda, uma actualização legal extraordinária sujeita a um nível percentual superior (o que implicaria um aumento substancial do montante do montante mensal) poderia causar dificuldades de vária ordem ao arrendatário mercantil (em especial, ao comerciante em nome individual e às pequenas empresas), que importava acautelar.

[64] FRANCISCO CASTRO FRAGA e CRISTINA GOUVEIA CARVALHO, "As normas transitórias", O Direito, 2005, II, p. 421 (de resto, os autores confrontam a taxa mencionada com aquela outra relativa às rendas condicionadas – *in casu*, de 8%, ao abrigo da Portaria nº 1232/91, de 28.12.1990).

3. Requisitos de actualização

Em sede de actualização da renda, as normas a aplicar, no caso concreto, são as dos arts. 50º a 56º NRAU (da subsecção II, relativa ao arrendamento não habitacional) e, com as necessárias adaptações e desde que susceptíveis de serem empregues, as dos arts. 30º a 49º NRAU (da subsecção I, referente ao arrendamento habitacional).

Em primeiro lugar, deve observar-se que tal actualização pressupõe a "iniciativa do senhorio" (art. 34º NRAU).

Mas esta iniciativa está, por sua vez, subordinada ao preenchimento de requisitos de vária índole: substanciais, procedimentais e formais. Analisemos em especial cada um deles.

3.1. Substancial

3.1.1. A avaliação fiscal do locado

A actualização da renda mercantil está unicamente dependente, como se afirmou, da prévia avaliação fiscal do locado, nos termos dos arts. 38º ss. Código do Imposto Municipal sobre Imóveis (CIMI). Apenas se exige que esta tenha sido realizada há menos de 3 anos (art. 35º, al. a) e art. 32º, nº 1 ambos do NRAU).

Impõe-se, pois, ao senhorio que requeira junto do serviço de finanças competente a respectiva avaliação directa do prédio. No caso de o locador (ou o chefe de finanças) não concordar com o resultado da mencionada avaliação, é possível solicitar uma outra, no prazo de 30 dias após a notificação do senhorio (art. 76º, nº 1 CIMI).

3.1.2. A inexigibilidade de um nível mínimo de conservação do prédio

Ao contrário do que sucede em sede habitacional, "a renda [mercantil] pode ser actualizada independentemente do nível de conservação" (art. 52º NRAU). Não se mostra, pois, necessário que o nível de conservação do prédio seja igual ou superior a 3 (numa escala de 1 a 5). Seja qual for esse nível, o senhorio pode promover a respectiva actualização que, no entanto, se encontra limitada à aplicação de um dado coeficiente de conservação.

As regras para a sua determinação constam de um diploma autónomo – o DL 156/2006 –, ao qual daremos particular atenção no ponto seguinte.

Adopta-se aqui o princípio da equivalência entre três variantes (o nível, o estado e o coeficiente), estabelecendo-se uma tabela que mostra as valências a ter em conta (art. 33º NRAU).

Para uma melhor compreensão da temática, reproduz-se o quadro legal.

Nível de conservação	*Estado de conservação*	*Coeficiente de conservação*
5	Excelente	1,2
4	Bom	1
3	Médio	0,9
2	Mau	0,7
1	Péssimo	0,5

Vejamos agora um exemplo que expressa a regra enunciada.

O nível de conservação do imóvel onde está instalado o estabelecimento comercial é de 2, a que corresponde o estado de conservação "mau", pelo que o coeficiente de conservação a aplicar para efeito de actualização da renda comercial é de 0,7 (cfr. a tabela constante do art. 33º, nº 1 NRAU).

Esta correspondência exacta sofre, porém, alguns desvios.

O primeiro resulta do disposto no art. 33º, nº 4 NRAU. Assim, caso o estado de conservação se deva a obras realizadas pelo inquilino comercial – no pressuposto de que este o demonstre – aplica-se o coeficiente imediatamente inferior.

Ilustremos também com um exemplo: se o estado de conservação do imóvel atinge o valor médio (ao qual corresponde o nível de conservação 3 e o coeficiente 0,9), mas é feita a prova de que esse estado se deve a obras executadas pelo inquilino, daí resulta a aplicação do coeficiente 0,7 (ou seja, o coeficiente correspondente ao nível de conservação 2).

No caso citado, se o senhorio, por sua vez, tiver contribuído, com as obras que igualmente executou, para o aumento do estado de conservação do prédio, emprega-se um coeficiente intermédio, a fixar de acordo com a equidade (art. 33º, nº 4 NRAU). Assim, no exemplo figurado (de 0,9 para 0,7), fixar-se-á, *v.g.*, o nível 0,8.

Como se constata, para efeito de actualização da renda mostra-se imperiosa a determinação do nível de conservação do imóvel[65], o qual reflecte o estado de conservação do prédio e a existência nele de infra-estruturas básicas (art. 33º, nº 2 NRAU).

[65] Note-se que nem só o proprietário do prédio tem legitimidade para requerer a determinação do nível de conservação do imóvel. O superficiário e o usufrutuário do imóvel podem ainda fazê-lo. De igual sorte, o arrendatário comercial pode requerê-lo, desde que tenha celebrado o contrato antes da entrada em vigor do DL 257/95 – art. 2º, nº 1, al. c) DL 157/2006), sendo que, nesta hipótese, o requerimento efectuado pelo locatário mercantil deve ser notificado ao proprietário do imóvel (ou ao superficiário ou ao usufrutuário) – art. 2º, nº 2.

O legislador é assim bem mais permissivo para o senhorio de um arrendatário mercantil, pois admite a actualização extraordinária da renda num prédio que se encontre num estado de conservação mau ou péssimo.

3.2. Procedimentais

O modo de fixação do nível de conservação do prédio é estabelecido pelo DL 156/2006, de 8 de Agosto.

3.2.1. Legitimidade activa; as CAM

A legitimidade para requerer a determinação do nível de conservação do locado assiste ao proprietário, ao superficiário ou o usufrutuário (art. 2º, nº 1, al. a) DL 156/2006)[66].

O requerimento deve ser dirigido à Comissão Arbitral Municipal (CAM), a quem compete essa tarefa, actuando aquela especificamente no exercício de funções administrativas (art. 14º al. a) DL 161/2006 e art. 13º DL 161/2006).

Trata-se, como se dispõe no art. 2º DL 161/2006, de uma entidade oficial não judiciária com autonomia funcional, sendo constituída, cada CAM, por um conjunto vasto de representantes de específicas instituições ou pessoas (salientando-se, entre outras, a Câmara Municipal, o serviço de finanças, os senhorios, os arrendatários, os engenheiros, os arquitectos, os advogados) – art. 4º DL 161/2006.

Tais representantes devem desempenhar as respectivas funções com imparcialidade e independência técnica (art. 8º DL 161/2006), encontrando-se impedidos de intervir em qualquer assunto referente a imóveis próprios ou em que sejam eventualmente interessados (art. 10º DL 161/2006).

3.2.2. Modo de determinação do nível de conservação

O nível de conservação do locado resulta de uma ficha de verificação do respectivo estado, de acordo com a Portaria 1192-B/2006, de 3 de Novembro[67].

Tendo como princípios orientadores, a objectividade, a independência, a transparência e o rigor (cfr. o § 3 do preâmbulo da citada portaria), trata-se aqui de apurar as condições actuais do edifício por referência às que se proporcionavam à data da sua construção.

A determinação (do nível, do estado e) do coeficiente de conservação está sujeita ao pagamento de uma taxa – correspondente a uma unidade de conta

[66] Sem prejuízo de poder caber a outras pessoas, designadamente ao inquilino com contrato de arrendamento não habitacional concluído antes do RAU (art. 2º, al. b) DL 156/2006).

[67] Preenche-se, para o efeito, o modelo único simplificado, aprovado pela Portaria 1192-A/2006, de 3 de Novembro (art. 18º, nº 1 Portaria 1192-B/2006).

(desde o dia 1.1.2007 até ao dia 31.12.2009 esta cifra-se em € 96,00, tal como decorre do art. 5º, nº 2 DL 212/89, de 30 de Junho, sendo actualizada trienalmente) – que reverterá a favor do município, especificamente para o funcionamento das CAM (art. 20º, nº 1, nº 2 e nº 3, al. a), todos do DL 161/2006), e que deve ser paga pelo apresentante no momento da entrega do requerimento inicial (art. 20º, nº 5 DL 161/2006).

Estabelecem-se (quatro) critérios gerais de avaliação em razão de cada elemento funcional (art. 3º, nº 1 als. a) a d) Portaria 1192-B/2006), sendo que as anomalias são qualificadas por graus (muito ligeiras, ligeiras, médias, graves e muito graves) – art. 4º do citado diploma.

A vistoria ao locado é efectuada presencialmente por um técnico, cabendo à CAM comunicar ao arrendatário e ao senhorio[68], por via postal registada, a data e a hora da sua execução (art. 7º, nºs 3 e 4 Portaria 1192-B/2006).

Há um conjunto de pessoas que têm legitimidade para acompanhar *in loco* a vistoria. Para além do arrendatário, o senhorio e os titulares de direitos reais sobre o locado podem àquela assistir (art. 7º, nº 6 Portaria 1192-B/2006).

É no decurso da fiscalização em causa que se impõe ao arrendatário, que se arroga a realização de determinadas obras, a comunicação dessa circunstância ao técnico (art. 9º, nº 1 Portaria 1192-B/2006). Da mesma forma, o senhorio, quando entenda que o estado de degradação do prédio se deve a actuação ilícita do inquilino ou à falta de manutenção por este, deve informar o técnico desse facto (art. 9º, nº 2 Portaria 1192-B/2006). Em qualquer das hipóteses, é admissível a contestação dos argumentos aduzidos, o que necessariamente constará do relatório do perito (art. 9º, nºs 3 e 4 Portaria 1192-B/2006).

Elaborada a ficha de avaliação, a CAM atribui ao locado, em princípio num prazo de oito dias a contar da recepção da mesma, o coeficiente de conservação correspondente ao respectivo nível (art. 14º, nº 1 Portaria 1192-B/2006).

Havendo afirmações de um dos interessados na ficha em causa, o coeficiente é atribuído no prazo máximo de 30 dias (art. 14º, nº 2 Portaria 1192-B/2006).

Após a inscrição do coeficiente de conservação na ficha em apreço, a CAM comunica-o ao senhorio e ao arrendatário em 3 dias (art. 14º, nº 3 Portaria 1192-B/2006).

Qualquer das partes pode reclamar do resultado. Dispõem do período de 8 dias para o fazer (art. 15º, nº 1, 1ª parte Portaria 1192-B/2006), sob pena de, esgotado aquele, a avaliação do nível e a determinação do coeficiente se tornarem definitivas e, assim, inatacáveis (art. 15º, nº 5 Portaria 1192-B/2006).

Quanto aos fundamentos, eles encontram-se tipificados.

[68] Devendo este apresentar os documentos necessários à sua execução (art. 7º, nº 3 e art. 8º Portaria 1192-B/2006, de 3 de Novembro).

Por um lado, a discordância quanto ao nível de conservação.

Por outro, o errado emprego do art. 15º, nº 2 DL 161/2006, ou seja, as circunstâncias que serviram de base à fixação do coeficiente de conservação.

A competência para decidir sobre as eventuais reclamações incumbe à respectiva CAM (art. 17º, nº 1, al. a) DL 161/2006).

A decisão tem valor arbitral, dela cabendo recurso para o tribunal de comarca, com efeito meramente devolutivo, sendo conhecida a matéria de facto e de direito (art. 17º, nºs 4 e 5 DL 161/2006).

3.2.3. Procedimento específico

Para além da via assinalada, prevê-se uma outra possibilidade: a de dispensa de determinação do nível de conservação.

Tal solução apenas se mostra admissível se o senhorio entender que o imóvel locado se encontra num estado de conservação "bom" ou "excelente" (art. 7º DL 156/2006).

Desta apreciação objectiva não basta informar o arrendatário. Há outros formalismos a observar: deve ser comunicada à respectiva CAM a intenção de proceder à actualização da renda e o nível de conservação em que avalia o locado. Não se prescinde, pois, do conhecimento àquela entidade.

De todo o modo, quando o senhorio pretende *escapar* ao caminho mais comum ou tradicional – o do recurso à CAM –, está impedido de proceder a uma actualização em conformidade, isto é, de acordo com os seus próprios critérios. Com efeito, somente pode aumentar a renda "aplicando o coeficiente de conservação 0,9 correspondente ao nível de conservação 3" (art. 7º, nº 3 DL 157/2006).

Trata-se, pois, de um segundo desvio ao princípio da equivalência atrás assinalado[69].

Desta sorte, só se admite que o locador "prescinda" da via administrativa quando o imóvel se encontre num estado de conservação elevado. Todavia, não deixa de ser por isso penalizado: o coeficiente de conservação a aplicar é inferior ao da avaliação subjectiva e pessoal.

Mas o inquilino pode reverter esta situação. Se, em sede de resposta, invocar que o estado de conservação do prédio é inferior a médio (ou seja, mau ou péssimo), cabe ao senhorio requerer à CAM o apuramento do competente nível de conservação. Agora tudo se processará nos termos tipicamente definidos.

Poderá pensar-se que o arrendatário pode usar este expediente dilatório para protelar o início do pagamento da nova renda. Mas também não deixa

[69] Cfr. *supra*, nesta Secção, 3.1.2.

de ser verdade que o locador se eximiu aos parâmetros da avaliação por um órgão autónomo.

Note-se que a nova renda é devida "no mês seguinte à comunicação pelo senhorio do nível de conservação apurado e da renda respectiva" (art. 7º, nº 7 DL 156/2007).

Para concluir este tema, gostaríamos de realçar que esta via pode suscitar alguma discricionariedade "sem penalização". Imagine-se que o estado de conservação do imóvel é médio. O senhorio "entende" que é superior. O inquilino "considera" que é inferior. Há várias comunicações "pouco úteis" entre as partes e a terceiros, para, a final, se recorrer à determinação pela CAM.

3.3. Requisitos formais

Formalmente, a actualização da renda depende, como afirmámos, da iniciativa do senhorio (art. 34º, nº 1 NRAU). Impõe-se a comunicação, por este, ao arrendatário dos moldes e dos termos da actualização (arts. 34º ss. NRAU), devendo, para este efeito, atender-se às especificidades resultantes das várias alíneas do art. 54º NRAU e também, *mutatis mutandis*, ao art. 38º, nº 4 NRAU.

Essa notificação, a realizar mediante escrito assinado pelo declarante e remetido por carta registada com aviso de recepção (art. 9º, nº 1 NRAU) ou através de escrito assinado e entregue em mão, devendo o locatário apor em cópia a sua assinatura, com nota de recepção (art. 9º, nº 6 NRAU), deve conter um conjunto de elementos, como a seguir explicitaremos.

Quanto àquele – o art. 54º NRAU –, impõe-se que da notificação constem os seguintes dados:

- o valor da renda actualizada;
- o tipo de actualização (imediata ou faseada, sendo que, nesta situação, há que comunicar a quantia devida após a primeira actualização) e a correspondente justificação (a verificação das circunstâncias que determinaram a exigência daquela específica prestação de renda, *v.g.*, a ocorrência de trespasse há menos de 5 anos);
- o valor da renda devida após a primeira actualização (no caso de haver faseamento da actualização).

Quanto a este – o art. 38º, nº 4 NRAU –, exige-se que a comunicação integre os seguintes elementos:

- a cópia do resultado da avaliação do locado;
- a cópia da determinação do nível de conservação (quando necessária);
- a indicação de que a invocação de algumas das vicissitudes que envolvam o faseamento em 10 anos deve ser realizada em 40 dias, mediante apresentação do respectivo comprovativo;

- a menção das consequências da não invocação das circunstâncias que geram a actualização faseada em 10 anos.

A não verificação da comunicação nos termos assinalados, importa a ineficácia da declaração (art. 54º, proémio, parte final NRAU). Portanto, o arrendatário não está obrigado ao pagamento da nova renda. Se, eventualmente, for entregue o valor solicitado, o locatário tem direito à sua restituição.

3.4. Tipos de actualização

3.4.1. Regra geral: actualização faseada em cinco anos

Diversamente do arrendamento habitacional, onde a actualização da renda é sempre faseada, no quadro do arrendamento comercial aquela pode revestir duas modalidades: imediata ou repartida.

A regra geral, todavia, mantém-se nesta sede: a actualização da renda é fraccionada, pelo período de 5 anos.

Aplicar-se-á assim tal dilação temporal sempre que não se verifique qualquer das circunstâncias decorrente dos arts. 56º, als. a), b), c) NRAU e do art. 53º, nº 2, als. a) a d) NRAU.

3.4.2. Desvios à regra enunciada

3.4.2.1. Actualização imediata

Consagram-se, todavia, desvios ao princípio enunciado.

Refiram-se, em primeiro lugar, os casos em que o senhorio pode, verificados os requisitos invocados, exigir a actualização imediata da renda. A situação de excepção em causa beneficia o senhorio, em detrimento do arrendatário ou do novo locatário.

a) Transmissão do estabelecimento e transmissão da participação social (remissão)

Prevêem-se três grupos de hipóteses. Duas delas já foram por nós estudadas quando curamos da denúncia imotivada do contrato, a saber:

- o trespasse ou a locação do estabelecimento comercial após a entrada em vigor da lei (art. 56º, al. b) NRAU);
- a transmissão entre vivos da posição ou das posições sociais que acarrete a alteração da titularidade em mais de 50% face à situação existente por referência à data de entrada em vigor da lei (art. 56º, al. c) NRAU).

Naturalmente, são aqui aplicáveis, com as necessárias adaptações, todas as considerações realizadas sobre esta matéria, de modo que cabe também aqui interpretar extensivamente a alínea b) do art. 56º NRAU ao usufruto, à locação financeira e à transmissão definitiva da organização mercantil em sede da fusão ou da cisão de sociedades.

A lógica que preside a consagração desta "sanção" para o arrendatário (ou para o novo locatário) é semelhante: a estagnação da actualização das rendas por um amplo período ou os desequilíbrios gerados por uma actualização reduzida ao longo do tempo.

Aliás, sob este prisma, compreende-se melhor a razão de ser da lei: a maior parte das vicissitudes trazem latas vantagens de índole pecuniária para o arrendatário (ou para o novo arrendatário) em detrimento do senhorio – que não só nada beneficia, como se pode dizer até é largamente prejudicado. Urge, pois, a sua correcção imediata.

b) Encerramento do local; a falta de actividade regular

Para além destas hipóteses, determina-se ainda a actualização imediata da renda sempre que o locatário conserve o imóvel encerrado ou sem actividade regular há mais de um ano ou, nos casos de força maior ou de ausência forçada, quando tais circunstâncias se prolonguem por prazo superior a dois anos (art. 56º, al. a) CC, NRAU).

Agora é a falta de uso do imóvel, a inércia do arrendatário mercantil que mantém o prédio fechado durante um certo período temporal, que justificam a actualização imediata. Esta situação não se encontra prevista no regime transitório em sede de direito de denúncia (imotivada) do senhorio, em virtude de o contrato poder ser, verificados dados pressupostos, resolvido por este (1083º, nº 2, al. d) CC, NRAU).

Cumpre relevar uma especificidade: por força da remissão efectuada na al. a) há que aplicar o regime do art. 45º, nº 3 NRAU.

Dele decorrem as seguintes consequências:

- por um lado, o senhorio deve indicar na comunicação o facto que justifica a actualização imediata;
- por outro lado, o locador tem direito à "nova renda" enquanto não for decidido o contrário.

Quanto a este efeito, cabe referir que o ónus de uma eventual demanda judicial é suportado pelo arrendatário mercantil. De todo o modo, impõe-se ao senhorio, no caso de ser dada razão ao arrendatário no litígio, a obrigação de restituição dos valores indevidamente recebidos.

3.4.2.2. Actualização faseada em dez anos

No tocante à actualização faseada, que ocorre sempre que não se verifiquem as circunstâncias assinaladas, prevêem-se dois tipos de prazos: ou é efectuada em 5 anos (regra geral) ou é realizada em 10 anos (regime especial)[70].

Esta última hipótese – agora em análise – favorece o arrendatário mercantil em prejuízo do senhorio do imóvel, pois permite dividir por um longo período temporal o impacto do aumento da renda.

Apenas em específicas situações se projecta este tipo de actualização. Cabe identificá-las.

a) O estabelecimento aberto ao público e a específica qualidade do arrendatário

A primeira classe de casos, regulada na al. a) do nº 2 do art. 53º NRAU, integra dois requisitos cumulativos:

- por um lado, pressupõe a existência no locado de um "estabelecimento" aberto ao público (embora não se concretize o momento a partir do qual deve o prédio estar aberto, parece ser suficiente que se encontre nesse estado à data da entrada em vigor da lei)[71];
- por outro lado, o arrendatário deve ser uma pessoa singular (um comerciante em nome individual, seja ele proprietário de um estabelecimento comercial, seja ele titular de um estabelecimento individual de responsabilidade limitada) ou deve ser uma microempresa (ou seja, uma empresa com menos de 10 de trabalhadores e cujo volume de negócios e balanço total não ultrapassem dois milhões de euros anuais cada – art. 53º, nº 3 NRAU).

Compreende-se a vantagem atribuída aos citados locatários. O comerciante em nome individual tem, em princípio, menor capacidade financeira para suportar uma actualização extraordinária de renda. De igual modo, as pequenas empresas também não têm disponibilidade financeira para arcar com uma actualização deste tipo. E tal proveito só é efectivo, diríamos naturalmente, se existir no locado um estabelecimento a funcionar no local.

Deve discutir-se qual a solução a dar se entretanto ocorrer alguma das vicissitudes referidas no art. 56º, als. b) e c) NRAU.

[70] Não há aqui lugar à actualização em dois anos, ao contrário do que sucede no quadro arrendatício habitacional em circunstâncias excepcionais (art. 39º NRAU). Tutelam-se assim os interesses do arrendatário comercial, mesmo para aqueles casos em que haja alteração da posição contratual.

[71] Se tivesse havido violação da lei, o senhorio devia já ter accionado o mecanismo resolutivo (art. 64º, nº 1, al. h) do revogado RAU).

A nosso ver, o novo arrendatário (nos casos de trespasse e de transmissão definitiva de estabelecimento comercial em sede de fusão e de cisão de sociedades) ou o mesmo arrendatário (nas hipóteses de locação de estabelecimento, de usufruto de estabelecimento ou de transferência da posição ou das posições sociais que altere a titularidade em mais de 50%), se não possuírem os atributos requeridos – art. 53º, nº 2, al. a) NRAU –, perdem o benefício da actualização faseada em dez anos. É agora o senhorio o titular da vantagem da actualização imediata.

Literalmente, não é esta a consequência que emerge do art. 56º, al. b) NRAU. A lei refere-se simplesmente ao trespasse e à locação de estabelecimento, parecendo impor em qualquer situação a actualização imediata.

Entendemos, contudo, que a razão de ser do art. 47º, nº 4 NRAU pode aproveitar-se na hipótese concreta. O normativo refere-se à transmissão da posição contratual "para quem não reúna qualquer dessas circunstâncias", concluindo que "passa a aplicar-se o faseamento adequado à nova situação". Portanto, se, *v.g.*, o trespassário for uma pessoa singular deve beneficiar da dilação máxima. Tal já não sucederá se, por exemplo, o adquirente do estabelecimento for uma grande empresa.

A *ratio* do preceito mencionado impõe o seu emprego em sede de arrendamento comercial com as necessárias adaptações. Note-se que a norma se refere "ao faseamento adequado à nova situação" (nº 4), "[à] transição entre regimes" (nº 5), "[à] passagem para um regime de actualização mais célere" (nº 6).

b) Trespasse ocorrido há menos de 5 anos

O segundo desvio contempla a aquisição do estabelecimento por trespasse ocorrido há menos de 5 anos (por referência à data da entrada em vigor da lei – portanto, estamos a falar de negócios ocorridos entre 28 de Junho de 2001 e 28 de Junho de 2006) – art. 53º, nº 2, al. b) NRAU.

Estão aqui protegidas as expectativas do trespassário do estabelecimento que, quando adquiriu o bem, não contava com uma actualização extraordinária da renda. É justo, portanto, que o aumento sofra um diferimento mais alargado, o que lhe permite de alguma forma amortizar o trespasse.

O critério utilizado aqui é meramente temporal e, portanto, susceptível de críticas, consoante a orientação que se perfilhe. De todo o modo, sem ser excessivamente amplo, parece-nos adequado e ajustado o prazo fixado[72].

Também aqui a ocorrência de qualquer das vicissitudes consagradas no art. 56º NRAU – e por nós já enunciadas – importa a perda do benefício resultante da actualização em dez anos.

[72] Se o trespasse ocorreu há mais de cinco anos não se aplica a dilação máxima. O prazo é então o geral, de cinco anos.

Mas deve salientar-se que o legislador só se refere aqui isoladamente ao trespasse, ao invés do que ocorre noutros casos.

Quanto a uma eventual "cessão de exploração" do estabelecimento realizada há menos de 5 anos não parece justificar-se a dilação máxima. O proprietário da unidade jurídica (e arrendatário comercial) aproveita-se da transmissão temporária do estabelecimento e, consequentemente, da transferência do gozo do imóvel para outrem. De igual forma, o exercente usufrui das correspondentes vantagens. Ao invés do que ocorre com o senhorio, que se encontra à margem do negócio efectuado, sendo que a renda não sofre qualquer mutação.

Já quanto à transmissão definitiva do estabelecimento por via da fusão ou da cisão de sociedades impõe-se a interpretação extensiva da norma e, portanto, o faseamento diferido em 10 anos.

c) Estabelecimento aberto situado em área crítica de recuperação e de reconversão urbanística

Prevêem-se ainda mais dois casos. Em ambos está subjacente um interesse público dominante que impõe um diferimento amplo quanto à actualização da renda. Atende-se, por um lado, ao tipo de intervenção realizada na zona onde o imóvel arrendado se encontra e privilegia-se, por outro, a actividade exercida no locado. Vejamos.

É essencial que o estabelecimento instalado em prédio arrendado se situe em área crítica de recuperação e de reconversão urbana (ACRRU[73]); mas a protecção só ocorre no caso de a organização mercantil se encontrar a funcionar, e portanto desde que esteja aberta ao público (art. 53º, nº 2, al. c) NRAU).

d) O interesse municipal ou nacional da actividade exercida no locado

Tutela-se ainda o arrendatário quando a actividade exercida no prédio é qualificada de interesse nacional ou municipal (art. 53º, nº 2, al. d) NRAU).

3.5. O gradualismo na actualização faseada

Nos casos de actualização não imediata, portanto nas hipóteses em que aquela se difere no tempo – em 5 ou em 10 anos –, o fraccionamento é sempre gradual, não podendo projectar-se o aumento nos primeiros anos.

O princípio do gradualismo concretiza-se em duas limitações (de tipo cumulativo).

Por um lado, deve confrontar-se o valor da renda vigente com o montante da renda comunicada pelo senhorio. Da diferença apurada entre as duas im-

[73] Nos termos do art. 53º, nº 4 NRAU são ACRRU as áreas "assim declaradas nos termos do art. 41º da Lei dos Solos, aprovada pelo Decreto-Lei nº 794/76, de 5 de Novembro".

portâncias há que a dividir pelas fracções resultantes da lei (1/4, 1/9), sendo essa a quantia que se soma à renda vigente à data da comunicação (arts. 40º e 41º NRAU).

Figuremos como exemplo uma actualização em cinco anos. A renda à data da notificação é de € 50. A renda comunicada ascende a € 350. A diferença entre ambas é, portanto, de € 300. Ora, em princípio, acresceria mensalmente ao valor inicial um quarto da diferença (300/4) no primeiro ano, ou seja, € 75 (art. 40º, nº 1, al. a) NRAU).

De acordo com a segunda restrição – que actua complementarmente, como afirmámos –, estabelece-se um limite máximo de actualização, que no caso mencionado é de € 50 mensais no primeiro ano (art. 40º, nº 2, 1ª parte NRAU) e de € 75 nos anos subsequentes. Portanto, a renda mensal – no primeiro ano – não poderia exceder a quantia de € 100 no primeiro ano (ou seja, € 50 que o arrendatário já se encontrava obrigado a pagar, acrescidos do aumento de € 50).

3.6. Resposta do arrendatário

Realizada devidamente a comunicação, isso não significa automaticamente que a nova renda seja a que consta da notificação efectuada. Isto porque pode haver lugar a "resposta do arrendatário".

O art. 55º NRAU admite a contestação do locatário quanto ao prazo (de 5 anos), devendo este alegar para o efeito uma das circunstâncias previstas no art. 53º, nº 2 NRAU e demonstrar documentalmente o facto gerador de uma actualização por prazo superior (*v.g.*, o contrato de trespasse ocorrido há menos de 5 anos).

O prazo para a resposta do arrendatário é de 40 dias (art. 37º, nº 1 NRAU), sendo que a sua falta vale "como declaração de inexistência das circunstâncias" (art. 37º, nº 4 NRAU).

Não se exclua a denúncia do contrato pelo inquilino, implicando esta a desocupação do locado no prazo de 6 meses e a manutenção do regime de renda vigente (art. 37º, nº 5 NRAU).

Mostra-se ainda possível ao arrendatário requerer uma nova avaliação fiscal do prédio ao serviço de finanças competente, devendo dar a conhecer tal circunstância ao senhorio (art. 37º, nº 6 NRAU).

3.7. Exigibilidade da nova renda e das rendas subsequentes

3.7.1. Exigibilidade da nova renda

A nova renda é devida no 3º mês posterior ao da comunicação realizada pelo locador, desde que preenchidos os requisitos legais impostos (art. 43º NRAU).

Assim, se o senhorio notifica o inquilino da nova soma a pagar no mês de Janeiro, o arrendatário deve proceder ao pagamento dessa importância em Abril.

Aplica-se, pois, o seguinte princípio: o inquilino "paga primeiro e discute depois".

3.7.2. Actualizações (extraordinárias) subsequentes

No caso das actualizações subsequentes, as novas rendas são devidas um ano após a actualização anterior, contado do momento em que se verifica o primeiro aumento, ou seja, no 3º mês subsequente à notificação (art. 43º, nº 2 NRAU).

Mas a actualização não opera sem mais, de modo automático. A opção foi a de não deixar o inquilino sujeito a uma única comunicação inicial (e global) que contemplasse todos os anos em que se desdobra o faseamento. Confere-se, assim, uma segurança acrescida ao arrendatário no tocante aos aumentos subsequentes, funcionando também como uma espécie de lembrança. Cabe, desta sorte, ao senhorio o ónus de actualização anual.

Para o efeito, deve comunicar por escrito[74] ao locatário – com a antecedência mínima de 30 dias – o valor da renda actualizado (art. 43º, nº 3 NRAU). Não se estabelece, porém, um prazo máximo. Nada impede naturalmente que o prazo de pré-aviso seja mais longo, conquanto não possa ser muito antecipado, atenta a motivação que lhe subjaz.

A renda actualizada é devida a partir do momento em que perfaz um ano sobre o aumento anterior.

Na hipótese de o locador não promover a actualização no tempo e nos moldes devidos, por esquecimento ou por qualquer outra causa, ficam prejudicados os aumentos de renda relativos a esse ano (art. 43º, nº 4, 1ª parte NRAU).

Porém, "pode, em qualquer ano, exigir o valor a que teria direito caso todas as actualizações tivessem ocorrido" (art. 43º, nº 4, 2ª parte NRAU).

Este regime é semelhante ao consagrado no revogado RAU, ressalvadas algumas especificidades (*v.g.*, o coeficiente aí exigido não existe).

Mas há uma diferença marcante: agora não se impõem limites temporais para a realização dos aumentos futuros – diversamente do que sucedia no RAU (art. 34º, nº 2) e mesmo no actual regime (art. 1077º, al d), parte final CC, NRAU). Inexistem restrições quanto a esse aspecto. Desta sorte, os aumentos nunca serão à partida considerados perdidos, tudo dependendo em concreto da diligência do senhorio quanto à actualização anual. Comunicada regularmente esta ao inquilino – embora em data ulterior à devida –, aí se integram todos os aumentos do passado não realizados, mas apenas valendo para o futuro.

[74] A comunicação opera nos termos do art. 9º, nºs 1 a 6 NRAU.

Justifica-se a orientação espelhada. Este aumento visa repor o equilíbrio inexistente. Não faria sentido que a falta de diligência do senhorio num dado ano deitasse a perder o valor do acréscimo.

No entanto, nos 30 dias posteriores à (recepção da) comunicação – mas não na altura em que ocorre o aumento – o arrendatário pode denunciar imotivadamente o contrato (art. 43º, nº 5, 1ª parte NRAU). Cabe-lhe efectuar a correspondente notificação ao locador, nos termos do art. 9º, nºs 1 a 6 NRAU. A data da recepção daquela marca o início do prazo de 6 meses para que se efectue a desocupação (e a entrega) do prédio. Contudo, não há lugar a qualquer actualização de renda.

Quid juris se o senhorio remete ao inquilino com 5 meses de antecedência a comunicação referente à actualização da renda? Deve ser esse o critério a ter em conta? Parece-nos que não, sob pena de se desvirtuar a razão de ser do regime. A premissa de que o legislador terá partido pode sintetizar-se do seguinte modo: a comunicação do locador no prazo mínimo de 30 dias e o idêntico período concedido ao inquilino para extinguir o contrato fazem aproximar o momento da denúncia da data em que opera o aumento da renda. Daí que se essa notificação for muito distante do prazo de 30 dias, o período em causa contar-se-á desde a altura em que se efectiva a actualização da renda.

Note-se que se o inquilino não desocupa o locado no tempo devido, o senhorio pode socorrer-se do título executivo extrajudicial previsto no art. 15º, nº 1, al. f), 2ª hipótese, NRAU, juntando o comprovativo da sua comunicação e o documento de resposta do locatário, o que lhe permite instaurar a competente acção executiva para entrega de coisa certa.

§ 2. Compensação por obras realizadas

Regula o art. 29º NRAU a questão de saber se o arrendatário comercial tem direito a uma indemnização por obras efectuadas.

Deve, em primeiro lugar, referir-se que uma eventual compensação a atribuir só se aplica aos contratos de arrendamento comercial de cariz vinculista celebrados antes de 5 de Outubro de 1995, data da entrada em vigor do DL 257/95, de 30 de Setembro.

A norma em apreço regula, em sede não habitacional, duas possibilidades: o nº 1 é uma regra supletiva, portanto derrogável mediante vontade das partes em sentido contrário expressa no contrato vinculista muito antigo[75] (cfr. art. 29º,

[75] Não é pensável que as partes, quando contrataram no passado e de acordo com as regras de outrora, tenham especificamente previsto esta hipótese. De todo o modo, isso poderá ter resultado de um clausulado geral típico acolhido na contratação.

nº 1, 1ª parte NRAU)[76]; o nº 3, ao invés, tem carácter imperativo (cfr. a parte final do art. 29º, nº 3 NRAU). Cabe examiná-las com mais detalhe.

1. Regime geral

Vejamos, em primeiro lugar, os condicionalismos e o alcance do "direito à compensação" do art. 29º, nº 1 NRAU.

1.1. A cessação do contrato

O direito à compensação pressupõe a "a cessação do contrato" de arrendamento. Aliás, o art. 29º, nº 1 NRAU é bem claro quanto a este aspecto ao afirmar que apenas o seu termo "dá ao arrendatário direito a compensação..." (sublinhado nosso).

Não se distinguem os modos de extinção do negócio, pelo que pode este terminar por caducidade, por denúncia, por oposição à *renovação*, por resolução ou por mútuo acordo.

Acresce que parece ser irrelevante se a causa da extinção é imputável ao arrendatário (por exemplo, a falta de pagamento da renda, a utilização do locado para fim diverso) ou ao senhorio (*v.g.*, a não execução de obras que lhe competia fazer)[77].

1.2. A legitimidade activa do arrendatário

As expressões acima identificadas levantam, porém, algumas questões.

A primeira decorre do facto de se fazer simplesmente referência ao "arrendatário". Nada mais se específica. Portanto, cabe virtualmente aqui qualquer inquilino. O originário, o equiparável ou aquele para quem eventualmente se transfere a posição jurídica.

Nas duas primeiras hipóteses não se suscitam particulares dúvidas.

Se cessa o contrato, o locatário pode obter, verificados os respectivos pressupostos, uma compensação do senhorio.

O problema ganha maior acuidade quando há transferência da posição contratual *inter vivos* para um novo inquilino por efeito do trespasse, sendo que as obras foram suportadas pelo arrendatário transmitente[78].

[76] De notar que esta disciplina é muito semelhante ao regime vigente para as obras realizadas à luz do NRAU (art. 1074º, nº 5 CC).

[77] Ressalva-se naturalmente a resolução pelo senhorio por obras não licitamente efectuadas pelo inquilino, como termos oportunidade de constatar.

[78] Ver *infra* 3.2.

1.3. A licitude das obras

O inquilino há-de ter realizado obras, de forma lícita, no prédio arrendado. Excluem-se assim *a contrario* todas as outras que não tenham obedecido às exigências dos preceitos do passado (por exemplo, as que modificam a disposição interna do prédio sem autorização escrita do senhorio – art. 64º, nº 1, al. d) RAU)[79].

1.4. Tipos de obras

Questionar-se-á qual o tipo de obras equacionadas. O art. 29º, nº 1 NRAU manda aplicar o regime das benfeitorias realizadas pelo possuidor de boa fé, equiparando-se, portanto, o arrendatário a este[80].

Em termos gerais, o art. 216º CC alude a três tipos de benfeitorias. Por um lado, as que têm por fim evitar a perda, destruição ou deterioração da coisa (ditas necessárias). Por outro lado, as que não sendo indispensáveis para a conservação do bem, lhe aumentam o valor (qualificadas como úteis), E ainda as que servem apenas para recreio do benfeitorizante (designadas por voluptuárias).

Acresce que deve conjugar-se o regime aplicável às benfeitorias em causa com a perspectiva seguida no art. 29º NRAU, ou seja, com a qualificação atribuída ao arrendatário, tido como possuidor de boa fé. Daí que se imponha o emprego dos arts. 1273º a 1275º CC.

1.5. Efeitos

Pode afirmar-se que o inquilino deve ser indemnizado pelas benfeitorias necessárias que executou no prédio (art. 1273º, nº 1 CC). Tem ainda, em princípio, direito a levantar as benfeitorias úteis realizadas no prédio arrendado, desde que o possa efectuar sem detrimento da coisa. Se o levantamento não for possível (em razão da deterioração que provoca), o senhorio deve satisfazer o valor daquelas, de acordo com o regime do enriquecimento sem causa (art. 1273º, nº 2 CC).

Note-se que a obrigação de indemnização a que se encontra adstrito o locador é passível de compensação com o eventual ressarcimento dos danos a supor-

[79] Aqui aplicar-se-á o regime do art. 1046º, nº 1 CC, sendo o locatário equiparado ao possuidor de má fé, não lhe assistindo porém qualquer direito de retenção, sem prejuízo da resolução do contrato pelo senhorio. Seguimos assim a interpretação de MENEZES LEITÃO, Arrendamento Urbano, cit., p. 46.

[80] O primeiro anteprojecto (RNAU) dispunha no art. 32º que "os arrendatários [tinham ainda] direito [a uma indemnização] por benfeitorias realizadas no locado...".
Posteriormente, o anteprojecto NRAU determinava que "a cessação do contrato dá ao arrendatário direito a compensação pelas obras licitamente feitas, nos termos aplicáveis às benfeitorias realizadas por possuidor de boa fé" (art. 29º).

tar pelo arrendatário, nos termos da responsabilidade civil, na sequência das deteriorações causadas por si no imóvel (art. 1274º CC).

Em relação às benfeitorias voluptuárias, o inquilino tem direito a retirá-las desde que não haja detrimento da coisa. Caso contrário, não se mostra possível o seu levantamento, nem a obtenção de qualquer indemnização (art. 1275º, nº 1 CC).

Não se descure um eventual direito de retenção do locatário quando seja ele o obrigado a entregar o imóvel[81].

Se não houver acordo entre as partes, não lhe resta outra alternativa que não seja a instauração da competente acção judicial, no sentido de conseguir a referida "compensação". Quando lhe assista direito de retenção, o ónus de instauração da acção cabe, em princípio, ao senhorio.

2. Regime especial: seus contornos

Cumpre realçar agora o regime especial.

O art. 29º, nº 3 NRAU permite ao arrendatário habitacional obter igualmente uma compensação pelas obras que tenha licitamente efectuado.

As diferenças resultantes deste preceito em relação àquele outro são duas:

- a imperatividade da norma, independentemente portanto do estipulado no contrato (art. 29º, nº 2 *ex vi* art. 29º, nº 3 NRAU);
- a forte delimitação quanto aos modos de cessação do contrato.

Relativamente a este aspecto, restringe-se o alcance da disposição à denúncia imotivada pelo senhorio na sequência da extinção do contrato por efeito da aplicação do disposto no art. 26, nº 6 NRAU.

Ora, também aqui a compensação só tem lugar no caso de "cessação do contrato [no que toca ao arrendatário]".

A norma, no entanto, suscita algumas interrogações em face das várias vicissitudes que se projectam.

- no caso de trespasse de estabelecimento, transfere-se *ex silentio* a posição de arrendatário para o transmissário da organização; ora, o senhorio pode então, como vimos, denunciar imotivadamente o contrato com um prazo de pré-aviso de 5 anos; sucede que o negócio poderá então cessar para o termo de um prazo declarado; donde se põe a questão de saber se é o locatário do imóvel (e trespassante do estabelecimento) que tem direito à referida compensação e se apenas a pode exercer à data da extinção do contrato de arrendamento (que desconhecerá, pois qualquer comunicação é

[81] Ver MENEZES LEITÃO, Arrendamento Urbano, cit., p. 139.

agora dirigida ao novo inquilino, trespassário do estabelecimento); a resposta não pode deixar de ser afirmativa quanto à primeira questão, sendo que parece operar quanto ao arrendatário (transmitente do estabelecimento) quando a transferência da posição contratual se realize; a locução "cessação do contrato" tem de ser interpretada *cum granum salis.*

- em face da locação de estabelecimento, transfere-se apenas o gozo do imóvel; portanto, uma eventual extinção do contrato de arrendamento, há-de ser comunicada ao inquilino (e transmitente do estabelecimento); opera, portanto, o direito à indemnização, por exemplo, no fim do prazo de pré-aviso (arts. 1101º, al. c) e 1104º CC, NRAU).

Secção IV
Regime transitório especial: os contratos vinculísticos anteriores ao RAU

§ 1. Iniciativa do senhorio. 1. Denúncia para demolição do prédio. 1.1. Âmbito e alcance do direito de denúncia. 1.2. Pressupostos da denúncia. 1.2.1. Material. 1.2.2. Procedimental. 1.3. Direito do arrendatário a uma indemnização. 2. Obras de remodelação ou de restauro profundos. 2.1.. Realização de obras no locado pelo arrendatário. 2.2. As várias fases conducentes à execução de obras de conservação. 2.3. Os possíveis procedimentos em ordem à realização das obras pelo arrendatário. 2.4. O direito de escolha do arrendatário. § 2. Iniciativa do arrendatário. 1. Requisitos. 2. A aquisição do prédio pelo arrendatário.

Num dos diplomas complementares, ulteriormente publicados, encontra-se o regime jurídico das obras em prédios arrendados – o DL 157/2006, de 8 de Agosto, com as alterações resultantes da rectificação nº 68/2006, de 3 de Outubro, e do DL 306/2009, de 23 de Outubro – que revoga a Lei nº 2.088, de 3 de Junho de 1957.

Esta disciplina visa resolver os problemas de degradação dos prédios objecto de arrendamentos muito antigos. Não é aqui suficiente impor um dever de conservação do locado, mas promover a sua efectiva reabilitação, que será apoiada financeiramente (e regulamentada) em relação ao proprietário, sendo que no tocante ao inquilino se permite, no limite, a aquisição do locado[82].

O texto em causa estabelece regras (gerais) para os contratos novos e (especiais) para alguns contratos antigos (os não habitacionais celebrados antes da entrada em vigor do DL 257/95) – art. 23º, nº 1, al. b) DL 157/2006.

[82] Cfr. o Preâmbulo do DL 157/2006.

Interessam-nos de momento apenas estes, ou seja, a disciplina transitória especial, aposta nos art. 23º a 46º DL 157/2006 (embora nem todas estas normas sejam empregues ao arrendamento comercial), sem prejuízo da aplicação dos arts. 4º a 22º "em tudo o não previsto" - art. 23º, nº 2 DL 157/2006. Regulam-se aí várias possibilidades:

- do lado do senhorio, a denúncia para demolição e a denúncia (ou eventualmente a suspensão) motivada por obras de remodelação ou de restauro profundos;
- do lado do arrendatário, a realização de obras no imóvel e a possibilidade de aquisição do prédio.

É esta a sequência da secção em estudo.

§ 1. Iniciativa do senhorio

1. Denúncia para demolição do prédio

1.1. Âmbito e alcance do direito de denúncia

Ao senhorio é permitida a denúncia do contrato com fundamento na demolição do locado (art. 1101º, al. b), 1ª possibilidade CC, NRAU).

Na secção III, em particular nos arts. 23º ss. DL 157/2006, estabelece-se uma disciplina transitória específica para os arrendamentos não habitacionais anteriores ao DL 257/95 (art. 23º, nº 1, al. a) DL 157/2006).

Aí determina-se que a denúncia do contrato pelo senhorio se encontra limitada. Está subordinada ao preenchimento dos pressupostos ínsitos no art. 7º, nº 2 DL 157/2006 ou, como expressa o art. 24º, nº 1 DL 157/2006, tal via "só existe" nesses casos.

A remissão efectuada no art. 7º, nº 2 DL 157/2006 respeita à parte final do proémio e às als. a) e b) do nº 2 do art. 7º DL 157/2006.

O direito de denúncia assenta, nos termos do art. 7º, nº 2 DL 157/2006, em dois requisitos (um material, outro procedimental), a saber:

- a necessidade de demolição por força da degradação do prédio, definindo-se ainda dois sub-elementos que permitem aferir e concretizar esse estado;
- a sua comprovação pelo município, depois de ouvida a CAM.

Numa outra hipótese - a emergente do art. 24º, nº 2 DL 157/2006 - mostra-se viável a demolição pelo locador atendendo à vertente técnica e em razão dos interesses do município.

1.2. Pressupostos da denúncia

Analisemos, em especial, a denúncia na situação descrita em primeiro lugar, por ser aquela que maior número de dificuldades é susceptível de causar.

1.2.1. Material

Como enunciámos, a denúncia para demolição está condicionada à verificação de dois pressupostos.

Um deles, de índole substancial, estabelece uma conexão entre a demolição e a degradação do imóvel.

Este último conceito é aqui o nuclear. O que está em causa é a perda significativa da qualidade do locado, que se deteriorou ao longo do tempo (de forma progressiva e acentuada) muito para além do que seria o seu desgaste normal.

À sua volta encontram-se dois sub-elementos que auxiliam na sua concretização, a saber:

- a degradação deve ser incompatível tecnicamente com a sua reabilitação;
- a degradação deve gerar risco para os respectivos ocupantes (art. 7º, nº 2º, al. a) DL 157/2006).

1.2.2. Procedimental

Uma ulterior exigência de cariz procedimental se impõe:

- a comprovação pelo município do preenchimento das condições substanciais, o que envolve imperativamente a audição da respectiva comissão arbitral municipal (CAM) – art. 7º, nº 2, al. a) DL 157/2006.

A última palavra cabe, desta sorte, ao município. Não se prescinde, no entanto, da fiscalização do nível da degradação do imóvel por uma entidade administrativa específica, autónoma e especializada. Exclui-se, por esta forma, um eventual conflito de interesses entre o locador e o inquilino[83].

1.3. Direito do arrendatário a indemnização

Na sequência da denúncia (do locador) para demolição do imóvel, o arrendatário mercantil apenas tem direito a uma indemnização e não, em alternativa, ao realojamento, como sucede ao inquilino habitacional.

A supressão do direito de escolha compreende-se, pois não estão em causa interesses de tipo habitacional, embora se possa sustentar que se desconsidera o direito do inquilino a manter o seu estabelecimento no mesmo local.

[83] Há ainda a possibilidade de a demolição decorrer do plano de pormenor de reabilitação urbana (art. 7º, nº 2, al. b) do DL 157/2006)

Quanto ao valor em causa, ele corresponderá "ao pagamento de todas as despesas e danos, patrimoniais e não patrimoniais, considerando-se o valor das benfeitorias realizadas e dos investimentos efectuados em função do locado".

Tratemos agora dos limites da indemnização.

Determina-se um valor indemnizatório mínimo. Para o seu cálculo há que atender, em concreto, a dois sub-limites.

Por um lado, estabelece-se o limiar mínimo de 5 anos de renda.

Mas esse valor assim encontrado nunca pode ser inferior a 60 vezes a retribuição mínima mensal garantida – RMMG (art. 26º, nº 2, parte final DL 157/2006).

Essa importância deve encontrar-se depositada nos 15 dias seguintes à propositura da acção (art. 26º, nº 2 DL 157/2006).

Se o quantitativo em causa, a final, for superior àquele valor, a denúncia do contrato não produz efeitos sem que se comprove depositada a totalidade daquela quantia (art. 26º, nº 3 do DL 157/2006).

Dispõe ainda o art. 8º, nº 5 DL 157/2006 que "o arrendatário [só] pode levantar o depósito [efectuado pelo senhorio] após o trânsito em julgado da sentença que declare a extinção do arrendamento".

Não se fixa um *plafond* máximo para o ressarcimento dos danos. Essa ausência de limitação, principalmente quando se *contabilizam* danos não patrimoniais, pode traduzir-se num impedimento de facto ao exercício pelo senhorio do direito de denúncia para demolição.

2. Obras de remodelação ou de restauro profundos

É ainda admissível a denúncia pelo senhorio dos contratos de arrendamento para comércio com base na realização de obras de remodelação ou de restauro profundos.

Todavia, o regime especial transitório decorrente da Secção III do DL 157/ /2006 apenas se aplica aos arrendamentos não habitacionais anteriores ao DL 257/95 (art. 23º, nº 1, al. b) do citado diploma).

O regime (indemnizatório) é o mesmo daquele que acabamos de analisar, pelo que para aí remetemos[84].

[84] Não se exclua porém a possibilidade de o senhorio suspender o contrato (art. 5º, nº 1 DL 157/2006) ou se ver mesmo obrigado a isso (art. 5º, nº 2 DL 157/2006). Ora, "no caso de o arrendamento ser para fim não habitacional, o arrendatário pode preferir ao realojamento uma indemnização por todas as despesas e danos, patrimoniais e não patrimoniais, decorrentes da suspensão, sendo a CAM competente para a sua fixação (art. 10º, nº 5 DL 157/2006).

§ 2. Iniciativa do arrendatário

O diploma que temos vindo a analisar permite ainda ao inquilino efectuar, em certas circunstâncias, obras no local arrendado, facultando ainda, em condições mais exigentes, a aquisição do prédio. Tais caminhos, a desencadear pelo arrendatário, não estão dele inteiramente dependentes, mas de circunstâncias exógenas.

1. Realização de obras no locado pelo arrendatário

1.1. As várias fases conducentes à execução de obras de conservação

A realização de obras pelo inquilino, no prédio em que habita, está dependente da verificação de um conjunto alargado de requisitos cumulativos e de procedimentos diversos, que se desdobram (ou se podem desdobrar) em várias etapas.

Determina-se, por um lado, que as obras em causa – que são exclusivamente as de conservação (ordinária ou extraordinária) do imóvel –, não devem estar a cargo do inquilino (art. 29º, al. a) DL 157/2006). Se a este competisse executá-las no passado naturalmente que não poderia utilizar este mecanismo, que visa uma finalidade bem diversa.

Para além disso, o estado de degradação do prédio não deve resultar da sua actuação ilícita (art. 29º, al. b) DL 157/2006).

Pressupõe-se ainda a determinação pela CAM do estado de conservação do prédio e, portanto, que o senhorio tenha desencadeado o procedimento relativo à actualização extraordinária da renda, ao abrigo dos arts. 30º ss. NRAU.

Caso aquele estado tenha sido qualificado como "mau" ou "péssimo", o inquilino tem a faculdade de intimar o locador para que execute as "obras necessárias à obtenção de um nível [ou melhor de um estado] mínimo de médio" (art. 30º, nº 1 DL 157/2006).

A intimação para obras do senhorio (pelo inquilino) deve ser realizada por "escrito" (art. 30º, nº 4 DL 157/2006), o que significa, em bom rigor, a aplicação do disposto no art. 9º, nºs 1 a 6 NRAU, por força da remissão do art. 47º DL 157/2006.

Não se exigem requisitos mínimos quanto ao conteúdo. Porém, a declaração deve conter a referência ao contrato de arrendamento, ao estado do locado e à necessidade de efectuação das obras necessárias à obtenção de um estado de conservação mínimo (correspondente ao "médio"), de acordo com a escala atrás apresentada.

1.2. Os possíveis procedimentos em ordem à realização das obras pelo arrendatário

Prevêem-se, em seguida, vários caminhos tendo em vista a execução, pelo arrendatário, das obras de conservação.

Vejamos as circunstâncias alternativas a ter em conta:

- o senhorio, intimado à execução, não inicia as obras no prazo de 6 meses (art. 30º, nº 2, 1ª hipótese DL 157/2006);
- o senhorio declara que não pretende realizar tais obras dentro desse período (art. 30º, nº 2, 2ª hipótese DL 157/2006);
- o senhorio, depois de ter começado as obras, suspende as mesmas, não as retomando em 90 dias; exige-se nova intimação ao senhorio para que as reinicie num prazo máximo de 30 dias (art. 31º, nº 2 DL 157/2006).

1.3. O direito de escolha do arrendatário

Ocorrido qualquer daqueles 3 factos, ao arrendatário assiste um direito de escolha:

- toma a iniciativa da sua execução; ou
- solicita ao município competente a execução das obras coercivas (art. 30º, nº 2 DL 157/2006).

Esta última hipótese permite ao inquilino, em última instância, a realização das obras em causa, se o senhorio, instado pelo município, não as executar no prazo imposto (art. 31º, nº 1 DL 157/2006)[85].

2. Aquisição do prédio pelo arrendatário

Apesar de, como assinalámos, pareça que – ao abrigo do art. 48º, nº 4 NRAU – no caso de não início das obras pelo senhorio (que visem um estado de conservação médio do locado) o arrendatário tem direito, desde logo à compra do prédio, essa conclusão carece de rigor.

Os arts. 35º ss. DL 157/2006 definem com exactidão os trâmites da compra do imóvel em moldes que não se assemelham com a alternatividade sugerida pelo art. 48º, nº 4 NRAU[86].

2.1. Requisitos

Para além dos dois citados requisitos, previstos no art. 29º DL 157/2006 – o da atribuição ao prédio de um estado de conservação que não atinge o grau "médio"

[85] Dado que o regime é em tudo semelhante, remetemos para o texto que publicámos (Arrendamento para habitação. Regime transitório, Coimbra, 2007, pp. 142 ss.).

[86] Apreciando o problema da constitucionalidade do direito de aquisição do arrendatário, ver PEDRO ROMANO MARTINEZ e ANA MARIA TAVEIRA DA FONSECA, "Da constitucionalidade da alienação forçada de imóveis arrendados", O Direito, 2007, pp. 35 ss. Os autores pronunciam-se afirmativamente, invocando argumentos específicos que percorrem vários institutos de direito privado, onde se suscita idêntica temática, para o justificar.

e o da intimação para obras dirigida ao senhorio (art. 35º, nº 1, prémio DL 157/2006)[87] –, exige-se agora, para que opere a consequência em análise, a verificação de um conjunto de pressupostos sequenciais e cumulativos.

Por um lado, mostra-se imperioso que o senhorio não tenha iniciado as obras no prazo de 6 meses, que tenha declarado que não as pretende executar (art. 35º, nº 1, al. a) DL 157/2006) ou que tenha começado aquelas, posteriormente as tenha suspendido não as retomando em 90 dias e depois de nova intimação pelo inquilino sem sucesso (art. 35º, nº 2 DL 157/2006).

Acresce que este último deve ainda solicitar ao município competente a realização de obras coercivas. O início destas deve, por seu turno, ocorrer no prazo de 6 meses. Se efectivamente começaram a ser executadas, o município não poderá suspendê-las nas exactas condições que mencionámos atrás em relação ao senhorio. Ora, só em face do fracasso desta pretensão é possível a compra do imóvel, propriedade do senhorio.

Na situação em apreço, ao contrário do que sucede com a manutenção do arrendamento, cai o direito de escolha do inquilino após a não execução daquelas pelo senhorio (ou situação equiparável). O arrendatário não tem, nessa altura, a possibilidade de adquirir o prédio ou de instar o município à execução das obras. Tal opção cede o lugar a uma sucessão cumulativa de exigências: primeiro, a solicitação ao município; depois – e só perante a insatisfação do seu direito – a compra do locado.

2.2. A aquisição

No entanto, o preenchimento dos pressupostos descritos não dá lugar, de imediato, à aquisição. Há um outro conjunto de condições que devem verificar-se para que o arrendatário se possa tornar proprietário do local onde reside.

Por um lado, impõe-se a instauração de uma acção (declarativa) de aquisição (art. 36º, nº 1, parte final DL 157/2006).

O inquilino não tem, porém, a faculdade de propor a acção a todo o tempo. Decorrido o prazo de 6 meses após a solicitação ao município da realização das obras coercivas (art. 35º, nº 1, al. b) *ex vi* 36º, nº 1, 2ª frase DL 157/2006) ou a não retoma das mesmas por aquela entidade e a nova intimação sem o seu reinício em prazo não superior a 30 dias (art. 35º, nº 2 por via da remissão implícita decorrente do art. 36º, nº 1, 2ª frase DL 157/2006), o arrendatário, com direito de aquisição, dispõe de 3 anos a contar do termo de qualquer destes prazos (consoante o que se verifique) para aquele efeito. Se não o fizer extingue-se o direito em causa. Trata-se de um caso de caducidade legal, determinado por motivos objectivos de segurança jurídica, que não pode ser modificado pelas

[87] Até aqui não se modificam os parâmetros em relação à realização de obras pelo arrendatário.

partes. Desta sorte, o tribunal pode conhecê-la oficiosamente, ao abrigo do art. 333º, nº 1 CC.

O longo período de tempo que o inquilino dispõe para o exercício do direito – que contrasta, por exemplo, com o prazo bastante inferior de 6 meses (um sexto, portanto) que o preferente legal tem para adquirir (art. 1410º, nº 1 CC) – está ainda sujeito a uma outra condição: o não início das obras pelo senhorio.

Repristina-se, por esta via, o primeiro elemento da sequência (previsto no art. 35º, nº 1, al. a) DL 157/2006) que atribui a possibilidade de aquisição ao locatário. Note-se ainda que o começo das obras ulteriormente pode acontecer em qualquer das 3 circunstâncias previstas (o não início em 6 meses; a declaração de que não o pretende fazer; a suspensão com ulterior intimação sem retoma).

É razoável que se dê ao senhorio uma última *chance* para cumprir e, assim, evitar a perda da propriedade do imóvel.

Pode discutir-se se o locador pode executar as obras mesmo depois de decorrido o prazo que lhe foi fixado, mas antes da instauração da acção de aquisição (pelo arrendatário).

O art. 36º, nº 1 DL 157/2006 fixa um lato prazo para o exercício do direito (3 anos), que se começa a contar do final de um outro (o do 6 meses sem que o município tenha iniciado as obras coercivas).

A decisão judicial faz operar um importante efeito – o da transferência da propriedade –, ao qual estão ligadas condições específicas – o preço da aquisição, as obrigações fiscais e a alusão aos deveres de reabilitação e de manutenção do imóvel.

Até ao momento em que é proferida a sentença, o preço deve encontrar-se integralmente pago.

O valor da aquisição é o resultante da avaliação fiscal do imóvel, realizada há menos de 3 anos, ao abrigo dos arts. 38º ss. CIMI (art. 38º, nº 1 DL 157/2006). Se inexiste a avaliação nos termos descritos, o locatário tem legitimidade para a requerer (art. 38º, nº 2 DL 157/2006).

De igual sorte, o tribunal não proferirá a decisão se o arrendatário, potencial proprietário, não cumprir as obrigações fiscais relativas à transmissão (art. 36º, nº 3, parte final DL 157/2006). Aliás, deve naquela declarar-se expressamente a execução das obrigações fiscais (ou a sua isenção).

A transmissão da propriedade do prédio está sujeita ao competente registo da aquisição "pelo arrendatário" (art. 41º, 1ª parte DL 157/2006), o qual tem a particularidade de fazer menção "à[s] obrigaç[ões] prevista[s] nos nºs [1], 2 e 3 do art. 39º" (art. 41º, 2ª parte DL 157/2006). Este facto registável permite a um potencial adquirente conhecer o alcance dos seus deveres na compra do imóvel.

Repare-se, por fim, que a aquisição da propriedade por sentença importa automaticamente a extinção da relação arrendatícia, por confusão (arts. 868º ss. CC), com efeitos *ex nunc*. O inquilino torna-se agora proprietário, o senhorio deixa de o ser e, com isso, deixa de estar vinculado a proporcionar o gozo temporário da coisa, tal como o locatário não está mais vinculado ao pagamento da renda.

No entanto, até à data da decisão judicial transitada em julgado as partes estão ligadas ao contrato de arrendamento, pelo que o inquilino continua adstrito ao pagamento da respectiva renda.

Capítulo III
Arrendamento comercial de duração limitada

§ 1. Regime transitório simplificado. § 2. Sujeição ao NRAU. § 3. *Especificidades*. 1. Prorrogação automática do contrato. 2. *Denúncia* por qualquer das partes. 2.1. A adequação dos conceitos. 2.2. Denúncia pelo arrendatário. 2.3. Oposição à prorrogação pelas partes. 2.4. Comunicações. 2.5. O prazo da primeira prorrogação. 2.6. Os prazos das prorrogações subsequentes. 3. Transmissão por morte. 4. Actualização da renda. 5. Compensação por obras executadas.

§ 1. Regime transitório simplificado

O regime de transição previsto para os contratos de duração limitada é necessariamente bastante mais simplificado.

Desde logo, porque estes são contemporâneos do RAU. Inexistia a possibilidade de celebração deste tipo de negócios antes dele. Ora, algumas das hipóteses estudadas a propósito das regras transitórias dos arrendamentos não habitacionais vinculísticos visam tão só e apenas os concluídos anteriormente a 5 de Outubro de 1995, data da entrada em vigor do DL 257/95. Logo, o que não vale para estes casos nunca poderia consequentemente ser aplicável aos realizados depois dele.

Assinale-se que a configuração e a estrutura do arrendamento mercantil de duração limitada – decorrentes dos arts. 117º, 118º e 98º a 100º (estes empregues com as necessárias adaptações) todos do RAU – são muito próximas do actual arrendamento habitacional com prazo certo, regulados nos arts. 1095º ss. NRAU, embora algumas diversas do regime do arrendamento mercantil do mesmo tipo[88].

[88] A diferença é significativa quanto às matérias da duração, da denúncia e da oposição à renovação, pois estão agora sujeitas ao princípio da liberdade contratual.

Tal sucede com o período de duração mínima inicial do contrato (de 5 anos) e com a regra da prorrogação automática do contrato que se mantêm[89]. Ao nível da oposição à prorrogação pelo senhorio e da denúncia pelo inquilino há pequenas variações.

Nestas circunstâncias, as normas de transição não poderiam – como efectivamente não o fazem – assinalar muitas especificidades. De resto, não há aqui fortes elementos vinculistas a tutelar.

§ 2. Sujeição ao NRAU

Começa por estabelecer-se o princípio de que tais contratos de duração limitada –realizados entre 5 de Outubro de 1995 e 27 de Junho de 2006 – estão agora submetidos às regras da Lei 6/2006 e dos outros diplomas complementares entretanto publicados (ou a publicar), ao abrigo do disposto no art. 26º, nº 1 NRAU.

§ 3. Especificidades

O art. 26º, nº 1 *in fine* NRAU ressalva, porém, "as especificidades dos números seguintes".

As *peculiaridades* dos contratos de duração limitada do passado restringem-se à sua duração, à sua prorrogação (art. 26º, nº 3 NRAU) e (eventualmente) à transmissibilidade da posição de arrendatário habitacional por morte (art. 58º *ex vi* 26º, nº 2 NRAU).

Deve ainda realçar-se que – ao contrário do que ocorre no art. 26º, nº 4, proémio NRAU – o art. 26º, nº 3 NRAU não trata de "equiparar", pelo menos expressamente, os contratos de duração limitada aos actuais contratos (habitacionais) com prazo certo. Todavia, tal conclusão está implícita no normativo em causa. De resto, outra não poderia ser a solução em razão do resultado a que chegámos quanto aos arrendamentos vinculistícos.

1. Prorrogação automática do contrato

No Regime do Arrendamento Urbano, os contratos de duração limitada – onde foram pela primeira vez consagrados – encontravam-se subordinados ao princípio da *renovação* automática (mas não imperativa em relação ao senhorio) no fim do prazo – art. 118º, nº 1 RAU.

O período inicial de duração não podia ser inferior a 5 anos (art. 98º, nº 2 *ex vi* art. 117º, nº 2 ambos do RAU). Se nada estivesse previsto, a renovação ocorria

[89] Permanece idêntico o período mínimo da(s) prorrogação(ões), ou seja, os 3 anos.

por igual período, embora o prazo pudesse ser um qualquer, não estando sujeito à limitação dos três anos (art. 118º, nº 1, 1ª parte RAU).

A citada regra significava, por um lado, que as partes podiam extinguir o contrato para o termo do prazo (inicial ou subsequentes), mas também, por outro, que se não o fizessem cessar para essa altura, permanecia aquele em vigor por um novo período (o clausulado, com a limitação referida, ou o legal).

Ora, esta situação mantém-se para o futuro no tocante aos negócios do pretérito. Com efeito, o art. 26º, nº 3 NRAU consagra – semelhantemente – que "os contratos de duração limitada renovam-se automaticamente...".

Não se pode, portanto, qualificar esta como uma especificidade, já que nada se modifica em relação ao passado, conquanto represente uma particularidade em relação aos contratos celebrados à luz do NRAU (art. 1110º CC, NRAU).

Note-se que se mantém intocado o prazo (inicial ou subsequente) do contrato de duração limitada. Se este período temporal era de 5 anos ou mais, se já se tinha prorrogado por igual, maior ou menor período, a sua contagem corre normalmente até ao seu fim, se o inquilino a ele não se opuser no seu decurso.

O art. 1095º, nº 1 e o art. 1096º, nº 1, ambos do NRAU, expressam idênticas regras às do RAU.

2. Denúncia por qualquer das partes

2.1. A adequação dos conceitos

Determina o art. 26º, nº 3, 2ª frase NRAU que aquela prorrogação ocorre "quando [os contratos de duração limitada] não sejam <u>denunciados</u> por qualquer das partes" – sublinhado nosso.

Segue-se, pois, a mesma expressão que se encontrava ínsita no art. 118º, nº 1 RAU no quadro do arrendamento comercial (e também no art. 100º, nº 1, parte final RAU, em sede habitacional).

A redacção do art. 26º, nº 3 não é – como já não era a dos arts. 118º, nº 1 e 110º, nº 1 RAU – a mais feliz. A nova nomenclatura usada no NRAU (denúncia e oposição à prorrogação), nos arts. 1097º e 1098º CC, poderia ter sido aqui empregue, evitando-se desta forma alguma confusão.

No art. 118º, nº 1 RAU, a mencionada "denúncia" – expressa nos mesmos termos nos vários números do art. 100º RAU –, corresponde à actual "oposição à renovação" (arts. 1097º e 1098º ambos do CC, NRAU).

Por sua vez, a "revogação do contrato a todo o tempo" [pelo inquilino], ao abrigo do antigo art. 100º, nº 4, 2ª frase RAU (aplicável *ex vi* art. 117º, nº 2 RAU), equivale à vigente "denúncia" [pelo arrendatário], à luz do art. 1098º, nº 2 CC, NRAU.

Há que compatibilizar tais faltas de correspectividade.

Com efeito, interpretado o art. 26º, nº 3 à luz do NRAU teríamos textualmente a seguinte situação: apenas o locatário podia extinguir o contrato em qualquer altura; o senhorio não o podia fazer para o termo do prazo. Esta leitura, manifestamente errónea, não seria compatível com a expressão aposta na lei: "qualquer das partes" podia fazer cessar o negócio.

Interpretado o mencionado normativo de acordo com o RAU teríamos a seguinte hipótese: o locador e o locatário poderiam opor-se à renovação do contrato, mas este último não o podia terminar a todo o momento. Este caminho peca, de igual sorte, por ser incongruente.

Acresce que se alude, no art. 26º, nº 3 NRAU, à denúncia "no fim do prazo pelo qual foram celebrados", esquecendo-se o legislador de mencionar a outra hipótese ínsita no anterior art. 100º, nº 4, 2ª parte RAU: a revogação a todo o tempo. Seguramente, esta via não se terá querido excluir para o futuro nos contratos de duração limitada do pretérito.

Ora, socorrendo-nos do elemento racional, chegamos às seguintes conclusões: só o arrendatário pode denunciar (imotivadamente e em qualquer momento) o contrato; o senhorio apenas se pode opor à sua continuidade para o final do prazo (tal como, de resto, se permite ao inquilino[90]).

O modelo do RAU permanece em vigor no NRAU.

Vejamos, seguidamente e em concreto, as possibilidades existentes, as quais traduzem ligeiras modificações (quanto ao prazo de pré-aviso e no tocante à forma do exercício do direito) em relação à disciplina aposta nos antigos arts. 98º ss. RAU.

2.2. Denúncia pelo arrendatário

O inquilino pode denunciar o contrato sem motivo. Mas não sem mais.

Em primeiro lugar, só o pode fazer decorridos seis meses de vigência do contrato, circunstância que não se exigia no RAU.

Por outro lado, exige-se que conceda um prazo de pré-aviso igual ou superior a 120 dias – e já não de 90 dias, como dispunha o art. 100º, nº 4, 2ª parte RAU *ex vi* art. 117º, nº 2 RAU.

Mas – sendo esta outra novidade em face da lei antiga – a cessação opera no final de um mês do calendário gregoriano (art. 1098º, nº 2 CC, NRAU).

Alternativamente, permite-se que o arrendatário não observe (total ou parcialmente) aquele prazo. Deve, contudo, pagar as rendas correspondentes ao período em falta (art. 1098º, nº 3 CC, NRAU)[91].

[90] Esta solução é, como se compreende, muito pouco usada pelo locatário habitacional, já que ele pode fazer cessar o contrato a todo o tempo. Não necessita de esperar para o fim do prazo para o extinguir.

[91] Já ao senhorio, tal como outrora, não é permitido utilizar este expediente para pôr fim ao negócio.

2.3. Oposição à prorrogação pelas partes

Embora a lei se refira à denúncia, esta deve entender-se como oposição à prorrogação. Ora, não se cura aqui desta temática em pormenor, podendo considerar-se que é o regime dos contratos com prazo certo que se aplica.

A conclusão não é inteiramente rigorosa quanto ao locador.

Se bem que o regime actual – tal como a disciplina do passado – o prazo de pré-aviso para o locador se opor à *renovação* do contrato é igualmente de um ano[92] (art. 1097º CC, NRAU), não se descure o antigo art. 118º, nº 2 RAU, à luz do qual se pode ter estabelecido um regime diverso. Com efeito, determinava o normativo que o contrato podia prever "um [outro] prazo para a denúncia ... pelo senhorio". Ora, tendo a cláusula sido reduzida a escrito, ela mantém-se inteiramente aplicável actualmente.

O arrendatário pode igualmente extinguir o contrato para o seu fim. O prazo de pré-aviso é de, pelo menos, 120 dias (art. 1098º, nº 1 CC, NRAU).

2.4. Comunicações

Qualquer das mencionadas comunicações segue um regime idêntico, ao contrário do que ocorria outrora.

À luz do revogado art. 100º RAU, o senhorio encontrava-se numa posição mais desvantajosa do que o inquilino, visto que era onerado com a necessidade de efectivação de uma notificação judicial avulsa.

Aplica-se agora, indistintamente (para qualquer das partes), o formalismo decorrente do art. 9º, nºs 1 a 6 NRAU: a carta registada com aviso de recepção ou a entrega em mão da declaração de cessação.

2.5. O prazo da primeira prorrogação

Se com a nova lei o contrato de arrendamento comercial se prorrogar automaticamente determina-se que o prazo da mesma é de 5 anos (art. 26º, nº 3, parte final NRAU).

Confrontando com a disciplina anterior, o art. 118º, nº 1 RAU estabelecia que os contratos de duração limitada se *renovariam* "por igual período". Daí resultava que se o período inicial fosse de 5, de 6 ou de mais anos o negócio se prorrogava por idêntico prazo (ou seja, 5, 6 ou mais anos).

Ora, o art. 26º, nº 3 NRAU pode ser, em concreto, menos favorável para o arrendatário comercial. Deve, por isso, discutir-se o que ocorre se o clausulado contratual – elaborado em face do RAU – previa um prazo para a primeira prorrogação (e eventualmente as subsequentes) superior a cinco anos.

[92] Mantém-se o prazo do passado (cfr. o antigo art. 100º, nº 3 RAU).

À luz do art. 26º, nº 3 NRAU e do próprio regime da duração em sede arrendamento mercantil deve ser o prazo convencionado aquele que se aplica. Aliás, esta é também a interpretação mais consentânea com o anterior art. 118º, nº 1 RAU, até porque não se pretende agora fazer cessar o vinculismo de grau máximo.

2.6. Os prazos das subsequentes prorrogações

Relativamente a eventuais prorrogações ulteriores, o legislador apenas intervém supletivamente equiparando o regime ao do arrendamento habitacional, pelo que o negócio se renova "pelo período de três anos" (se outro – inferior ou superior – não tiver sido previsto).

3. Transmissão por morte

Impõe-se saber o que sucede à posição de arrendatário mercantil no caso de morte da pessoa física, comerciante em nome individual.

O art. 26º, nº 2 NRAU determina para tais situações a aplicação do disposto no art. 58º NRAU.

O número em análise suscita-nos a seguinte questão: a disposição deve aplicar-se também aos arrendamentos para comércio de duração limitada, agora designados "com prazo certo", ou, ao invés, deve limitar-se aos negócios de natureza vinculista.

Pensamos que é este último caminho o mais correcto. Há, pois, que interpretar restritivamente o número em causa.

Com efeito, o art. 58º NRAU tem como finalidade primordial a cessação abrupta e drástica do vinculismo, como de resto expressámos, visando obstar à perpetuidade do arrendamento.

Ora, no caso concreto, não estamos perante um contrato desse género, mas sim em face de um negócio de duração limitada. Aliás, as partes, podendo ter optado pela sujeição a um regime vinculista, quiseram estabelecer uma disciplina mais liberal. Acresce que, neste quadro, decorre a faculdade de o senhorio provocar a sua extinção para o final do prazo inicial (ou da sua prorrogação).

A inaplicabilidade do art. 58º NRAU ao negócio locatício em apreço, implica que, tal como no passado, também no NRAU, ao abrigo do art. 1113º CC, o arrendamento comercial não caduque por morte do inquilino, pessoa física.

O contrato, em princípio, permanece em vigor nos exactos termos em que vigorava, impondo-se ao sucessor, não renunciante, que comunique ao senhorio no prazo de três meses, juntando os respectivos documentos, a sua intenção de se manter no local arrendado (art. 1113º CC).

4. Actualização da renda

Não se prevê agora qualquer actualização extraordinária da renda.

O legislador não interfere, sob este aspecto, nos contratos em causa. Note-se que estes beneficiam, desde logo, de uma ampla liberdade quanto à fixação inicial da renda. Por outro lado, nos contratos com duração inicial superior a cinco anos (basta que seja mais um dia) o senhorio podia já convencionar o "regime de actualização anual de rendas" (art. 119º RAU). Donde não se justifica uma correcção extraordinária. Aliás, tal tipo de intervenção não ocorre sequer nos contratos de arrendamento sem duração limitada celebrados posteriormente à entrada em vigor do DL 257/95.

5. Compensação por obras executadas

De igual sorte, o legislador não intervém especificamente em sede de compensação por obras licitamente realizadas. A razão de ser de tal omissão é, pelo menos, semelhante à que preside aos contratos de tipo vinculístico concluídos após a entrada em vigor do DL 257/95.

Título III
Regime aplicável aos novos contratos de arrendamento comercial

I – SISTEMATIZAÇÃO

Tendo em vista os contratos celebrados após a entrada em vigor da lei, os arts. 1108º a 1113º CC, NRAU, inseridos na subsecção VIII da lei em causa, consagram "disposições especiais do arrendamento para fins não habitacionais", neste se incluindo o mercantil.

O número de preceitos sobre a temática sofre agora uma redução acentuada em relação à anterior disciplina. Em vez de 10 normas (se apenas contabilizarmos a vertente comercial[93]), dispomos apenas de 6 regras. Tal diminuição contrasta com a extensão dada a uma dessas disposições, justamente o art. 1112º CC, NRAU que engloba os revogados arts. 115º, 116º e 122º todos do RAU.

[93] Mais três normas – portanto 13 – se tomarmos em linha de conta os arrendamentos para fins não habitacionais.
Arrendamento urbano é o contrato mediante o qual um dos contratantes (o senhorio) concede a outrem (o arrendatário) o gozo temporário de um prédio urbano, mediante retribuição. A definição apresentada tem na sua base o conceito de locação consagrado no art. 1022º CC.
O contrato de arrendamento reveste determinadas características: consensualidade (não configurando um contrato real *quoad constitutionem*), pelo que o contrato existe já mesmo antes da entrega da coisa, de sorte que o não cumprimento dessa obrigação faz incorrer o locador em responsabilidade contratual (art. 1031º, al. a) CC); bilateralidade, porquanto dele derivam obrigações recíprocas para ambos os contraentes; sinalagmaticidade, pois tais deveres (a prestação típica do locador de proporcionar o gozo temporário do imóvel – de execução continuada – e a prestação fundamental do locatário de pagamento da renda – de execução periódica) encontram-se ligados por um nexo de correspectividade; e onerosidade, visto que o gozo do prédio é retribuído.

Do confronto com a sistematização anterior, destacam-se três aspectos:

- a modificação do local onde se disciplinam algumas das matérias (é o caso, *v.g.*, da morte do arrendatário ou do regime de obras);
- a integração de algumas disposições noutros preceitos (por exemplo, o direito de preferência não é agora regulado autonomamente, mas está contido no art. 1112º CC, NRAU);
- o desaparecimento das menções específicas relativas a outras temáticas (releve-se a "desocupação do prédio" ou a "actualização das rendas").

Dispõe-se agora, por esta ordem, sobre os seguintes assuntos:

- "âmbito [das regras inseridas nesta subsecção]" (art. 1108º CC, NRAU),
- "locação de estabelecimento" (art. 1109º CC, NRAU),
- "duração, denúncia ou oposição à renovação" (art. 1110º CC, NRAU),
- "obras" (art. 1111º CC, NRAU),
- "transmissão [entre vivos] da posição do arrendatário" (art. 1112º CC, NRAU) e
- "morte do arrendatário".

A melhoria sistemática é manifesta em relação ao modelo seguido no RAU, onde a certa altura se enxertaram 4 disposições (arts. 117º a 120º) que desvirtuaram o arquétipo inicial. De todo o modo, poder-se-ia ter ido um pouco mais além: bastava que, para o efeito, a matéria da locação de estabelecimento tivesse sido inserida logo a seguir à temática da transferência da posição de arrendatário (art. 1112º CC, NRAU). Juntavam-se assim os problemas da transmissão (definitiva ou temporária) do estabelecimento instalado em local arrendado.

No entanto, estas não são as únicas regras vigentes em sede de arrendamento mercantil. Há outras disposições que são aqui aplicáveis. Vejamos.

No tocante à secção VII, relativa ao arrendamento de prédios urbanos, há que distinguir dois tipos de normativos.

Os arts. 1064º a 1091º CC, NRAU são, em princípio, empregues, dado o seu carácter generalista. Há, porém, que observar casuisticamente cada uma das disposições e, se for necessário, que proceder à respectiva adaptação.

Em relação aos arts. 1092º a 1107º CC, NRAU, pode afirmar-se que, em regra, não são empregues. Todavia, em determinados casos, seja por remissão legal (art. 26º, nº 6 NRAU, seja por omissão contratual (*v.g.*, quanto à denúncia) poderão ser usados.

Cumpre realçar que em razão de a matéria arrendatícia estar integrada no Código Civil e, em especial, na locação, os respectivos preceitos são, por vezes, aqui utilizados (tomemos como exemplo, os arts. 1051º ss., quanto à caducidade).

Note-se que há ainda assuntos que estão disciplinados noutros diplomas (*v.g.*, o Código das Expropriações).

II - CONCEITO DE ARRENDAMENTO COMERCIAL

Actualmente não existe qualquer noção legal de arrendamento comercial, ao contrário do que preceituava o antigo art. 110º RAU.

Nesta disposição entendia-se como mercantil "o arrendamento de prédios urbanos ou rústicos tomados para fins directamente relacionados com uma actividade comercial ou industrial" (cfr. ainda arts. 1º e 3º RAU)[94].

O art. 1067º, nº 1 CC, NRAU apenas se refere ao fim do arrendamento, dividindo-o em habitacional e não habitacional.

Por outro lado, a Lei 6/2006 não alude sequer de modo específico ao "arrendamento comercial", antes o agrupa no quadro genérico do "arrendamento não habitacional". Porém, a locução subjaz a muitas das suas normas. Exemplifiquemos.

No art. 1112º, nº 1, proémio, e na al. a), CC, NRAU observa-se que "é permitida a transmissão por acto entre vivos da posição de arrendatário [mercantil], sem dependência do senhorio, no caso de trespasse de estabelecimento comercial ou industrial".

Semelhante situação emerge do art. 1112º, nº 4 CC, NRAU: "o senhorio [do prédio arrendado para comércio] tem preferência no trespasse por venda ou dação em cumprimento [do estabelecimento]...".

A noção em apreço tem agora essencialmente cariz doutrinário, cabendo recorrer aos ensinamentos anteriores.

Pode assim aproveitar-se a oportunidade para afastar a tradição legislativa – conquanto esta se mantenha presente nas poucas referências indirectas que encontramos na lei vigente (cfr. art. 1109º, nº 1, art. 1112º, nº 1, al. a) e art. 1112º, nº 2, al. b), 1ª parte, ambos do CC, NRAU) – que invariavelmente designava a relação estabelecida como "arrendamento <u>comercial ou industrial</u>" (sublinhado nosso).

Como sabemos, a doutrina – desde sempre e pacificamente – considerou que "o comércio em sentido jurídico abarca não apenas o comércio em sentido económico (usualmente definido como actividade de interposição na circula-

[94] Ver, acerca deste conceito, os comentários efectuados em face do RAU por JOÃO ESPÍRITO SANTO, "Especificidades dos arrendamentos para comércio ou indústria", Estudos em Homenagem ao Prof. Doutor Inocêncio Galvão Telles, Vol. III, Coimbra, 2003, p. 439.

ção de bens, ou de interposição nas trocas) mas também outras indústrias e serviços"[95].

Não há, pois, motivo que justifique – nem se vê que daí resulte qualquer espécie de vantagem –, a designação do arrendamento como "comercial e industrial".

[95] Cfr., por todos, COUTINHO DE ABREU, Curso de Direito Comercial, Vol. I, 5ª Ed., Coimbra, 2004, p. 15.

Capítulo I
Constituição da relação arrendatícia

Secção I
Formação e celebração

§ 1. Formação do contrato, em especial o contrato-promessa de arrendamento comercial. 1. Razões da celebração. 2. Regime jurídico. 2.1. O princípio da equiparação. 2.2. Desvios. 2.2.1. Forma. 2.2.2. Regras que, pela sua razão de ser, não devem considerar-se extensivas ao contrato-promessa. 2.3. Eficácia obrigacional da promessa. 2.4. Prazo para a outorga do contrato definitivo. 2.5. Incumprimento da promessa. 2.5.1. Incumprimento temporário. 2.5.1.1. Admissibilidade de execução específica. 2.5.1.2. Existência de convenção que permite a execução específica. 2.5.1.3. Existência de convenção que não permite a execução específica. 2.5.1.4. Impossibilidade de execução específica. 2.5.2. Incumprimento definitivo. 2.5.2.1. Incumprimento definitivo e resolução. 2.5.2.2. Incumprimento definitivo, sinal e indemnização. 2.6. Utilização dos meios de defesa da posse pelo promitente-arrendatário. 2.7. Direito de retenção do promitente-arrendatário. 3. A promessa de arrendamento comercial: problemas mais frequentes. 3.1. Qualificação do contrato. 3.1.1. Casos de qualificação da promessa como verdadeiro contrato de arrendamento. 3.1.2. Casos de qualificação do contrato como promessa de arrendamento. 3.1.3. Casos de transformação da promessa em contrato definitivo de arrendamento. 3.2. Condições apostas à promessa de arrendamento. § 2. Celebração do contrato de arrendamento comercial. 1. Forma. 1.1. Redução a escrito dos contratos superiores a seis meses. 1.2. Dificuldades suscitadas pelo normativo. 1.3. Inobservância de forma. 1.4. Ausência de protecção do arrendatário no caso de falta de forma. 1.5. Notas finais.

§ 1. Formação do contrato, em especial o contrato-promessa de arrendamento comercial

1. Razões da celebração

É muito vulgar a celebração de um contrato-promessa (bilateral) de arrendamento. As razões que subjazem à sua realização são, em abstracto, muito variadas, podendo ir desde a mera vantagem de vinculação das partes até à existência de um impedimento de facto ou de um obstáculo de cariz jurídico.

2. Regime jurídico

2.1. O princípio da equiparação

O art. 410º, nº 1 CC determina, como princípio, a aplicação ao contrato-promessa das regras do contrato definitivo. Esta equiparação impõe que, por exemplo, as matérias da capacidade das partes, da interpretação e da integração do negócio, sejam neste âmbito consideradas.

2.2. Desvios

2.2.1. Forma

A problemática da forma envolve agora certas especificidades. Isto porque, como veremos a seguir, não se exige sempre a redução a escrito para o contrato definitivo de arrendamento comercial, mas tão só quando a sua duração inicial supere os 6 meses.

Ora, "a promessa respeitante à celebração de contrato para o qual a lei exija documento ... particular, só vale se constar de documento assinado pela parte que se vincula ou por ambas, consoante o contrato-promessa seja unilateral ou bilateral" (art. 410º, nº 2 CC).

A inobservância da forma legal acarreta a consequência típica, ou seja, a nulidade (art. 220º CC).

Pode assim concluir-se que o contrato-promessa não necessita de ser reduzido a escrito se o período de duração inicial do negócio definitivo for inferior ao mencionado prazo semestral.

2.2.2. Regras que, pela sua razão de ser, não devem considerar-se extensivas ao contrato-promessa

De igual modo, determina o art. 410º, nº 1, parte final CC, que há regras do contrato definitivo que, pela sua razão de ser, não devem ser aplicadas ao contrato promessa.

É, portanto, em função do específico negócio que deve utilizar-se o assinalado critério, no sentido de se apurar se a norma deve ser ou não empregue.

Assim, por exemplo, os preceitos referentes ao incumprimento do contrato prometido de arrendamento – art. 1083º CC, NRAU – devem afastar-se[96].

2.3. Eficácia obrigacional da promessa

As prestações a que as partes se vinculam, em sede de promessa arrendatícia, são justamente a de outorga de um contrato (prometido) de arrendamento para comércio.

O negócio em estudo tem necessariamente eficácia obrigacional, em virtude de não estar aqui em causa a transmissão, nem a constituição de um direito real sobre um bem imóvel. Só nestas hipóteses se mostra possível atribuir eficácia real ao contrato, como determina o art. 413º CC, o que não é o caso. Mesmo nos arrendamentos comerciais sujeitos a registo – quando o prazo inicial de duração é superior a 6 anos (art. 2º, nº 1, al. m) CRP) – não se vislumbra razão justificativa para deduzir uma ampliação do quadro previsto no art. 413º CC[97].

2.4. Prazo para a outorga do contrato definitivo

Vejamos algumas questões quanto ao prazo para a outorga do contrato definitivo de arrendamento.

Afirmou-se no Ac. Rel. Porto, de 10.5.1999, que "tendo-se estabelecido um termo final fixo (absoluto) para o cumprimento da obrigação e uma cláusula penal para o caso de o promitente locador não cumprir, não há necessidade de interpelação, nem há mora, mas sim incumprimento definitivo"[98].

Igualmente no Ac. STJ, de 27.4.2005, se observou que "se ficou acordado que o contrato prometido seria realizado no prazo máximo de 180 dias a contar da data da celebração do contrato-promessa, prazo ao qual as partes não atribuíram *natureza essencial e absoluta*, o decurso desse prazo apenas faz o promitente-faltoso incorrer em mora, mormente se a existência de obras ilegais anteriormente levadas a cabo na fracção prometida dar de arrendamento tiver constituído obstáculo dirimente à celebração da negócio definitivo"[99].

Outra dificuldade interpretativa pode decorrer de saber a quem cabe marcar o contrato definitivo, dito de outro modo, se o prazo é deixado ao critério do

[96] Ver ANA PRATA, O contrato-promessa e o seu regime civil, Coimbra, 1994 (Reimp. 2006), p. 452.

[97] Neste sentido, PEREIRA COELHO, Arrendamento. Direito substantivo e processual, Coimbra, 1988, p. 90, nota 1. Diversamente, ANA PRATA sustenta – talvez – a admissibilidade da promessa real de arrendamento nas hipóteses em que o negócio definitivo está sujeito a registo, o que sucede quando o contrato de arrendamento tem prazo superior a 6 anos (O contrato-promessa e o seu regime civil, cit., pp. 608 e 609).

[98] Ac. Rel. Porto, de 10.5.1999 – sumário (REIS FIGUEIRA), www.dgsi.pt.

[99] Ac. STJ, de 27.4.2005 (FERREIRA DE ALMEIDA), www.dgsi.pt.

devedor ou ao seu puro arbítrio. Neste último caso, o devedor cumprirá quando quiser. Mas no primeiro caso, não.

Num contrato-promessa de arrendamento comercial é de presumir que a cláusula onde se consignou que o contrato definitivo – não havendo acordo das partes na escolha da data – seria realizado em data a fixar pelos promitentes-senhorios, tenha deixado ao critério (e não ao arbítrio) destes a escolha da data da feitura do documento[100].

2.5. Incumprimento da promessa

O incumprimento do contrato-promessa de arrendamento comercial, tal como sucede com um qualquer negócio, pode ser meramente temporário ou definitivo.

Cabe, pois, analisar em seguida a execução específica e a resolução.

2.5.1. Incumprimento temporário

2.5.1.1. Admissibilidade de execução específica

Em face do inadimplemento temporário da promessa de arrendamento deve apreciar-se se é possível obter sentença que substitua a manifestação de vontade do outro contratante, sem prejuízo de poder ser exigida uma indemnização pelos danos moratórios decorrentes do atraso na celebração do contrato definitivo e sendo certo que aqui o contrato de arrendamento se constitui por sentença.

A doutrina tem debatido o tema.

Pereira Coelho ressalta que "não levanta dificuldades a possibilidade de execução específica, nos termos gerais, das obrigações decorrentes do contrato-promessa de arrendamento. A circunstância de o direito ao arrendamento ser constituído, por vezes, *intuitu personae*, não bastará para excluir aquela possibilidade, a que não parece opor-se a *natureza da obrigação assumida* (art. 830º, nº 1, *in fine*)"[101].

A mesma posição é sustentada por Pinto Furtado quando assinala não ser a execução específica incompatível com o carácter pessoal do arrendamento, "mesmo nas hipóteses concretas em que seja patente aquele intuito"[102].

O mesmo caminho segue Menezes Leitão ao afirmar que "deve entender-se que a mesma estará normalmente sujeita à execução específica (art. 830º),

[100] Assim se considerou no Ac. Rel. Porto, de 17.3.2000 – sumário (JOÃO BERNARDO), www.dgsi.pt.

[101] PEREIRA COELHO, Arrendamento. Direito substantivo e processual, Coimbra, 1988, pp. 89 e 90.

[102] PINTO FURTADO, Manual do Arrendamento Urbano, 3ª Ed., Revista e Aumentada, Coimbra, 2001, p. 296

uma vez que a natureza da obrigação assumida não é incompatível com essa figura"[103].

Já Januário Gomes sustentou que deve apreciar-se se a promessa de arrendamento tem natureza pessoal ou não. Embora entenda que tal carácter não é típico do arrendamento não exclui essa possibilidade. Se for o caso, fica precludida a execução específica dessa promessa[104].

A nosso ver, a execução específica da promessa de arrendamento mercantil não encontra restrições na parte final do art. 830º, nº 1 CC, quando aí se determina "sempre que a isso se não oponha a natureza da obrigação assumida". Deve dizer-se que um dos reflexos do normativo é o da valoração no contrato definitivo do elemento pessoal, o que tem como consequência a insusceptibilidade de exigência de execução forçada. Tal sucede nos contratos que tenham em vista serviços de índole especificamente pessoal, como é o caso da promessa de trabalho ou da promessa de prestação de serviços. Não se exclua, porém, uma outra vertente da pessoalidade. Com efeito, também se atende ao facto de a decisão judicial não poder operar, em razão da obrigação assumida, os efeitos do negócio prometido.

Cremos que, em princípio, a promessa de arrendamento não se enquadra em nenhuma destas situações. Não só o contrato definitivo se pode constituir, sem obstáculos (que decorram do tipo de obrigação assumida), por decisão judicial, como a posição de qualquer dos promitentes não se assemelha à existente nos contratos pessoais (de trabalho, por exemplo).

2.5.1.2. Existência de convenção que permite a execução específica

A execução específica da promessa de arrendamento decorre da existência de convenção nesse sentido, a qual é normalmente expressa.

Tal sucedeu no Ac. STJ, de 11.12.2003, aludindo-se aí a "um contrato-promessa de arrendamento, com cláusula de execução específica, de parte das instalações fabris da dita sociedade"[105].

Interessante foi ainda o caso relatado pelo Ac. STJ, de 7.1.1993, em que se considerou que, assistindo ao beneficiário da promessa, na sequência de estipulação, o direito à execução específica do contrato se o promitente-senhorio

[103] MENEZES LEITÃO, Arrendamento Urbano, 3ª Ed., Coimbra, 2007, p. 37.

[104] JANUÁRIO GOMES, Constituição da relação de arrendamento urbano, Coimbra, 1980, pp. 232 ss. (citado por ANA PRATA, O regime do contrato-promessa..., cit., p. 608, nota 1419 *in fine*), embora o autor, posteriormente, não tome posição expressa sobre o tema (Arrendamentos Comerciais, 2ª Ed., Remodelada, Coimbra, 1993, p. 43).

[105] Ac. STJ, de 11.12.2003 (OLIVEIRA BARROS), www.dgsi.pt (relata-se, anteriormente à acção em discussão, que o promitente-senhorio propôs contra a sociedade uma acção de execução específica relativa à promessa de arrendamento, que, não contestada, foi julgada procedente).

se constituir em mora e tendo sido acordado que o promitente-arrendatário deveria arranjar fiador idóneo, a falta da garantia não determinou a improcedência da acção, sem prejuízo de ter aquela que ser concedida posteriormente[106].

2.5.1.3. Existência de convenção que não permite a execução específica

O impedimento à execução específica da promessa de arrendamento pode resultar de convenção, expressa ou tácita.

No tocante a esta última via, cumpre referir que a existência de sinal (art. 442º CC) – que em sede de locatícia não se presume (art. 441º CC) – ou de uma pena, como decorre do art. 830º, nº 2 CC, afasta, em princípio, a execução específica.

Todavia, daqui emerge tão só uma presunção *juris tantum* quanto a essa circunstância. Quanto àquela hipótese, importa dizer que não está, nesta sede, eliminada a possibilidade de supressão da execução específica, já que o art. 830º, nº 3 CC é inaplicável à promessa de arrendamento comercial.

2.5.1.4. Impossibilidade de execução específica

Há casos, porém, em que, apesar da existência de convenção que permite a execução específica da promessa de arrendamento, esta não se mostra, em concreto, possível.

Tal sucede, *v.g.*, quando "o local já se acha arrendado a outrem"[107] ou quando o imóvel foi entretanto destruído em virtude de um incêndio.

2.5.2. Incumprimento definitivo

2.5.2.1. Incumprimento definitivo e resolução

Em termos gerais, as várias hipóteses atrás descritas de incumprimento definitivo da promessa podem empregar-se neste campo, havendo que apurar as respectivas consequências em função da existência ou não de sinal passado.

Assumem aqui particular relevo as cláusulas de prazo para a outorga do contrato definitivo, a exigência da licença de utilização do prédio para o fim previsto, para efeito da determinação da perda objectiva de interesse, sem prejuízo da existência de uma eventual interpelação admonitória.

Exemplifiquemos com a prática judicial.

Entendeu-se no Ac. Rel. Porto, de 4.5.2000, que "num contrato-promessa de arrendamento de uma loja comercial, com a respectiva entrega ao promi-

[106] Ac. STJ, de 7.1.1993 (RAÚL MATEUS), www.dgsi.pt.

[107] Ac. STJ, de 20.11.1980 (DANIEL FERREIRA), www.dgsi.pt.
PEREIRA COELHO também aludia ao problema, afirmando que neste caso, "o promitente-arrendatário só poderá pedir uma indemnização dos danos causados"

tente-arrendatário, mediante o pagamento de *renda*, o não pagamento desta, a não entrega dos documentos para a realização da escritura e a não comparência no cartório notarial para esta, após várias notificações para o efeito, conforme cláusula contratual respectiva, traduz incumprimento definitivo por parte do promitente-arrendatário, por perda de interesse do promitente-senhorio"[108].

De igual sorte, no Ac. STJ, de 17.12.2002, considerou-se incumprida a promessa de arrendamento por causa imputável aos promitentes-senhorios, "dado que não procederam à marcação do contrato definitivo no período de 60 dias, como lhes competia, em virtude de o local não dispor de licença da utilização para os específicos fins contratados". Foi ainda dito que se os promitentes-senhorios pudessem "invocar a existência de um contrato de arrendamento e valer-se da sua nulidade por falta de forma, então estaríamos claramente a permitir que agissem em manifesto abuso de direito, porque estariam a invocar em seu proveito uma nulidade cuja causa foram eles mesmos a colocar (ou que não removeram)[109].

2.5.2.2. Incumprimento definitivo, sinal e indemnização

Caso haja sinal – que aqui não se presume, pelo que deve demonstrar-se a sua existência –, o art. 442º CC confere à parte não faltosa vários caminhos – sem prejuízo de se estabelecer uma indemnização à luz do nº 4 do mesmo normativo[110] –, a saber:

- a retenção do sinal ou a sua restituição em dobro, consoante tenha sido o promitente-arrendatário ou o promitente-senhorio[111] a incumprir o contrato (art. 442º, nº 2, 1ª parte CC);

[108] Ac. Rel. Porto, de 4.5.2000 – sumário (COELHO DA ROCHA), www.dgsi.pt.

[109] Ac. STJ, de 17.12.2002 (REIS FIGUEIRA), www.dgsi.pt.

[110] Talvez por não se ter convencionado tal indemnização, se decidiu no Ac. STJ, de 7.4.1970 (RUI GUIMARÃES), www.dgsi.pt, que "embora, no seguimento de um contrato-promessa de arrendamento para comercio, o promitente-arrendatário tenha, com o consentimento do promitente-senhorio, instalado um estabelecimento comercial na loja que este prometera dar-lhe de arrendamento, a recusa do mesmo promitente-senhorio (ou dos seus sucessores) a celebrar o contrato de arrendamento não dá ao promitente-arrendatário (ou aos seus sucessores) o direito de pedir uma indemnização pelos danos resultantes da não obtenção de lucros pela falta de exploração do estabelecimento (de que entretanto havia sido desapossado) e da perda do valor do futuro trespasse".

[111] Cfr. Ac. STJ, de 17.12.2002 (REIS FIGUEIRA), www.dgsi.pt (o tribunal entendeu que o promitente-arrendatário não pagou à contraparte as contraprestações de Maio de 1995 a Julho de 1996, mas não tinha que as pagar porque, já que o local não possuía a licença de utilização para os fins do contrato, pelo que não podia legalmente exercer nele essas actividades. Quanto à existência de aproximadamente € 2 500 de sinal, tem o direito a receber o dobro, nos termos contratuais, por haver incumprimento definitivo do contrato promessa).

- no caso de entrega do imóvel ao promitente-arrendatário (o que é muito frequente), este último pode exigir o dobro do sinal ou *o valor do direito a constituir sobre o prédio*, determinado objectivamente à data do não cumprimento da promessa, com dedução do preço fixado, mas acrescendo a restituição do sinal e da parte do preço que tenha pago[112].

2.6. Utilização dos meios de defesa da posse pelo promitente-arrendatário

Em sede arrendatícia, o locatário pode usar os meios de defesa da posse, de acordo com o art. 1037º, nº 2 CC, desde que tenha ocorrido a entrega da coisa.

Em tempos discutida, a temática é actualmente pacífica: o arrendatário é um possuidor em nome próprio do direito de arrendamento, e este direito é susceptível de posse, embora o seu reconhecimento tenha os limites do negócio em causa[113].

Deve debater-se, no entanto, se a situação do promitente-arrendatário, a quem é entregue o prédio, pode entender-se como sendo possessória, verificados os requisitos desta específica posse, em particular para efeito da consequente utilização dos meios de defesa respectivos.

Alguma jurisprudência tem recusado a posse do promitente-arrendatário. Afirma-se, por exemplo que o "artigo 1037º, nº 2, do Cód. Civil, é uma norma de carácter excepcional, que apenas protege o locatário, não podendo ser aplicada ao promitente-arrendatário por ser insusceptível de aplicação analógica".

[112] Acompanhamos, quanto a este aspecto, ANA PRATA quando observa que "estando-se perante um contrato-promessa de locação, por exemplo, o direito a indemnização não poderá ter a mesma medida do valor da coisa, nem, para sermos rigorosos, o do direito a constituir sobre ela – se com esta expressão se visarem apenas direitos reais, como é uso – mas o do direito de crédito a constituir pelo contrato final" (O contrato-promessa e o seu regime civil, cit., p. 870).
Em sentido diverso, BRANDÃO PROENÇA, Do incumprimento do contrato-promessa bilateral..., cit., pp. 144 ss. (o autor observa que a letra da lei apenas parece afastar a promessa de troca (pela circunstância de, normalmente, não haver sinal, atenta a ausência do preço-contrapartida), as promessas de arrendamento (o direito em causa assume certas particularidades temporais, tem uma natureza creditória, não havendo lugar, e em regra, a qualquer sinal) e as restantes promessas sujeitas em parte, a essas características (p. ex. de concessão de exploração dessa unidade jurídico-económica que é o estabelecimento comercial) ou destituídas de elementos que permitam aplicar o critério indemnizatório em causa) e ANA COIMBRA, "O sinal: contributo para o estudo do seu conceito e regime", cit., p. 629 (sustenta a autora que a disposição apenas se aplica "aos contratos-promessa de compra e venda sinalizados e acompanhados (ou seguidos) da tradição do bem objecto do contrato prometido. E ainda aos de finalidade equivalente (aretigo 939º do CC), isto é, aos contratos-promessa de de constituição ou transmissão onerosa de direito real, embora, quanto a estes, o valor da problemática indemnização atribuída haja de coincidir, já não com o da coisa, mas com o do direito a constituir ou a transmitir sobre ela).

[113] MANUEL RODRIGUES, A posse. Estudo de Direito Civil português, 4ª Ed., Revista, Coimbra, 1996, pp. 169 ss.

Deste modo, não pode, este, apesar da ocupação do imóvel, servir-se da acção de restituição de posse[114].

Outros tribunais, aludindo ao novo preceito do CPC, afirmam que o ocupante de um prédio por força de contrato-promessa de arrendamento comercial, que antes não podia recorrer a embargos de terceiro à execução de sentença de despejo proferida contra de outrem por ser mero detentor e não ser arrendatário, já o pode fazer, por, presentemente [aquela figura] se destinar não só à defesa da posse mas também de qualquer direito incompatível com a realização ou o âmbito da diligência, como é o caso do direito de retenção do arrendado por efeito de um contrato-promessa de arrendamento comercial com tradição[115].

Outra doutrina e certa jurisprudência pronunciam-se afirmativamente, justificando-o com a existência de elementos da locação[116].

Cremos que o promitente-arrendatário com *traditio* se pode socorrer, por efeito da interpretação extensiva do art. 1037º, nº 2 CC, dos meios de defesa da posse. Também aqui o promitente-locador não se vincula a assegurar o gozo da coisa contra actos de terceiro, pelo que a não admissibilidade de recurso a esta via criaria obstáculos insuperáveis ao respectivo promitente. Aliás, a utilização de tais instrumentos permite ao promitente-locatário reagir perante estes terceiros ou mesmo em face do próprio promitente-locador.

2.7. Direito de retenção do promitente-arrendatário

Suscita-se ainda o problema de saber se o promitente-arrendatário é titular de um direito de retenção, à luz do art. 755º, nº 1, al. f) CC.

Como se observou acima, o preceito em causa determina que goza do direito de retenção "o beneficiário de promessa de transmissão de direito real que obteve a tradição da coisa a que se refere o contrato prometido, sobre essa coisa, pelo crédito resultante do não cumprimento imputável à outra parte, nos termos do art. 442º".

[114] Neste sentido, Ac. Rel. Lisboa, de 12.6.1996 – sumário (LOUREIRO DA FONSECA), www.dgsi.pt.
Parece ser também esta a posição indirectamente sustentada no Ac. Rel. Lisboa, de 21.5.1992 (TORGAL MENDES), www.dgsi.pt, dado que, depois de se considerar de arrendamento o contrato em que estão presentes os respectivos elementos constitutivos, nomeadamente a detenção do local, ainda que, no respectivo documento venha denominado de *promessa de arrendamento*, se afirmou que, "em tal hipótese, o arrendatário-detentor pode usar, contra o locador, a providência de restituição provisória de posse, em caso de ser violentamente esbulhado da sua detenção".

[115] Ac. Rel. Lisboa, de 25.2.1999 – sumário (JORGE SANTOS), www.dgsi.pt.

[116] DURVAL FERREIRA, Posse e Usucapião, 2ª Ed., Coimbra, 2003, pp. 419 e 420, MENEZES CORDEIRO, A Posse, 2ª Ed., cit., p. 78 (observa o autor que "a pessoa que, nos moldes do direito incaracterístico, detenha, temporariamente o controlo material duma coisa corpórea, uma de duas: ou paga por ele" ... donde "há um elemento de locação, que justifica as acções possessórias, por via do art. 1037º, nº 2".
Ver Ac. Rel. Lisboa, de 4.11.2004 (MANUEL GONÇALVES), www.dgsi.pt.

Alguma jurisprudência tem rejeitado a existência de tal direito de retenção. Assinala-se que daí "resulta apenas a obrigação de celebrar o contrato de arrendamento prometido, e a que, de modo pleno, se aplica o princípio da relatividade dos contratos estabelecido no nº 2 do art. 406º", não podendo interpretar-se extensivamente a regra em causa. Aduz-se ainda que "nenhum *minus dictum* se vê que efectivamente ocorra, isto é, que a letra da lei tenha, seja como for, ficado aquém do seu espírito, de modo a poder atribuir-se ao predito art. 755º, nº1, al. f), por identidade ou por maioria de razão"[117].

Menezes Cordeiro realça, ao invés, a existência de "um inequívoco sabor generalizante" da regra, pelo que "todos os contratos-promessa da coisa incorrem na previsão da rentenção"[118], pelo que aí se podem incluir, tanto quanto parece, por exemplo, as promessas de arrendamento com tradição. Ana Prata deduz semelhante conclusão ao afirmar que é "razoável o entendimento de que o direito de retenção dependa dos mesmos presupostos que condicionam a aquisição do especial direito indemnizatório a que se refere o art. 442º, nº 2, pois em ambos os casos se está perante regimes de tutela de uma parte negocial, cuja razão de ser há-de ser idêntica"[119-120].

A nosso ver, a entrega da coisa e a constituição de sinal (e o consequente emprego do seu regime) não são os únicos valores a ter em conta na aplicação do preceito. Para além do argumento de texto – que admite um direito de retenção apenas se estiver em causa um direito real –, cremos que a razão de ser da norma não foi a de atribuir tal direito ao promitente-arrendatário em face, por exemplo, da penhora da coisa ou da existência de uma hipoteca (*v.g.*, anteriormente constituída) sobre a mesma.

3. A promessa de arrendamento comercial: problemas mais frequentes

3.1. Qualificação do contrato

Inúmeras vezes, sob a designação de "promessa de arrendamento comercial", encontra-se um verdadeiro contrato definitivo. Tal sucede frequentemente. Isto porque é o que na realidade os promitentes pretendem.

[117] Ac. STJ, de 6.4.2006 (OLIVEIRA BARROS), www.dgsi.pt, Ac. STJ, de 11.6.1991 – sumário (MENÉRES PIMENTEL), www.dgsi.pt ("o promitente-locatário não goza do direito de retenção e não tem a posse juridica sobre a coisa").

[118] "O novíssimo regime do contrato-promessa", Estudos de Direito Civil, cit., p. 87.

[119] O contrato-promessa e o seu regime, cit., p. 869.

[120] Partilhando esta orientação, o Ac. Rel. Coimbra, de 2.12.2008 (TELES PEREIRA), www.dgsi.pt ("entendemos poder valer aqui a natureza *estruturalmente real* ... da posição do locatário, nos elementos referenciáveis à defesa possessória").

As razões da celebração de um contrato-promessa e não de um contrato definitivo são variadas como vimos. Por exemplo, os promitentes não dispõem, no momento da conclusão do contrato, da licença de utilização para o exercício da actividade comercial no imóvel arrendado[121], ou do licenciamento administrativo necessário para o funcionamento regular de um dado estabelecimento comercial[122].

Acontece que, frequentemente, e apesar da conclusão da promessa de arrendamento, o designado no contrato como "promitente-senhorio" vem, mais tarde, instaurar uma acção de despejo, *v.g.*, com fundamento na falta de pagamento de rendas[123].

Em primeira linha, suscita-se, portanto, um problema de qualificação do negócio realizado. Ora, como se sabe, a designação dada ao contrato é irrelevante para o intérprete, havendo que averiguar, em concreto, o que as partes terão pretendido.

De todo o modo, cumpre advertir que são as próprias cláusulas contratuais que muitas vezes traem os "promitentes", pois são idênticas ou mesmo muito próximas das que usualmente constam dos contratos (definitivos) de arrendamento.

Assim ocorre, por exemplo, com

- as cláusulas de renda (quanto ao vencimento, à forma e ao modo de pagamento...);
- as cláusulas de fiança;
- as cláusulas de prazo.

[121] Ac. Rel. Lisboa, de 6.11.2008 (GRANJA DA FONSECA), www.dgsi.pt, Ac. Rel. Lisboa, de 24.11.2005 (GRANJA DA FONSECA), www.dgsi.pt.

[122] Ac. Rel. Lisboa, de 28.4.2005 (SALAZAR CASANOVA), www.dgsi.pt (analisando esta situação, afirma-se no aresto em causa "que as partes, procedendo à outorga de contrato-promessa com entrega do local arrendado para efectiva instalação de um estabelecimento comercial, estão afinal a defraudar a lei que não quer, em muitos casos pelos elevadíssimos riscos que uma tal situação pode comportar, que haja funcionamento de um determinado estabelecimento sem *prévia* autorização".
Um pouco mais à frente, observa-se que "assim sendo, dir-se-á, [que] as autoridades administrativas poderão sempre, se for o caso, pelo perigo da actividade exercida de facto, determinar, definitiva ou cautelarmente, o encerramento do estabelecimento. As partes, assim procedendo, não deixam de correr o risco de se responsabilizarem perante terceiros pelos danos que possam resultar do exercício de tal actividade, não lhes valendo invocar a existência entre si de um contrato-promessa válido").

[123] Ver Ac. Rel. Lisboa, de 14.6.2007 (VAZ GOMES), www.dgsi.pt ("celebrada a promessa de arrendamento, os "promitentes-senhorios", na qualidade de autores, instauraram contra os promitentes-arrendatários uma acção de despejo do locado com os seguintes fundamentos: na falta de pagamento de renda no tempo e lugar próprios e na cessão pelo arrendatário da sua posição contratual...").

Concretizemos através do sintomático clausulado dado a conhecer no Ac. Rel. Lisboa, de 11.2.2003:

- *"pelo presente contrato de promessa de arrendamento, damos de arrendamento"*;
- que se *"faz este arrendamento nos termos constantes dos artigos seguintes..."*;
- que *"é de um ano o prazo de arrendamento ... com início no dia 1 de Outubro de 1992"*;
- que a *"renda é da quantia de 40.000$00"*;
- que a *"loja arrendada destina-se única exclusivamente ao exercício de compra, venda e aluguer"*;
- que, *"extinto o contrato de arrendamento, por qualquer forma, designadamente por motivo de renúncia, resolução ou caducidade, a inquilina fica obrigada a devolver a loja arrendada ao senhorio, até ao último dia do mês em curso"*:
- e que *"pelo arrendatário foi dito que aceita este arrendamento nos termos expostos"* (sublinhados nossos)[124];

Identifiquemos algumas situações específicas onde se discutiu a temática, relevando desde já que se expressam três tendências, conquanto na larga maioria das situações esteja em causa um verdadeiro contrato de arrendamento.

3.1.1. Casos de qualificação da promessa como verdadeiro contrato de arrendamento

Relevemos o circunstancialismo subjacente:

- "a entrega do locado à arrendatária, a sua utilização imediata para o fim acordado, a satisfação imediata da retribuição mensal acordada, a inexistência de quaisquer condições no clausulado tendo em vista o contrato definitivo, salvo quanto à observância da formalidade legal, bem como a linguagem empregue (*in casu*, no presente e não no futuro), constituem indícios claros que permitem qualificar o negócio como sendo definitivo"; acrescenta-se que os promitentes-senhorios "alegam que, por contrato escrito, deram de arrendamento à ré ... o segundo andar direito do prédio urbano ..., pela renda mensal de ..., para o exercício do comércio de com-

[124] Ac. Rel. Lisboa, de 11.2.2003 (ABRANTES GERALDES), www.dgsi.pt.
Ver ainda o Ac. Rel. Lisboa, de 28.4.2005 (SALAZAR CASANOVA), www.dgsi.pt. Aí expressa-se que tal "acontece designadamente quando no contrato-promessa as partes estipulam as mesmas cláusulas do contrato definitivo, nenhuma delas se assumindo como típicas da promessa, executando de imediato o contrato de tal sorte que tudo se passa a partir daquele momento como se as partes tivessem outorgado contrato definitivo. A qualificação do contrato como contrato-promessa procura afinal disfarçar a existência de um contrato definitivo que padece de nulidade ou por falta de forma ou por impossibilidade do objecto".

pra e venda de ourivesaria e antiguidades, o que foi aceite pela [última]" – sublinhados nossos[125];

- concluiu-se, num outro aresto, que a nomeada promessa de arrendamento comercial mais não era que um verdadeiro contrato de arrendamento; todos os seus elementos caracterizadores estavam naquela retratados, sendo que o facto de não existir a respectiva licença de utilização do imóvel não conduz a conclusão inversa – aliás, tal referência tinha até sido omitida na dita promessa[126];
- no Ac. STJ, de 11.7.2006, a designada "promessa de arrendamento", entre outras circunstâncias, foi realizada com entrega do imóvel, tendo, desde essa data, as "partes iniciado o cumprimento das previstas cláusulas como se tivesse sido celebrado o contrato prometido"; existia ainda uma estipulação que considerava tal negócio como "contrato de arrendamento, desde que a escritura não [fosse] celebrada dentro dos três meses seguintes à data da efectivação da escritura de compra e venda do apartamento ora prometido arrendar"; qualificado o contrato como sendo de arrendamento, aplicou-se, desse modo, o regime da falta de pagamento das rendas correspondente[127].
- no Ac. Rel. Porto, de 29.5.2006, dos termos do contrato-promessa, celebrado em 3 de Outubro de 2003, referente a uma loja situada numa galeria comercial – que o tribunal *a quo* qualificou como um "contrato-promessa de arrendamento comercial de loja em Galeria Comercial" –, constava uma cláusula, quanto aos "direitos de entrada"; o seu montante correspondia a seis meses do valor da renda mensal – no montante de € 27 303,60 – que seriam pagos 20% com a proposta, 20% com a celebração do contrato e o restante até à abertura da loja; à luz das regras da interpretação da declaração negocial (art. 236º ss. CC), o tribunal deduziu, porque legítimo e razoável, que um declaratário normal, em face dos termos da referida declaração, visava comprometer-se na realização do contrato definitivo[128];

[125] Ac. Rel. Lisboa, de 6.11.2008 (GRANJA DA FONSECA), www.dgsi.pt.

[126] Ac. Rel. Porto, de 9.11.2006 (ATAÍDE DAS NEVES), www.dgsi.pt, p. 13.
Situação próxima ocorreu no Ac. Rel. Porto, de 5.12.2006 (MÁRIO CRUZ), www.dgsi.pt, pp. 8 ss. (aludia-se, v.g., à inexistência de licença de utilização, que era impeditiva da celebração do contrato prometido e à responsabilidade dos fiadores).

[127] Ac. STJ, de 11.7.2006 (DUARTE SOARES), www.dgsi.pt, pp. 4 e 5.

[128] Ac. Rel. Porto, de 29.5.2006 (CAIMOTO JÁCOME), www.dgsi.pt, p. 6 ss. O tribunal decidiu, nos termos do aludido contrato, que a entrega da quantia de € 6 498,26, correspondente a 20% do valor dos "Direitos de Entrada", traduz um começo de cumprimento e não um sinal, atenta a forma de pagamento de tais direitos, definida no contrato (20% com a proposta, 20% com a celebração do contrato e o restante até à abertura da loja) – art. 236º CC. Daí decorre a não aplicabilidade do estatuído no art. 442º CC.

- no Ac. Rel. Porto, de 7.7.2005, salientou-se que logo após a celebração do contrato, o "promitente-arrendatário" passou a usufruir do locado, dando início à respectiva actividade comercial, tendo imediatamente pago as respectivas rendas; por sua vez, o "promitente-senhorio" emitiu e entregou os correspondentes recibos, tendo sido definido o destino a dar ao locado, a data do início do contrato, a sua duração, o montante da renda e a data de pagamento; apesar da designação como "promessa de arrendamento", o certo é que os outorgantes visaram uma cedência efectiva e imediata do imóvel em causa para a ré, a fim desta passar a explorar um estabelecimento de cafetaria, snack-bar e restaurante[129];
- semelhantemente, no Ac. Rel. Porto, de 6.1.2005, assinalou-se que os *promitentes* celebraram, é certo, o contrato que denominaram de "promessa de arrendamento", mas tiveram desde logo a intenção de realizar um verdadeiro contrato de arrendamento, já que foi proporcionado o gozo do locado, tendo sido paga uma retribuição correspondente à renda mensal prevista; portanto, este foi o sentido normal das declarações feitas pelas partes e como tal têm de ser interpretadas à luz do art. 236º nº 1 do CC[130];
- no Ac. Rel. Porto, de 26.2.2004[131], a conjugação de vários elementos – a entrega do locado, a sua utilização imediata para o fim acordado, a retribuição mensal acordada, a inexistência de quaisquer condições no clausulado tendo em vista o contrato definitivo, bem com a linguagem empre-

[129] Ac. Rel. Porto, de 7.7.2005 (ALBERTO SOBRINHO), p. 5, www.dgsi.pt.

[130] Ac. Rel. Porto, de 6.1.2005 (GONÇALO SILVANO), www.dgsi.pt.

A forma como o contrato foi celebrado, na modalidade de contrato-promessa assentou no seguinte circunstancialismo – aliás muito comum. Ambas as partes sabiam que não podia ser efectuado o contrato definitivo de arrendamento enquanto não se obtivessem os documentos necessários – *maxime* a licença de utilização, sendo que as partes para tanto consignaram expressamente isso na cláusula 7ª do contrato em causa ("a escritura será celebrada depois de obtida a documentação burocrática necessária para a efectivação da mesma").

Foi invocada a nulidade do contrato de arrendamento, tendo o tribunal declarado a mesma e rejeitado a via do abuso do direito. As consequências da invalidade são as seguintes: o arrendatário está obrigado a pagar a convencionada contrapartida até ao momento em que estiver a usufruir do locado (ver Assento STJ nº 4/95, de 28 de Março).

Observa-se no aresto que é "abundante a jurisprudência no sentido de que declarada na sentença ao abrigo do art. 289º nº 1 do CC a nulidade do contrato de arrendamento comercial por não ter sido celebrada escritura pública, fica o arrendatário não só obrigado a restituir ao senhorio o locado, como ainda a pagar a este uma indemnização pela utilização do mesmo e enquanto a situação se for mantendo. Tal indemnização corresponde ao montante das rendas acordadas, vencidas e não pagas (cfr. o Ac. Rel. Lisboa, de 28.11.1996, BMJ, nº 461º, 1996, p. 504, o Ac. Rel. Lisboa, de 24.02.2000, BMJ, nº 494º, 2000, p. 391, o Ac. Rel. Lisboa, de 7.2.95, CJ, 1995, I, p. 115, e o Ac. da Rel. Lisboa, de 8.6.89, CJ, 1989, III, p. 136).

[131] Ac. Rel. Porto, de 26.2.2004 (FERNANDO BAPTISTA), p. 5, www.dgsi.pt.

gue (*in casu*, no presente e não no futuro, como seria de esperar[132]) constituíram indícios[133] claros que permitiram qualificar o negócio como sendo definitivo[134].

3.1.2. Casos de qualificação do contrato como promessa de arrendamento

Outras vezes, embora mais raramente, conclui-se no sentido da existência de uma real promessa de arrendamento[135].

3.1.3. Casos de transformação da promessa em contrato definitivo de arrendamento

Noutras hipóteses, um circunstancialismo diverso tem levado, por vezes, o tribunal a entender que o contrato inicial configurava efectivamente uma pro-

[132] Afirmava-se, por exemplo, que "o local destina-se a..." e que "fica fiador ..." em vez de ficará (Ac. Rel. Porto, de 26.2.2004 (FERNANDO BAPTISTA), p. 5, www.dgsi.pt).

[133] Alguns destes indícios serviram, no mesmo sentido, como fundamentos válidos para o Ac. Rel. Lisboa, de 3.7.2003 (URBANO DIAS), p. 3, www.dgsi.pt, assim como para o Ac. Rel. Lisboa, de 22.4.2004 (FÁTIMA GALANTE), p. 4, www.dgsi.pt.
Cfr. ainda os seguintes arestos:

- Ac. STJ, de 8.6.2006 (JOÃO CAMILO), www.dgsi.pt (esp. pp. 5 ss. – referindo-se que "pelo referido contrato se acordou quanto a todos elementos essenciais do contrato de arrendamento: entrega do locado, pagamento das rendas e as demais cláusulas, nada dali ficando para o contrato "prometido", se não a formalização do contrato pelo modo então obrigatório por lei, ou seja, por escritura pública");
- Ac. STJ, de 11.7.2006 (DUARTE SOARES), www.dgsi.pt (*in casu*, tratava-se de um verdadeiro contrato de locação, sendo plenamente válida e eficaz a sua resolução por incumprimento da R, pelo "que não po[de] questionar-se o direito da A de exigir as prestações a que a R se obrigou no âmbito do contrato, bem como o da exigência de juros pela mora no cumprimento");
- Ac. Rel. Porto, de 7.7.2005 (ALBERTO SOBRINHO), www.dgsi.pt (a entrega do locado associada ao pagamento de "verdadeiras" rendas – e da passagem dos correspondentes recibos –, a que acresce a própria duração do contrato-promessa prevista, de 15 anos, a forma de renovação do contrato, são algumas das causa da qualificação do negócio como sendo definitivo);
- Ac. STJ, de 25.11.1998 – sumário (NORONHA DO NASCIMENTO), www.dgsi.pt.

[134] Ac. Rel. Porto, de 4.2.2002 – sumário (MACEDO DOMINGUES), www.dgsi.pt (expressa-se que apesar de as partes terem denominado certo contrato como de "promessa de arrendamento", se, na verdade, houver ocupação da coisa mediante certa retribuição mensal, ele é, realmente, um contrato de arrendamento). Cfr. o Ac. Rel. Lisboa, de 22.4.2004 (FÁTIMA GALANTE), www.dgsi.pt (aí se observa que "celebrado o contrato-promessa de arrendamento, a promitente-arrendatária tomou posse do [imóvel] para aí desenvolver a sua actividade e passou a pagar determinada quantia como contrapartida do uso e fruição do espaço, pelo que é de concluir, quer de acordo com o clausulado, quer com os actos executados na sequência desse contrato, que as partes quiseram celebrar um contrato de arrendamento comercial"), o Ac. Rel. Lisboa, 3.7.2003, (URBANO DIAS), www.dgsi.pt (aludia-se que "após a celebração do dito contrato[-promessa], o promitente-arrendatário tomou posse da loja e pagou rendas: estamos, assim, perante um verdadeiro contrato de arrendamento comercial... Ora, um declaratário normal, colocado na posição das partes aqui em disputa, facilmente concluiria que elas celebraram um verdadeiro contrato de arrendamento para o exercício do comércio").

[135] Ver Ac. Rel. Lisboa, de 8.3.2007 (EDUARDO SAPATEIRO), pp. 8 ss., www.dgsi.pt.

messa, que, todavia, deixou de o ser, passando, em razão da específica mutação entretanto verificada, a contrato de arrendamento.

No Ac. Rel. Lisboa, de 8.3.2007, entendeu-se que "face ao impasse que se criou em torno da obtenção da licença camarária por banda do Autor (a cláusula 9ª [do contrato-promessa] passou a ser, aparentemente, letra morta para as partes, ao que cremos, por impossibilidade legal no seu cumprimento), ocorreu uma alteração profunda e consensual no quadro contratual que até aí vigorava, com uma total *antecipação*, a partir dessa altura ... dos efeitos jurídicos do prometido contrato de arrendamento comercial". Concluiu-se que, "com a efectuação das obras de alteração do locado e sua posterior e normal utilização como instalações comerciais, contra o pagamento de uma quantia mensal (renda), que sofreu actualizações anuais e mesmo reduções", se está "já num cenário diferente do original, posicionando-se [as partes] ... como senhorio e arrendatário..."[136-137].

3.2. Condições apostas à promessa de arrendamento

Também assaz frequente é a sujeição da conclusão do contrato definitivo a condições, especialmente de cariz suspensivo.

A mais comum é a subordinação do arrendamento à obtenção pelo senhorio da licença camarária em dado prazo[138], não parecendo suscitar dúvidas a sua validade[139].

[136] Ac. Rel. Lisboa, de 8.3.2007 (EDUARDO SAPATEIRO), www.dgsi.pt, p. 9.

[137] Outras vezes configura-se ainda tal contrato como misto.

Cfr. Ac. Rel. Lisboa, de 24.11.2005 (GRANJA DA FONSECA) – aí se observou que as partes estipularam na sua cláusula décima primeira que, enquanto não for celebrado o contrato de arrendamento as relações entre as partes reger-se-ão pelas disposições aplicáveis ao contrato prometido, permitindo-se, desde logo, a ocupação do locado que se processou ao abrigo daquele único contrato celebrado entre as partes, com o dever de pagamento da renda mensal devida. Por sua vez, em cumprimento das obrigações decorrentes desse único contrato celebrado o "promitente-arrendatário" prestou garantia bancária, o que teria que acontecer até ao dia útil anterior à ocupação do locado.

[138] Cfr. Ac. Rel. Lisboa, de 28.4.2005 (SALAZAR CASANOVA), pp. 5 ss, www.dgsi.pt, Ac. Rel. Lisboa, de 8.3.2007 (EDUARDO SAPATEIRO), www.dgsi.pt, pp. 9 e 16, www.dgsi.pt (assinala-se que "a circunstância do contrato-promessa em causa ter ficado sujeito à condição suspensiva da obtenção, pelo Autor, da licença camarária de utilização do 10º andar para escritórios, devendo a mesma ser conseguida durante o primeiro trimestre do ano de 1990, razão pela qual a 1ª Ré não deu qualquer uso ao "locado" durante o período acima indicado, convencida de que a CML iria legalizar a mudança de fim do mesmo")

[139] Em sentido contrário, *vide* o Ac. STJ, de 29.2.1996 – sumário (MÁRIO CANCELA), www.dgsi.pt (aí se defende que "ao ser celebrado um contrato-promessa de arrendamento de prédio urbano sem que tenha sido concedida a licença camarária de utilização e sem que, no contrato, se haja estipulado que o seu cumprimento ficaria dependente da concessão de tal licença, esse contrato-promessa está ferido de nulidade, não fazendo sentido a marcação de data para a celebração do contrato definitivo").

Outra das hipóteses frequentes é da condição referente à obtenção de licença administrativa para instalação de determinado tipo de actividade no estabelecimento comercial, em especial quando há lugar à *traditio* do prédio.

A jurisprudência dominante tem considerado tal cláusula é nula quando se prevê a entrega imediata do imóvel mediante o pagamento de renda com ela se visando, como sucedeu, a efectiva instalação. Isto porque com o funcionamento sem licença do estabelecimento no prédio está a defraudar-se a lei, já que não se pretende o exercício de actividades comerciais ilícitas. De todo o modo, o contrato-promessa é, em princípio, válido, atento o princípio da redução dos negócios (art. 293º CC)[140-141].

§ 2. Celebração do contrato de arrendamento comercial

1. Forma

1.1. Redução a escrito nos contratos de duração superior a seis meses

Remonta ao ano de 2000, mais especificamente a Abril, a principal alteração a nível formal.

[140] Ac. Rel. Lisboa, de 28.4.2005 (SALAZAR CASANOVA), www.dgsi.pt (resultou da tese sustentada no aresto que "as obrigações que decorrem da cláusula nula – o pagamento de renda enquanto contrapartida da utilização do local a arrendar – não podem, por força da declarada nulidade, subsistir e, assim sendo os [promitentes-senhorios] têm direito à restituição, nos termos do artigo 289º/1 do Código Civil, em *singelo* do montante correspondente às rendas enquanto contrapartida de indevida ocupação").

[141] Cabe dar nota de uma situação semelhante, no Ac. Rel. Lisboa, de 15.5.2003 (OLINDO GERALDES), www.dgsi.pt.

A promessa de arrendamento comercial, com entrega do imóvel, destinada a todo e qualquer ramo de comércio ou indústria – embora a intenção única e exclusiva era a de proceder à exploração de um *snack-bar* –, permitiu ao promitente-arrendatário, desde logo, a realização das necessárias obras de adaptação do local, carecendo, todavia, de autorização por escrito quaisquer obras que modificassem a estrutura do local. Na escritura de constituição da propriedade horizontal, a fracção em causa teve como destino o comércio, porém, nas várias reuniões de condóminos havidas não foi possível aprovar qualquer alteração ao título de constituição da propriedade. O promitente-locatário esteve na posse da referida fracção entre Fevereiro de 1998 e Julho de 2000, tendo, por exemplo, dividido a casa de banho primitiva em três compartimentos e tendo furado paredes.

O referido contrato-promessa foi considerado inválido, por erro sobre o objecto (art. 251º CC), em virtude do prédio não poder dispor de licença de utilização para a exploração de um estabelecimento de *snack-bar*, único destino pretendido e que os promitentes-senhorio conheciam perfeitamente.

O promitente-arrendatário nunca chegou a exercer a actividade de restauração, por falta da respectiva licença de utilização, que a contraparte não logrou obter. Sendo o exercício da referida actividade o único fim pretendido, entendeu-se que, nesta situação, apesar da entrega, não houve fruição do prédio pelo promitente-arrendatário, o que era indispensável. Daí que faltando a prestação do promitente-senhorio a ele não assiste o direito ao valor equivalente ao das rendas acordadas, que ascendia a € 22 894,82.

Até essa data, impunha-se a outorga da escritura pública no tocante aos contratos de arrendamento para comércio (cfr. a redacção do anterior art. 7º, nº 2, al. b) RAU), o que, de resto, decorria já da disciplina originariamente aposta no Código Civil (art. 1029º)[142].

O DL 64-A/2000, de 22 de Abril, introduziu relevantes modificações no tocante a esta matéria: passou, desde essa altura, a ser bastante a redução a escrito do contrato (art. 7º, nº 1 RAU)[143].

A inobservância da forma legalmente prescrita acarretava, em qualquer dos casos, a nulidade do negócio (art. 220º CC).

Porém, a partir de 2000 – equiparando-se o regime ao do arrendamento para habitação (que já contemplava a solução desde 1990) – tal invalidade podia ser suprida com a exibição do recibo de renda.

Ora, no quadro actual, o art. 1069º CC determina que "deve ser celebrado por escrito" o contrato de arrendamento urbano – e portanto também o contrato de arrendamento comercial – nas situações em que a respectiva duração é "superior a 6 meses"[144].

Infere-se ainda da norma que se o prazo for igual ou inferior vale o princípio da liberdade de forma, consagrado no art. 219º CC.

[142] Aliás, na versão anterior do Código Civil, o arrendatário era a única pessoa que tinha legitimidade para invocar a nulidade.

[143] Celebrado o contrato, há uma obrigação de pagamento do imposto de selo. Com efeito, o CIS (DL 150/99, de 11 de Setembro), através da TGIS, determina, no que toca ao arrendamento em geral, aqui se englobando o de natureza comercial (Anexo II, nº 2), a obrigação de pagamento de um imposto correspondente a 10% do valor da renda mensal. Assim, se a renda mensal ascende a de € 1500 o montante a pagar é de € 150. O seu pagamento compete ao locador. Ver ainda o art. 60º CIS quanto ao dever de comunicação (até ao fim do mês seguinte ao do início do arrendamento) às finanças da área da situação do prédio objecto do contrato de arrendamento (acompanhado de um exemplar do mesmo).
Como sustenta CARLOS MATEUS, "resultando claramente da lei que o recibo é exigido apenas para prova da declaração (contrato), pode ser substituído por confissão expressa, judicial ou extrajudicial, contanto que, neste último caso, a confissão conste de documento de igual ou superior valor probatório (art. 364º, nº 2 CC), nomeadamente o arrendatário poderá exibir: o depósito liberatório na Caixa Geral de Depósitos..., o levantamento por parte do senhorio dos cheques, sempre do mesmo valor, que o inquilino lhe faz chegar mensalmente; o próprio contrato-promessa de arrendamento; a declaração de rendas do senhorio apresentada na Repartição de Finanças; qualquer depósito de renda, etc." ("Nulidade do contrato de arrendamento não habitacional (o art. 7º do RAU)", SI, 2002, pp. 539 e 540).

[144] Note-se que os contratos com prazo certo superiores a 6 anos estão sujeitos a um requisito de publicidade. Com efeito, o NRAU modificou o art. 5º, nº 5 CRP. Consagra agora este preceito que "não é oponível a terceiros a duração superior a seis anos do arrendamento não registado". Ora, "o registo definitivo constitui presunção de que o direito existe e pertence ao titular inscrito, nos precisos termos em que o registo o define" (art. 7º CRP). Note-se que "o direito inscrito em primeiro lugar prevalece sobre os que se lhe seguirem relativamente aos mesmos bens, por ordem dos registos e, dentro da mesma data, pelo número de ordem das apresentações correspondentes (art. 6º, nº 1 CRP).

1.2. Dificuldades suscitadas pelo normativo

A redacção do art. 1069º CC suscita particulares dificuldades, que se multiplicam em sede de arrendamento mercantil. Vejamos.

A referência à "duração" do contrato deve entender-se reportada ao "prazo inicial" ou envolve também eventuais "períodos de prorrogação"?

Em primeiro lugar, releve-se que o problema se põe fundamentalmente quanto aos contratos com "prazo certo".

Sendo o negócio celebrado por tempo indeterminado, ele, em princípio, vigora por um período superior, donde emerge a necessidade de redução a escrito (cfr. art. 1101º, al. c) e art. 1103º, nº 7, ambos do CC, NRAU). Aliás, ou as partes disciplinam os termos da denúncia e podem conhecer o prazo mínimo de duração em função do que verbalmente acordaram (havendo que apreciar a validade do consenso que regula os termos e o exercício do direito de denúncia)[145] ou não regulam a matéria pelo que se aplicarão as disposições habitacionais correspondentes (donde resulta um prazo de duração superior a 6 meses).

Relativamente à questão inicialmente posta, sustentamos que o preceito tem em vista apenas o período inicial de duração do contrato (com prazo certo)[146]. Na verdade, considerando que vigora a regra da prorrogação automática (mas não imperativa) do negócio (art. 1096º CC, NRAU), as partes não sabem à partida se haverá ou não a sua *renovação*. Aliás, podem mesmo opor-se a ela (art. 1096º, nº 2 CC, NRAU). Donde se retira que sendo o período inicial inferior a seis meses o contrato é formalmente válido se for concluído verbalmente.

Como observámos, a temática traz particulares dificuldades em sede de arrendamento mercantil, pois aqui vigora o princípio da liberdade contratual quanto à duração do contrato (art. 1110º, nº 1 CC, NRAU).

Vejamos uma situação concreta: as partes acordam verbalmente que o período inicial de duração é de 3 meses e ainda que, caso haja prorrogação, o contrato terá uma duração de 15 anos. Será o acto formalmente válido? Caso se preveja e venha a ocorrer a sua prorrogação impõe-se a redução a escrito?

Note-se que o art. 1110º, nº 2 CC, NRAU dispõe que "na falta de estipulação [quanto ao prazo], o contrato considera-se celebrado ... pelo período de 10 anos". Ora, o termo "estipulação" é usualmente empregue como sinónimo de "cláusula", o que parece indiciar que o legislador pensou na realização do contrato por escrito[147].

[145] Se o prazo de pré-aviso da denúncia (em especial no que toca ao senhorio) é inferior a seis meses (e essas situações como teremos oportunidade de verificar são escassas) – pressupondo que não se acorda quanto a um tempo mínimo de duração do contrato – dispensa-se a redução a escrito do negócio.

[146] MARIA OLINDA GARCIA, Arrendamentos para comércio e fins equiparados, cit., pp. 34 ss.

[147] Aliás, como o fez noutras normas. Por exemplo, veja-se o art. 1111º, nº 2 CC ao prever que "se as partes nada convencionarem..." ou o art. 1112º, nº 4 CC quando alude a "salvo convenção em contrário".

Aduza-se que o art. 117º, nº 1 RAU era bem mais rigoroso: as partes podem convencionar um prazo para a duração efectiva dos arrendamentos urbanos para comércio ou indústria, desde que a respectiva cláusula seja inequivocamente prevista no texto do contrato, assinado pelas partes (sublinhados nossos).

Para além disso, em relação a alguns aspectos do regime, a forma verbal não se mostra suficiente, em especial quando se pretende regular a específica situação. É o caso de as partes quererem convencionar as regras de actualização da renda (art. 1077º CC, NRAU). O mesmo sucede em relação aos encargos e despesas (art. 1078º CC, NRAU). Idêntica conclusão vale quanto às obras a realizar no locado (art. 1111º CC, NRAU). Portanto, as mais das vezes, às partes quase que se impõe a forma escrita.

Cabe ainda referir que a prática mostra que raramente são concluídos negócios arrendatícios de cariz mercantil por um período tão curto.

Em relação ao caso suscitado, se parece, à partida, dever entender-se que o concreto negócio é formalmente válido, impõe-se ainda saber se a não redução a escrito é usada, em concreto, como mecanismo que visa contornar a lei. Quanto à prorrogação, não é legítima a imposição de tal solenidade.

Note-se que se as partes nada acordam quanto à duração do contrato, este entende-se concluído por prazo certo amplo (art. 1110º, nº 2 CC, NRAU). Logo, aqui é necessária a redução a escrito.

O legislador deixou, portanto, aqui um espaço para discussão. De todo o modo, pode afirmar-se com rigor que apenas em escassas situações não estará o contrato de arrendamento comercial sujeito a escrito particular.

1.3. Inobservância de forma

A inobservância de forma prescrita importa a nulidade do contrato. É a consequência resultante do art. 220º CC[148].

Sendo o negócio nulo devem as partes devolver tudo aquilo que foi entregue. Assim, se tiverem ocorrido prestações de facto impõe-se a sua restituição. Por exemplo, se ao arrendatário foi entregue o imóvel (prestação de facto), caber-lhe-á restitui-lo ao respectivo senhorio.

Não se descure, porém, a possibilidade de invocação, pelo inquilino, do instituto do abuso do direito, designadamente sob a forma de *venire contra factum proprium*, no sentido de evitar as consequências nefastas da nulidade do negócio.

[148] Dispõe o normativo que "a declaração negocial que careça da forma legalmente prescrita é nula, quando outra não seja a sanção especialmente prevista na lei".

1.4. Ausência de protecção do arrendatário perante a falta de forma

Diversamente do RAU, não se prevê actualmente qualquer tipo de protecção do arrendatário perante a falta de forma[149].

Na verdade, inexiste agora a possibilidade da sua convalidação através do recibo de renda (ou de documento afim).

Cai assim uma forma de tutela do locatário particularmente vantajosa (mas pouco duradoura, já que sobreviveu durante aproximadamente uma década), que se mostraria provavelmente até mais necessária em face do novo regime.

1.5. Notas finais

Dois comentários se impõem quanto à opção legislativa: por um lado, a disciplina vigente quanto à forma reflecte a tendência de desburocratização manifestada já em 2000; por outro lado, inflecte-se a posição existente quanto à faculdade de convalidação do negócio pelo arrendatário mercantil, não se mantendo assim a sua tutela, tal como de resto se afasta quanto ao arrendatário habitacional.

[149] A solução consagrada é conforme ao anteprojecto RNAU: de igual sorte, exigia-se aí a redução a escrito do contrato (art. 1070º CC), "sem desvios nem repescagens" como se aludia no respectivo preâmbulo (p. 6).

Secção II
Conteúdo

§ 1. Menções

1. Confronto entre os regimes do presente e do passado

O art. 8º, nº 1 RAU consagrava um conjunto vasto de menções a apor no contrato de arrendamento. Relevem-se a identidade das partes (o nome ou a firma de cada um dos outorgantes, a sua residência ou a sua sede, o número do bilhete de identidade ou o número de pessoa colectiva), a identificação e a localização do prédio arrendado, o quantitativo da renda (*v.g.*, € 6 000 anuais, pagáveis em duodécimos de € 500) e a data da celebração do contrato.

O nº 2 do mesmo normativo determinava que o respectivo texto devia ainda referir, quando o seu objecto ou o seu fim o implicassem, entre outros, o prazo do contrato, o número de inscrição na matriz predial ou a declaração de o prédio se encontrar omisso, a existência de licença de utilização do imóvel para fins comerciais.

O art. 1070º, nº 2, *in fine* CC, NRAU prevê a regulamentação em "diploma próprio ... [d]os elementos que o contrato deve conter". Ora, o DL 160/2006 dispõe sobre o assunto. A justificação para o seu tratamento secundarizado é a de que se trata "de matéria procedimental que não deve integrar o texto do Código Civil, o qual não se dedica a semelhante pormenorização a propósito de qualquer tipo contratual" (cfr. o segundo parágrafo do preâmbulo do diploma).

Do texto em apreço não emergem, como demonstraremos, substanciais transformações em relação ao anterior regime.

Distingue-se aí o conteúdo necessário e o conteúdo eventual, como que fraccionando em dois normativos o nº 1, por um lado, e os nºs 2 e 3, por outro lado, do art. 8º do revogado RAU, ainda que com pequenas modificações (*v.g.*, a licença de utilização é agora uma das menções necessárias, a par do fim – habitacional ou não do imóvel).

Já o nº 4 do antigo art. 8º RAU é objecto de uma disposição autónoma e específica – o art. 4º DL 160/2006 –, embora não se altere nenhum aspecto do preceito.

2. As menções em particular

2.1. Conteúdo necessário

As menções ditas necessárias reflectem, com algumas especificidades, o disposto no antigo art. 8º, nº 1 RAU.

Quanto às partes, impõe-se a sua identificação (art. 2º, al. a) DL 160/2006), de molde a facilitar, em caso de conflito, a propositura de acções judiciais. O carácter *distintivo* da alínea em apreço decorre da necessidade de se incluir no contrato "a naturalidade, a data de nascimento e o estado civil" dos respectivos sujeitos.

Em relação ao locado, exige-se a sua identificação, bem com a sua localização (art. 2º, al b) DL 160/2006).

Também o quantitativo de renda – que não tem necessariamente de ser em euros – deve ser objecto de menção expressa (art. 2º, al. e) DL 160/2006), sendo usual a estipulação que prevê o seu valor anual, fraccionado em duodécimos.

A data da celebração deve ser igualmente aposta no contrato, o que releva para variados efeitos. Veja-se, por exemplo, que a primeira renda se vence no momento da conclusão do contrato (art. 1075º, nº 2 CC, NRAU).

Deixamos para o fim as *particularidades* do normativo.

A primeira decorre da necessidade de resultar do contrato a finalidade (genérica) do arrendamento, *in casu* não habitacional. Como veremos, os contratos de arrendamento comercial (do passado) não deixavam de incluir uma referência até mais específica ao ramo de negócio. A cláusula de destinação é bastante importante na economia deste[150]. Esta novidade exigida pela al. c) do art. 2º DL 160/2006 é, pelo menos quanto ao arrendamento comercial, pouco significativa.

Cura o art. 2º, al. d) da licença de utilização – o que se fazia no art. 8º RAU apenas no quadro dos elementos agora tidos por eventuais –, especificando ainda a necessidade de constar do contrato "o seu número, a data e a entidade emitente", ressalvando-se a alusão aos casos em que ela não é exigível.

2.2. Conteúdo eventual

Vejamos agora o conteúdo eventual.

Pode ser importante, em sede de arrendamento mercantil, a definição dos locais de uso privativo ou comum do inquilino, assim como dos eventuais anexos, sempre que sejam arrendados com o objecto principal do contrato, em que a disciplina é diversa consoante se trate de arrendamento autónomo ou de negócio concluído em conjunto com locais destinados a outros fins[151].

De igual sorte, a natureza do direito do locador sempre que o contrato seja celebrado com base num direito temporário ou em poderes de administração de bens alheios (art. 3º, nº 1, al b) DL 160/2006) – por exemplo, se o senhorio é o usufrutuário do imóvel – é decisiva para efeito de conhecimento do respectivo regime jurídico.

A alusão ao número da matriz ou à declaração de o prédio se encontrar omisso, que consta do art. 3º, nº 1, al. c) DL 160/2006, era exigida, nos mesmos termos, no revogado art. 8º, nº 2, al. c) RAU.

A menção à actualização da renda (art. 3º, nº 1, al. d), parte final DL 160/2006[152]) é actualmente muito significativa, já que vale, quanto a este aspecto, o princípio da liberdade contratual (art. 1077º CC, NRAU).

Assume ainda destacada importância, em sede de arrendamento mercantil, a temática do prazo (art. 3º, nº 1, al. f) DL 160/2006) ou, dito de forma mais adequada, a duração do contrato. Isto porque as partes podem dispor com autonomia sobre essa matéria. Na falta desta estipulação note-se que o contrato se considera concluído com prazo certo, pelo período de 10 anos (art. 1110º, nº 2 CC, NRAU).

[150] Ver *infra* TIT. III, CAP. IV, SEC. II, 2.2.3.

[151] JANUÁRIO GOMES, Arrendamentos comerciais, cit., p. 29.

[152] A referência ao regime de renda (art. 3º, nº 1, al. d), parte inicial, DL 160/2006) releva sobretudo no quadro do arrendamento habitacional.

A alusão ao regulamento da propriedade horizontal – e a sua anexação ao contrato, depois de assinado pelas partes – é ainda decisiva (art. 3º, nº 1, al. f) DL 160/2006). Com efeito, não só se pode convencionar a quem compete o pagamento das despesas do condomínio (art. 1078º CC, NRAU), como ainda, por outro lado, a violação das regras em causa pode dar lugar à sua resolução (art. 1083º, nº 2, al. a) CC, NRAU).

Uma última referência para a exigência de documento onde se descreva "o estado de conservação do local e suas dependências, bem como do prédio" (art. 3º, nº 2 DL 160/2006, na esteira do revogado art. 8º, nº 3). O próprio preceito, tal como no passado, prevê, sendo o contrato omisso ou duvidoso, a aplicação do art. 1043º, nº 2 CC, ou seja, o prédio presume-se em bom estado de conservação.

3. Omissão de elementos

Apesar da extensa lista de menções efectuada nas duas disposições, o art. 4º DL 160/2006 – idêntico ao revogado art. 8º, nº 4 RAU[153] – estabelece a seguinte regra: a falta de alguma ou de algumas delas não acarreta a invalidade, nem a ineficácia do contrato, quando tais omissões possam "ser supridas nos termos gerais e desde que os motivos determinantes da forma se mostrem satisfeitos".

Como vimos, em algumas situações é a própria lei que ultrapassa a respectiva dificuldade, seja através de presunções, seja através da previsão de um regime supletivo.

Na análise desta temática cabe ainda recorrer à matéria da integração do negócio jurídico, resultante do art. 239º CC.

Desta sorte, só em última instância, haverá lugar à invalidade ou à ineficácia do contrato de arrendamento comercial. Assim, *v.g.*, se o objecto não puder ser determinado o negócio deve considerar-se nulo[154].

§ 2. Em especial a licença de utilização

1. Considerações gerais

Uma referência particular merece, pela especificidade do regime e pela sua relevância prática, a licença de utilização.

[153] Este preceito era aliás mais completo, pois fazia uma ressalva na sua parte inicial à temática da licença de utilização. O art. 4º não faz qualquer alusão a este aspecto, mas assim tem necessariamente de se entender, dado o regime especial do art. 5º DL 160/2006.

[154] Cfr. PEREIRA COELHO, Arrendamento..., cit., p. 115, JANUÁRIO GOMES, Arrendamentos para habitação, 2ª Ed., Remodelada, Coimbra, 1994, p. 72.

Emerge do art. 1070º, nº 1 CC, NRAU que "o arrendamento urbano só pode recair sobre locais cuja aptidão para o fim do contrato seja atestada pelas entidades competentes, designadamente através de licença de utilização, quando exigível". Ora, também esta se encontra regulada no DL 160/2006, que complementa a citada norma.

Note-se que essa menção se encontra prevista no art. 2º, nº 1 DL 160/2006 – especificamente na alínea d) –, mas está sujeita a uma disciplina distinta das restantes.

Cabe ainda salientar que, do confronto com o regime anterior, se suprime a exigência de "vistoria realizada menos de oito anos antes da celebração do contrato" (art. 9º, nº 1, parte final RAU). Portanto, actualmente as licenças não têm um período limitado de vigência, pelo que o senhorio não necessita de requerer nova vistoria ao locado.

2. Regime geral

2.1. Prédios construídos posteriormente à entrada em vigor do Regulamento Geral das Edificações Urbanas

2.1.1. Licença que comprove a aptidão do prédio para o fim pretendido

Se a construção do imóvel for posterior à entrada em vigor do Regulamento Geral das Edificações Urbanas – diploma aprovado pelo DL 38.382, de 7 de Agosto de 1951 – mostra-se necessária a licença de utilização (emitida pela respectiva autoridade municipal), que comprove a aptidão do mesmo para o fim pretendido pelo negócio (cfr. art. 5º, nº 1 DL 160/2006).

Assim, o prédio dado de arrendamento para comércio deve possuir a respectiva licença que demonstre a sua aptidão para o destino tido em vista.

2.1.2. Documento comprovativo do pedido da licença

No caso de urgência na realização do negócio, alegada pelas partes, permite-se a sua celebração (mesmo sem a referida licença), desde que se demonstre documentalmente o seu requerimento junto da entidade camarária, com a antecedência mínima prevista na lei (cfr. art. 5º, nº 3 DL 160/2006, na esteira do antigo art. 9º, nº 2 RAU).

Possibilita-se, nestes termos, que, em vez da licença de utilização, se utilize um outro documento. Este, porém, tem apenas carácter temporário, já que aquela tenderá a ser emitida. Mas pode existir mais tarde um problema: a recusa do licenciamento pela câmara municipal. O diploma em causa expressamente não o resolve. Aliás, ao permitir a realização do contrato até de certa forma o densifica.

Note-se que, com o fim da outorga da escritura pública dos arrendamentos mercantis e com a mera exigência da redução dos contratos a escrito, se torna mais simples o uso de um expediente que supere a dificuldade quanto à emissão da licença de utilização. Repare-se que era muito comum, ao tempo em que se outorgava ainda a escritura pública, o requerimento, junto da entidade municipal competente, da emissão da licença de utilização, para posteriormente, após a celebração do contrato, se prescindir voluntariamente da mesma. Este tipo de procedimentos, visando apenas a mera celebração de negócios sem a respectiva licença, tem agora um raio de acção mais alargado.

2.2. Prédios construídos anteriormente à entrada em vigor do Regulamento Geral das Edificações Urbanas

Relativamente aos prédios construídos anteriormente à entrada em vigor do Regulamento Geral das Edificações Urbanas[155], dado que não era exigível, à data, a licença de utilização, não se pode comprovar, através desse documento, a aptidão do prédio para o fim pretendido pelo contrato.

No entanto, não se prescinde da anexação ao contrato de arrendamento comercial de documento autêntico que demonstre a data da construção do prédio (art. 5º, nº 2, *in fine* DL 160/2006).

De todo o modo, já se impõe que, quanto a determinadas alterações, haja necessidade de uma autorização camarária.

2.2.1. Mudança de finalidade

Assinale-se que a mudança de finalidade do prédio – construído em data anterior ao RGEU – deve "ser sempre previamente autorizada pela câmara municipal" (art. 5º, nº 4 DL 160/2006[156]).

Desta sorte, se o licenciamento teve em vista a habitação, a posterior alteração da destinação, que visa permitir, por exemplo, a celebração de contratos de arrendamento comercial, carece de aquiescência da entidade em causa.

2.2.2. Arrendamento para fim não habitacional de prédios ou fracções não licenciados

Existindo prédios (ou fracções) não licenciados para o arrendamento de fim não habitacional (aqui se incluindo o de natureza mercantil) não se prescinde

[155] Assim se assinala no preâmbulo do DL 160/2006 (§ 4): "Para os edifícios anteriores [a 1951], só a alteração da sua utilização ou o arrendamento para fim não habitacional são sujeitos a alteração".

[156] O antigo art. 9º, nº 3 RAU era muito semelhante, pois determinava que "a mudança de finalidade no sentido de permitir arrendamentos comerciais deve ser sempre previamente autorizada pela entidade municipal competente, seja através de nova licença, seja por averbamento à anterior".

igualmente do consentimento da entidade municipal competente (art. 5º, nº 4 DL 160/2006).

2.3. Efeitos da inobservância das exigências legais

A celebração de um contrato de arrendamento comercial com desrespeito de qualquer das circunstâncias atrás referenciadas – a falta de licença de aptidão da fracção para o fim pretendido ou a falta de documento substitutivo, por um lado, a alteração da finalidade ou o arrendamento para fim não habitacional de prédio não licenciado sem a respectiva autorização, por outro ("a inobservância do disposto nos nºs 1 a 4", como se assinala no art. 5º, nº 5, parte inicial e art. 5º, nº 7, parte inicial DL 160/2006) – importa consequências variadas, embora sujeitas a um único regime jurídico.

Todavia, não se prescinde, para que tais sanções actuem, da imputabilidade ao senhorio da respectiva conduta (art. 5º, nº 5, 2ª frase DL 160/2006)[157].

2.3.1. Efeito contra-ordenacional: pagamento de uma coima à entidade municipal competente

A primeira consequência – considerando a sequência legal do art. 5º DL 160/ /2006 – é a da imposição ao senhorio do pagamento de uma coima à autoridade municipal competente (cfr. art. 5º, nº 5 DL 160/2006, que encontra correspondência próxima no antigo art. 9º, nº 5 RAU).

Para o cálculo dessa coima, fixam-se certos limites (mínimo e máximo).

O valor anual da renda paga pelo locatário – variável em face do específico negócio –fixa o *plafond* mínimo.

Quanto a estes, há que observar as restrições legalmente impostas pelo DL 433/82, de 27 de Outubro. O art. 17º do citado diploma, na redacção do DL 323/2001, de 17 de Dezembro, trata da sua determinação, sendo que o valor a pagar é substancialmente diverso consoante se trate de uma pessoa singular (€ 3 740,98) ou de uma pessoa colectiva (€ 44 891,81), reduzindo-se aquelas importâncias a metade em caso de negligência, o mesmo valendo se a lei não distinguir entre os dois tipos de comportamento.

A coima em causa "constitui receita do município, competindo a sua aplicação ao presidente da câmara municipal, com a faculdade de delegação em qualquer dos vereadores" (art. 5º, nº 6 DL 160/2006).

[157] De todo o modo, continua a não se entender o alcance da parte final do nº 5 do art. 5º DL 160/2006, tal como já não se compreendia a parte final do art. 9º, nº 5 RAU. Como afirmava JANUÁRIO GOMES, à luz da redacção anterior "não se percebe o porquê da ressalva final, a partir do momento em que se conclua que a inobservância do disposto nos nºs 1 a 3 não resulta de causa imputável ao senhorio (Arrendamento comerciais, cit., p. 59).

2.3.2. Efeitos civis

Vejamos agora as consequências (de natureza civil) atinentes à relação arrendatícia.

O art. 5º, nº 7 DL 160/2006 começa por aludir à "situação prevista no nº 5 [do mesmo normativo]", parecendo querer significar que é a sanção pecuniária o pressuposto base da sua aplicação[158]. Ora, tal conclusão é correcta, dado que a remissão se deve reportar ao início da expressão ínsita no art. 5º, nº 5 DL 160/2006.

2.3.2.1. Resolução do contrato

Verificando-se uma das 4 hipóteses acima enunciadas e a premissa comum a todas elas, o arrendatário "pode resolver o contrato" (art. 5º, nº 7, 2ª frase DL 160/2006).

Note-se que o inquilino deixa de ter ao seu dispor um direito de escolha, já que se permitia, no passado, que requeresse alternativamente a "notificação do senhorio para a realização das obras necessárias ... mantendo-se a renda inicialmente fixada..." (cfr. o revogado art. 9º, nº 6 RAU).

Cabe, todavia, apurar se se mostra necessário o preenchimento, em concreto, dos pressupostos previstos no art. 1083º, em especial do seu nº 2, CC, NRAU (ou seja, que o incumprimento seja grave ou que as suas consequências importem a inexigibilidade da manutenção do arrendamento).

Sendo o inadimplemento imputável ao senhorio, está implícita na norma a ideia de inexigibilidade na manutenção do arrendamento. Isso se pode deduzir da conexão do nº 5 com o nº 7 do art. 9º DL 160/2006. Acresce que as situações de inadimplemento qualificado, susceptíveis de desencadear a resolução, se encontram já tipificadas na disposição.

Deste modo, o inquilino pode extinguir o contrato "nos termos gerais de direito". Exige-se que invoque o fundamento resolutivo, bastando para o efeito visado uma declaração extrajudicial, ao abrigo do art. 9º, nºs 1 a 6 NRAU.

2.3.2.2. Indemnização

O arrendatário pode ainda exigir cumulativamente uma indemnização, nos termos gerais (arts. 801º, nº 2 e 798º CC).

Compete-lhe, assim, demonstrar a existência de danos, para além da verificação dos outros pressupostos da responsabilidade civil.

[158] A mesma locução constava do anterior art. 9º, nº 6 RAU, que remetia para a situação prevista no nº 5.

3. Regime especial

3.1. Alcance

Estabelece-se ainda um regime específico para os casos de "arrendamento[s] para fim diverso do licenciado".

A norma tem um alcance mais lato do que o revogado art. 9º, nº 7 RAU, já que se aplicava tão só ao "arrendamento não habitacional de locais licenciados apenas para habitação...". Esta disposição, por ser restritiva e unilateral, era de resto acertadamente criticada pela doutrina[159].

A nova redacção repara essa deficiência, já que apenas se reporta, sem especificar, ao arrendamento para fim diverso do licenciado, qualquer que seja portanto a sua modalidade, cabendo agora, à luz do art. 5º, nº 7 DL 160/2006, igualmente o arrendamento habitacional licenciado para escopo distinto (*v.g.*, comercial).

3.2. Consequências

Em relação às consequências derivadas de tal situação, pode desde já afirmar-se que não divergem da disciplina contida no RAU.

Também aqui os efeitos são de dois tipos: contra-ordenacional e civil.

Quanto ao primeiro, o nº 7 em análise efectua uma mera remissão para o nº 5. Há assim lugar ao pagamento de uma coima à entidade municipal competente, nos termos já estudados.

No tocante à relação locatícia, o art. 5º, nº 7, 1ª parte DL 160/2006 sanciona com a nulidade o contrato de arrendamento. Desta sorte, este não produz qualquer efeito jurídico. Havendo prestações de facto, deve ser restituído tudo aquilo que foi entregue. A invalidade é invocável a todo o tempo, por qualquer interessado e pode ser conhecida oficiosamente pelo tribunal (art. 286º CC).

Mantém-se igualmente o direito do arrendatário a ser indemnizado pelos danos causados (art. 5º, nº 7, parte final DL 160/2006), embora com fundamentação diversa. Note-se, porém, que já não estamos em face de um contrato válido, mas posteriormente resolvido, sendo a questão do ressarcimento dos danos solucionada no quadro da responsabilidade contratual. Trata-se agora, ao invés, de um contrato inválido, funcionando aqui as regras da responsabilidade civil pré-contratual.

[159] JANUÁRIO GOMES, Arrendamento comerciais, cit., p. 59.

4. Casos de não aplicabilidade da norma

O último número (nº 9) do art. 5º DL 160/2006 – consagra algumas hipóteses de não aplicabilidade da disciplina exposta. A regra é inovadora, já que não encontra paralelo no antigo art. 9º do RAU.

Dito isto, importa conhecer o alcance do regime de exclusões.

Nele cabem os arrendamentos que tenham por "objecto espaços não habitáveis nem utilizáveis para comércio, indústria ou serviços, nomeadamente para afixação de publicidade ou outro fim limitado".

Como se constata, esta disposição torna claro que certos arrendamentos não necessitam de licenciamento. Tais situações têm, como não poderia deixar de ser, um âmbito residual. Circunscrevem-se, por um lado, aos espaços que não são habitáveis ou que não são utilizáveis para comércio, indústria ou serviços, sendo que, por outro, ainda se assinala o seu carácter transitório. Assim parece transparecer da parte final do citado nº 9, quando, depois de se usar o advérbio "nomeadamente", se alude à afixação de publicidade (e portanto a um específico arrendamento, em regra sujeito a um prazo curto) ou a um outro fim limitado.

Capítulo II
Prestações das partes

§ 1. O regime locatício. § 2. O regime arrendatício: prestações não pecuniárias. 1. Equiparação dos deveres do arrendatário às obrigações dos proprietários de imóveis. 2. Dever de uso efectivo do locado para o fim contratado. 3. Deteriorações. 3.1. As pequenas deteriorações necessárias para assegurar o conforto e a comodidade do inquilino. 3.1.1. Seus contornos. 3.1.2. Restituição do imóvel no termo do contrato. 3.2. Deteriorações inerentes a uma prudente utilização do imóvel em conformidade com os fins do contrato. 4. Obras (remissão). § 3. O regime arrendatício: prestações pecuniárias: a renda e a obrigação de pagamento. 1. A correspectividade entre as obrigações de entrega e de proporcionar o gozo do imóvel e a obrigação de pagamento da renda. 2. A renda como prestação pecuniária. 3. A renda como prestação periódica. 4. A fixação inicial da renda. 4.1. Fixação por acordo e sem restrições. 4.2. Casos especiais. 5. Determinabilidade da renda. 6. Vencimento da renda. 6.1. Regime específico do arrendamento urbano: vencimento antecipado da renda. 6.2. Regime locatício: vencimento postecipado da renda. 6.3. Regime convencional. 7. Legitimidade para receber e para pagar a renda. 7.1. Legitimidade para receber a renda. 7.1.1. O senhorio. 7.1.2. O representante do senhorio. 7.1.3. Outros legitimados. 7.1.4. O caso da transmissão da posição de senhorio. 7.2. Legitimidade para pagar a renda. 7.2.1. O arrendatário. 7.2.2. O representante do arrendatário. 7.2.3. Outros legitimados. 7.2.4. O caso da transmissão da posição de arrendatário. 8. Lugar do pagamento. 8.1. Regime supletivo. 8.1.1. O lugar do domicílio do arrendatário. 8.1.2. A presunção de mora do senhorio. 8.2. Regime convencional. 8.2.1. Cláusula escrita no contrato de arrendamento: sua amplitude. 8.2.2. Do afastamento da cláusula contratual relativa ao lugar do pagamento da renda por estipulação verbal posterior. 8.2.3. Da prevalência de cláusula contratual relativa ao lugar do pagamento da renda em relação aos usos posteriores. 8.2.4. Da estipulação verbal posterior ao contrato de arrendamento omisso quanto ao lugar do pagamento. 9. Depósito das rendas: seu regime. 9.1. Hipóteses em que pode ocorrer o depósito

§ 1. O regime locatício

A Lei 6/2006, ressalvadas situações específicas e pontuais, não toca na matéria relativa às obrigações do locador e do locatário que já constavam dos arts. 1031º e 1038º CC.

Assim, o senhorio deve, por um lado, entregar ao locatário o prédio arrendado, cabendo-lhe ainda proporcionar àquele o gozo temporário da coisa para os fins a que se destina (art. 1031º CC).

Por sua vez, ao arrendatário compete, entre outros deveres, pagar a renda, facultar ao locador o exame do imóvel locado, não proporcionar a outrem o seu gozo, com excepção dos casos previstos na lei ou de uma eventual aquiescência do senhorio, restituir o prédio no termo do contrato (cfr. as als. a), b), f) e i) do art. 1038º CC).

§ 2. O regime arrendatício: prestações não pecuniárias

No entanto, na subsecção III, referente aos direitos e às obrigações das partes, consagra-se agora um conjunto de normas sobre a temática, distinguindo-se as "obrigações não pecuniárias" (arts. 1071º a 1074º CC, NRAU) das "rendas e [dos] encargos" (arts. 1075º a 1078º CC, NRAU).

Cumpre efectuar, de modo breve, um confronto com o RAU, no sentido de remarcar as semelhanças e as diferenças existentes.

São quatro as disposições que curam das prestações não pecuniárias e que actuam a vários níveis. Identifiquemos algumas das medidas consagradas.

1. Equiparação dos deveres do arrendatário às obrigações dos proprietários de imóveis

Estabelece-se uma equiparação dos deveres dos arrendatários (aqui se incluindo também o locatário mercantil) às obrigações dos proprietários de imóveis nas relações de vizinhança e nas relações entre inquilinos de partes de uma coisa (art. 1071º CC, NRAU).

Esta regra não encontra equiparação no RAU.

Desta sorte, os arts. 1346º ss. CC, quanto às relações de vizinhança, e o art. 1422º CC, no tocante às obrigações dos condóminos, são empregues ao arrendatário mercantil, que se encontra adstrito aos deveres aí definidos.

A inobservância de qualquer dessas obrigações pode, para além do eventual ressarcimento dos danos, dar lugar à resolução do contrato pelo senhorio (cfr., *v.g.*, o art. 1083º, nº 2, al. a) CC, NRAU).

2. Dever de uso efectivo do locado para o fim contratado

Relevante dever do inquilino é o de usar efectivamente o imóvel para o fim do contrato (art. 1072º, nº 1, 1ª parte CC).

A norma regula assim a "utilização efectiva do prédio", de acordo com os específicos termos definidos no contrato quanto ao seu fim.

Este dever assume particular saliência para o arrendatário mercantil por duas razões. Tendo em conta que se encontra instalado no locado um estabelecimento comercial, pretende-se que seja dada uma utilização efectiva ao mesmo. Acresce que como o contrato normalmente prevê uma específica destinação – e não apenas uma genérica finalidade – o dever em causa torna-se mais estreito.

Ressalve-se que se admite a possibilidade de o arrendatário "deixar de utilizar" o prédio por mais de um ano (art. 1072º, nº 1 CC, NRAU). Mas alude-se ainda a várias excepções à *regra do ano*, nas 3 alíneas do nº 2 do citado preceito.

Esta disposição tem alguma semelhança com, pelo menos, duas outras disposições resultantes do antigo RAU: o art. 64º, nº 1, al. b) – que não consente ao arrendatário (ou a outrem que detenha legitimamente o prédio) o uso do imóvel para fim diverso daquele a que se destina –; o art. 64º, nº 1, al. h), 1ª parte RAU, que autoriza o inquilino a "conservar encerrado, por mais de um ano, o prédio arrendado para comércio ou indústria...". De resto, esta última alínea previa, na sua parte final, alguns desvios à *regra do ano*. Desta forma, em "caso de força maior ou ausência forçada do arrendatário", tolerava-se o "encerramento" desde que não tivessem sido excedidos os dois anos.

Quanto às consequências da violação do normativo, tanto a falta de uso efectivo, como a não utilização para o fim contratado, podem gerar a resolução do contrato pelo senhorio (relevando quanto à última possibilidade o art. 1083º, nº 2, al. c) CC, NRAU), sem prejuízo do ressarcimento dos danos causados (art. 1086º, nº 2 CC, NRAU).

3. Deteriorações

3.1. As pequenas deteriorações necessárias para assegurar o conforto e a comodidade do inquilino

3.1.1. Seus contornos

Uma outra disposição – o art. 1073º CC, NRAU –, alude às "deteriorações lícitas", encontrando paralelo absoluto com o art. 4º RAU.

Admite-se, portanto, que o inquilino realize pequenas deteriorações no prédio sempre que estas sejam necessárias para assegurar o seu conforto e a sua comodidade (cfr. art. 1073º, nº 1 CC, NRAU).

Ora, há que adaptar esta norma ao específico arrendatário em apreço, pois devem agora ser equacionados interesses que não se encontram literalmente expressos na parte final do normativo.

Dito isto, vejamos em concreto os pressupostos legais.

A licitude da intervenção efectuada no locado está dependente, por um lado, de ser o inquilino a efectuar as deteriorações. Não se descure que, em sede de arrendamento comercial, o locatário pode ser o primitivo ou o sucessivo, devendo igualmente salientar-se que o cessionário da exploração, nos limites em que lhe é concedido o gozo do imóvel, também as pode efectuar.

Pode ainda concluir-se que, tratando-se de deteriorações provocadas por acção do locatário, aqui não se incluem as inerentes à vetustez ou ao simples decorrer do tempo. Naturalmente que o inquilino não pode ser responsabilizado pela degradação resultante do envelhecimento do imóvel.

Acresce que o âmbito das deteriorações se encontra limitado. Elas serão necessariamente pequenas ou, dito de outro modo, de reduzida dimensão. Este conceito indeterminado só em razão do caso concreto se pode determinar.

Por fim, o arrendatário mercantil não pode realizar todas as pequenas deteriorações. Apenas lhe é permitido executar as que sejam necessárias ao seu conforto ou à sua comodidade ou melhor ao seu bem-estar e dos seus clientes.

Cabe seguidamente exemplificar o que acabamos de expor com alguns casos decididos pelos nossos tribunais.

Assim, configuraram, nos respectivos arestos, pequenas deteriorações as seguintes situações:

- a colocação no local arrendado de aparelhos de ar condicionado com as perfurações da fachada que implicam para a passagem de tubos eléctricos e tomadas de ar[160];
- a afixação de tabuletas com o nome do estabelecimento ou com o anúncio ou o reclame das respectivas actividades[161];
- a substituição de um soalho de madeira do rés do chão por pavimento de cimento coberto com tijoleira num estabelecimento comercial de mercearia, quando esse soalho se encontra podre em vários sítios e a substituição se destina a evitar algum acidente[162-163].

3.1.2. Restituição do imóvel no termo do contrato

Findo o contrato, à data da restituição do imóvel, impõe-se ao arrendatário mercantil a reparação das deteriorações efectuadas, que preencham os caracteres enunciados. O objectivo pretendido é o de que, ao tempo da entrega, o prédio se encontre nas exactas condições vigentes ao tempo da conclusão do negócio[164].

Caso o não faça, cabe-lhe ressarcir o senhorio pelos danos ocorridos. Para que tal não suceda compete-lhe fazer a prova de que a causa destes lhe não é imputável, nem a terceiro a quem tenha permitido a utilização da coisa.

3.2. Deteriorações inerentes a uma prudente utilização do imóvel em conformidade com os fins do contrato

Conexa com esta matéria encontra-se o disposto no art. 1043º, *in fine* CC, NRAU, que atende às deteriorações inerentes a uma prudente utilização do imóvel, em conformidade com os fins do contrato.

Como afirmam Pires de Lima e Antunes Varela, em relação às "deteriorações provenientes de uma utilização normal da coisa, conforme aos fins

160 Ac. Rel. Porto, de 14.6.1993 – sumário, www.dgsi.pt.

161 Ac. Rel. Lisboa, de 18.3.1990, CJ, 1990, II, p. 120.

162 Ac. Rel. Porto, de 29.4.1991 – sumário, www.dgsi.pt.

163 Quanto à definição de deteriorações consideráveis – que se opõem às pequenas –, cfr. o Ac. Rel. Porto, de 19.11.2002 – sumário, www.dgsi.pt. Aí entende-se que são todas aquelas que não sejam inerentes à prudente utilização do prédio, em que não constituem pequenas deteriorações necessárias ao conforto e comodidade do arrendatário, ou que revistam um certo vulto, quer pela sua extensão, quer pelo custo da reparação, quer pelo confronto com o valor e dimensão do prédio onde são praticadas.

164 Ver, quanto às deteriorações, o Ac. STJ, de 15.3.1994, CJ, 1994, I, pp. 160 e 162.

do contrato, isenta-se o locatário de as reparar na altura em que restitui a coisa locada"[165].

Já se elas derivam do uso imprudente do inquilino é manifesto o dever de proceder à respectiva reparação no termo do negócio.

4. Obras (remissão)

Regula-se ainda a temática das obras (art. 1074º CC, NRAU), mas em sede de arrendamento mercantil há uma disposição específica que cura da mesma matéria (art. 1111º CC, NRAU), pelo que a trataremos com algum detalhe um pouco mais à frente[166].

§ 2. O regime arrendatício: prestações pecuniárias (a renda e a sua obrigação de pagamento)

São também quatro as normas que regulam as prestações pecuniárias a cargo do inquilino. Três delas curam de vários problemas inerentes às rendas, a última trata dos encargos e das despesas.

A principal obrigação do arrendatário urbano é a de pagar ao senhorio a renda relativa ao contrato de arrendamento.

Tal dever, actualmente, resulta apenas de uma regra, contida em sede de locação no quadro das obrigações do locatário – o art. 1038º, al. a) CC). Aí, de resto, situa-se no topo, representando a primeira e a fundamental obrigação do inquilino.

De todo o modo, por inúmeras vezes, ao longo dos arts. 1022º a 1113º CC e na Lei 6/2006 (NRAU), é feita alusão ao "pagamento da renda" (*v.g.*, no art. 1041º CC, no art. 1042º CC, no art. 1048º CC, no art. 1076º, nº 1 CC, no art. 1083º, nº 3 CC, no art. 1084º, nº 3 CC, no art. 15º, nº 2 NRAU e no art. 21º, nº 2 NRAU).

O Código Civil, em sede de locação e no quadro das obrigações do locatário, mantém a Subsecção II (nos arts. 1039º a 1042º) – cujo título é "pagamento da renda ou aluguer" – e as suas quatro normas, ainda que uma delas – o art. 1042º CC – tenha sido objecto de alteração, por efeito da reforma de 2006.

Especificamente no domínio do arrendamento, por via da Lei 6/2006, de 27 de Fevereiro, o diploma civilista contém ainda uma subsecção – a III (arts. 1075º a 1078º), com a epígrafe "dos direitos e das obrigações das partes" –, que integra uma divisão própria (a II), que cura das obrigações pecuniárias, e que trata, em especial, da "renda e [dos] encargos".

[165] Vol. II, p. 404.

[166] Ver, neste capítulo, § 7, 2.

1. A correspectividade entre as obrigações de entrega e de proporcionar o gozo do imóvel e a obrigação de pagamento da renda

O contrato de arrendamento, para além de ter carácter duradouro, reveste natureza sinalagmática, o que é pacificamente aceite[167].

Esta correspectividade contende com duas obrigações do senhorio – a de "entregar ... a coisa locada" (art. 1031º, al. a) CC) e a de "assegurar o [seu] gozo para os fins a que se destina" (art. 1031º, al. b) CC) –, que estão intimamente ligadas ao dever principal do arrendatário: o de pagamento da renda (art. 1038º, al. a) CC)[168].

Esta específica ligação entre os vínculos mencionados tem reflexo em figuras específicas, designadamente a excepção de não cumprimento e a resolução por incumprimento.

Quanto ao primeiro instituto, tal emerge em especial do art. 1040º CC, que destaca a possibilidade de redução da renda proporcional ao tempo da privação ou da diminuição do gozo e à sua extensão.

Em relação à resolução por incumprimento (da obrigação de pagamento da renda), há igualmente regras particulares, com destaque para os arts. 1041º, 1048º, 1083º, nº 3 e 1084º, nº 4, todos do CC.

2. A renda como prestação pecuniária

Por força da nova lei, a renda urbana passou a ser expressamente qualificada como mera "prestação pecuniária" (art. 1075º, nº 1 CC). Com o NRAU, houve uma mudança de paradigma em relação ao direito anterior.

Com efeito, no revogado RAU – e se recuarmos um pouco mais na versão anterior do CC, conquanto aí com algumas particularidades –, a renda representava sempre uma prestação em dinheiro, sendo obrigatoriamente fixada em escudos (art. 19º, nº 1 RAU). De todo o modo, a fixação em moeda específica ou em moeda estrangeira apenas se reflectia na nulidade da estipulação, sem que isso prejudicasse a validade do contrato (art. 19º, nº 2 RAU)[169]. Consagrava-se assim o princípio nominalista[170].

[167] Cfr., entre outros, MENEZES LEITÃO, Arrendamento Urbano, 3ª Ed., Coimbra, 2007, p. 19, e ROMANO MARTINEZ, Direito das Obrigações (Parte Especial) – Contratos, 2ª Ed., Coimbra, 2007 (3ª reimpressão da edição de 2001), p. 168.

[168] Realça-se no Ac. Rel. Porto, de 15.7.2009 (MARIA GRAÇA MIRA), www.dgsi.pt, que "com obrigação para os arrendatários de pagarem a renda acordada e a correlativa contraprestação do senhorio, consubstanciada na obrigação de entregar o locado e assegurar o gozo do mesmo, aos inquilinos, estas duas obrigações estão, assim, inequivocamente, ligadas entre si por um nexo de causalidade – uma é o motivo determinante da outra – ou de correspectividade".

[169] Embora se determinasse, nestes casos, uma conversão da renda fixada em escudos (art. 19º, nº 3 RAU).

[170] Ver sobre o tema, JANUÁRIO GOMES, Arrendamentos para habitação, 2ª Ed., Coimbra, 1996, p. 81 e Arrendamentos comerciais, 2ª Ed., Remodelada, 1993, pp. 92 e 93, e ANTÓNIO SEQUEIRA RIBEIRO, "Renda

Com a reforma de 2006, abandonou-se esta regra, aplicando-se agora integralmente os arts. 550º a 558º CC.

Desta sorte, no leque das obrigações pecuniárias, cabe distinguir três situações.

Por um lado, as obrigações de quantidade, em relação às quais vale, em especial, o princípio nominalista (art. 550º). Ora, o dever de pagar a renda apresenta-se, à partida, como uma obrigação deste tipo, em razão de ser na larga maioria das situações estipulado em euros (moeda com curso legal no país).

Por outro lado, pode ainda haver lugar a obrigações de moeda específica, sendo que o arrendatário se "compromete a pagar em moeda metálica ou em valor dessa moeda" (art. 552º CC). Tal via – a fixação da renda, por hipótese, em dólares de prata ou em libras de ouro – é rara em sede locatícia.

Finalmente, pode ser estipulado o cumprimento da obrigação de pagamento da renda em moeda com curso legal apenas no estrangeiro, sendo que isso "não impede o devedor de pagar em moeda com curso legal no País, segundo o câmbio do dia do cumprimento e do lugar para este estabelecido, salvo se essa faculdade houver sido afastada pelos interessados" (art. 558º CC)[171].

3. A renda como prestação periódica

A renda é ainda havida como "prestação periódica"[172] (art. 1075º, nº 1 CC).

Trata-se de uma prestação que deve ser satisfeita com uma regularidade certa, normalmente mensal.

Esta qualificação tem significado prático relevante a vários níveis:

- não se aplica o art. 781º CC (relativo à perda do benefício do prazo) em sede arrendatícia, dado que a regra vale tão somente para as prestações fraccionadas;

e encargos no contrato de arrendamento urbano", Estudos em Homenagem ao Professor Doutor Inocêncio Galvão Telles, Vol. III, Direito do Arrendamento Urbano, Coimbra, 2002, p. 111.

[171] MENEZES LEITÃO observa que "parecendo assim serem hoje de novo admissíveis as cláusulas de pagamento da renda em moeda específica (arts. 552º ss.) ou em moeda estrangeira (art. 558º), ao contrário do que dispunha o art. 19º, nº 1 do RAU" (Arrendamento Urbano, 3ª Ed., Coimbra, 2007, pp. 54 e 55).

[172] Entre outros, ver ALMEIDA COSTA, Direito das Obrigações, 10ª ed., Reelaborada, 2006, p. 700, MENEZES LEITÃO, Arrendamento Urbano, 3ª Ed., Coimbra, 2007, p. 20, ROMANO MARTINEZ, Direito das Obrigações (Parte Especial) – Contratos, 2ª Ed., Coimbra, 2007 (3ª reimpressão da edição de 2001), p. 168. Diversamente, PINTO FURTADO defendia, no passado, que "a renda tem, com efeito, a natureza jurídica de uma prestação unitária fraccionada"(Manual do Arrendamento Urbano, 3ª Ed., Revista e Actualizada, Coimbra, 2001, p. 45), sendo que considerava que "o crédito de renda fica perfeito com a conclusão do contrato, como um crédito unitário, logo, não se lhe aplicam as regras postas para as prestações periódicas" (últ. ob. cit., p. 496), e mantém a posição actualmente (Manual do Arrendamento Urbano, Vol. I, 5ª Ed., Revista e Actualizada, Coimbra, 2009, p. 52).

- a resolução do contrato de arrendamento não tem eficácia "ex tunc", pelo que não há lugar à restituição das rendas pagas (art. 434º, nº 2)[173];
- em termos processuais, determina o art. 472º, nº 1 CPC que "tratando-se de prestações periódicas, se o devedor deixar de pagar, podem compreender-se no pedido e na condenação tanto as prestações já vencidas como as que se vencerem enquanto subsistir a obrigação"[174].

4. A fixação inicial da renda

4.1. Fixação por acordo e sem restrições

O quantitativo da renda é, em princípio, fixado – sem limitações de qualquer espécie – por acordo entre o senhorio e o arrendatário.

Sempre que o contrato deva ser celebrado por escrito (art. 2º, proémio DL 160/2006, de 8 de Agosto) – o que pode ocorrer à luz do art. 1069º CC – impõe-se que tal resulte de cláusula aposta no contrato. Assim o assinala o art. 2º, al. e), quando alude ao facto de dever constar do contrato de arrendamento o "quantitativo da renda", que integra, de resto, o "conteúdo necessário" daquele.

A omissão, todavia, não determina, em regra, a invalidade ou a ineficácia do contrato, "quando [estas] possam ser supridas nos termos gerais e desde que os motivos determinantes da forma se mostrem satisfeitos" (art. 4º DL 160/2006).

Note-se que nos contratos verbais de arrendamento, sempre que admitidos, não há necessidade de redução a escrito do quantitativo da renda.

4.2. Casos especiais

Na locação habitacional, permanecem (ainda) em vigor os regimes de renda do RAU e, portanto, os arts. 77º a 82º *ex vi* art. 61º NRAU.

Desta forma, excluindo o regime da renda livre, há regras limitativas seja no regime da renda condicionada, seja no regime da renda apoiada, que não podem ser afastados pelos contraentes[175].

5. Determinabilidade da renda

Tem-se discutido se a renda deve estar determinada na data da conclusão do contrato ou se tem apenas de ser determinável, nos termos naquele definidos.

[173] De igual sorte, dado que está em causa um contrato de execução continuada (do lado do senhorio) e periódica (do ponto de vista do locatário), a impossibilidade temporária da prestação do senhorio permite ao inquilino o não pagamento da renda, durante o período de tempo em causa – art. 793º CC.

[174] O nº 2 do referido artigo dispõe que "pode ainda pedir-se a condenação em prestações futuras quando se pretenda obter o despejo de um prédio no momento em que findar o arrendamento e nos casos semelhantes em que a falta de título executivo na data do vencimento da prestação possa causar grave prejuízo ao credor".

[175] Ver, sobre o tema, JANUÁRIO GOMES, Arrendamentos para habitação, cit., pp. 80 ss.

Alguma doutrina sustenta que basta que a renda seja determinável[176], embora uns assinalem que os critérios de fixação devem resultar do próprio contrato[177], ao passo que outros sustentam a aplicabilidade para tal efeito "[d]os critérios do art. 883º, por força do art. 939º"[178].

Outros autores, porém, defendem orientação oposta, exigindo a fixação da renda no exacto momento da celebração do contrato[179].

Em primeiro lugar, cremos que a renda não tem de estar determinada ao tempo da conclusão do negócio. Há outros critérios legais que podem auxiliar nessa fixação, pelo que podem aqui aproveitar-se.

Esta orientação parece ter sido acolhida no Ac. STJ, de 24.1.2002, quando se observa que "para a perfeição do contrato de arrendamento é fundamental a existência de acordo das partes sobre o quantitativo da renda em dinheiro ou sobre o critério que possibilite a determinação de tal quantitativo, ou, ainda, que exista esse critério fundado em regra legal"[180].

A questão é, pois, a de saber se tal pode ser realizado nos termos gerais ou se do contrato devem já resultar esses critérios.

A adaptação, ao contrato de locação, do art. 883º CC, que reveste carácter de norma genérica, virtualmente aplicável aos contratos onerosos, parece ser uma boa solução.

Embora nem todos os critérios aí especificados possam servir inteiramente para o caso do arrendamento, podem mostrar-se alguns deles adequados: o valor que o *senhorio* normalmente praticar à data da conclusão do contrato; subsidiariamente, o valor de mercado do imóvel, para efeito de arrendamento; por fim, a determinação pelo tribunal.

De todo o modo, saliente-se que nada impede que do próprio contrato resulte o critério de determinação da renda.

[176] PINTO LOUREIRO, Tratado da Locação, I, Coimbra, 1948, pp. 72 e 73.

[177] ANTÓNIO SEQUEIRA RIBEIRO, "Renda e encargos no contrato de arrendamento urbano", Estudos em Homenagem ao Professor Doutor Inocêncio Galvão Telles, Vol. III, Direito do Arrendamento Urbano, Coimbra, 2002, cit., p. 108 (observa o autor que "as condições do contrato de compra e venda são muito diferentes do contrato de locação, pelo que mesmo com grandes adaptações não se mostra viável a aplicação do art. 883º do CC ao contrato de locação").

[178] MENEZES LEITÃO, Arrendamento Urbano, cit., p. 54, aderindo à construção de PINTO FURTADO, Manual do Arrendamento Urbano, 3ª Ed., cit., pp. 50 e 51.

[179] GALVÃO TELLES citado por MENEZES LEITÃO, Arrendamento Urbano, cit., p. 54).

[180] Ver Ac. STJ, de 24.1.2002 (JOAQUIM DE MATOS), www.dgsi.pt (afirma-se ainda que "é de arrendamento a alteração ao anterior contrato de arrendamento, segundo a qual as partes acordaram que o inquilino passaria a prestar certos serviços e que essa prestação conhecia valor idêntico à anterior retribuição em dinheiro").
Neste sentido, Ac. Rel. Porto, de 17.5.2001 (ALVES VELHO), www.dgsi.pt, onde se suscita uma questão deste género.

6. Vencimento da renda

6.1. Regime específico do arrendamento urbano: vencimento antecipado da renda

A regra geral estabelecida no art. 1075º, nº 2, 2º parte CC, NRAU – que reflecte o anterior art. 20º RAU – estabelece o seguinte:

- "se as rendas estiverem em correspondência com os meses do calendário gregoriano, a primeira vencer-se-á no momento da celebração do contrato e cada uma das restantes no 1º dia útil do mês imediatamente anterior àquele a que diga respeito".

Note-se que a primeira renda não obedece ao regime das restantes, já que se vence imediatamente, ao tempo da conclusão do contrato de arrendamento.

O momento do vencimento das restantes (e subsequentes) rendas (mensais) é antecipado em relação ao gozo da coisa.

A aplicação deste regime, que é supletivo – mas que se emprega na larga maioria dos contratos de arrendamento –, pressupõe a correspondência das rendas com os meses do calendário gregoriano[181-182].

6.2. Regime locatício: vencimento postecipado da renda

A falta de correspondência das rendas com os meses do calendário gregoriano – e caso nada se estipule em sentido contrário – importa o emprego do disposto no art. 1039º, nº 1, 1º parte CC, referente à locação, que especifica:

- "o pagamento da renda ... deve ser efectuado no último dia de vigência do contrato ou do período a que respeita".

Assim, em tais hipóteses, o vencimento da renda é, ao contrário da regra específica mencionada, posterior ao gozo da coisa[183].

[181] Ver Ac. Rel. Porto, de 10.11.2009 (HENRIQUE ANTUNES), www.dgsi.pt ("esta regra – que é nitidamente excepcional – só se aplica se as rendas estiverem em correspondência certa com o calendário organizado segundo as instruções do Papa Gregório XIII").

[182] Cfr. o Ac. Rel. Lisboa, de 16.4.1991 (DINIZ NUNES), www.dgsi.pt ("constando no contrato reduzido a escrito que a renda seria paga ao senhorio no primeiro dia útil do mês imediatamente anterior àquele a que dissesse respeito, não pode o réu inquilino recorrer à prova testemunhal para demonstrar que, por acordo verbal, foi alterado o prazo para pagamento da renda").

[183] Cfr. Ac. Rel. Porto, de 10.11.2009 (HENRIQUE ANTUNES), www.dgsi.pt ("não se verificando essa correspondência, como, no caso de se convencionar, por exemplo, que o arrendamento se inicia no dia 14 de Junho, rege a regra geral, por força da qual, não havendo convenção ou uso contrário, o pagamento da renda deve ser efectuado no último dia de vigência do contrato ou do período a que a renda diz respeito (art. 1039º nº 1 do Código Civil").

6.3. Regime convencional

É possível – conquanto não usual – que se altere a regra arrendatícia de cariz excepcional ou a disciplina da locação, já que os arts. 1075º, nº 2 e 1039º, nº 1 CC têm natureza supletiva.

Desta sorte, as partes podem prever regras próprias em sentido diverso das atinentes aos regimes descritos.

7. Legitimidade para receber e para pagar a renda

7.1. Legitimidade para receber a renda

7.1.1. O senhorio

É o senhorio que tem, na qualidade de contratante, legitimidade para receber a renda.

7.1.2. O representante do senhorio

Por vezes, o senhorio nomeia um representante voluntário, com poderes bastantes para receber a renda. O pagamento da renda ao procurador do senhorio produz de imediato efeitos na esfera jurídica deste último (art. 258º CC)[184]. Esta via tem algum carácter de habitualidade[185].

Releve-se que o senhorio, *v.g.*, porque é menor, pode ter um representante legal Nessas hipóteses, a renda deve ser paga a este.

7.1.3. Outros legitimados

Mas outras pessoas podem ter tal legitimidade.

É o caso do cônjuge do locador, que porventura recebe sistematicamente as rendas do inquilino[186].

[184] Note-se que o arrendatário não tem de pagar necessariamente ao representante do senhorio, salvo se existir estipulação nesse sentido. É o que resulta do art. 771º CC.

[185] Ver os seguintes arestos:

- o Ac. Rel. Lisboa, de 25.1.2005 (GONÇALVES RODRIGUES), www.dgsi.pt (assinalava-se numa das cláusula do contrato que "a renda mensal acordada é de Esc. 150.000$0 ... e será paga ao representante do senhorio ... na morada indicada, ou por transferência bancária, para a conta ..., em nome do senhorio");
- o Ac. Rel. Lisboa, de 22.10.1992 (MARTINS RAMIRES), www.dgsi.pt (destacou-se que "ausentando-se o representante do senhorio da casa onde lhe devia ser paga a renda do locado, aquele não prestou a cooperação necessária ao cumprimento da obrigação do pagamento da renda constituindo-se assim o senhorio em mora").

[186] Cfr. o Ac. Rel. Porto, de 16.9.2002 (MARQUES PEREIRA), www.dgsi.pt ("desde Novembro de 1996, tem sido a mulher do Autor que se tem deslocado ao domicílio dos RR, com a intenção de receber as rendas; sendo que o Réu pagou à mulher do Autor, mensalmente, os montantes de 50.200$00, de Novembro de

7.1.4. O caso da transmissão da posição de senhorio

No caso de transmissão da posição de senhorio (*v.g.*, por efeito da venda do imóvel), tal deve ser comunicado devida e adequadamente (através do envio do próprio contrato de compra e venda, que comprova a alienação do prédio) ao arrendatário, sob pena de este poder recusar o pagamento ao novo sujeito, sendo-lhe portanto legítimo o pagamento ao antigo locador, a quem o represente ou eventualmente a efectivação de depósito da renda à ordem do "antigo" senhorio[187].

Só após a comunicação efectuada nos termos próprios, cabe ao arrendatário pagar ao novo locador.

7.2. Legitimidade para pagar a renda

7.2.1. O arrendatário

Tem legitimidade para pagar a renda o arrendatário, enquanto parte no contrato.

Se forem vários os inquilinos, qualquer deles pode realizar o pagamento, sendo que tal acto a todos libera.

7.2.2. O representante do arrendatário

De igual modo, o representante do arrendatário – sendo que o acto praticado produz imediatamente efeitos na esfera jurídica deste – pode efectuar o pagamento junto do senhorio.

1996 a Março de 1997, de 50.838$00 de Abril de 1997 a Março de 1998, de 52.211$00 de Abril de 1998 a Novembro de 1999, continuando a pagar a esta a renda nos meses subsequentes"; ora, "constituindo o recebimento de rendas um acto de administração (ordinária), não se duvida, pois, de que, ao pagar à mulher do Autor as rendas de Novembro de 1996 e seguintes, o Réu fê-lo a quem tinha legitimidade para as receber (e, naturalmente, para as receber no domicílio dos RR, como veio a suceder") e o Ac. Rel. Porto, de 27.9.2001 (TELES DE MENEZES), www.dgsi.pt ("se o marido exige determinado montante a título de renda e a mulher se basta com um montante inferior pelo qual cobra as rendas e emite recibos, não pode imputar-se ao inquilino falta de pagamento das rendas").

[187] Ver Ac. Rel. Évora, de 8.3.2007 (SÍLVIO SOUSA), www.dgsi.pt ("em caso de transmissão da posição contratual do senhorio, razões de bom senso e de segurança jurídica, impõem que a comunicação da identidade do novo senhorio, ocorrida em consequência da transmissão do direito com base no qual foi possível celebrar o contrato de arrendamento, se faça através do envio ao arrendatário da pertinente escritura, sob pena deste poder invocar dúvidas legítimas quanto àquela qualidade e por isso recusando o pagamento da renda, ao "novo senhorio". Havendo recusa do senhorio "antigo" de recebimento das rendas, é lícito ao arrendatário efectuar o depósito à ordem daquele, por não poder efectuar, com segurança e sem culpa sua, a prestação de pagamento da renda a que estava vinculado, por motivo relacionado com a incerteza da pessoa do senhorio, ocorrendo, por isso, os pressupostos da consignação em depósito").

7.2.3. Outros legitimados

Outros sujeitos têm ainda legitimidade para efectuar o pagamento da renda.

O regime é aqui o geral, o qual é bastante amplo, em virtude de inexistirem especificidades consagradas em sede locatícia.

Dispõe o art. 767º, nº 1 CC que "a prestação pode ser feita tanto pelo devedor como por terceiro, interessado ou não no cumprimento da obrigação".

O conceito de terceiro é, neste contexto, muito amplo, devendo ser assim considerado todo aquele que ao tempo do cumprimento não seja devedor[188].

Da aplicabilidade desta regra resulta que um qualquer interessado no cumprimento pode efectuar a prestação de renda. É o caso do fiador ou de um garante em geral[189], do cessionário da exploração do estabelecimento mercantil (para assegurar o gozo do imóvel e do estabelecimento), entre vários outros.

Mas admite-se ainda que um sujeito não interessado no cumprimento possa realizar a prestação. É o que sucede, *v.g.*, se alguém actuar como gestor de negócios ou na qualidade de mandatário sem representação.

De todo o modo, em qualquer das hipóteses suscitadas sempre o cumprimento por terceiro deve ocorrer no quadro do específico contrato de arrendamento em causa e dentro do circunstancialismo que aí se prevê[190].

7.2.4. O caso da transmissão da posição de arrendatário

Se ocorrer a transmissão regular da posição de arrendatário, *v.g.*, por morte do arrendatário ou por efeito do trespasse do estabelecimento comercial, o novo arrendatário tem agora legitimidade para proceder ao pagamento da renda.

[188] ALMEIDA COSTA, Direito das Obrigações, cit., p. 1000 (como destaca o autor "a recusa do credor apenas será lícita quando o devedor [arrendatário] se oponha ao cumprimento e o terceiro não possa ficar sub-rogado nos direitos do credor, de acordo com o art. 592º; mas a oposição do devedor [o arrendatário] não obsta a que o credor [o senhorio] aceite validamente a prestação").
Naturalmente que o terceiro deve ter consciência que está a pagar uma dívida de renda de outrem.

[189] A partir de então, adquire a qualidade de credor do arrendatário, por efeito de sub-rogação legal, à luz do art. 592º, nº 1 CC.

[190] Ver, entre outros,
- o Ac. Rel. Porto, de 10.10.1994 (ALVES CORREIA), www.dgsi.pt ("a obrigação de pagamento da renda incumbe ao arrendatário, mas essa prestação pecuniária pode também ser feita por terceiro, interessado ou não no cumprimento");
- o Ac. Rel. Lisboa, de 31.1.1991 (CRUZ BROCO), www.dgsi.pt ("uma renda pode ser paga por qualquer pessoa e não apenas pelo arrendatário");
- o Ac. Rel. Lisboa, de 18.10.1990 (CARDONA FERREIRA), www.dgsi.pt ("uma renda pode ser paga (ou depositada) por qualquer pessoa, e não apenas pessoalmente pelo arrendatário, desde que tal seja feito no âmbito da respectiva locação, a favor do senhorio, em tempo e lugares próprios");
- o Ac. Rel. Lisboa, de 19.2.1982 (ANTÓNIO POÇAS), www.dgsi.pt ("uma renda pode ser paga por qualquer pessoa e não apenas pelo arrendatário").

8. Lugar do pagamento

8.1. Regime supletivo

8.1.1. O lugar do domicílio do arrendatário

Inexiste disciplina particular em sede arrendatícia quanto ao lugar do cumprimento da obrigação de pagar a renda.

Apenas no quadro amplo da locação se trata desta temática, derrogando o regime regra da execução das obrigações pecuniárias (o lugar do domicílio do credor ao tempo do vencimento – art. 774º CC).

Assim, dispõe o art. 1039º, nº 1 CC, aqui empregue, que "o pagamento da renda ... deve ser efectuado ... no domicílio do locatário à data do vencimento, se as partes ou os usos não fixarem outro regime" (sublinhado nosso).

Se não resultar evidente do contrato de arrendamento ou provado em tribunal qual o lugar do cumprimento, há que aplicar o regime supletivo[191].

8.1.2. A presunção de mora do senhorio

Caso se aplique o disposto no 2º trecho, 1ª parte, do art. 1039º CC, ou seja, que a renda deve ser paga no domicílio (ou na sede) do arrendatário – seja por omissão no contrato, seja porque este reflecte o regime supletivo –, o nº 2 do art. 1039º CC determina que se

- "o pagamento não tiver sido efectuado, presume-se que o locador não veio nem mandou receber a prestação no dia do vencimento"[192].

Esta presunção legal dispensa o inquilino de provar que o senhorio "não mandou alguém à sede daquela a fim de receber as rendas vencidas (artigo 350º, nº 1, do Código Civil)"[193].

[191] Ac. Rel. Lisboa, de 15.11.2007 (FÁTIMA GALANTE), www.dgsi.pt ("no caso dos autos, não ficou claro qual o lugar do pagamento das rendas, pelo que deve considerar-se que o mesmo deve ser efectuado no domicílio do arrendatário à data do vencimento da renda").

[192] Cfr. o Ac. Rel. Évora, de 14.2.2008 (JOÃO MARQUES), www.dgsi.pt ("na falta de fixação pelas partes ou pelos usos de outro regime, a renda deve ser paga no domicílio do locatário à data do vencimento. Provado o não pagamento das rendas, se as partes nada alegaram quanto ao lugar do pagamento, tem de presumir-se que ocorre mora do locador. Verificando-se mora do locador, o inquilino não está obrigado ao depósito das rendas, dado o carácter facultativo da consignação em depósito. Na ausência de documento comprovativo do arrendamento, nenhuma das partes se referiu ao lugar estipulado para o pagamento da renda"), o Ac. Rel. Porto, de 12.6.1997 (PIRES CONDESSO), www.dgsi.pt ("ao autor compete a prova do lugar do pagamento, sendo que se as partes ou os usos não fixarem outro regime, a renda será paga no domicílio do locatário. Determinado que a renda é paga no domicílio do locatário e não o tendo sido, presume-se que o locador não veio nem mandou receber a prestação em dívida").

[193] Ac. STJ, de 19.2.2004 (SILVA SALAZAR), www.dgsi.pt ("consta do contrato de arrendamento que o local do pagamento das rendas era na sede social da ré [arrendatária]").

Trata-se de uma presunção *juris tantum*, com carácter ilidível, admitindo-se assim que o senhorio demonstre o contrário (art. 350º, nº 2 CC)[194].

8.2. Regime convencional

Como vimos, as partes podem estipular uma regra diversa da constante do art. 1039º, 2º trecho CC.

O lugar do pagamento assim determinado resulta de acordo – verbal ou escrito – entre as partes, não sendo uma das menções que devem ser apostas no contrato de arrendamento – ver os arts. 2º e 3º DL 160/2006.

8.2.1. Cláusula escrita no contrato de arrendamento: sua amplitude

É usual a fixação do lugar do domicílio do senhorio (ou até do seu procurador) como o indicado para a realização do pagamento da renda[195].

Outras vezes, determina-se que é o senhorio quem indica o lugar do pagamento da renda. Nesses casos, parece ser lícito ao senhorio proceder à mudança do lugar do pagamento, sem necessidade de concordância do arrendatário[196].

Mas a estipulação pode ter outras variantes, como por exemplo impor-se o pagamento por depósito na conta bancária do senhorio[197].

8.2.2. Do afastamento da cláusula contratual relativa ao lugar do pagamento da renda por estipulação verbal posterior

À luz do art. 222º, nº 2 CC parece admissível – quando a forma escrita não for exigida por lei (e esta não a exige quanto ao lugar do pagamento) –, o afastamento por estipulação verbal posterior de cláusula escrita no contrato de arrendamento[198].

[194] Neste sentido, o Ac. STJ, de 19.2.2004 (SILVA SALAZAR), www.dgsi.pt.

[195] Ver, sobre o tema, os seguintes arestos:
- Ac. Rel Porto, de 11.9.2007 (VIEIRA E CUNHA), www.dgsi.pt ("encontra-se assente que a renda deveria ser paga no domicílio da senhoria");
- Ac. Rel. Lisboa, de 21.10.1997 (PEREIRA DA SILVA), www.dgsi.pt ("o não pagamento da renda em casa do senhorio, onde, nos termos acordados, devia ser paga, constitui o devedor-arrendatário em *mora solvendi*, mora essa que só é excluída se lhe não for imputável esse não pagamento no tempo e lugar próprios.

Incumbe ao arrendatário provar a falta de culpa sua no não pagamento da renda, provando a *mora accipiendi*").

[196] Neste sentido, ver o Ac. Rel. Lisboa, de 11.2.1992 (DIOGO FERNANDES), www.dgsi.pt ("constando da escritura de arrendamento que o lugar de pagamento da renda será o indicado pelo senhorio ou no de quem legalmente o representar, é lícito ao senhorio alterar esse local de pagamento").

[197] Ac. STJ, de 20.6.2000 (MARTINS DA COSTA), BMJ, 498, 2000, p. 221 ("o depósito de rendas em conta bancária do senhorio, com o acordo deste, tem o mesmo valor que o pagamento a ele directamente feito, e o documento emitido pelo banco equivale ao respectivo recibo").

[198] Ver Ac. Rel. Lisboa, de 20.5.2008 (RUI MOURA), www.dgsi.pt ("sabemos que é inadmissível prova testemunhal para provar convenção verbal sobre o lugar do pagamento da renda que alterou a anterior cláu-

8.2.3. Da prevalência de cláusula contratual relativa ao lugar do pagamento da renda em relação aos usos posteriores

É frequente a existência de usos posteriores, adoptados tacitamente pelas partes, em sentido diverso ao da cláusula contratual.

O tema tem sido abordado pela jurisprudência, sendo dominante a ideia de que tais usos não afastam a estipulação emergente do contrato. Assim, a convenção prevalece sobre qualquer uso posterior, que não a elimina.

Vejamos dois exemplos sintomáticos:

- no Ac. Rel. Coimbra, de 3.5.2005, observou-se que "a renda devia ser paga na residência do senhorio ou a quem ele indicar", sendo, no entanto, a senhoria e, anteriormente, o seu falecido marido quem se deslocava ao locado, onde recebia as respectivas rendas, até que, em Maio de 2003, quando a autora se dirigiu ao arrendado, para o efeito, o réu pediu-lhe para reparar o telhado, dado chover no seu interior, facto este que a exaltou, a ponto de nem sequer levar consigo a renda que o réu lhe ofereceu em pagamento, e jamais aquela, daí em diante, ter aparecido no locado para receber as rendas do mesmo. Assim sendo, considerando que as partes acordaram, por escrito, que a renda seria paga, na residência do senhorio ou a quem ele indicar, também é um facto incontroverso que, desde sempre, até Maio de 2003, era este quem se deslocava ao locado, onde recebia as respectivas rendas. Contudo, não obstante, não é adequado argumentar que a estipulação contratual cedeu o seu espaço a um regime ditado pelos usos que as próprias partes estabeleceram pela sua prática continuada, considerando letra morta o acordo firmado por escrito"[199];
- a mesma lógica foi seguida no Ac. Rel. Porto, de 23.1.1992, assinalando-se que "a prática, posteriormente seguida, de pagamento da renda em outro lugar, não é suficiente para se ter como alterada aquela cláusula contratual. A falta de pagamento da renda no lugar convencionado faz incorrer o arrendatário em mora"[200].

8.2.4. Da estipulação verbal posterior ao contrato de arrendamento omisso quanto ao lugar do pagamento

Sendo o contrato de arrendamento omisso quanto ao lugar do pagamento – donde se aplica, à partida, o regime supletivo atrás descrito –, mostra-se

sula escrita do respectivo contrato"), e Ac. Rel. Porto, 23.1.1992 (CESÁRIO DE MATOS), www.dgsi.pt ("em contrato de arrendamento para comércio ou indústria, celebrado por escritura pública, onde se convencionou o lugar de pagamento da renda, não é admissível prova testemunhal sobre convenção posterior, respeitante à mesma cláusula").

[199] Ac. Rel. Coimbra, de 3.5.2005 (HÉLDER ROQUE), www.dgsi.pt.

[200] Ac. Rel. Porto, 23.1.1992 (CESÁRIO DE MATOS), www.dgsi.pt.

admissível uma estipulação verbal posterior àquele negócio quanto ao lugar de pagamento da renda (por exemplo, que deve ser efectuada no domicílio do senhorio)[201].

9. Depósito das rendas: seu regime

Os arts. 17º ss. do NRAU criam um regime próprio para o depósito da renda, na sequência do disposto nos anteriores arts. 22º ss. RAU.

9.1. Hipóteses em que pode ocorrer o depósito das rendas

Fixam-se, no art. 17º, nº 1 NRAU, três situações em que o arrendatário se pode socorrer do depósito da renda, a saber:

- a verificação dos pressupostos da consignação em depósito;
- quando lhe seja permitido fazer cessar a mora;
- quando esteja pendente acção de despejo[202].

9.1.1. Consignação em depósito

9.1.1.1. Alguns casos

A consignação em depósito, que encontra regulamentação expressa nos arts. 841º ss. CC, representa uma das formas de extinção da obrigação[203]

Importa saber em que casos pode aquela ter lugar, o que se encontra, em termos gerais, previsto no art. 841º CC.

[201] Ver o Ac. Rel. Coimbra, 4.5.2004 (FERREIRA LOPES), www.dgsi.pt ("o contrato de arrendamento ... [que não regulava o lugar do pagamento] passou a integrar a cláusula de que o local do pagamento da renda seria a conta do senhorio na conta deste..."). Ocorrendo, posteriormente, a cessão da posição contratual de locatário, "mantendo-se a mesma a relação contratual, a cessionária assumiu todos os deveres que cabiam ao cedente, designadamente o de pagar a renda no momento e lugar próprios, no caso, naquela conta, conforme acordada pelas primitivas partes..."), e o Ac. da Relação do Porto de 25.02.96, www.dgsi.pt ("a estipulação verbal posterior à celebração do contrato escrito de arrendamento, relativa ao tempo ou local do pagamento das rendas é válida e pode ser tacitamente convencionada").

[202] Corresponde o normativo, com algumas alterações, ao art. 22º, nº 1 e nº 2 do RAU.

[203] Ac. STJ, de 13.9.2007 (SANTOS BERNARDINO), www.dgsi.pt (verificando-se os requisitos da figura em causa, "é seguro que, ao optar pelo depósito – não estando, sequer, obrigada a fazê-lo – [o inquilino] quis exonerar-se da sua responsabilidade, quis livrar-se da sua obrigação, isto é, serviu-se do depósito como forma de extinção de uma obrigação que, como inquilina, reconhecia, não lhe sendo lícito reclamar, agora, que os montantes depositados lhe sejam restituídos. Vale, aliás, recordar que os depósitos foram impugnados pela autora, o que tem como consequência (art. 28º, nº 1 do RAU) que o seu levantamento só pode ocorrer após decisão judicial e de acordo com ela. E, dado que a impugnação improcede, face à apurada matéria de facto, a consequência é ser declarada extinta a obrigação com o depósito (art. 1028º, 3 do CPC), podendo este ser levantado pelo senhorio").

a) O arrendatário, sem culpa sua, não pode efectuar a prestação
A primeira hipótese é aquela em que o inquilino, sem culpa, não pode realizar a prestação.

Tal pode advir de um circunstancialismo variado, salientando-se, a título meramente exemplificativo, algumas situações:

- o senhorio encontra-se ausente, por doença ou por qualquer outro motivo (deslocação ao estrangeiro, férias prolongadas), devendo a prestação ser efectuada no seu domicílio;
- o senhorio cancela a conta bancária onde deve ser efectuado o depósito.

b) O arrendatário, sem culpa sua, não pode efectuar a prestação com segurança, por motivo relativo à pessoa do senhorio
A possibilidade de o arrendatário, sem culpa sua, efectuar a prestação ao senhorio com segurança, desde que isso resulta de motivo inerente ao senhorio, permite igualmente a consignação em depósito.

Assim, no circunstancialismo descrito,

- o desconhecimento pelo arrendatário de quem é o senhorio, v.g., em razão do seu falecimento;
- o desconhecimento pelo arrendatário, por efeito da venda do prédio, de quem é o senhorio[204].

c) A mora do senhorio
O credor, senhorio, pode encontrar-se em mora.

Tal pode emergir de situações diversas: a recusa do recebimento da renda; a recusa da emissão de recibo da renda.

9.1.2. Faculdade de cessação da mora pelo arrendatário

Substitui o legislador os dois casos previstos no art. 22º, nº 1 do RAU – "quando lhe seja permitido fazer cessar a mora ou fazer caducar o direito à resolução do contrato, por falta de pagamento de renda, nos termos respectivamente, dos arts. 1041º, nº 2 e 1048º do Código Civil" – pela locução "quando lhe seja permitido fazer cessar a mora", ou seja, a primeira expressão utilizada no anterior normativo.

É certo que, com a reforma de 2006, se deu nova redacção ao art. 1042º CC, aludindo-se aí especificamente à cessação da mora, prevendo-se, de resto, no art. 1042º, nº 2 que, "perante a recusa do locador em receber as correspondentes

[204] ARAGÃO SEIA, Arrendamento Urbano, 7ª Ed., Revista e Aumentada, Coimbra, 2003, p. 253

importâncias [a renda e a indemnização legal de 50% do valor da renda[205]], pode o locatário recorrer à consignação em depósito". De todo o modo, a consignação em depósito está dependente da oferta ao locador do pagamento daqueles valores (art. 1042º, nº 1 CC) e da sua posterior recusa.

Mas este modo de cessação da mora tem contornos diversos da situação prevista no art. 1041º, nº 2 CC, pois aí apenas há que pagar a renda em singelo, em virtude de não ter decorrido o prazo de *oito dias* a contar do começo da mora[206].

No entanto, há que não esquecer – como destacava expressamente o preceito anterior e como realça actualmente o art. 1048º, nº 1 CC –, a possibilidade de consignação em depósito das rendas e da indemnização para fazer caducar o direito de resolução do senhorio em sede judicial.

9.1.3. Na pendência de acção de despejo

Na esteira do art. 22º, nº 2 RAU, transpõe-se para o nº 1 do art. 17º NRAU, como um dos casos em que é admissível a consignação em depósito: tal pode verificar-se na pendência da acção de despejo.

De alguma forma, tal situação pode encontrar-se já verificada na hipótese anterior.

Mas há outras vias, para além dela, em que tal é possível. Por exemplo, se, na pendência de acção de despejo (com fundamento diverso do pagamento da renda), o arrendatário deixa de pagar a renda, permite-se o seu depósito, acrescido da indemnização legal (art. 14º, nºs 3 a 5 NRAU).

9.2. Tipos de depósito e sua relevância

Com a reforma de 2006, deixou de se fazer referência expressa ao depósito condicional, ao contrário do que acontecia no RAU (art. 28º) e igualmente no próprio CC (art. 1042º).

No entanto, qualquer das modalidades de depósito se mostra admissível à luz da nova lei.

Desta forma, o depósito da renda (e/ou da indemnização legal) é definitivo sempre que o arrendatário o declara ou nada afirma quanto ao seu carácter

O depósito da renda (e/ou da indemnização legal) é, ao invés, condicional se o arrendatário assim o expressa[207].

Esta distinção é da maior relevância prática. Vejamos:

[205] Ver o art. 1042º, nº 1 CC.

[206] Esta era uma hipótese especificamente prevista no art. 22º, nº 1 RAU.

[207] ARAGÃO SEIA, Arrendamento Urbano, cit., p. 251.

- o depósito havido como definitivo, se englobar a indemnização, significa que o arrendatário reconhece a sua mora[208];
- o depósito condicional, para além de não envolver qualquer reconhecimento da mora, faculta ao arrendatário a possibilidade de levantamento parcial ou total, em razão da prova (ou da falta dela) a efectuar no processo[209].

9.3. Depósito da renda e/ou da indemnização

A lei sempre se refere ao "depósito da renda", devendo esta expressão ser, no entanto, entendida em termos amplos.

Com efeito, o depósito pode envolver algumas variantes:

- pode consistir apenas no depósito da renda[210];
- pode consistir tão só no depósito da indemnização;
- pode consistir no depósito da renda e da indemnização.

9.4. Termos do depósito

9.4.1. Legitimidade activa e ordem do depósito

O depósito deve ser assinado pelo arrendatário ou por outrem em seu nome (art. 18º, nº 1, parte final NRAU).

Tal depósito fica à ordem do tribunal da situação do prédio ou do tribunal onde corre o processo, quando efectuado na pendência do processo judicial (art. 18º, nº 3 NRAU).

9.4.2. Procedimentos

O depósito da renda obedece, para efeito da sua regularidade, a alguns requisitos procedimentais, a saber:

- tem de ser efectuado numa qualquer "agência de instituição de crédito"

[208] Ac. Rel. Porto, de 26.1.2006 (DEOLINDA VARÃO), www.dgsi.pt ("o carácter definitivo dos depósitos releva apenas para efeito do reconhecimento da mora. Face a tal reconhecimento por parte do réu contestante, não havia já que averiguar da existência da mora, pelo que deveria também ter sido decidido no despacho saneador que a autora tem direito às quantias depositadas nos autos").

[209] Ac. Rel. Porto, de 15.4.2004 (FERNANDO BAPTISTA), www.dgsi.pt (observa-se que "havendo divergência quanto ao montante devido... há vantagem para o arrendatário em fazer o depósito condicional exigido pelo senhorio (arts. 1042º, nº 2 CC e 28º, nº 1 RAU), pois, no caso de o tribunal vir a sancionar o montante exigido pelo senhorio, não pode haver despejo do arrendatário, uma vez que depositou em tempo o montante requerido, sendo certo que no caso de tal sancionamento não ter lugar, sempre poderá o arrendatário proceder ao levantamento do depósito (cit. art. 28º, *in fine* RAU). Trata-se, porém, sempre de uma mera faculdade do inquilino").

[210] Obviamente que "não equivale a pagamento de renda o depósito de montante inferior ao da renda devida" (Ac. Rel. Lisboa, de 3.7.2008 (MARIA DOS PRAZERES BELEZA), www.dgsi.pt).

(art. 18º, nº 1 NRAU), tal como se encontram definidas nos arts. 2º e 3º DL 298/92, de 31 de Dezembro;

- o documento que comprova o deposito deve ser emitido em "dois exemplares" (art. 18º, nº 1 NRAU), ficando um deles em poder da instituição de crédito e outro em poder do depositante, com a menção do "lançamento de ter sido efectuado o depósito" (art. 18º, nº 2 NRAU).

9.4.3. Menções a constar do depósito

Do depósito deve constar um conjunto de 5 menções: a identidade das partes (senhorio e arrendatário); a identificação do locado; o quantitativo da renda; o período de tempo a que respeita; o motivo por que se pede o depósito (cfr. as als. a) a e) do art. 18º, nº 1 NRAU).

9.5. Notificação do depósito da renda ao senhorio

Efectuado o depósito, nas circunstâncias descritas, impõe-se ao arrendatário a obrigação de comunicação do depósito da renda (art. 19º, nº 1 NRAU).

A forma da comunicação não tem de obedecer aos requisitos do art. 9º, nºs 1 a 6 NRAU, podendo realizar-se nos termos gerais.

Nada se diz quanto ao prazo dessa comunicação – ao contrário do que sucedia antes da reforma de 2006, onde se impunha um prazo de 5 dias (art. 1042º CC) –, pelo que parece poder efectuar-se a todo o tempo, com a limitação constante do nº 2 do mesmo preceito, que actua no caso de ter sido instaurada acção baseada na falta de pagamento da renda.

Prevê-se, todavia, um meio equivalente ao da comunicação ao senhorio. A ela se equipara "a junção do duplicado ou dos duplicados das guias de depósito à contestação ou figura processual a ela equivalente[211], de acção baseada na falta de pagamento" (art. 19º, nº 2 NRAU), que "produz os efeitos d[ess]a comunicação".

9.6. Depósitos posteriores

Em relação aos depósitos posteriores, mantendo-se a causa que os originou, permite-se ao arrendatário (ou a outrem em seu nome) o depósito, não havendo sequer necessidade de "nova oferta de pagamento" (art. 20º, nº 1, 1ª parte NRAU).

No entanto, o depósito das rendas subsequentes não tem de ser comunicado ao senhorio (art. 20º, nº 1, *in fine* NRAU).

[211] Cremos que o legislador se refere, em especial, à oposição à execução.

9.7. Modos de actuação do senhorio depois de efectuado o depósito

9.7.1. Impugnação do depósito

A temática da impugnação do depósito está disciplinada (parcialmente) no art. 21º NRAU, que remete, no seu nº 1, para as regras processuais correspondentes.

O preceito mencionado tem muita proximidade com o art. 26º RAU (de resto, a alteração dos prazos é apenas formal, pois tal resultava já da adaptação constante do CPC[212]), que encontrava, por sua vez, correspondência no actual art. 994º CPC.

9.7.1.1. A notificação do senhorio e o prazo geral da impugnação

A impugnação do depósito, pelo senhorio, pressupõe a sua notificação.

Estabelece-se um prazo geral de 20 dias, a contar da comunicação, para que o senhorio proceda à mencionada impugnação (art. 21º, nº 1 NRAU).

Mas há aqui que considerar outras possibilidades.

9.7.1.2. As várias hipóteses

a) Não está pendente qualquer acção de despejo

i) O locador não pretende impugnar o depósito

No caso de o locador não pretender impugnar o depósito, o decurso do prazo de 20 dias posteriores à comunicação importa a caducidade do direito de impugnar.

O efeito mediato da extinção do direito de impugnação é o de se considerar cumprida a obrigação de pagamento da renda, independentemente de decisão judicial a declará-lo.

ii) O locador pretende apenas impugnar o depósito

Dentro do mesmo prazo, o senhorio deve proceder à impugnação do depósito, à luz dos arts. 1024º ss. CPC.

iii) O locador pretende resolver judicialmente o contrato por falta de pagamento da renda

Na hipótese de o senhorio pretender resolver judicialmente o contrato de arrendamento com base na falta de pagamento da renda, estabelece-se um regime diverso quanto ao modo de proceder à impugnação, embora se mantenha o prazo geral de 20 dias para impugnar (art. 21º, nº 2, 1ª parte NRAU).

[212] Ver ARAGÃO SEIA, Arrendamento Urbano, cit., p. 262.

Com efeito, impõe-se que dentro do prazo geral se instaure uma acção de despejo (por falta de pagamento da renda) e aí se impugne o depósito efectuado[213]. Não se aplica aqui o regime adjectivo da impugnação no âmbito do processo de consignação em depósito.

De todo o modo, não se descure a possibilidade de o senhorio não poder instaurar (ou não ter a certeza de que pode propor com sucesso) – embora o pretenda fazer – uma acção de despejo por falta de pagamento da renda no prazo de 20 dias. Com efeito, dado que a inexigibilidade na manutenção do arrendamento ocorre sempre volvidos 3 meses após a mora, sendo incerto do ponto de vista do senhorio a verificação da inexigibilidade em momento prévio, é legítimo concluir-se que, nesta hipótese, o locador pode impugnar o depósito nos termos do art. 21º, nº 1 NRAU, seguindo as regras do CPC.

iv) O locador pretende resolver extrajudicialmente o contrato por falta de pagamento da renda

A disposição não trata especificamente da resolução extrajudicial do contrato de arrendamento, que, como se sabe, é admissível à luz do art. 1083º, nº 3 e do art. 1084º, nº 1 NRAU.

No entanto, a solução é aqui a geral, podendo o senhorio impugnar o depósito de acordo com o art. 21º, nº 1 NRAU e das correspondentes regras adjectivas.

b) Pendência de acção de despejo

Estando pendente a acção de despejo por falta de pagamento da renda, a impugnação do depósito segue regras próprias.

Caso a comunicação do depósito da renda ao senhorio ocorra antes do fim do prazo da sua resposta à contestação, a impugnação do depósito deve verificar-se nessa resposta (art. 21º, nº 2 NRAU).

Se o locador foi notificado em momento posterior à resposta à contestação, pode impugnar o depósito em articulado específico, apresentado no prazo de 10 dias contados da comunicação em causa (art. 21º, nº 2, parte final NRAU)[214].

9.7.1.3. Apensação do processo de depósito ao da acção de despejo

Sempre que esteja a correr uma acção de despejo por falta de pagamento da renda, e haja a impugnação do depósito nesse domínio, o processo de depósito é apensado àquela acção (art. 21º, nº 3 NRAU).

[213] Especifica o número em análise que "a impugnação deve ser efectuada em acção de despejo [por não pagamento da renda]".

[214] ARAGÃO SEIA, Arrendamento Urbano, cit., p. 263.

Nessa acção de despejo, deve conhecer-se "da subsistência do depósito e dos seus efeitos", a não ser que "a decisão depend[a] da prova ainda não produzida" (art. 21º, nº 3, *in fine* NRAU).

9.7.2. Levantamento do depósito

9.7.2.1. Levantamento mediante declaração do senhorio

Uma das hipóteses previstas em que se permite o levantamento do depósito de renda é a de declaração unilateral do senhorio[215-216].

Tal declaração obedece a determinados requisitos:

- formais (redução a escrito, com a correspondente assinatura do senhorio ou do seu representante, reconhecida por notário – ou entidade com legitimidade para o efeito – quando não se apresente o bilhete de identidade) – art. 22º, nº 1 e nº 2 NRAU);
- substanciais (declaração do senhorio de que não impugnou o depósito, nem o pretende impugnar) – art. 22º, nº 2 NRAU.

Por outro lado, deve salientar-se que o depósito que foi impugnado não pode ser levantado por esta via, o que resulta a *contrario sensu* do art. 22º, nº 1, mas também do art. 22º, nº 3 NRAU.

De igual sorte, o depósito condicional da renda efectuado pelo arrendatário não pode ser levantado[217].

9.7.2.2. Levantamento após decisão judicial

Tendo sido o depósito impugnado pelo senhorio, o seu levantamento está dependente da decisão judicial e em função do que aí se afirma (art. 22º, nº 3 NRAU).

9.8. Efeitos do regular depósito da renda

O regular depósito da renda, nos termos mencionados, é havido como liberatório.

Se faltar algum dos requisitos que enumerámos (formais, procedimentais ou de conteúdo), o depósito da renda não é considerado liberatório[218]. Identifiquemos alguns destes casos, decididos pelos nossos tribunais, neste domínio:

[215] Esta regra – o art. 22º – está em consonância com o antigo art. 27º RAU.

[216] Se a declaração do senhorio for falsa, "a impugnação fica sem efeito e o declarante incorre em multa equivalente ao dobro da quantia depositada, sem prejuízo da responsabilidade penal correspondente ao crime de falsas declarações" – art. 23º NRAU, com conteúdo idêntico ao art. 29º RAU.

[217] Neste sentido, ARAGÃO SEIA, Arrendamento Urbano, cit., p. 263.

[218] "Saber se o depósito é ou não liberatório é questão de direito e, consequentemente, em relação a essa qualificação jurídica não pode falar-se de confissão" (Ac. Rel. Lisboa, de 3.7.2008 (MARIA DOS PRAZERES BELEZA), www.dgsi.pt).

- "é irrelevante o depósito da renda se o seu alegado fundamento não for exacto ou o arrendatário já estiver em mora quanto a renda anteriormente vencida. Só fazendo um depósito correcto o arrendatário fará cessar a mora", pelo que "estando em mora a renda que se venceu no dia 1 de Janeiro de 2007, todos os subsequentes depósitos não tinham "justificação", sendo de todo inúteis e inoperantes sob o aspecto do pagamento da renda mensal devida, a qual (na sua totalidade, portanto) subsistia enquanto não cessasse a mora (com a liquidação da totalidade da dívida de rendas – todas aquelas em relação às quais a mora persistia – acrescida dos 50% sobre elas)" – Ac. Rel. Porto, 17.4.2008[219];
- "não obedecendo o depósito em causa aos requisitos de forma previstos no art. 23º do RAU [agora art. 18º NRAU], pois não identifica o senhorio, não identifica nem localiza o prédio arrendado, não refere o quantitativo da renda (apenas se refere uma quantia global sem qualquer discriminação ou explicação), não alude ao período de tempo nem ao motivo porque se solicita o depósito, não pode valer como depósito liberatório, independentemente de ser ou não impugnado, por falta de requisitos legais" – Ac. Rel. Lisboa, de 3.7.2008[220];
- o depósito, para ser liberatório tem de ser efectuado, no caso de acção de despejo por falta de pagamento da renda, "até à contestação da acção destinada a fazer valer esse direito", sendo que, no caso concreto e desde logo, o depósito que se pretende liberatório, foi efectuado à ordem de outro processo anterior, que nada tem a ver com os presentes autos, neste processo o R. não efectuou qualquer depósito, limitando-se a documentar o depósito que efectuou no outro processo alegando que "é eficaz e liberatório" – Ac. STJ, de 21.11.2006[221];
- "o depósito feito sem que o seja à ordem do tribunal da situação do prédio ou do tribunal onde corre a acção de despejo ou feito em dependência da CGD [actualmente de uma qualquer instituição de crédito] que não seja a do lugar onde as rendas deveriam ser pagas é insubsistente ou irrelevante, tudo se passando como se não tivessem sido feitos os depósitos das

[219] "Ora, relativamente à renda que se venceu em Janeiro de 2007, a ré incorreu em mora, pois o depósito que da mesma fez ... era incorrecto. O que significa que todos os posteriores depósitos de renda continuaram a ser incorrectos, na medida em que a ré não cessou a mora iniciada em Janeiro de 2007. E a cessação da mora apenas ocorria com o pagamento das rendas em mora acrescidas da indemnização e 50% sobre elas, sendo de todo irrelevante qualquer depósito parcial de renda, que vale tanto como... se nada fosse depositado" – Ac. Rel. Porto, 17.4.2008 (FERNANDO BAPTISTA), www.dgsi.pt.

[220] Ac. Rel. Lisboa, de 3.7.2008 (MARIA DOS PRAZERES BELEZA), www.dgsi.pt.

[221] Ac. STJ, de 21.11.2006 (MOREIRA ALVES), www.dgsi.pt.

rendas ou o depósito das rendas e da indemnização prevista no artigo 1048º do CC" – Ac. Rel. Lisboa, 1.10.1998[222].

10. Prescrição da obrigação de pagamento da renda

10.1. O prazo prescricional

A obrigação de pagamento da renda está sujeita a prescrição, o que decorre do art. 310º CC.

Afasta-se o regime ordinário, consagrando-se um prazo prescricional curto de 5 anos. Assim o dispõe o art. 310º, al. b) CC, referindo-se às "rendas devid[a]s pelo locatário, ainda que pag[a]s por uma só vez"[223].

Cumpre referir que o prazo em causa é contado isoladamente em relação a cada uma das prestações de renda.

Tal prazo "começa a correr quando o direito puder ser exercido" (art. 306º, nº 1, primeira frase CC)", pelo que assim sucederá "a partir do momento em que o arrendatário deixar de cumprir a respectiva obrigação de pagamento"[224-225].

Note-se que o simples decurso do prazo prescricional não faz operar, de modo automático, a extinção do direito do senhorio. A prescrição necessita, "para ser eficaz, de ser invocada, judicial ou extrajudicialmente, por aquele a quem aproveita, pelo seu representante ou, tratando-se de incapaz, pelo Ministério Público", não podendo o tribunal conhecê-la oficiosamente (art. 303º CC). Saliente-se que é igualmente "invocável pelos credores e por *terceiros com legítimo interesse na sua declaração,* ainda que o devedor a ela tenha renunciado" (art. 305º, nº 1 CC).

10.2. Interrupção da prescrição

À luz do art. 323 nº 1 CC, "a prescrição interrompe-se com a citação ou notificação judicial de qualquer acto que exprima, directa ou indirectamente,

[222] Ac. Rel. Lisboa, 1.10.1998 (SILVA PEREIRA), www.dgsi.pt.

[223] Ac. Rel. Porto, de 3.3.2009 (CARLOS MOREIRA), www.dgsi.pt ("já quanto às rendas vencidas posteriormente a Dezembro de 2002 e considerando a data da propositura da acção – Novembro de 2006 – é também evidente que, face à mencionada norma, as mesmas não estão prescritas, podendo, assim, ser ainda exigidas").

[224] Ac. STJ, de 13.9.2007 (SANTOS BERNARDINO), www.dgsi.pt.

[225] Ac. Rel. Lisboa, de 21.4.2005 (ANTÓNIO VALENTE), www.dgsi.pt (observa-se, com rigor, que a "caducidade do direito a pedir a resolução do arrendamento com base em falta de pagamento de rendas, não impede que seja devido o montante de tais rendas, já que o respectivo prazo de prescrição é o previsto no art. 310º, al. b) do Código Civil").

a intenção de exercer o direito, seja qual for o processo a que o acto pertence e ainda que o tribunal seja incompetente"[226].

O art. 325º CC prevê ainda casos de interrupção da prescrição pelo reconhecimento do direito, num caso, "efectuado perante o respectivo titular por aquele contra quem o direito pode ser exercido" (nº 1), relevando igualmente o reconhecimento tácito "quando resulte de factos que inequivocamente o exprimam".

Ora, o depósito condicional de renda "só ganha eficácia se vier a verificar-se a condição a que foi submetido, isto é, a situação de mora imputável à arrendatária. Esta, ao realizar tal depósito, não está a reconhecer o direito de crédito da senhoria, mas apenas a acautelar a sua posição jurídica de arrendatária, para a eventualidade do reconhecimento judicial do direito de crédito da senhoria. A intenção do depósito condicional é de prevenir a eventual existência do direito de crédito, mas não de o reconhecer. Por isso, o depósito condicional das rendas, não correspondendo ao reconhecimento do direito de crédito do respectivo titular, previsto no art. 325º do CC, não interrompe o prazo da prescrição[227-228].

10.3. Prescrição e transmissão regular da posição de arrendatário

Em relação às rendas devidas e não pagas pelo anterior arrendatário – pressupondo a transmissão regular da posição locatícia – e tendo já decorrido em relação a algumas delas o prazo prescricional, a não invocação da prescrição por aquele não aproveita ao novo inquilino, já que este nada devia, nem estava "por isso, vinculado ao seu pagamento". Acresce que "não tem um interesse legítimo na declaração de prescrição, relativamente a essas mesmas rendas, como seria

[226] Ac. Rel. Lisboa, de 12.6.2008 (MANUELA GOMES), www.dgsi.pt ("ao ser notificado do despacho que ordenara a penhora de bens para pagamento das rendas em causa, teve conhecimento, directo, de que os senhorios/apelados estavam a exigir, mesmo já por via judicial o pagamento das rendas vencidas desde Maio de 1996 até Maio de 1998, claro fica que o que releva para a interrupção do prazo prescricional especialmente estatuído para as rendas no art. 310º, al. b) do C. Civil, foi aquela notificação e não a citação operada na acção declarativa, em 2006, após ter sido judicialmente declarada a falta de oportuna citação do mesmo para os termos da acção propriamente dita").

[227] Ac. Rel. Lisboa, de 8.2.2007 (OLINDO GERALDES), www.dgsi.pt (no caso concreto, foi entendido que havia mora do credor, senhorio, porque não tinha razão para não reconhecer o novo arrendatário, que assim se tornou por efeito do trespasse do estabelecimento).

[228] Ac. STJ, de 13.9.2007 (SANTOS BERNARDINO), www.dgsi.pt ("a prescrição das rendas só poderia ser declarada se não tivesse sido efectuado qualquer depósito ou se apenas tivesse sido efectuado, com a contestação, um depósito condicional para obviar, em absoluto, à procedência do pedido de despejo, e na mesma peça processual se invocasse a prescrição do direito (de crédito) ao percebimento das rendas. O efeito da prescrição – extinção do direito pelo simples decurso do prazo – pressupõe, naturalmente, que a correspectiva obrigação não tenha ainda sido satisfeita por alguma das formas legalmente admissíveis").

se, *v.g.*, tivesse prestado garantia ao cumprimento, pelos seus antecessores, da obrigação de pagamento das ditas rendas, ou se tivesse assumido a dívida destes (art. 308º/2)"[229].

10.4. Prescrição da obrigação de indemnização legal

Deve questionar-se qual o destino "prescricional" da obrigação de indemnizar o senhorio no valor de metade da renda, por cada renda em atraso.

A especial ligação da indemnização legal à renda e ao seu valor, levam-nos a concluir que esta obrigação ressarcitória deve seguir o mesmo regime, prescrevendo no mesmo período quinquenal.

11. Autonomia da prestação de renda

A prestação de renda tem como característica fundamental a autonomia[230].

Essa autonomia releva a vários níveis, a saber:

- para efeito do exercício do direito de resolução do contrato de arrendamento por falta de pagamento da renda (art. 1083º, nº 3 CC);
- para efeito de caducidade do direito de resolução (art. 1085º CC)[231];
- para efeito de contagem do prazo de prescrição (art. 310º, al. b) CC);
- para efeito da imputabilidade das rendas em atraso.

[229] Ac. STJ, de 13.9.2007 (SANTOS BERNARDINO), www.dgsi.pt.

[230] Ac. STJ, de 12.5.1998 (RIBEIRO COELHO), www.dgsi.pt ("cada renda é uma prestação independente das restantes, anteriores ou posteriores; e em relação a cada uma delas deverá o devedor, nos termos contratuais, aprestar-se a cumpri-la. Não o dispensa de tal a circunstância de, eventualmente, o senhorio se ter constituído em mora quanto a renda anteriores").

[231] Ver o Ac. STJ, de 21.11.2006 (MOREIRA ALVES), www.dgsi.pt ("a acção de resolução do contrato deve ser proposta dentro do prazo de um ano a contar do conhecimento do facto que lhe serve de fundamento. No caso de falta de pagamento de rendas ou de falta de pagamento de rendas ou de falta de pagamento parcial, cada uma das prestações vencidas constitui um facto com autonomia para o efeito de contagem do prazo de caducidade"), o Ac. Rel. Porto, de 6.12.1994 (OLIVEIRA BARROS), www.dgsi.pt ("a falta de pagamento da renda constitui um facto simples e qualquer delas, portanto integra, como qualquer outro facto da mesma natureza, um fundamento autónomo de resolução"), o Ac. Uniformizador de Jurisprudência, de 3.5.1984 (AMARAL AGUIAR), www.dgsi.pt ("não é exacto dizer-se que a solução proposta conduza, no caso de falta reiterada do pagamento de rendas, a impossibilidade de o senhorio resolver o contrato se deixar passar mais de 1 ano sobre a primeira falta. Esse entendimento está posto de lado. A falta de pagamento da renda constitui um facto simples e qualquer delas, portanto, integra, como qualquer outro facto da mesma natureza, um fundamento autónomo de resolução, e o Ac. STJ, de 25.3.1981 (SÁ GOMES), www.dgsi.pt ("a falta de pagamento de renda, independentemente do número de faltas desse tipo e do período de tempo em que tenham ocorrido, é sempre a omissão da prática de uma acção momentânea, pelo que a acção de resolução do arrendamento deve ser proposta dentro de um ano a contar do conhecimento de qualquer uma dessas faltas de pagamento").

12. Antecipação das rendas

Em relação à antecipação de rendas, o regime consagrado é diverso do antigo art. 21º RAU. Permite-se agora que seja efectuada "por período não superior a três meses" (art. 1076º, nº 1 CC, NRAU). Ou, dito de outro modo, estabelece-se a possibilidade de antecipação até três meses. Assim, se tal resultar de convenção, o arrendatário, *v.g.*, deve pagar a renda do mês de Outubro no mês de Julho. É uma forma de assegurar e de tutelar de modo mais adequado os interesses do senhorio.

Não se prescinde, todavia, de uma exigência formal: a redução a escrito do acordo, sob pena de nulidade.

13. Garantias

Atribui-se a possibilidade de caucionar, "por qualquer das formas legalmente previstas, o cumprimento das obrigações respectivas" (art. 1076º, nº 2 CC, NRAU).

A disposição é formalmente inovadora, já que inexistia no RAU qualquer alusão ao problema das garantias. No entanto, substancialmente tem pouco significado, em virtude da remissão expressa para as normas gerais.

Este preceito, de resto, faz-nos lembrar um outro, constante do regime jurídico da locação financeira, justamente o art. 19º DL 149/95, que apenas "esclarece" que se mostra admissível a constituição de qualquer garantia, pessoal ou real.

Aliás, nesta matéria, há que assinalar uma importante e substancial alteração: a revogação do art. 655º CC, que curava da fiança prestada pelas obrigações do locatário[232]. Esta norma previa regras específicas no que toca a este tipo de garantia, comummente exigida pelo senhorio.

Actualmente, não existem quaisquer limitações temporais ou de outra ordem no que toca à fiança prestada. Podem as partes estabelecer livremente o alcance de tal garantia pessoal (*v.g.*, que vigora por todo o tempo contratual ou pelo prazo de 20 anos).

14. Actualização das rendas

Consagram-se igualmente particularidades quanto à actualização de rendas, destacando-se agora o princípio da liberdade contratual (art. 1077º, nº 1 CC, NRAU). Dado que analisamos *infra* esta problemática, remetemos para o que aí se afirmar[233].

[232] Quanto a este assunto, cfr. GRAVATO MORAIS, "Fiador do locatário", Scientia Ivridica, 2007, pp. 87 ss.

[233] Fora do Código Civil, ao contrário do que sucedia no passado, consagram-se, nos arts. 17º a 23º NRAU, as regras da consignação em depósito (note-se que os arts. 22º a 29º RAU estabeleciam normas sobre o mesmo assunto – e com a mesma sequência de preceitos).
Ainda à margem do Código Civil encontramos a matéria da "determinação da renda" (arts. 24º e 25º NRAU).

§ 4. O regime arrendatício: prestações pecuniárias (encargos e despesas)

Por fim, o art. 1078º CC, NRAU, cura dos encargos e das despesas.

A matéria encontrava-se disciplinada nos revogados arts. 40º a 43º RAU. Estavam aí em causa as despesas correntes, ou seja, como expressava Aragão Seia, "os gastos de pequena monta indispensáveis à utilização normal das partes comuns e ao pagamento de serviços que beneficiam todos os habitantes do prédio, como sejam despesas com a electricidade gasta nas zonas comuns, limpeza das mesmas zonas, pagamento a vigilante, etc."[234]. O raciocínio pode transpor-se inteiramente.

Vale também aqui (seguindo-se o anterior regime) o princípio da liberdade contratual, impondo-se, porém, a redução a escrito do acordo das partes (cfr. o nº 1, 1ª parte do citado normativo).

O legislador, tal como sucede noutras ocasiões, apenas intervém supletivamente.

Determinam-se, por um lado, duas possibilidades quanto a distintas espécies de custos.

Desta sorte, os encargos e às despesas correntes respeitantes ao fornecimento de bens ou de serviços correm por conta do arrendatário. As prestações referentes à electricidade, água ou gás são, portanto, suportadas pelo inquilino.

Regime oposto vale para os encargos e para as despesas inerentes à administração, à conservação e à fruição de partes comuns do edifício, bem como o pagamento de serviços de interesse comum. Estes correm por conta do senhorio caso se trate de arrendamento de fracção autónoma (arts. 1078º, nº 2 e 3 CC, NRAU). Nestes termos, ao locador cabe pagar, *v.g.*, a prestação de condomínio.

Relevem-se ainda regras específicas da contratação.

Por um lado, exige-se a contratação em nome do responsável pelo pagamento (art. 1078º, nº 4 CC, NRAU).

No caso de "contratação em nome do senhorio", impõe-se a este o dever de apresentar, no prazo de um mês ao inquilino responsável pelo encargo ou pela despesa o comprovativo da realização do pagamento.

Na última hipótese enunciada, o vencimento da obrigação do inquilino, opera no final do mês seguinte ao da comunicação (*v.g.*, se esta é realizada no dia 10 de Outubro, então o vencimento da específica prestação ocorre no dia 30 de Novembro) – cfr. art. 1078º, nº 6 CC, NRAU.

[234] Arrendamento Urbano, cit., p. 286 (ficavam, portanto, à margem deste regime, como realçava o autor, os encargos com as obras de conservação e de beneficiação").

Prevê-se, por outro lado, o pagamento simultâneo de tais valores com a renda subsequente, pelo que, na situação mencionada, o cumprimento da obrigação deve ocorrer nos primeiros oito dias subsequentes ao primeiro dia útil do mês em causa.

Mostra-se ainda possível o acordo entre os contraentes, no sentido de que seja paga pelo inquilino uma dada importância fixa mensal por conta dos custos suportados pelo senhorio. Os respectivos acertos serão efectuados semestralmente (art. 1079º, nº 7 CC, NRAU).

Capítulo III
Modalidades de arrendamento mercantil quanto à duração

§ 1. Contratos de arrendamento com prazo certo. 1. O período inicial de duração do contrato. 1.1. Prazo mínimo. 1.2. Prazo máximo. 2. O(s) período(s) posterior(es). 2.1. Regra geral: a prorrogação automática do contrato de arrendamento comercial. 2.2. Prazo da(s) prorrogação(ões). 3. Admissibilidade de estipulação de regra diversa da prorrogação automática. 3.1. Prorrogação não automática. 3.2. Não prorrogação do contrato no fim do prazo. § 2. Contratos de arrendamento de duração indeterminada. 1. A duração do contrato no caso de omissão quanto ao prazo. 2. A existência de convenção contratual quanto à duração. § 3. Apreciação de outras formas de duração do período contratual. 1. Contratos de arrendamento de tipo vinculístico. 1.1. Da inadmissibilidade da cláusula vinculista. 1.2. Valor jurídico da cláusula vinculista. 1.3. Valor jurídico do contrato. 1.3.1. Interesses em causa. 1.3.2. As várias possibilidades. 1.3.2.1. Arrendamento de duração indeterminada sujeito ao regime do NRAU. 1.3.2.2. Arrendamento com prazo certo de 10 anos. 1.3.2.3. Arrendamento com prazo certo de 30 anos. 1.3.2.4. Posição adoptada. 2. Contratos de arrendamento sujeitos a condição quanto à duração.

Como relevámos, no RAU (e só a partir do DL 275/95), configuravam-se dois tipos de arrendamentos comerciais quanto à duração:

- por um lado, os arrendamentos vinculísticos, que forçavam o senhorio à sua prorrogação;
- por outro, os arrendamentos não sujeitos a um regime proteccionista tão marcante, designados por lei de "duração limitada".

O NRAU consagra agora uma disciplina relativamente distinta, baseando-se em pressupostos diversos.

Com efeito, o art. 1110º, nº 1 CC, NRAU dispõe que

- "as regras relativas à duração ... dos contratos de arrendamento para fins não habitacionais são livremente estabelecidas pelas partes".

Do princípio consagrado decorre, desde logo, que os negócios em apreço podem ser celebrados com "prazo certo" ou por "tempo indeterminado", na esteira da classificação arrendatícia habitacional.

Suscitam-se, todavia, interrogações quanto a outras situações, como, por exemplo, a de saber se se mostra possível à luz do regime actual um contrato de arrendamento comercial vinculístico ou um contrato de arrendamento sob condição quanto à sua duração.

Cabe apreciar autonomamente cada um destes problemas, pois deles podem resultar – como efectivamente ocorre – especificidades em relação ao regime geral.

§ 1. Contratos de arrendamento com prazo certo

1. O período inicial de duração do contrato

Em razão do princípio adoptado – o da liberdade negocial – mostra-se admissível a conclusão de contratos de arrendamento para comércio com prazo certo.

Importa, todavia, saber se há restrições para os períodos a definir pelas partes.

1.1. Prazo mínimo

Em relação ao prazo mínimo inicial de duração do contrato há uma importante nota a salientar: quebra-se a regra anterior (válida para arrendamentos habitacionais ou comerciais[235]) e a regra actual vigente em sede habitacional, que impõe – na esteira dos contratos do pretérito – um período mínimo de duração de 5 anos (art. 1095º, nº 2 CC, NRAU).

Deste modo, o novo arrendamento mercantil não acompanha o anterior regime, nem a disciplina habitacional (anterior e actual) neste aspecto.

O que se pretendia era assegurar *ex lege* ao arrendatário mercantil uma relativa estabilidade no que toca à permanência no locado (e, consequentemente, ao

[235] Cfr. o anterior art. 117º, nºs 1 e nº 2 RAU e a remissão efectuada para o revogado art. 98º, nº 2 também do RAU.

estabelecimento comercial neste instalado), tendo em conta a imposição do referido período inicial. Na hipótese de o inquilino pretender uma maior durabilidade do contrato, impunha-se um acordo com o senhorio acerca do referido prazo.

Actualmente, importa saber o que se garante *ex lege* ao locatário mercantil quando o contrato dispõe quanto ao prazo.

Em regra, ao abrigo do assinalado princípio, o contrato pode ser concluído por prazo inferior aos cinco anos. Cabe, no entanto, apreciar se esse prazo pode ser curto ou muito curto, já que a sua extensão é naturalmente possível (desde que não ultrapasse a norma imperativa a que aludiremos em seguida).

Não se põe em causa que possa ser inferior aos 5 anos (*v.g.*, 4, 3 ou 2 anos), mas pode é já questionar-se se pode ser de um mês, de um dia ou de uma hora.

Se a razão de ser da disciplina é diversa, já que não se protege por tão lato período de tempo (5 anos) o arrendatário comercial, nem o estabelecimento mercantil instalado no imóvel, parece haver fundamento para proteger os interesses assinalados com um certo limiar mínimo. O art. 1112º, nº 1, al. a) do CC tutela o trespasse de estabelecimento comercial instalado em imóvel arrendado sem a aquiescência do senhorio, e sendo uma norma imperativa, não pode desconsiderar-se na análise desta temática. Só em concreto, em face do tipo de estabelecimento, da sua localização ou da sua dinâmica, se poderá saber qual o período mínimo adequado.

De todo o modo, uma boa protecção dos valores assinalados – em especial, o da localização do estabelecimento naquele específico prédio –, do ponto de vista dos interesses do inquilino, dependerá em larga medida da aposição no contrato de uma estipulação que estabeleça um prazo alargado de duração inicial.

1.2. Prazo máximo

No tocante ao prazo máximo, mantém-se a restrição larga anterior: a duração inicial do negócio não pode exceder 30 anos (art. 1025º CC), sendo reduzido a esse limite quando assim tenha sido estipulado.

A nosso ver, o princípio da liberdade contratual consagrado no art. 1110º, nº 1 CC não afasta a regra imperativa citada.

Desta sorte, optando as partes pela conclusão de um arrendamento mercantil com duração de, *v.g.*, 50 anos, ele considera-se realizado "com prazo certo", adoptando-se aqui a designação actual constante dos arts. 1095º a 1098º CC, NRAU.

2. O(s) período(s) posterior(es)

2.1. Regra geral: a prorrogação automática do contrato de arrendamento comercial

No silêncio das partes, cremos que à luz do regime vigente se deve considerar que o contrato de arrendamento mercantil se "renova" [ou melhor se prorroga] automaticamente no termo do respectivo prazo.

Várias razões permitem sustentar a nossa tese.

Por um lado, o art. 1110º, nº 1 CC, que permite às partes disciplinar a duração do contrato, assinala que, na falta de estipulação, se aplica o disposto quanto ao arrendamento para habitação. Ora, quanto a este assinala-se o seguinte: "excepto se celebrado para habitação não permanente ou para fim especial", os contratos são "renovados" automaticamente.

À mesma conclusão se chega por via indirecta quando atentamos no regime transitório: o art. 26º, nº 3 NRAU prevê igualmente a possibilidade de "renovação" automática para os contratos de duração limitada do passado, agora sujeitos ao regime dos contratos com prazo certo.

2.2. Prazo da(s) prorrogação(ões)

Impõe-se, em seguida, saber qual o prazo da prorrogação ou das prorrogações.

No silêncio das partes, há que aplicar o mesmo critério que enunciámos acima, ou seja, há que empregar o regime do arrendamento habitacional. Desta sorte, o prazo da prorrogação é de 3 anos e assim sucessivamente, até que uma das partes faça cessar o contrato para o fim do prazo (qualquer delas) ou a todo o tempo (o inquilino).

Justifica igualmente o prazo relativamente lato da prorrogação o interesse do arrendatário mercantil em dar continuidade à actividade do estabelecimento comercial instalado no imóvel.

Naturalmente que as partes podem prever prazos de prorrogação do contrato superiores ou inferiores, não estando limitados pelas regras imperativas do arrendamento habitacional.

Consideramos, no entanto, que a existência de prazos de prorrogação muito curtos podem colidir com o interesse previsto no art. 1112º, nº 1, al. a) CC, NRAU, ou seja, o da negociabilidade do estabelecimento comercial. Daí que não admitamos que tais prazos sejam excessivamente diminutos, atenta a imperatividade da norma.

3. Admissibilidade de estipulação de regra diversa da prorrogação automática

3.1. Prorrogação não automática

É ainda possível, de acordo com o art. 1110º, nº 1 CC, que as partes prevejam a renovação não automática, ou seja, que a renovação esteja dependente da vontade das partes nesse sentido.

De todo o modo, a escolha da renovação do contrato deve estar na disponibilidade de ambas as partes e não apenas na dependência de uma só.

A necessidade de se encontrar a opção pela renovação na disponibilidade de senhorio e de arrendatário deve ser estipulada em simultâneo, caso não se preveja limites para a respectiva prorrogação do contrato, sob pena de cairmos de algum modo aqui numa situação de vinculismo arrendatício, que se afastou no regime do presente. Portanto, os contratantes devem ambos acordar, por declaração, a efectuar até uma certa data antes de findo o contrato, na renovação do negócio.

3.2. Não prorrogação do contrato no fim do prazo

À luz do princípio da liberdade contratual, expresso no art. 1110º CC, mostra-se ainda possível que as partes prevejam a cessação do contrato de arrendamento mercantil no termo do respectivo prazo. Desta sorte, não há sequer lugar, de acordo com o previsto, à renovação do contrato.

Aplica-se aqui o art. 1051º, al. a), 1ª parte CC, pelo que o contrato de arrendamento mercantil caduca.

A extinção, neste caso, torna imediatamente exigível a desocupação do prédio e a sua entrega ao senhorio (art. 1081º, nº 1 CC). Cabe a este posteriormente exigir tal desocupação.

§ 2. Contratos de arrendamento de duração indeterminada

1. A duração do contrato no caso de omissão quanto ao prazo

Nada tendo as partes previsto no contrato de arrendamento mercantil quanto à sua duração, o legislador intervém. Nesta peculiar (e provavelmente pouco usual) hipótese consagra-se uma tutela mais forte do locatário: o negócio considera-se celebrado com prazo certo pelo período de 10 anos (art. 1110º, nº 2 CC, NRAU).

Com esta solução asseguram-se agora os interesses de ambos os contraentes. Vejamos.

A protecção do inquilino resulta de, no silêncio do contrato, a regra geral vigente determinar que aquele se considera celebrado por tempo indeterminado (cfr. art. 1094º, nº 3 CC, NRAU; cfr. semelhantemente o art. 27º, nº 1 DL 178/86, de 3 de Julho). Assim, a denúncia pelo senhorio só se mostraria possível com uma antecedência de 5 anos. Diversamente, sujeitando-se o negócio ao prazo mínimo de duração de 10 anos, não se mostra admissível a extinção do contrato durante tal período, mas tão só a "oposição à prorrogação" pelo locador para o final do prazo.

Confere-se, porém, apenas alguma tutela ao arrendatário comercial. O emprego do termo "alguma" decorre do facto de só existir tal mecanismo na omissão do clausulado quanto à duração. Basta, portanto, que o senhorio aponha uma convenção de prazo para afastar o art. 1110º, nº 2 CC, NRAU.

2. A existência de convenção contratual quanto à duração

Dentro do leque típico de opções, os contraentes podem estabelecer um regime de duração diverso, estipulando, por exemplo, que o negócio vale "sem prazo", "sem duração determinada" ou "por tempo indeterminado". Tal deve, porém, resultar inequívoca e expressamente do contrato, pois não vale aqui, como enunciámos, a regra do nº 3 do art. 1094º CC, NRAU.

Há, assim, uma mudança radical de perspectiva em face do quadro legal anterior (desde o DL 257/95), já que a alternativa aos arrendamentos de duração limitada consistia num negócio de tipo vinculístico.

Do ponto de vista agora adoptado é legítimo sustentar-se que os interesses do locatário mercantil (e, consequentemente, o da eventual negociação do estabelecimento comercial instalado no prédio) podem sofrer uma substancial perda. Com efeito, na regulação dos termos da denúncia (em especial, no que toca ao prazo de pré-aviso), são susceptíveis de serem mais considerados os interesses do senhorio e proprietário do imóvel.

§ 3. Apreciação de outras formas de duração do período contratual

1. Contratos de arrendamento de tipo vinculístico

1.1. Da inadmissibilidade da cláusula vinculista

Atento o princípio da liberdade contratual consagrado, importa saber se é admissível às partes, em sede de conformação da duração do contrato – e para além da faculdade de sujeição do negócio aos dois tipos que se encontram previstos no quadro habitacional (para o qual remete a parte final do art. 1110º CC, NRAU, na falta de convenção) –, a celebração de arrendamentos de tipo *vinculístico*.

Figuremos um exemplo: A, senhorio, arrenda a B, inquilino, um imóvel para o exercício de actividade de confeitaria por um período de um ano, sujeitando-se aquele "à prorrogação imperativa do contrato, quer no termo do prazo inicial previsto, quer ainda quanto aos períodos de duração subsequentes".

À partida, sempre seria legítimo pensar-se que, apesar da *renovação* do negócio ser imperativa, o senhorio teria ainda assim ao seu alcance um outro tipo de tutela que garantisse os seus interesses. Pensemos, por exemplo, nas cláusulas de renda variável em sede de actualização da renda. Daí que o vinculismo resultante do contrato sempre seria atenuado por outras circunstâncias (quando confrontado com as regras do pretérito).

De todo o modo, parecem existir argumentos bem mais ponderosos e bem mais sustentáveis em sentido contrário.

Desde logo, pode afirmar-se que, em razão da liberdade de estipulação da duração, se tutelaria mais o arrendatário mercantil do que o habitacional, a quem não se permite a (negociação e) conclusão de contratos deste género.

Ora, na disciplina do presente a orientação é claramente a oposta – protegendo bastante mais este último do que aquele –, pelo que esta posição seria desconforme com a realidade vigente.

Para além disso, no novo regime – o dos contratos concluídos a partir de 28 de Junho de 2006 – perpassa, em globo, a ideia de afastamento, pelo menos, do principal efeito vinculista – que, como se sabe, impunha a prorrogação forçada do contrato em relação ao senhorio.

Aliás, mesmo em relação aos contratos de arrendamento comercial realizados em data anterior à entrada em vigor do Lei 6/2006, a ideia nuclear que subjaz é a de que qualquer vicissitude ocorrida – ainda que num negócio conexo (trespasse ou locação de estabelecimento, entre outros) ou no quadro de uma operação societária (transmissão de participação social superior a 50%) – afecta a principal manifestação do vinculismo, que se prefigura pois, mesmo quanto aos contratos antigos, residual.

Cabe ainda salientar que mesmo quando era possível – alternativamente – a celebração de contratos de duração limitada ou de tipo vinculista, e portanto o senhorio tinha toda a liberdade de concluir negócios deste último tipo, o legislador interveio negativamente (em via de excepção) afastando a tutela do arrendatário mercantil. Também aqui – no tocante aos contratos realizados entre 5 de Outubro de 1995 e 27 de Junho de 2006 – o inquilino, caso ocorra uma qualquer das circunstâncias mencionadas, perde o benefício da "imposição da prorrogação do contrato em relação ao senhorio".

No sentido expendido, deve ainda argumentar-se que, no quadro do direito privado, existe um princípio de ordem pública superior – o de impedir vinculações perpétuas ou até excessivamente longas – que rejeita a característica injuntiva em causa, da qual o locatário mercantil retiraria largas vantagens[236].

Em prol da inadmissibilidade de cláusulas vinculistas pode também aduzir-se que se procura agora o reequilíbrio das posições das partes e de terceiros, que eventualmente sucedam na posição do arrendatário (ou que tão só beneficiem do gozo do imóvel).

Observe-se, por fim, que o art. 405º, nº 1 CC começa por afirmar, logo no seu início, que o princípio da liberdade contratual actua "[d]entro dos limites da lei...". O NRAU, apesar de consagrar aquela regra quanto à duração do contrato, restringe, como se constatou, a possibilidade de celebração de arrendamentos vinculísticos.

1.2. Valor jurídico da cláusula vinculista

Cumpre seguidamente saber qual o valor jurídico da citada estipulação.

A convenção que estabelece a prorrogação imperativa do negócio deve considerar-se nula, atento o facto de ser contrária ao espírito da lei (art. 294º CC).

O NRAU é contrário a regras restritivas que afectem os interesses do senhorio, apesar do citado princípio da liberdade contratual. Tem uma *ratio* liberal e (re)equilibradora das posições das partes que não se pode, na hipótese em apreço, desconsiderar.

1.3. Valor jurídico do contrato de arrendamento

1.3.1. Interesses em causa

Em relação ao próprio contrato de arrendamento para comércio, há que apreciar se este é ou não inválido.

A nosso ver, deve considerar-se o art. 292º CC, que dispõe sobre a redução do negócio. O normativo, como se sabe, estabelece uma presunção de divisibilidade do contrato, atendendo à vontade das partes, acolhendo a regra da conservação dos negócios quando estamos perante uma invalidade parcial.

Desta sorte, o contratante que pretenda a invalidade total tem que demonstrar que a vontade hipotética das partes ou de uma delas, à data da realização do contrato, era essa. Desta sorte, "a prova de que as partes – ou, pelo menos, uma delas – teriam preferido não realizar negócio algum, se soubessem que ele não poderia valer na sua integridade"[237], é fundamental para provocar a nulidade do contrato.

[236] No passado, tal disciplina sofria um desvio significativo em sede arrendatícia.

[237] CARLOS MOTA PINTO, Teoria geral do direito civil, 4ª Ed., por ANTÓNIO PINTO MONTEIRO e PAULO MOTA PINTO, Coimbra, 2005, p. 635.

Uma nota se impõe. Não parece que a redução do negócio deva ser sempre a consequência, apesar de a vontade hipotética ser eventualmente no sentido da invalidade total. Neste específico aspecto, não se procura actualmente tutelar a parte mais fraca. Não se alcança uma semelhante finalidade protectora no quadro legal. Assim, admitimos que o senhorio pretenda socorrer-se da nulidade.

Realce-se que, na situação em análise, é justamente o locador quem estará porventura (mais ou unicamente) interessado em socorrer-se do regime da invalidade total, já que inexistem limitações, do ponto de vista do arrendatário, quanto à extinção do negócio[238].

1.3.2. As várias possibilidades

Se, depois de averiguar o que as partes teriam provavelmente querido, se concluir que não pretendiam realizar qualquer negócio, a consequência será a da nulidade do contrato de arrendamento comercial, com a consequente restituição das prestações de facto já ocorridas (art. 289º CC).

Se se entender diversamente – ou mesmo suscitando-se a dúvida sobre qual seria a mencionada vontade hipotética –, há que averiguar qual a duração do negócio em causa.

Figuram-se várias possibilidades. Vejamos.

1.3.2.1. Arrendamento de duração indeterminada sujeito ao regime do NRAU

A equiparação efectuada, em sede de regime transitório (art. 26º, nº 4, proémio), dos arrendamentos vinculísticos (designados sem duração limitada no indicado preceito) aos arrendamentos de duração indeterminada é um argumento de peso a favor desta construção. O que significa que o contrato em concreto pode ter um escasso período de vigência – 5 anos, em razão do art. 1101º, al. c) CC, NRAU.

1.3.2.2. Arrendamento com prazo certo de 10 anos

Outra possibilidade seria entender que o contrato é omisso quanto ao prazo. Nestes termos, tornar-se-ia relevante o art. 1110º, nº 2 CC, NRAU, ao assinalar que, na falta de estipulação, "o contrato considera-se celebrado com prazo certo pelo período de 10 anos".

[238] Claro que se poderia imaginar que o clausulado vincula também o arrendatário mercantil nos mesmos termos. Sem dúvida que aqui a questão se punha de modo semelhante, donde o inquilino poderia estar igualmente interessado na nulidade de todo o negócio.

1.3.2.3. Arrendamento com prazo certo de 30 anos

Outra podia ainda ser a conclusão: julgar o contrato como perpétuo (pois, a cláusula em apreço vinculava o senhorio por tempo indefinido) – ou eventualmente como realizado por mais de 30 anos. Ora, como sabemos, em qualquer destas vias, a locação "considera-se reduzida àquele limite [de 30 anos]" – art. 1025º CC[239]. Note-se que conclusão similar se poderia retirar do art. 1095º, nº 2 CC, NRAU.

1.3.2.4. Posição adoptada

A nosso ver, uma resposta definitiva não pode descurar todo o domínio contratual traçado. Isto porque pode haver outras cláusulas que auxiliem para a sua interpretação. Neste quadro, deve atender-se à vontade (também a hipotética) das partes. No entanto, não se exclua, em razão da regra da boa fé, que aquela possa ser, em concreto, desconsiderada.

2. Contratos de arrendamento sujeitos a condição quanto à duração

Cumpre ainda discutir se a duração do negócio pode estar sujeita ao preenchimento de uma condição, *in casu*, resolutiva.

Figuremos dois exemplos: A, senhorio, apõe no contrato uma cláusula que estabelece que "o negócio perdura enquanto a actividade nele exercida [*v.g.*, a venda de artesanato] for legalmente qualificada de interesse nacional ou municipal"; prevê-se, por outro lado, que "o contrato está sujeito à mudança do estabelecimento para o estrangeiro por deliberação dos sócios da sociedade, aqui arrendatária mercantil".

Tais estipulações – uma que beneficia os interesses do senhorio, outra que tutela os interesses do locatário – parecem admissíveis. Justifiquemos.

Em primeiro lugar, é possível às partes, em qualquer negócio, subordiná-lo a uma condição, dado o princípio da liberdade negocial. Em segundo lugar, não parece que este seja um contrato de tipo incondicionável, seja por "razões ligadas ao teor qualitativo (pessoal) dos interesses respectivos", seja "por motivos de certeza e segurança jurídica"[240].

Mostra-se, todavia, necessária que a condição aposta seja lícita e legalmente possível. O risco do negócio aqui corre por conta de ambas as partes. No primeiro caso, o senhorio pode ver estendido desmesuradamente – em relação ao

[239] De referir que este preceito já existia no passado, mas aí – diversamente do que sucede agora – permitia-se o vinculismo, ou seja, um contrato (de arrendamento comercial) perpétuo do ponto de vista do senhorio.

[240] CARLOS MOTA PINTO, Teoria geral do direito civil, 4ª Ed., por ANTÓNIO PINTO MONTEIRO e PAULO MOTA PINTO, Coimbra, 2005, p. 563.

que projectava – o tempo de duração. Na outra situação, o locador pode ver o contrato cessar de um momento para o outro.

De todo o modo, há que proceder a uma apreciação da concreta convenção aposta para aferir da sua validade.

Com efeito, nem todas as condições são admissíveis. Imagine-se que se prevê que "o contrato de arrendamento permanecia em vigor até que ocorresse o trespasse ou a locação do estabelecimento comercial". Pretende-se agora impedir a transmissão (temporária ou definitiva) do estabelecimento instalado no local arrendado. Ora, tal estipulação mostra-se contrária às normas imperativas vigentes (arts. 1109º, nº 2 e 1112º, nº 1 CC, NRAU).

Note-se que, ao abrigo do art. 271º CC, no caso de a condição ser considerada ilícita – contrária à lei, à ordem pública ou aos bons costumes – o negócio em causa é nulo e não apenas a cláusula em apreço. Já no tocante à condição resolutiva impossível, a situação é equiparável "à não verificação da condição resolutiva e, portanto, deve provocar a consolidação dos efeitos do negócio, como se *ab initio* não dependesse de qualquer condição"[241].

[241] Últ. ob. cit., p. 569.

Capítulo IV
Actualização da renda e obras

§ 1. Actualização da renda. 1. Quadro legal anterior. 2. Novo regime. 2.1. Actualização convencional. 2.1.1. O princípio da liberdade contratual. 2.1.2. Forma. 2.1.3. Os tipos da actualização convencional. 2.1.4. A actualização convencional típica em especial. 2.1.4.1. Periodicidade. 2.1.4.2. Valor. 2.1.4.3. Tempo. 2.1.4.4. Condições da actualização; a) O prazo de pré-aviso; b) actualização automática. 2.2. Disciplina a aplicar no silêncio do contrato. 2.2.1. Critérios. 2.2.2. As sucessivas actualizações. 2.2.3. Comunicação a efectuar pelo senhorio. § 2. Obras. 1. Disciplina anterior. 2. A lei nova.

§ 1. Actualização da renda

1. Quadro legal anterior

À luz do regime antigo, impunha-se distinguir a fixação inicial do quantitativo da renda da sua actualização (anual).

Quanto àquela, vigorava o princípio da liberdade contratual, pelo que os contraentes estipulavam livremente a importância a pagar.

Relativamente a esta, assinale-se que as rendas podiam ser, em dadas circunstâncias, actualizadas[242]. Tal alteração podia resultar da lei – em razão de um coeficiente legal – ou de convenção das partes (art. 31º, al. a) RAU), ou noutras ocasiões, em função de obras de conservação extraordinária ou de beneficiação[243]

[242] Ver, sobre o assunto, *supra*, § 2, 2.1.3.

[243] Tal valor actualizado não será, porém, devido se as obras ficarem a expensas do inquilino, em razão da não existência de qualquer investimento da parte do senhorio. Ver, sobre o assunto, ARAGÃO SEIA, ob. cit., p. 283.

(art. 13º, nº 2 e art. 31º, nº 1, al. b) RAU), ao abrigo do art. 38º RAU (redacção do DL 320-B/2000, de 22 de Dezembro) ou ainda quando efectuadas na sequência de acordo das partes, devendo aqui constar de documento escrito aditado ao contrato (art. 39º RAU).

Em sede de arrendamento para comércio, verificando-se uma das hipóteses do art. 119º RAU, em especial quando o prazo inicial mínimo do contrato fosse superior a 5 anos[244], a actualização da renda podia ser convencionada pelas partes.

Considerava-se válida, *v.g.*, a convenção de renda variável. Admitia-se, pois, a estipulação que impusesse, no segundo ano de vigência do contrato, um aumento mensal de € 50 e que determinasse, no terceiro ano, um acréscimo ao valor mensal da quantia de € 80.

Fora destes casos, a actualização anual era a ordinária.

2. Novo regime

2.1. Actualização convencional

2.1.1. O princípio da liberdade contratual

No quadro da lei nova, a solução naturalmente não se modifica quanto à fixação inicial do valor da renda, operando-se, contudo, alterações relevantes em sede de actualização das rendas. Vejamos.

Vigora o princípio da liberdade negocial, pelo que as regras da actualização podem ser agora totalmente definidas pelas partes.

Exigem-se, no art. 1077º, nº 1 CC, NRAU – aplicável também em sede de arrendamento comercial –, dois requisitos:

- a estipulação por escrito da actualização;
- que o respectivo regime conste do contrato (ou de um seu aditamento).

2.1.2. Forma

Quanto ao formalismo imposto – a redução a escrito –, refira-se que a sua ausência determina a nulidade da actualização (verbal) e, consequentemente, a sujeição à disciplina supletiva do art. 1077º, nº 2 CC, NRAU.

2.1.3. Os tipos da actualização convencional

Se bem que tenhamos aqui em vista a actualização convencional típica, não se descure que as partes podem prever actualizações fundadas noutras causas, por exemplo, nas obras a realizar pelo senhorio.

[244] A norma mostrava-se pouco clara – diríamos até confusa – quanto à primeira hipótese, por não se vislumbrar o sentido querido pelo legislador.

De todo o modo, há impedimentos a ter em conta. Não se mostra, por exemplo, admissível a previsão de actualizações de renda no caso de o inquilino trespassar ou dar em locação o estabelecimento comercial. Tais estipulações frustrariam os interesses do arrendatário na negociação da organização mercantil e seriam contrárias à lei (arts. 1109º, nº 1 e 1112º, nº 1, al. a) CC). Funcionam aqui os limites do art. 405º CC.

2.1.4. A actualização convencional típica em especial

No tocante aos efeitos que decorrem do citado princípio, podem figurar-se vários cenários atendendo à perspectiva liberal adoptada.

2.1.4.1. Periodicidade

Por um lado, a actualização não tem necessariamente de ser anual. Nada impede que as partes convencionem o aumento da renda noutros moldes (*v.g.*, mensal, trimestral, semestral ou bianual).

De igual forma, as actualizações não têm que ser semelhantes quanto ao período temporal, ou seja, não têm que ser sempre, *v.g.*, trimestrais, semestrais ou anuais[245].

2.1.4.2. Valor

Relativamente ao montante da actualização, apenas se impõe que ele seja constante ou uniforme no período fixado.

Em relação às várias actualizações, é pensável que se determine a constância das rendas ou o carácter progressivo ou até degressivo das mesmas. Nada impede aliás que varie em razão de um dado critério fixado (*v.g.*, o volume de vendas do estabelecimento comercial).

2.1.4.3. Tempo

A mesma flexibilidade está ainda subjacente em relação à data em que pode ser exigida a primeira (e as sucessivas) actualização(ões).

Não tem que haver coincidência quanto aos momentos em que se determina a actualização (ou a sua inexistência). O que significa que o período em que as mesmas ocorrem não tem que ser necessariamente coincidente. Exemplifiquemos. Pode figurar-se que a primeira actualização é trimestral, a segunda é semestral e a terceira e seguintes são anuais.

[245] Nada obsta a que as partes prevejam uma actualização convencional num dado período e legal num outro (mas estas sempre serão anuais). Há, portanto, liberdade quanto ao tipo de actualização.

2.1.4.4. Condições da actualização

a) O prazo de pré-aviso

A fixação de um tempo de antecedência para que o senhorio comunique ao inquilino cumpre duas funções: de informação e de lembrança. Daí que a notificação não possa ser muito próxima do momento em que se efectiva a actualização.

Na típica actualização (anual) ordinária sempre se fixou um prazo de pré-aviso de 30 dias. Este pode servir-nos como indicador base. Mas a determinação de tal prazo está agora também dependente do período da específica actualização. Senão vejamos: se o prazo – para o efeito em causa – é de 3 meses, a antecedência da comunicação pode ser inferior a 30 dias.

No caso de não cumprimento do prazo ou no silêncio do contrato quanto a esta matéria, entendemos que o art. 1077º, nº 2, al. d) CC, NRAU é aqui empregue.

b) Actualização automática

Alguns contratos prevêem actualizações automáticas da renda, ou seja, sem que exista qualquer comunicação do locador para o efeito e, portanto, qualquer prazo de pré-aviso.

O cuidado sempre tido pelo legislador neste aspecto, seja na actualização anual ordinária (art. 1077º, nº 1, al. c) CC), seja na actualização extraordinária (art. 34º, nº 2 NRAU), leva-nos a considerá-lo em especial. Na verdade, desde sempre se exigiu que o senhorio comunicasse ao inquilino o novo valor a pagar e lhe lembrasse o momento em que produzia efeitos.

Mas nada obsta a que se prescinda daquela notificação, desde que o contrato regule com exactidão e com pormenor as suas condições.

2.2. Disciplina a aplicar no silêncio do contrato

Sendo omisso (ou especificamente omisso) o contrato, há que aplicar o disposto no nº 2 do art. 1077º CC, NRAU. Estamos assim no âmbito da actualização legal ordinária.

2.2.1. Critérios

Mantém-se a periodicidade da actualização. Esta é, tal como outrora, anual (art. 1077º,

De igual forma, a actualização (legal) resulta de um coeficiente, calculado com base na totalidade da variação do índice de preços do consumidor, apurado pelo Instituto Nacional de Estatística (seguindo-se o revogado art. 32º *ex vi* art. 31º, al. a), 1ª parte) RAU), que o faz de resto publicar no Diário da República até ao final do mês de Outubro do ano respectivo (art. 24º, nºs 1 e 2 NRAU *ex vi* art. 1077º, nº 2, al. a) CC, NRAU).

2.2.2. As sucessivas actualizações

Também não se altera o momento em que pode ser exigida a primeira actualização – um ano após o início de vigência do contrato –, nem a data em que podem ser exigidas as rendas nos anos subsequentes – um ano após a actualização anterior (art. 1077º, nº 2, al. b) CC, NRAU; quanto à lei antiga, cfr. o art. 34º, nº 1 RAU).

2.2.3. Comunicação a efectuar pelo senhorio

Para efeito da actualização, tal como ocorria no RAU, o senhorio deve comunicar por escrito ao inquilino, com a antecedência mínima de 30 dias, o novo montante e o respectivo coeficiente de actualização (art. 1077º, nº 2º, al. c) CC, NRAU; quanto à lei antiga ver o art. 33º, nº 1 RAU)[246].

Se o locador não proceder à notificação nos termos assinalados, não pode ter lugar a posterior recuperação dos aumentos não efectuados, embora os coeficientes respectivos possam ser aplicados em anos ulteriores, desde que não tenha decorrido mais de três anos por referência ao momento em que teria sido inicialmente possível a sua aplicação (art. 1077º, nº 2, al. d) CC, NRAU). Em relação à lei antiga, apenas se alarga o prazo – de dois para três anos – previsto no art. 34º, nº 2 RAU, tutelando-se os interesses do senhorio de forma mais adequada.

§ 2. Obras

1. Disciplina anterior

O revogado art. 120º RAU dispunha sobre a (des)necessidade da autorização do senhorio para a realização de obras no prédio arrendado e acerca de quem as devia suportar.

O art. 11º RAU, em razão da remissão efectuada pelo art. 120º, nº 1 RAU, aludia às obras de conservação (ordinária ou extraordinária) e às obras de beneficiação.

Ambas se encontravam definidas. Assim, aquelas diziam respeito, respectivamente, à manutenção do imóvel em bom estado (art. 11º, nº 2 RAU) ou à repa-

[246] O art. 33º, nº 1, parte final RAU referia-se ainda à "comunicação dos demais factores utilizados no seu cálculo".

ração de defeitos de construção do imóvel ou ainda à resolução de situações provocadas por caso fortuito ou de força maior, entre outras (art. 11º, nº 3 RAU). Estas – as obras de beneficiação – são todas as que melhoram o prédio, não sendo indispensáveis à sua conservação (art. 11º, nº 4 RAU).

Estabelecia-se que os tipos de obras enunciados ficavam, em princípio, a cargo do senhorio (arts. 12º e 13º RAU), mas podia acordar-se (por escrito) que fossem, total ou parcialmente, suportadas pelo arrendatário (art. 120º, nº 1 RAU).

Sempre que este as custeasse, o locador devia ressarcir o inquilino findo o contrato, nos termos do instituto do enriquecimento sem causa (art. 437º CC), sem prejuízo de convenção que determinasse a inexistência de um direito à indemnização a favor do inquilino (art. 120º, nº 2 RAU). Nesta hipótese, não haveria lugar, durante o contrato, a qualquer actualização da renda provocada por tais obras.

Uma nota final para as obras impostas pelas autoridades administrativas em função do fim específico do contrato. A sua execução não carecia da anuência do senhorio quando devessem ser suportadas pelo arrendatário (art. 120º, nº 2 RAU).

2. A lei nova

Importa agora saber qual o regime resultante da reforma de 2006.

O primeiro aspecto a assinalar tem a ver com o tipo de obras em causa. O NRAU faz expressa referência às obras de conservação, mantendo as suas modalidades, ordinária e extraordinária (art. 1111º CC, NRAU). Contudo, não as define.

Acresce que não alude, em momento algum, às obras de beneficiação.

O normativo assinalado, tendo em vista as obras de conservação (de qualquer dos tipos mencionados) requeridas por lei ou pelo fim do contrato, consagra que "as regras relativas à responsabilidade pela [sua] realização ... são livremente estabelecidas pelas partes" (art. 1111º, nº 1 CC, NRAU).

Mais uma vez, vale aqui o princípio da liberdade negocial. Portanto, as partes podem prever a quem compete a execução de tais obras, os seus termos e as suas condições.

Desta sorte, é legítima a convenção que impõe a sua realização pelo locatário ou pelo senhorio, assim como pode definir-se o momento em que devem ser executadas e as circunstâncias específicas em que tal decorre, sendo ainda viável estipular-se a quem compete o seu pagamento.

Realce-se a distinção efectuada no art. 1111º CC, NRAU quanto às obras requeridas por lei e às obras exigidas pelo fim do contrato.

De todo o modo, no silêncio deste, o legislador pronuncia-se, relativamente às obras em causa, quanto ao problema de saber a quem incumbe a sua realização.

Estabelece-se a seguinte regra: cabe ao senhorio a sua execução.

Mas prevê-se também um desvio a esse princípio permitindo-se que o arrendatário mercantil as faça, desde que sejam exigidas por lei ou requeridas pelo fim do negócio (art. 1111º, nº 2 CC).

Capítulo V
A excepção de não cumprimento invocada pelo arrendatário

§ 1. Identificação das prestações. § 2. Sinalagmaticidade entre as prestações. § 3. Efeitos da correspectividade entre as prestações. 1. A excepção de não cumprimento do contrato em termos gerais. 2. A não entrega do imóvel e a excepção de não cumprimento. 3. O cumprimento defeituoso ou o incumprimento parcial do senhorio e a excepção de não cumprimento. 3.1. As regras da boa fé e da proporcionalidade. 3.2. Privação do gozo do imóvel, imputabilidade da conduta e causa da invocação. 3.3. Prática judicial.

§ 1. Identificação das prestações

O art. 1031º CC especifica duas obrigações do locador, a saber:

- a da entrega da coisa locada ao inquilino (al. a));
- a de lhe assegurar o gozo do imóvel para os fins a que a coisa se destina (al. b)).

Quanto ao arrendatário, assume especial realce a obrigação de pagar a renda (art. 1038º, al. a) CC.

Impõe-se apreciar se tais deveres do senhorio e do inquilino estão ligados por um nexo de correspectividade, para posteriormente curar de analisar se o incumprimento temporário de algum deles gera a possibilidade de invocar a excepção de não cumprimento do contrato.

§ 2. Sinalagmaticidade entre as prestações

A doutrina e a jurisprudência admitem que na locação (e, portanto, no arrendamento em especial) existe correspectividade entre as obrigações do senhorio de entregar ao locatário a coisa locada e de lhe assegurar o respectivo gozo e a obrigação de pagamento de renda por parte deste[247].

§ 3. Efeitos da correspectividade entre as prestações

1. A excepção de não cumprimento do contrato em termos gerais

A excepção de não cumprimento traduz-se na possibilidade de, no âmbito de um contrato bilateral, um dos contraentes recusar a sua prestação, enquanto a outra parte não realizar a que lhe cabe ou não oferecer o seu cumprimento simultâneo (art. 428º CC).

Assim, se não é entregue a coisa, objecto do negócio, o outro contraente pode, invocando aquele meio de defesa, deixar de cumprir a sua contraprestação até que a outra parte o faça (*exceptio non adimpleti contractus*).

Também no caso de incumprimento parcial ou de cumprimento defeituoso é comummente aceite pela doutrina o recurso a este instrumento (*exceptio non rite adimpleti contractus*)[248].

Se não se concedesse tal possibilidade a uma das partes quebrar-se-ia o equilíbrio contratual que subjaz às relações sinalagmáticas. Trata-se, portanto, de um meio de compelir à execução do contrato, sendo certo que sem o recurso a

[247] Ver, entre outros, VAZ SERRA, "Excepção de contrato não cumprido (*exceptio non adimpleti contractus*)", BMJ, nº 67, 1957, pp. 22 e 23, ANTUNES VARELA, Das Obrigações em Geral, Vol. I, 10ª ed., Revista e Actualizada, 2006 (4ª reimpressão da edição de 2000), p. 400, CALVÃO DA SILVA, Cumprimento e Sanção pecuniária Compulsória, 4ª Ed., Coimbra, 2007, p. 332, nota 599, JOSÉ JOÃO ABRANTES, A Excepção de Não Cumprimento do Contrato no Direito Civil Português. Conceito e fundamento, Coimbra, 1986, p. 43. Na jurisprudência, cfr. Ac. Rel. Porto, de 11.12.2003 (SALEIRO DE ABREU), www.dgsi.pt, Ac. Rel. Porto, de 4.3.1996 (AZEVEDO RAMOS), CJ, 1996, II, p. 177.

[248] Ver, quanto à admissibilidade da excepção de cumprimento parcial e da excepção de cumprimento defeituoso, entre outros, MENEZES CORDEIRO ("Violação positiva do contrato. Cumprimento imperfeito e garantia de bom funcionamento da coisa vendida; âmbito da excepção do contrato não cumprido", ROA, 1981, pp. 147 ss.), CALVÃO DA SILVA (Responsabilidade civil do produtor, Coimbra, 1990, pp. 242 ss.), ANTUNES VARELA ("Cumprimento imperfeito do contrato de compra e venda. A excepção do contrato não cumprido", CJ, 1987, IV, p. 34), ROMANO MARTINEZ (Cumprimento defeituoso. Cumprimento defeituoso em especial na compra e venda e na empreitada, Coimbra, 1994, pp. 324 ss.), VAZ SERRA ("Excepção de contrato não cumprido (*exceptio non adimpleti contractus*)", cit., pp. 39 ss. e pp. 49 ss.), JOSÉ JOÃO ABRANTES (ob. cit., pp. 92 ss.).
Na jurisprudência, ver o Ac. STJ, de 18.2.1999 (PEIXE PELIÇA), CJ, Ac. STJ, 1999, I, pp. 118 ss. e o Ac. Rel. Coimbra, de 20.4.1999 (SOARES RAMOS), CJ, 1999, II, pp. 34 ss.

tal figura poderiam produzir-se resultados contraditórios com o princípio da equivalência das prestações, expressão dos contratos bilaterais.

2. A não entrega do imóvel e a excepção de não cumprimento

A omissão de entrega do imóvel, posto que imputável ao senhorio (ou mesmo, cremos, a terceiro), permite ao arrendatário suspender o pagamento da renda.

Assim, se estando prevista, por exemplo, para uma determinada data a entrega do prédio ao inquilino e o senhorio incumpre, de modo temporário, o dever que lhe incumbe, aquele tem a possibilidade de invocar a excepção de não cumprimento do contrato.

Esta mesma ideia é sustentada peremptoriamente no Ac. Rel. Porto, de 5.5.2008, quando se observa que, "enquanto o senhorio não proceder à entrega do prédio, o arrendatário não está obrigado a pagar a renda, podendo invocar, a *exceptio*, de harmonia com o disposto no art. 428º, nº 1 CC. A excepção do não cumprimento do contrato é, assim, aplicável ao contrato de arrendamento em que se verifique a não entrega da coisa"[249].

3. O cumprimento defeituoso ou o incumprimento parcial do senhorio e a excepção de não cumprimento

3.1. As regras da boa fé e da proporcionalidade

A doutrina e a jurisprudência têm realçado com acerto que o funcionamento da excepção de não cumprimento deve considerar alguns factores para aferir a legitimidade da sua invocação, a saber:

- a regra da boa fé;
- a verificação da proporcionalidade (ou do equilíbrio) entre as prestações[250].

[249] Ac. Rel. Porto, de 5.5.2008 (ANABELA LUNA DE CARVALHO), www.dgsi.pt.

[250] Destaque-se ALMEIDA COSTA ao salientar, por um lado, que "seria contrário à boa fé que um dos contraentes recusasse a sua inteira prestação, só porque a do outro enferma de uma falta mínima ou sem suficiente relevo" e, por outro, "na mesma linha, surge a regra da adequação ou proporcionalidade entre a ofensa do direito do excipiente e o exercício da excepção. Uma prestação significativamente incompleta ou viciada justifica que o outro obrigado reduza a contraprestação a que se acha adstrito. Mas, em tal caso, só é razoável que recuse quanto se torne necessário para garantir o seu direito" ("Anotação ao Ac. STJ, de 11.11.1984" RLJ, nº 119, 1986/1987, p. 144).

Cfr. ainda PEDRO ROMANO MARTINEZ, Cumprimento Defeituoso. Em especial na compra e venda e na empreitada, Coimbra, 1994, p. 329 ("a *exceptio non rite adimpleti contractus* deve ser invocada tendo em conta o princípio da boa fé"), CALVÃO DA SILVA, Cumprimento e sanção pecuniária compulsória, 4ª Ed., Coimbra, 2007 (reimpressão da 4ª ed., de 2002), p. 335 (observa o autor que a *exceptio* deve ser invocada "em conformidade com a boa fé"), JOSÉ JOÃO ABRANTES, ob. cit., p. 118 (aludindo à possibilidade de

3.2. Privação do gozo do imóvel, imputabilidade da conduta e causa da invocação

Ora, à luz das regras enunciadas, há que responder a certas questões para apurar, em concreto, se é viável o emprego da *exceptio*:

- por um lado, se houve privação total ou parcial do gozo do imóvel, pois só nestes casos se pode suscitar a invocação da excepção de não cumprimento pelo arrendatário[251]; e
- por outro lado, se tal privação é imputável ao senhorio ou ao arrendatário[252], sendo que só naquele caso é que se suscita a invocação do meio de defesa em causa;

Acresce que há igualmente que considerar à específica situação que está na base da invocação da *exceptio* (*v.g.*, se está em causa um vício da coisa, a falta da licença de utilização do imóvel) para avaliar adequadamente a sua fundamentação.

Repare-se que a falta de pagamento só pode ser total se o prédio não realiza cabalmente o fim a que é destinado, carecendo o mesmo das qualidades asseguradas no início do contrato.

"recusa de pagamento da renda em termos parciais – isto é, até onde permitisse o princípio geral da boa fé").

Vide na jurisprudência, entre outros, o Ac. Rel. Porto, de 5.5.2008 (ANABELA LUNA DE CARVALHO), www.dgsi.pt ("para que a suspensão do pagamento de rendas possa ser total, necessário é que à luz do princípio da boa fé, essa suspensão se mostre adequada e proporcional à falta de condições ou à natureza dos vícios).

[251] Se existirem, por hipótese, pequenas infiltrações de água no locado que não impeçam o gozo do locado, não pode haver lugar à suspensão (sequer parcial) do pagamento da renda. Ao invés, se essas deteriorações não permitem ao arrendatário gozar total e plenamente do prédio, a conclusão é a inversa.

[252] Sendo o acto é imputável ao inquilino, dúvidas não haverá que o senhorio não corre o risco de suspensão do pagamento da renda.

Vejamos uma situação concreta. Foi dado de arrendamento um imóvel destinado a restaurante e parqueamento privativo dos clientes do mencionado estabelecimento comercial. Do contrato constava que o "inquilino fica desde já autorizado a efectuar todas as obras de adaptação do locado que se mostrem necessárias para o objecto deste contrato, desde que os mesmos não afectem a estrutura, a fachada nem a segurança do edifício". Alguns condóminos habitacionais queixaram-se do ruído provocado pelo sistema de exaustão de fumos e cheiros, não tendo sido resolvido o problema. Por outro lado, não ficou provado que as contratantes tivessem acordado fazer recair sobre o senhorio a obrigação de realizar as obras de adaptação do locado a estabelecimento de restauração. A impossibilidade de o inquilino abrir o restaurante ao público gerou a suspensão do pagamento das rendas. Foi instaurada uma acção de despejo pelo senhorio com base na falta de pagamento. O tribunal julgou procedente a acção, pois considerou que as anomalias surgidas no âmbito da instalação do restaurante são da exclusiva responsabilidade da arrendatária (Ac. Rel. Porto, de 13.5.2008 (MARIA DO ROSÁRIO MORGADO), www.dgsi.pt).

Em todos os outros casos, a falta de pagamento da renda apenas poderá ser parcial.

O art. 1040º do CC refere-se, de resto, à redução da renda.

No seu nº 1, assinala-se que

- se, por motivo não atinente à sua pessoa ou à dos seus familiares, o locatário sofrer privação ou diminuição da coisa locada, haverá lugar a uma redução da renda ... proporcional ao tempo da privação ou diminuição e à extensão desta, sem prejuízo do disposto na secção anterior".

No seu nº 2, determina-se que

- "se a privação ou [a] diminuição não for imputável ao locador, nem aos seus familiares, a redução só terá lugar no caso de uma ou outra exceder um sexto da duração do contrato"[253].

De todo o modo, como se constata, há um grau muito elevado de risco na invocação deste meio de defesa, especialmente na eventualidade de redução parcial do valor da renda, em razão da sua quantificação[254]. Com efeito, o arrendatário dificilmente conhece o valor exacto e concreto a diminuir, se se verificar uma hipótese deste género.

[253] Ver o Ac. Rel. Lisboa, de 14.5.2009 (MARIA JOSÉ MOURO), www.dgsi.pt ("o recurso do arrendatário a este instituto, se existe cumprimento defeituoso ou parcial pelo senhorio, apenas o dispensa de pagar a renda correspondente à falta verificada. A quantificação pode tornar-se mais ou menos difícil. Quando as partes não chegarem a acordo subsiste o remédio da consignação em depósito, mas o arrendatário corre o risco de o seu cálculo pecar por defeito, depositando uma renda menor do que a devida"), o Ac. Rel. Lisboa, de 7.2.2002 (CORDEIRO DIAS), www.dgsi.pt ("no caso de privação parcial do gozo do prédio, imputável ao senhorio, o arrendatário apenas poderá suspender o pagamento da parte proporcional da renda nos termos do art. 1040º, do CC"), e o Ac. Rel. Lisboa, de 9.5.1996, www.dgsi.pt ("se o locatário paga a renda e o locador não repara as deteriorações do imóvel que é obrigado a garantir, aquele pode suspender o pagamento de toda a renda, quando se trata de não cumprimento que exclua totalmente o gozo da coisa ou de parte dela, no caso de privação parcial do gozo imputável ao locador").

[254] O Ac. Rel. Porto, de 5.5.2008 (ANABELA LUNA DE CARVALHO), www.dgsi.pt, comprova-o: o prédio locado em 1991 destinou-se ao "comércio a retalho e por grosso de pronto-a-vestir, adornos, têxteis, lar, móveis e decoração, electrodomésticos e produtos alimentares embalados ou não e serviços"; 4 anos depois, o arrendatário deixou de pagar as rendas, "devido a deficiências de que o edifício ficou a padecer ...dado que o locado não poder ser utilizado para o fim a que se destina". Com efeito, desde Novembro de 1999 começaram a surgir infiltrações e humidades pela placa do tecto da fracção, sendo que o senhorio foi intimado para a realização de obras de reparação da placa de tecto, com vista à eliminação de todas as infiltrações de água e humidades; no entanto, não se provou que a actividade de comércio tivesse deixado de aí ser exercida ou tivesse sofrido uma significativa diminuição, em razão desses vícios.
Desta sorte, o arrendatário apenas poderia invocar a "exceptio" pela privação parcial do gozo do prédio, imputável ao senhorio, na forma de suspensão parcial do pagamento da renda, ou pagamento parcial da renda". Mas, note-se, que não teria a certeza em relação ao *quantum* da renda a diminuir.

Daí que se tenha já dito que, em sede de locação, a excepção de não cumprimento tem um "campo de aplicação muito limitado"[255].

3.3. Prática judicial

De todo o modo, apesar dos riscos que nalgumas situações a excepção de não cumprimento importa, a sua utilização pelo arrendatário tem sido frequente, havendo inúmeras decisões judiciais a pronunciar-se sobre o tema.

Identifiquemos os contornos essenciais de algumas delas, em que sobressaem os problemas de prova, de correspectividade entre as prestações, em especial nos casos em que existe uma vicissitude conexa (*v.g.*, a eventual necessidade de realização de obras no imóvel, a existência de vícios na coisa, a falta de licença de utilização do prédio):

- no Ac. Rel. Lisboa, de 2.7.2009, salienta-se que "entregue ao locatário a coisa locada, o sinalagma em grande medida se desfaz, pois a obrigação de proporcionar o gozo da coisa é uma obrigação sem prazo ou dia certo para o seu cumprimento, ao passo que é a termo a do pagamento da renda. Faltava entre a obrigação de realização das obras e o pagamento das rendas a *interdependência recíproca* das duas obrigações, para se poder estabelecer entre elas a *exceptio*. Assim, não assistia à Apelada a faculdade de invocar a excepção de não cumprimento do contrato por falta de condições do arrendado para deste modo deixar de pagar as rendas. *Qualquer das partes pode resolver o contrato, nos termos gerais de direito, com base em incumprimento pela outra parte* – art. 1083º, nº 1 CC. É *fundamento de resolução pelo arrendatário, designadamente, a não realização pelo senhorio de obras que a este caibam, quando tal omissão comprometa a habitabilidade do locado* – art. 1083º, nº 4 CC[256];
- no Ac. Rel. Lisboa, de 26.3.2009, assinala-se que "muito embora a excepção de não cumprimento não possa ser, em regra, utilizada pelo arrendatário como justificação para a não liquidação da renda, quando o senhorio, por seu turno, não realiza no locado as obras a que legalmente está vinculado, certo é que, em determinadas situações, quando tais obras são condição necessária e suficiente para proporcionar o gozo do imóvel ao respectivo inquilino, afigura-se-nos que pode e deve ser equacionada a possibilidade do arrendatário invocar a excepção de não cumprimento,

[255] *Vide* ARAGÃO SEIA, Arrendamento Urbano, cit., pág. 412.
Cfr. ainda o Ac. Rel. Lisboa, de 7.2.2002 (CORDEIRO DIAS), www.dgsi.pt ("não obstante, em matéria de locação, a *exceptio non adimpleti contractus* tem um campo de aplicação limitado uma vez que enquanto a obrigação do locatário é de prestação reiterada, vencendo-se no termo de cada período, a do locador é permanente").

[256] Ac. Rel. Lisboa, de 2.7.2009 (NÉLSON BORGES CARNEIRO), www.dgsi.pt.

com a não liquidação da renda. A indefinição absoluta da actividade comercial ali desenvolvida ou a desenvolver obriga a uma leitura igualmente aberta dos vícios dos espaços arrendados, pois sendo compagináveis múltiplas e muito diversas actividades comerciais naqueles espaços, também os defeitos em causa podem obstar, simplesmente dificultar ou permitir mesmo o gozo mais ou menos pleno e satisfatório dos locados consoante o tipo de negócio ali desenvolvido (imagine-se o armazenamento e venda no local de materiais de construção, produtos hortícolas ou agrícolas ou outras mercadorias devidamente ensacadas e fechadas, que não sejam prejudicadas pelas infiltrações e queda de chuva em algumas zonas do mesmo, sendo certo que só em algumas áreas é que isso acontece e não em todas, nada parecendo impedir a utilização destas últimas). Logo, não estando provada pelos Réus tal situação de impossibilidade total do gozo do locado em virtude da não realização das obras reclamadas pela 1ª Ré, não podia esta invocar a excepção de não cumprimento como justificação para o não pagamento da renda ... (ainda que esse impedimento fosse parcial, tal não consentia à inquilina a suspensão integral do pagamento da renda)"[257];

- no Ac. Rel. Porto, de 22.4.2008, considerou-se que, para o efeito da invocação da excepção de não cumprimento, "será necessário demonstrar que o estado de degradação do imóvel é resultado da falta de realização de obras de conservação por parte do senhorio e que aquele é, de tal forma acentuado, que inviabiliza o seu gozo por parte do inquilino. Terá, por isso, que se provar que o afastamento do inquilino do locado surge como consequência desse estado de degradação"[258];
- no Ac. Rel. Lisboa, de 31.1.2008, afirma-se que "enquanto o locador mantiver ou não impedir o gozo da coisa objecto da locação na disponibilidade do locatário, ou seja, enquanto este a puder usufruir, não lhe assistirá o direito a excepcionar o não cumprimento da obrigação de pagamento da correspondente renda"[259];
- no Ac. STJ, de 22.2.2007, destaca-se que "os factos provados não revelam que a falta de licença de emissão pelo município tenha afectado o gozo do locado pela recorrente para os fins previstos no contrato de arrendamento... Como a recorrida entregou o locado à recorrente no quadro da mencionada aceitação da falta de licença de utilização, e os factos não revelam que a última está a ser impedida de usufruir do locado nos termos con-

[257] Ac. Rel. Lisboa, de 26.3.2009 (JOSÉ EDUARDO SAPATEIRO), www.dgsi.pt.

[258] Ac. Rel. Porto, de 22.4.2008 (RODRIGUES PIRES), www.dgsi.pt.

[259] Ac. Rel. Lisboa, de 31.1.2008 (ILÍDIO SACARRÃO MARTINS), www.dgsi.pt.

vencionados por virtude da não emissão daquela licença, não ocorre o pressuposto da excepção de não cumprimento a que se reporta o artigo 428º, nº 1, do Código Civil"[260].

- no Ac. Rel. Porto, de 14.2.2006, observa-se que "não obstante o locador tenha a obrigação de assegurar ao locatário o gozo da coisa locada para os fins a que a mesma se destina, nos termos do art. 1031º do CC, tal não permite ao inquilino deixar de pagar as rendas...". Aduz-se ainda que "no extremo mais favorável ao inquilino, a existência de vícios na coisa locada dá ao locatário o direito à resolução do contrato, mas em caso algum a resolução pode ter o efeito de legitimar a falta de pagamento da renda por parte do inquilino, desde que este continue a ocupar o local e enquanto não for feita a declaração a que se refere o art. 436º do C. Civil"[261].
- no Ac. Rel. Porto, de 25.11.2004, considera-se que enquanto "o locador mantiver ou não impedir o gozo da coisa objecto da locação na disponibilidade do locatário, ou seja, enquanto este a poder usufruir, não lhe assistirá o direito a excepcionar o não cumprimento da obrigação de pagamento da correspondente renda"[262];
- no Ac. Rel. Porto, de 11.12.2003, especifica-se que "... pode o arrendatário suspender o pagamento da renda enquanto o senhorio não cumprir a obrigação de lhe assegurar o gozo da coisa; essencial é que a falta assuma relevo significativo e que se observe a proporcionalidade e a adequação entre essa falta e a recusa do excipiente"[263];
- no Ac. Rel. Porto, de 17.6.2003, salienta-se que o arrendatário "para justificar a sua recusa do pagamento das rendas e da indemnização, invocou a falta de licença de utilização do locado... Em parte alguma é referida a necessidade de proceder à realização de obras no interior do locado, nem a existência de danos no próprio arrendado, susceptíveis de o tornar inabitável ou de diminuir as suas condições de habitabilidade. Apenas é referida, repetidamente, a falta de licença de utilização do locado. Mas esta falta não é impeditiva do uso do prédio pela inquilina. Tanto assim que nele deve ter habitado desde que lhe foi cedido o gozo, enquanto lhe apeteceu e até que se ausentou para parte incerta"[264];
- no Ac. Rel. Lisboa, de 2.12.1999, refere-se que "verificando-se que uma determinada fracção autónoma de um prédio urbano possui licença de

[260] Ac. STJ, de 22.2.2007 (SALVADOR DA COSTA), www.dgsi.pt.

[261] Ac. Rel. Porto, de 14.2.2006 (LUÍS ANTAS DE BARROS), www.dgsi.pt.

[262] Ac. Rel. Porto, de 25.11.2004 (VIRIATO BERNARDO), www.dgsi.pt.

[263] Ac. Rel. Porto, de 11.12.2003 (SALEIRO DE ABREU), www.dgsi.pt.

[264] Ac. Rel. Porto, de 17.6.2003 (FERNANDO SAMÕES), www.dgsi.pt.

utilização para o exercício do comércio, mas não para o exercício de actividade industrial (de fabricação de confecções), e ainda que no contrato de arrendamento consta destinar-se a *comércio*, bem como na certidão passada pela Repartição de Finanças, factos estes cujo conhecimento era totalmente acessível ao locatário à data em que o arrendamento foi celebrado, sem que tenha havido qualquer ocultação por parte do locador ou que este tenha assegurado que também, o locado, se podia utilizar na actividade industrial, não pode o locatário invocar como justificação para a sua omissão do pagamento das rendas a excepção de não cumprimento por parte do locador por falta de licença de utilização suficiente impeditiva do gozo para o fim industrial (de fabricação de confecções) que lhe pretendiam dar"[265];

- no Ac. Rel. Porto, de 1.2.1996, constata-se que "a excepção de não cumprimento do contrato não opera relativamente a todas as obrigações decorrentes de um contrato bilateral, mas apenas àquelas que se encontrem ligadas por um vínculo de reciprocidade, correspectividade ou interdependência. Não se verifica esse vínculo de interdependência entre a obrigação do locatário de pagar a renda e a obrigação do locador de proceder a obras no local arrendado, sem que isso prive o locatário do gozo da coisa"[266];
- no Ac. Rel. Porto, de 25.10.1994, realça-se que "se, em acção de despejo, com fundamento na falta de residência permanente, o Réu se defende alegando que o A. destelhou a casa, impossibilitando-o de nela residir, estes factos assumem o carácter de uma verdadeira defesa por excepção. O destelhar da casa, com impossibilidade de o arrendatário nela habitar, configura não uma situação de força maior (al a) do nº 2 do art. 1093º CC ou al. a) do nº 2 do art. 64º RAU) mas antes uma situação de não cumprimento do contrato por parte do senhorio, com possibilidade da invocação da excepção de não cumprimento – art. 482º do CC – por parte do arrendatário. Essa invocação deixa de ser possível a partir do momento em que o senhorio retelha a casa, a menos que o arrendatário alegue e prove que, apesar do retelhamento, a casa continua inabitável. De acordo com o princípio do equilíbrio ou equivalência das prestações, o arrendatário pode suspender o pagamento das rendas quando o locador, por facto seu, o prive do gozo total do local arrendado"[267];

[265] Ac. Rel. Lisboa, de 2.12.1999 (ARLINDO ROCHA), www.dgsi.pt.
[266] Ac. Rel. Porto, de 1.2.1996 (PASSOS LOPES), www.dgsi.pt.
[267] Ac. Rel. Porto, de 25.10.1994 (EMÉRICO SOARES), www.dgsi.pt.

- no Ac. Rel. Porto, de 17.5.1994, releva-se que "se na vigência do contrato de arrendamento o senhorio muda a fechadura da porta do local arrendado e passa a exercer, neste, actos de posse, verifica-se uma violação da obrigação de assegurar ao arrendatário o gozo da coisa para os fins a que se destina. Essa violação por parte do senhorio legitima o não pagamento das rendas pelo arrendatário"[268];
- no Ac. Rel. Lisboa, de 11.6.1992, defende-se que "a mora do senhorio em fazer obras, sem que tal implique perda do gozo do locado, não justifica que o inquilino deixe de pagar a renda"[269];
- no Ac. Rel. Porto, de 6.6.1991, argumenta-se que "o dever que o senhorio tem de proceder a reparações (quando se mantiver no inquilino o gozo da coisa locada) não é correspectivo do dever do arrendatário pagar, pontualmente, as rendas convencionadas. Assim, se o arrendatário deixa de pagar as rendas devidas, esse facto é fundamento de despejo"[270];
- no Ac. Rel. Porto, de 29.11.1983, sustenta-se que "a regra da correlatividade, reciprocidade ou correspectividade impede suspender o pagamento da renda, quando o locador não tenha privado o locatário do gozo total da coisa, e, por igual razão, é de repelir o funcionamento da excepção do não cumprimento do contrato, para justificar a conduta do arrendatário em conservar encerrado por mais de 1 ano, consecutivamente, o local para comércio"[271].

[268] Ac. Rel. Porto, de 17.5.1994 (ALMEIDA E SILVA), www.dgsi.pt.

[269] Ac. Rel. Lisboa, de 11.6.1992 (JOAQUIM DE MATOS), www.dgsi.pt.

[270] Ac. Rel. Porto, de 6.6.1991 (ARAGÃO SEIA), www.dgsi.pt.

[271] Ac. Rel. Porto, de 29.11.1983 (FERNANDES FUGAS), www.dgsi.pt.

Capítulo VI
Cessação do contrato: revogação por mútuo acordo

§ 1. Generalidades. § 2. Caracterização. § 3. Regime jurídico. 1. Legitimidade para revogar. 2. Forma. 2.1. Princípio geral: inexigibilidade de forma especial. 2.2. Desvios à regra: casos em que se impõe a redução a escrito. 3. Efeitos. 4. Relações de liquidação; o dever de restituição do locado; seu incumprimento. 5. Indemnização pelo atraso na restituição da coisa. 6. Ónus da prova.

As distintas formas de cessação do contrato de arrendamento (também aplicáveis ao arrendamento comercial) encontram previsão expressa no art. 1079º CC (na lei antiga, cfr. o semelhante art. 50º RAU).

Aí alude-se, pela ordem que se enuncia, ao acordo das partes, à resolução, à caducidade, à denúncia, sem prejuízo de "outras causas previstas na lei".

Ao disposto na subsecção IV, que tem como epígrafe "cessação", é atribuída, em princípio, natureza imperativa (art. 1080º, 1ª parte CC). Portanto, uma eventual derrogação das normas aí consagradas é nula, nos termos do art. 294º CC. De todo o modo, ressalva-se a existência de uma disposição legal em sentido contrário (art. 1080º, parte final CC).

Realce-se ainda que o art. 1081º CC, NRAU cura dos efeitos da extinção do contrato, problemática da qual nos ocuparemos mais tarde.

Uma última observação importa efectuar: nesta subsecção apenas se regula especificamente a "cessação por acordo das partes" e a "resolução".

Daí que se possa, desde logo, questionar se a matéria relativa às outras formas de extinção do contrato, aqui não especificamente disciplinadas, têm idêntica natureza.

Note-se que o RAU considerava injuntivas as disposições sobre "a resolução, a caducidade e a denúncia" (art. 51º).

Apesar de não se encontrarem as outras figuras especificamente disciplinadas, a letra da lei ("o disposto nesta subsecção") permite a interpretação de que, quanto a elas, se pode falar igualmente de imperatividade.

No entanto, no que concerne ao arrendamento comercial, em sede de "denúncia" a de "oposição à renovação", as regras podem ser livremente estabelecidas pelas partes (art. 1110º, nº 1 CC, NRAU). Trata-se de uma situação especial, possível ao abrigo do art. 1080º, *in fine* CC.

§ 1. Generalidades

Integrada na divisão II, da subsecção IV, a revogação por mútuo acordo encontra-se actualmente regulada no art. 1082º CC, NRAU (na lei antiga, cfr. o art. 62º RAU).

Ao nível da redacção do normativo não há substanciais modificações a assinalar no NRAU, já que apenas são introduzidas alterações de pormenor.

§ 2. Caracterização

A figura em análise concretiza-se numa convenção posterior à celebração do contrato, onde, por acordo das partes, é provocada a sua extinção.

Trata-se de uma forma de cessação que já emergia do art. 406º, nº 1 CC, donde não há aqui qualquer novidade do legislador arrendatício[272].

Baseia-se tal mecanismo num acordo derivado de uma proposta e de uma aceitação, ao abrigo das regras gerais.

§ 3. Regime jurídico

1. Legitimidade para revogar

Têm legitimidade para revogar os sujeitos que são actualmente parte no negócio arrendatício, que podem não ser aqueles que inicialmente contrataram. Com efeito, no arrendamento comercial sucede, com frequência, que o locatário já não é o originário. Basta imaginar que ocorreu, por exemplo, o trespasse do estabelecimento comercial instalado no imóvel com transmissão da posição locatícia.

2. Forma

2.1. Princípio geral: inexigibilidade de forma especial

A revogação por mútuo acordo não exige, por via de regra, forma especial, seguindo-se assim, o princípio da liberdade de forma, expresso no art. 219º

[272] JANUÁRIO GOMES, Arrendamentos comerciais, cit., p. 217.

CC[273]. É o que se deduz do art. 1082º, nº 1 CC, NRAU. Deste modo, sendo entregue[274] o prédio e inexistindo quaisquer compensações, mostra-se suficiente um mero acordo verbal das partes dirigido à sua extinção.

Deve ainda acrescentar-se que tal acordo pode manifestar-se expressa ou tacitamente, nos termos do mencionado art. 219º CC, referente às modalidades das declarações negociais.

Se é concomitante ao acordo a desocupação material do locado, alude-se a uma revogação real[275].

2.2. Desvios à regra: casos em que se impõe a redução a escrito

De todo o modo, o art. 1082º, nº 2 CC, NRAU – tal como o antigo art. 62º, nº 2 RAU – exige a sua redução a escrito nas seguintes situações:

- a não execução imediata do acordo;
- a existência de cláusulas de tipo compensatório (por exemplo, a atribuição ao arrendatário de uma soma pecuniária pelo abandono do imóvel);
- a existência de outras cláusulas acessórias.

Para operar tal efeito basta um mero escrito particular. Isso não significa que a revogação por mútuo acordo não possa ocorrer em circunstâncias diversas. Por exemplo, no Ac. STJ, de 29.5.2007, foi por transacção judicial, homologada por sentença transitada em julgado, que senhorio e arrendatário acordaram em revogar o contrato de arrendamento na data da entrega do locado, tendo sido fixado o que ocorreria no máximo até ao dia 31/3/98, estipulando-se a obrigação de pagamento de rendas até àquela entrega e revogação contratual[276].

Observe-se, no entanto, que a inobservância de forma importa a nulidade da cessação por mútuo acordo[277]. Estão aqui em causa, por um lado, os interesses do senhorio e do arrendatário, mas também, por outro, os interesses de ordem pública.

Duas considerações se impõem.

[273] ROMANO MARTINEZ, Da cessação do contrato, 2ª Ed., Coimbra, 2006, p. 111.

[274] Ou abandonado, como se sustenta no Ac. STJ, de 9.5.2006 (SEBASTIÃO PÓVOAS), www.dgsi.pt.

[275] ARAGÃO SEIA, ob. cit., p. 404.

[276] Com efeito, lê-se no termo de transacção, a fls. 14 dos autos, que «*A...revogação produzirá efeitos a partir do momento em que o réu ... entregará o locado à autora..., tendo como prazo limite o dia 31 de Março de 1998... As rendas continuarão a vencer-se nos termos do contrato, até à entrega do locado...*».
Como o inquilino não entregou o locado até ao dia 31 de Março de 1998, ter-se-á de considerar o contrato de arrendamento revogado nessa data, o que significa que se consumou então, *ex nunc*, por acordo dos contraentes, a destruição voluntária daquele negócio jurídico – Ac. STJ, de 29.5.2007 (FARIA ANTUNES), www.dgsi.pt.

[277] A nulidade é de conhecimento oficioso (Ac. Rel. Coimbra, de 2.5.2000, BMJ, nº 497, p. 447.).

Pode dar-se o caso de o contrato de arrendamento para comércio não estar sujeito a escrito (porque a sua duração inicial é inferior a 6 meses), mas a extinção por mútuo acordo necessitar de observar tal solenidade, em virtude de não ser imediatamente executada.

Note-se que a inversa é igualmente verdadeira. O negócio pode ter sido reduzido a escrito, mas a revogação por mútuo acordo não necessitar de o ser, porque foi logo executada, admitindo-se mesmo aqui a revogação tácita.

3. Efeitos

O art. 1082º CC, NRAU não se pronuncia quanto às consequências da cessação do contrato por acordo das partes, como aliás o antigo art. 62º RAU já não o fazia.

Em princípio, a revogação por mútuo acordo opera para o futuro (portanto, "ex nunc"), mantendo-se os efeitos já produzidos pelo contrato[278].

Porém, nada impede que as partes lhe atribuam eficácia retroactiva, à luz do princípio da liberdade contratual. É o designado "*contrato extintivo ou abolitivo ou contrarius consensus*"[279].

4. Relações de liquidação: o dever de restituição do locado; seu incumprimento

A cessação do contrato por mútuo acordo impõe que o arrendatário desocupe o locado e o entregue ao senhorio de imediato ou na data aprazada[280].

Nesta última hipótese, pode ocorrer o incumprimento pelo locatário da obrigação de restituição do imóvel, donde se questiona qual o mecanismo ao dispor do senhorio para obviar a tal situação.

Note-se que, no passado, se o imóvel não fosse desocupado – quer o acordo fosse verbal, quer fosse escrito –, o senhorio necessitava de instaurar a competente acção de despejo (cfr. o revogado art. 55º, nº 2 RAU).

O problema está actualmente bastante mais simplificado, podendo solucionar-se de forma mais célere.

Apesar de a lei nem sempre substancialmente o impor, a redução a escrito do acordo de cessação pode ser aconselhável (tal como de resto o próprio con-

[278] No fundo, acolhe-se a regra geral. Ver PAIS DE VASCONCELOS, Teoria Geral do Direito Civil, 3ª Edição, Coimbra, 2005, p. 610.

[279] CARLOS MOTA PINTO, Teoria Geral do Direito Civil, 4ª Ed., por ANTÓNIO PINTO MONTEIRO e PAULO MOTA PINTO, Coimbra, 2005, p. 629.

[280] Com se salientou no Ac. Rel. Porto, de 3 de Junho de 1977, "desocupar é o acto de deixar livre, deixar devoluto, desimpedido; e entregar, por seu turno, é o acto de dar a alguém a posse de, passar às mãos de outrem, restituir" – BMJ, nº 270, 1977, p. 260.

trato de arrendamento comercial). Isto porque o art. 15º, nº 1, al. a) NRAU determina que, "não sendo o locado desocupado na data devida", o contrato de arrendamento, acompanhado do acordo [escrito] previsto no art. 1082º, nº 2 do Código Civil" pode servir de base à execução para entrega de coisa certa[281].

5. Indemnização pelo atraso na restituição da coisa

A mora do arrendatário quanto à restituição da coisa locada findo o contrato (*in casu* revogado por mútuo acordo) importa ainda consequências de outro tipo.

Com efeito, o inquilino deverá pagar – até à data da entrega do locado – uma indemnização correspondente ao dobro da renda que tenha sido estipulada (art. 1045º, nº 2 CC).

Esta regra tem sido considerada imperativa, pelo que não pode ser afastada por vontade das partes em sentido contrário[282].

6. Ónus da prova

Em relação ao ónus da prova da revogação por mútuo acordo, entende-se que é àquele que invoca esta forma de extinção que compete alegar e demonstrar os factos correspondentes a esse acordo[283].

[281] Se há desocupação material, o mútuo acordo não tem de ser reduzido a escrito. Pode, todavia, ser conveniente fazê-lo por uma questão de prova ulterior.

[282] Ac. Rel. Porto, de 13.2.2004 (FERNANDES DO VALE), www.dgsi.pt.

[283] Ac. STJ, de 19.9.2006 (SEBASTIÃO PÓVOAS), www.dgsi.pt.

Capítulo VII
Cessação do contrato (cont.): resolução

§ 1. Enquadramento e sequência. § 2. Pressupostos. 1. Confronto com o regime anterior. 2. Especificidades em relação ao senhorio. 2.1. O tipo de incumprimento e a inexigibilidade. 2.2. Alguns casos de resolução pelo senhorio. 2.2.1. Falta de pagamento da renda. 2.2.1.1. Vencimento da renda. 2.2.1.2. Tipos de mora; a) Mora inferior a oito dias; b) Mora superior a oito dias. 2.2.1.3. Situação das partes no caso de mora (do arrendatário) relevante; a) Direito do senhorio à recusa das rendas vincendas até à cessação da mora; b) Manutenção, na pendência da mora, de todos os direitos do senhorio; c) A recepção das novas rendas. 2.2.1.4. Cessação da mora pelo arrendatário. 2.2.1.5. As opções do senhorio no caso de não cessação da mora pelo arrendatário; a) Rendas em atraso e indemnização; b) Rendas em atraso e resolução *extrajudicial*; i) A via extrajudicial; ii) Meios de defesa do arrendatário; iii) A execução para entrega de coisa certa; c) Rendas em atraso e resolução judicial; i) A acção de despejo: admissibilidade; ii) Os condicionalismos da acção de despejo. 2.2.1.6. Especificidades. 2.2.2. Falta de pagamento de encargos ou de despesas. 2.2.3. Uso do prédio para fim diverso. 2.2.3.1. Confronto entre os regimes antigo e novo. 2.2.3.2. As cláusulas de fim: os seus vários tipos. 2.2.3.3. Âmbito e alcance da cláusula de fim. 2.2.3.4. O exercício ulterior pelo arrendatário primitivo de actividade inicialmente prevista, mas não exercida. 2.2.3.5. O exercício pelo arrendatário de actividade principal diversa da prevista. 2.2.3.6. O exercício pelo arrendatário de actividade acessória não prevista; a) Teoria do acessório segue o principal; b) Teoria que valoriza o aumento do risco e o desgaste do locado; c) Teoria que releva múltiplos factores; d) Teoria da violação do contrato; e) Posição adoptada. 2.2.3.7. O exercício pelo arrendatário sucessivo de actividade convencionada, embora não realizada pelo anterior inquilino. 2.2.4. Não utilização do imóvel onde se encontra instalado o estabelecimento. 2.2.5. Realização de obras. § 3. Modos do exercício do direito. 1. Quadro legal anterior. 2. A lei vigente. § 4. Prazo para o exercício do direito. § 5. Resolução e outras formas de cessação do contrato. § 6. A cumulação do direito de resolução com a obrigação de indemnização. § 7. Desocupação do locado e entrega do imóvel.

§ 1. Enquadramento e sequência

A resolução encontra-se agora regulada nos arts. 1083º a 1087º CC, NRAU (cfr. os revogados arts. 63º a 65º RAU).

Operam-se aqui modificações significativas em relação à antiga disciplina (*v.g.*, ao nível da falta de pagamento das rendas), conquanto se mantenham algumas das suas soluções (*v.g.*, quanto ao regime da caducidade do direito de resolução).

Vamos tratar, num primeiro momento, dos pressupostos resolutivos e, em particular, das especificidades do instituto quanto ao senhorio. Posteriormente, curamos das modalidades de resolução, do prazo para o exercício do direito, da sua cumulação com o dever de indemnizar e da data da desocupação do imóvel.

§ 2. Pressupostos

1. Confronto com o regime anterior

O RAU tratava distintamente a forma como os contraentes recorriam ao mecanismo resolutivo, havendo que distinguir, porque as consequências eram diversas, a quem cabia o exercício do direito em causa.

O art. 63º, nº 1 RAU permitia ao arrendatário resolver o contrato "nos termos gerais de direito, com base em incumprimento".

Já o senhorio só podia resolver o contrato nos casos previstos na lei (arts. 63º, nº 2 e 64º RAU), encontrando ainda restrições quanto ao modo como podia fazer actuar a figura, vigorando nesta sede a regra da taxatividade dos fundamentos resolutivos (art. 64º, em especial o nº 1 RAU).

Ocorre agora uma mudança na forma como se perspectiva o problema.

No NRAU enuncia-se a seguinte regra: "qualquer das partes pode resolver o contrato, nos termos gerais de direito, com base em incumprimento pela outra parte" (sublinhados nossos) – art. 1083º, nº 1 CC, NRAU.

O tratamento diverso dos contraentes à luz da lei antiga parece esbater-se agora, já que se permite a qualquer deles a extinção do negócio com fundamento no inadimplemento do outro.

Mas o art. 1083º, nº 2 CC, NRAU sujeita a resolução a requisitos mais exigentes para além do assinalado incumprimento.

De todo o modo, a nova solução ditada retira ao inquilino o privilégio da taxatividade dos fundamentos resolutivos que se impunham ao locador para extinguir o contrato.

A alteração de perspectiva contempla essencialmente os interesses deste último, já que se mantém a regra que vigorava relativamente ao arrendatário.

2. Especificidades em relação ao senhorio

2.1. O tipo de incumprimento e a inexigibilidade

Como observámos, o inadimplemento do contrato é a base em que assenta o direito de resolução (art. 1083º, nº 1 CC, NRAU).

No entanto, há que apreciar, atentas as particularidades consagradas, os caracteres dos fundamentos resolutivos (legais) do contrato a invocar pelo locador.

Desde já se pode relevar que, nos casos em apreço, não se mostra suficiente o incumprimento de não escassa importância, previsto no art. 801º CC. Impõe-se algo mais. Vejamos.

Por um lado, especifica-se que é necessário que o incumprimento seja *de per si* grave ou que se afira pelas consequências que faz operar.

Porém, é ainda imprescindível que qualquer dos elementos assinalados seja complementado com o conceito indeterminado de "inexigibilidade" da manutenção do arrendamento (cfr. art. 1083º, nº 2, parte final CC, NRAU).

Observe-se que esta norma é muita próxima de duas outras consagradas noutros tantos textos legais. Estamos a fazer referência ao art. 30º, a) DL 178/86, que consagra o regime jurídico do contrato de agência[284], e ao art 396º, nº 1 Código do Trabalho[285].

Daí que António Pinto Monteiro, em sede de comentário ao normativo relativo à resolução do contrato de agência, aluda à "especial importância" do incumprimento, quer pela sua gravidade (em função da própria natureza da infracção, das circunstâncias de que se rodeia, ou da perda de confiança que justificadamente cria na contraparte, por ex.)", quer pelas suas consequências, "sendo essencial que, *por via disso*, não seja de *exigir* à outra parte a subsistência do vínculo contratual"[286].

Ao contrário do revogado art. 64º, nº 1 RAU, onde, indiferenciadamente e sem recurso expresso aos critérios mencionados, se discriminavam as distintas

[284] Determina o normativo que "o contrato de agência pode ser resolvido por qualquer das partes se a outra parte faltar ao cumprimento das suas obrigações, quando, pela sua gravidade ou reiteração, não seja exigível a subsistência do vínculo contratual" (sublinhado nosso). De notar que a disposição vale para qualquer dos contraentes.

[285] Dispõe o preceito, no âmbito da subsecção I, intitulada "resolução", que "o comportamento culposo do trabalhador que, pela sua gravidade e consequências, torne imediata e praticamente impossível a subsistência da relação de trabalho constitui justa causa de despedimento" (sublinhado nosso). Esta regra é tão só aplicável no caso de incumprimento do trabalhador.

[286] Contrato de agência, Anotação ao Decreto-Lei 178/86, de 3 de Julho, 5ª Ed. Actualizada, Coimbra, 2004, p. 126.

Em sede de comentário ao regime jurídico do preceito mencionado no Código do Trabalho, ver ROMANO MARTINEZ, Da cessação do contrato, 2ª Ed., Coimbra, 2006, pp. 459 ss.

situações em que ao senhorio era permitido accionar o mecanismo resolutivo – com reflexos no estabelecimento comercial instalado no imóvel arrendado, vejam-se, por exemplo, as alíneas a), b), d), f) e h) do art. 64º, nº 1 RAU –, o regime vigente consagra consequências bem distintas:

- se formalmente se reduzem quantitativamente as alíneas que tratam da temática (de 10 para 4), substancialmente opera-se um aumento dos fundamentos resolutivos legais, em razão do estabelecido princípio do *numerus apertus*; tal decorre do uso do advérbio "designadamente", aposto no proémio do art. 1083º, nº 2 CC, NRAU;
- acresce que o conceito de inexigibilidade da manutenção do contrato é concretizado em específicas matérias – quanto à mora do locatário no pagamento da renda, dos encargos ou das despesas e no tocante à oposição pelo arrendatário à realização de obra ordenada por autoridade pública (art. 1083º, nº 3 CC, NRAU).

§ 3. Casos de resolução pelo senhorio: falta de pagamento da renda

Impõe-se, em seguida, a análise de algumas situações que relevam em sede de arrendamento comercial: a falta de pagamento da renda; a falta de pagamento das despesas e dos encargos; o uso do prédio para fim diverso; a não utilização do locado onde se encontra instalado o estabelecimento; e, por fim, a realização de obras sem o consentimento do senhorio[287].

1. Enquadramento

No caso de falta de pagamento de renda, mantém-se apenas em alguns aspectos o regime anterior[288].

Como sabemos, em regra, a primeira renda vence-se no momento da celebração do contrato e cada uma das restantes no primeiro dia útil do mês imediatamente anterior àquele a que disser respeito (cfr. o art. 1075º, nº 1 CC, NRAU, semelhante ao antigo art. 20º RAU). Não sendo paga a renda no mês em causa, o arrendatário comercial constitui-se em mora.

É possível – conquanto não usual – que se altere esta regra, já que a norma em apreço tem natureza supletiva.

[287] Por razões de sistematização apenas trataremos *infra*, no TIT. IV, do problema de saber se a falta ou a extemporaneidade da comunicação do "trespasse" ou da cessão do gozo do imóvel ao senhorio permitem a este resolver o contrato de arrendamento.

[288] Note-se que o regime relativo à falta de pagamento da renda – que a seguir exporemos – é idêntico quanto ao arrendamento habitacional e não habitacional.

2. Tipos de mora

2.1. Mora inferior ou igual a oito dias

Esta situação pode gerar duas consequências de tipo diverso em razão da actuação do inquilino.

Se fizer cessar a mora (procedendo, portanto, ao pagamento) no prazo de oito dias a contar do seu começo[289], isso não lhe traz quaisquer efeitos negativos, entenda-se a nível ressarcitório ou em sede de cessação do contrato (art. 1041º, nº 2 CC)[290].

O assinalado prazo de oito dias deve ler-se em conformidade com o arts. 279º, al. e) *ex vi* art. 296º CC, ou seja, equivale a sete dias. Desta sorte, sendo útil o primeiro dia do mês, o inquilino pode efectuar o pagamento da renda até ao dia 8, caso este seja igualmente dia útil. Se o não for, o prazo estende-se até ao primeiro dia útil subsequente.

Perdeu-se, com a reforma em causa, uma boa oportunidade para afastar esta solução infeliz e muito pouco perceptível.

2.2. Mora superior a oito dias

Se o arrendatário não efectuar o pagamento da renda no indicado prazo de oito dias, o locador tem ao seu alcance alguns mecanismos.

Por um lado, assiste-lhe sempre direito a exigir a(s) renda(s) em atraso.

Por outro lado, *alternativamente*, pode exigir uma indemnização correspondente a 50% desse valor[291] (art. 1041º, 1, 1ª parte CC) – independentemente do tempo do atraso – ou resolver[292] o contrato de arrendamento (art. 1041º, nº 1, última parte CC).

Agora a mora tem consequências jurídicas específicas.

[289] Ver PEREIRA COELHO, Arrendamento..., cit., p. 181.

[290] ARAGÃO SEIA também considera não haver outras consequências, embora haja mora (Arrendamento Urbano, 7ª Ed., Rev. e Act., Coimbra, 2003, p. 244). PEREIRA COELHO posiciona-se em sentido idêntico (Arrendamento..., cit., pp. 181 e 182). ROMANO MARTINEZ entende, em termos gerais, que o locatário está obrigado ao pagamento de juros de mora, durante o respectivo período (art. 806º CC), referindo que "não pareceria aceitável que o legislador no nº 2 do art. 1041º CC estivesse a facultar ao locatário um atraso no cumprimento da renda ou aluguer durante oito dias, sem qualquer consequência (Direito das Obrigações. Parte Especial. Contratos, Coimbra, 2000, p. 179).

[291] A norma tem cariz imperativo, pelo que não se admite que as partes estipulem uma indemnização superior.

Nada parece impedir que o contrato estabeleça uma indemnização inferior à assinalada. Parece ser este igualmente o entendimento de OLINDA GARCIA, Arrendamentos para comércio e fins equiparados, cit., p. 49.

[292] Embora, quanto a esta pretensão, haja que atender ao momento em que o pode fazer.

2.3. Situação das partes no caso de mora (do arrendatário) relevante

2.3.1. Direito do senhorio à recusa das rendas vincendas até à cessação da mora

Em face da mora relevante – ou, dito de outro modo, até que o arrendatário pague as rendas e a correspondente indemnização fixada por lei *a forfait* – o senhorio tem o direito de recusar o recebimento das rendas subsequentes (art. 1041º, nº 3 CC, NRAU).

Esse direito subsiste enquanto não forem cumpridas as duas obrigações assinaladas. Na hipótese de, por exemplo, o arrendatário que, no dia 15 de Junho (por hipótese em atraso desde o dia 9 do mês anterior), apenas pretende pagar as duas rendas em demora, mas não a indemnização devida, a recusa do senhorio quanto ao recebimento das rendas vincendas mantém-se plena.

2.3.2. Manutenção, na pendência da mora, de todos os direitos do senhorio

O não cumprimento de todas as obrigações decorrentes da mora, que se encontram previstas no art. 1041º, nº 1 CC – ou seja, a de pagamento da(s) renda(s) (em atraso) e a indemnização correspondente –, importa ainda uma outra consequência: as rendas em atraso e as que se entretanto se vençam (e que não sejam entretanto pagas) "são considerados em dívida <u>para todos os efeitos</u>" – sublinhado nosso (art. 1041º, nº 3, parte final CC, NRAU). Portanto, em relação a elas permanecem intocados os direitos do locador (à resolução e à indemnização).

Desta sorte, mesmo que o arrendatário pague (em singelo) as rendas em atraso, o senhorio mantém o direito a receber a indemnização de 50% ou a resolver o contrato. As sanções estabelecidas subsistem até que sejam pagos integralmente os valores assinalados.

2.3.3. A recepção das novas rendas

Não se alterando a situação de mora do locatário, perguntar-se-á qual a consequência decorrente da recepção, pelo senhorio, das novas rendas que entretanto se venceram.

O direito à sua recepção pelo locador não importa a perda de qualquer das pretensões que lhe assistem no tocante às quantias ainda em atraso, ou seja, a resolução ou a indemnização (art. 1041º, nº 4 CC, NRAU).

2.4. Cessação da mora pelo arrendatário

Foi dada uma nova redacção ao art. 1042º CC, NRAU. De acordo com o nº 1 do citado preceito, "o locatário pode pôr fim à mora oferecendo ao locador o pagamento das rendas em atraso, bem como a indemnização fixada no nº 1 do art. anterior [de 50% do valor das rendas]".

A norma pressupõe a mora relevante, ou seja, aquela que excede os oito dias. O inquilino, durante o tempo em que se mantém o atraso, tem a possibilidade de o fazer cessar. Para tal é necessário que pague as rendas vencidas e a correspondente indemnização.

Caso o senhorio se oponha ao recebimento das rendas e da indemnização devida (das correspondentes importâncias, como assinala o art. 1042º, nº 2 CC, NRAU), o locatário, ainda assim, pode pôr termo à mora. Para o efeito, é-lhe permitida a consignação em depósito, regulada nos arts. 17º ss. NRAU[293].

2.5. As opções do senhorio no caso de não cessação da mora pelo arrendatário

2.5.1. Rendas em atraso e indemnização

Como se sabe, logo após a mora relevante, o senhorio tem direito à renda em atraso e à correspondente indemnização.

Note-se que o locador pode ter, aliás, nisso muito interesse: basta que o valor mensal a pagar pelo inquilino seja relativamente elevado.

Na perspectiva de receber as somas em causa num relativamente curto espaço de tempo, o senhorio deve "comunicar ao arrendatário [o] montante em dívida" (art. 15º, nº 2 NRAU"). Isto porque tal notificação lhe permite obter um título executivo extrajudicial para propor a competente acção de pagamento de renda.

Cabe discutir agora a forma que a comunicação deve revestir. Literalmente, o art. 9º NRAU não contempla este caso em nenhuma das hipóteses aí previstas. Os nºs 1 a 6 do citado preceito dispõem sobre os formalismos inerentes à cessação do contrato, à actualização das rendas e às obras, enquanto o nº 7 alude às solenidades a observar para resolver o contrato nos casos do art. 1084º, nº 1 CC, NRAU (isto é, de falta de pagamento da renda).

De todo o modo, embora o legislador empregue sempre a mesma expressão ("comunicação"), o que não é de grande auxílio, nas várias hipóteses do art. 15º, nº 1 NRAU em que se faz alusão a essa locução (als. c) a f)), a criação de títulos executivos extrajudiciais não prescinde de uma notificação que revista uma certa solenidade. No entanto, pensamos que não será exigível qualquer das procedimentos previstos no art. 9º, nº 7 NRAU – já que não está em causa a resolução

[293] No Ac. Rel. Porto, de 20.2.2006 (CUNHA BARBOSA), www.dgsi.pt, discutiu-se esta temática. Sucedeu que o arrendatário procedeu ao pagamento das rendas em atraso, sem a correspondente indemnização. O senhorio aceitou tal pagamento e entregou ao inquilino o correspondente recibo de quitação. Esta actuação do locador correspondeu a uma renúncia tácita quanto aos direitos em causa (resolução ou indemnização, consoante o caso), sendo certo que sempre constituiria abuso do direito, sob a forma de *venire contra factum proprium*.

do contrato por falta de pagamento da renda – mas tão só um dos formalismos ínsitos nos arts. 9º, nº 1 a 6 NRAU.

Quanto ao seu conteúdo, o art. 15º, nº 2, parte final NRAU apenas se refere ao comprovativo do montante em dívida. Parece-nos que a notificação deve ser mais completa. Deve fazer alusão ao específico contrato de arrendamento para comércio, às rendas em atraso e à indemnização devida.

Note-se que pode mesmo suceder que o inquilino apenas pague a renda em singelo (por exemplo, alguns dias após o vencimento), mas não entregue a indemnização em causa. Ora, também aqui o senhorio deve poder servir-se do art. 15º, nº 2 NRAU, o que lhe permite instaurar a competente execução para entrega de quantia certa.

Assim, na falta de pagamento dos valores em apreço, o contrato escrito de arrendamento e a notificação efectuada servem para fundamentar a acção executiva de pagamento de renda – art. 15º, nº 2 RAU.

Porém, não é esta a via normalmente seguida pelo senhorio. Por um lado, porque pretende no imediato a extinção do negócio. Por outro lado, porque mesmo escolhendo a via resolutiva (prescindindo da mera cobrança da dívida), sabe que o inquilino tem sempre a possibilidade de fazer caducar o direito em causa.

2.5.2. Rendas em atraso e resolução extrajudicial

À luz do novo regime, o locador pretendendo, para além das rendas em atraso, a resolução do contrato, tem também duas possibilidades, sujeitas a requisitos diversos.

2.5.2.1. A via extrajudicial[294]

Caso, num momento inicial, escolha a via *extrajudicial*, a resolução do contrato apenas pode operar quando o atraso no pagamento da renda é superior a três meses.

É indiferente que se trate de uma só renda em falta ou até de várias rendas não pagas. Relevante é que pelo menos uma delas exceda o período de tempo mencionado.

No regime anterior, dada a necessidade de instauração de uma acção de despejo, a partir dos oito dias assinalados, não havia qualquer prazo dilatório em benefício do arrendatário.

[294] A inserção do termo "extrajudicial" em itálico decorre do facto de nem sempre as coisas ocorrerem à margem do tribunal. Num primeiro momento, o arrendatário pode utilizar a notificação judicial avulsa. Posteriormente, no caso de extinção do contrato e de não desocupação do locado, o senhorio necessitará sempre de instaurar uma acção (executiva).

Continuando a nossa exposição, refira-se que após o decurso do prazo trimestral assiste então ao locador um *direito de resolução* do contrato de arrendamento. Com efeito, o art. 1083º, nº 3, 1ª parte CC, NRAU concretiza o proémio do art. 1083º, nº 2 CC, NRAU, afirmando que a expiração daquele período torna "inexigível a manutenção do [contrato de] arrendamento".

O exercício de tal pretensão está dependente de comunicação à contraparte (1084º, nº 1 CC, NRAU), senda esta efectuada, nos termos do art. 9º, nº 7 NRAU, por uma de duas vias:

- "notificação [judicial] avulsa", ou
- "contacto pessoal do advogado, [do] solicitador ou [do] solicitador de execução, sendo neste caso feita na pessoa do notificando, com entrega do duplicado da comunicação e [da] cópia dos documentos que a acompanhem, devendo o notificando assinar o original".

Tal declaração carece de ser motivada, devendo invocar-se o(s) facto(s) que está(ão) na sua base e que gera(m) o incumprimento definitivo do contrato. Refira-se que aqui os pressupostos resolutivos estão já definidos (art. 1083º, nº 2 CC, NRAU), pelo que cabe ao senhorio alegá-los e especificar, em concreto, as circunstâncias do incumprimento temporário (*v.g.*, o valor da renda relativo aos meses de Julho e de Agosto não foi depositado em conta ou que não foram enviados os cheques para pagamento das quantias devidas).

2.5.2.2. Meios de defesa do arrendatário

Posto isto, e continuando a analisar as vicissitudes da opção pela comunicação *extrajudicial*, cumpre referir que, declarada a *resolução* do contrato pelo senhorio, esta "fica sem efeito se o arrendatário puser fim à mora no prazo de três meses" (art. 1084º, nº 3 CC, NRAU).

O mencionado prazo trimestral (de oponibilidade à pretensão) deve contar-se após a realização da notificação pelo senhorio e não da data em que é legítimo o exercício do direito pelo senhorio.

Assim, para além do lato prazo exigido para o locador poder *resolver* o contrato, o inquilino ainda dispõe de igual período de tempo para evitar a sua extinção. Para isso, necessita de pagar as rendas em atraso e a correspondente indemnização de 50% do montante das rendas.

Procurando agora encontrar uma justificação de cariz dogmático para a disciplina expressa, deve dizer-se, em primeiro lugar, que a declaração resolutiva, como se afirma no art. 1084º, nº 1 e nº 3 CC, NRAU, *fica sem efeito* se o inquilino actuar da forma descrita.

Usa-se, no normativo, uma expressão diversa da consagrada no art. 1048º, nº 1 CC, NRAU. Neste, emprega-se o termo "caduca", locução que, de resto, se mantém na actual redacção do normativo[295].

Ora, configurando a resolução um direito de potestativo extintivo, discutir-se-á o que permite explicar o regime enunciado. Isto porque, por definição, a contraparte não pode lutar contra a produção na sua esfera jurídica dos efeitos provocados por aquele direito. Por isso a referência usual ao estado de sujeição.

Há, a nosso ver, nos casos citados, um "período de pendência" que subjaz ao direito de resolução. Durante o prazo de três meses fixado, o arrendatário pode opor-se à extinção do negócio.

A pretensão resolutiva do senhorio parece estar sujeita à condição legal imprópria do não exercício regular (formal e substancialmente) da oposição pelo locatário: a de não pagar a renda acrescida da indemnização no prazo em causa.

O mecanismo resolutivo só actua no termo do período de 3 meses, podendo suscitar-se a questão de saber se opera retroactivamente ou não.

Note-se que, em sede "extrajudicial", o arrendatário beneficia de, pelo menos, 6 meses para proceder ao pagamento (ao final do terceiro mês após o atraso, o legislador adiciona idêntico período para que o inquilino possa fazer cessar a mora), o que configura um prazo excessivo, atenta a eficácia e a celeridade pretendidas quanto a esta matéria. E o prazo em causa só é de 6 meses se o senhorio, quando se perfizerem os três primeiros, de imediato, remeter a correspondente notificação ao locatário. Caso contrário, será aquele sempre superior.

2.5.2.3. A execução para entrega de imóvel arrendado

Se o arrendatário não pagar voluntariamente os valores em causa e não desocupar o locado, o senhorio pode, em seguida, instaurar uma acção executiva, juntando para o efeito o contrato de arrendamento comercial acompanhado da comunicação extrajudicial realizada, documentos que servem assim de base à execução para entrega de coisa certa (art. 15º, nº 1, al. e) NRAU).

Naturalmente que, em sede de oposição à execução, ao inquilino não é permitido socorrer-se do regime favorável que "desperdiçou" anteriormente. Queremos com isto afirmar que até ao termo do prazo que tem para "contestar" não pode, pagando as rendas em atraso e a indemnização correspondente, fazer caducar o *direito de resolução*. Embora literalmente a lei o admita, no art. 1048º, nº 1 CC, NRAU, ao arrendatário não é legítimo beneficiar duas vezes da mesma

[295] Tal como de resto se encontrava consagrado no regime jurídico da locação financeira (art. 16º, nº 2 DL 149/95). A norma citada foi porém revogada pelo DL 285/2001.

prerrogativa, até porque a finalidade da lei vigente é a de agilizar e de tornar célere este mecanismo. Seria uma incoerência legal absolutamente inadmissível se tal fosse viável.

No entanto, o inquilino não está impedido de se opor à execução usando outro tipo de fundamentos.

2.5.3. Rendas em atraso e resolução judicial

Tem sido muito debatida a admissibilidade da acção de despejo por falta de pagamento da renda.

2.5.3.1. O debate jurisprudencial e a discussão doutrinária: as posições existentes

Vários acórdãos dos tribunais superiores – desde finais de 2007 – analisaram a temática, havendo uma orientação largamente dominante.

A doutrina, ao invés, não se tem pronunciado de modo tão uniforme, havendo várias posições a destacar. Vejamos as orientações existentes para, posteriormente, emitirmos a nossa.

a) Rejeição liminar da acção de despejo

Algumas decisões rejeitam a possibilidade de recurso, pelo senhorio, ao mecanismo tradicional e exclusivo do passado: a acção de despejo.

Cabe identificá-los:

- Ac. Rel. Lisboa, de 8.11.2007 (alude-se à atribuição de "carácter imperativo do regime de cessação do contrato de arrendamento urbano", e, desta sorte, "à utilização obrigatória do meio constante do número 1 do artigo 1084º do Código Civil, ou seja, da comunicação escrita, fundamentada e extrajudicial de tal resolução, estando-lhe vedada, nessa medida e em termos absolutos, a via judicial")[296].
- Ac. Rel. Coimbra, de 15.4.2008 (observa-se que, "embora sem certezas, afigura-se-nos que existe uma imposição legal quanto ao recurso à via extrajudicial, por via de simples comunicação à contraparte, para que o senhorio possa despejar o inquilino nos casos supra citados, estando-lhe vedado o recurso à via judicial – arts. 14º, nº 1, do NRAU e 1084º, nº1, do C. Civ.")[297];
- Ac. Rel. Lisboa, de 14.5.2009, (parece posicionar-se neste sentido, ao afirmar que "no âmbito do Novo Regime do Arrendamento Urbano a acção

[296] Ac. Rel. Lisboa, de 8.11.2007 (JOSÉ EDUARDO SAPATEIRO), www.dgsi.pt.

[297] Ac. Rel. Coimbra, de 15.4.2008 (ISAÍAS PÁDUA), www.dgsi.pt.

de despejo é dispensada quando a lei admite a cessação do vínculo pelo senhorio mediante comunicação à outra parte o que, designadamente, ocorrerá no caso de resolução pelo senhorio fundada na falta de pagamento de rendas. Nesta situação, o senhorio deverá recorrer, antes, à execução para entrega de coisa certa, a que se referem o art. 15º do NRAU e os arts. 930º-A e seguintes do CPC")[298].

- o Ac. Rel. Porto, de 27.10.2009, especifica que "caso o senhorio pretenda o despejo relativamente a outras rendas anteriores à pendência da acção, e às quais se aplique o regime do NRAU, deve usar da resolução extrajudicial, através da devida comunicação – arts. 1083º, nº3 e 1084º, nº 1 C.Civ. e 9º nº 7 Lei nº 6/2006 de 27 de Fevereiro, assim obtendo título executivo"[299].

Alguma doutrina segue esta orientação.

É o caso de Olinda Garcia ao destacar que "se o locador propõe acção de despejo para obter, por exemplo, a resolução do contrato com base na falta de pagamento de rendas e junta o contrato bem como a notificação ao arrendatário ... é manifesto que esta acção de despejo é inviável"[300].

O mesmo caminho é partilhado por Menezes Leitão, para quem "nos casos em que a lei admite a cessação do contrato por comunicação ao arrendatário e permite ao senhorio obter título executivo por essa via, a acção de despejo não é aplicável, não podendo o senhorio a ela recorrer"[301].

De igual modo, Pinto Furtado observa que "se, porém, o meio de que dispõe o senhorio para resolver o contrato, por falta de pagamento de rendas, é unicamente a comunicação seguida da execução para entrega de coisa certa .... a que propósito se menciona no art. 1048-1 CC que se pode também limpar a *mora* até ao termo do prazo para a *contestação da acção declarativa*?"[302].

b) Admissibilidade da acção de despejo

Uma outra posição surge, com largos adeptos: a da admissibilidade da acção de despejo (em alternativa à utilização da via extrajudicial).

Tal construção domina na jurisprudência, com um larguíssimo número de arestos, a saber:

- Ac. Rel. Lisboa, de 23.10.2007 ("a resolução extrajudicial do contrato de arrendamento a que alude o artigo 1084º do Código Civil com a redacção

[298] Ac. Rel. Lisboa, de 14.5.2009 (MARIA JOSÉ MOURO), www.dgsi.pt.
[299] Ac. Rel. Porto, de 27.10.2009 (VIEIRA E CUNHA), www.dgsi.pt.
[300] A acção executiva para entrega de imóvel arrendado, cit., p. 27.
[301] Arrendamento Urbano, 3ª Ed., Coimbra, 2007, p. 164, nota 168.
[302] Manual de arrendamento urbano, Vol. II, 4ª Ed. Actualizada, Coimbra, 2008, p. 1027.

que resulta da Lei nº 6/2006, de 27 de Maio (Novo Regime do Arrendamento Urbano) constitui uma faculdade. Pode, assim, o senhorio intentar judicialmente acção de despejo com fundamento na falta de pagamento de renda independentemente da duração da mora")[303];

- Ac. Rel. Guimarães, de 29.11.2007 ("apesar de se prever que a resolução do contrato fundado em mora superior a três meses no pagamento da renda opere extrajudicialmente, continua a ser possível o recurso à acção de despejo, para se obter a resolução judicial do contrato de arrendamento, com esse fundamento")[304];
- Ac. Rel. Porto, de 30.1.2008 ("o senhorio não tem que aguardar por mora superior a três meses no pagamento de uma renda mensal para recorrer à via judicial e ver declarada a resolução do contrato por esse fundamento, em virtude da violação contratual do inquilino. A lei não retira o direito do senhorio recorrer à via judicial, em alternativa à resolução extrajudicial")[305];
- Ac. Rel. Porto, de 26.2.2008 ("continua a ser possível o recurso à acção de despejo para se obter a resolução judicial do contrato com [fundamento no não pagamento da renda], independentemente da duração da mora")[306];
- Ac. Rel. Lisboa, de 25.2.2008 ("a resolução extrajudicial do contrato com base [na falta de pagamento das rendas] encontra-se perspectivada na lei enquanto mera faculdade concedida ao senhorio")[307];
- Ac. Rel. Lisboa, de 11.3.2008 ("em caso de não pagamento de rendas por parte do arrendatário, pode o senhorio operar a resolução por via de acção declarativa, por via de acção de entrega de coisa imóvel arrendada (pelo menos implicitamente), agora disciplinada nos artigos 930º-A a 930º-E do CPC, e ainda através de comunicação ao arrendatário, devendo tal comunicação ater-se às exigências legais previstas")[308];
- Ac. Rel. Lisboa, de 13.3.2008 ("o conceito de acção de despejo tem de interpretar-se em sentido amplo, abrangendo não só a figura da acção de despejo *stricto sensu*, a instaurar quando a via judicial é o único modo de obter a cessação – por resolução ou denúncia – da situação jurídica do arrendamento, mas também todas as acções declarativas intentadas pelo

[303] Ac. Rel. Lisboa, de 23.10.2007 (ROQUE NOGUEIRA), www.dgsi.pt.

[304] Ac. Rel. Guimarães, de 29.11.2007 (CONCEIÇÃO BUCHO), www.dgsi.pt.

[305] Ac. Rel. Porto, de 30.1.2008 (MADEIRA PINTO), www.dgsi.pt.

[306] Ac. Rel. Porto, de 26.2.2008 (CÂNDIDO LEMOS), www.dgsi.pt.

[307] Ac. Rel. Lisboa, de 25.2.2008 (GRAÇA AMARAL), www.dgsi.pt.

[308] Ac. Rel. Lisboa, de 11.3.2008 (JOSÉ GABRIEL SILVA), www.dgsi.pt.

senhorio para promover a cessação do contrato quando esta não operou *ipso iure*, como acontece com a caducidade, nem extrajudicialmente")[309];

- Ac. Rel. Lisboa, de 17.4.2008 ("nos termos do NRAU quando a causa de resolução seja a falta de pagamento de rendas com mora por mais de três meses, ao senhorio assiste a faculdade de usar a resolução extrajudicial ou de intentar a respectiva acção")[310];
- Ac. Rel. Guimarães, de 10.7.2008 ("no caso de o senhorio utilizar a acção de despejo, em vez de se socorrer do procedimento extrajudicial, a falta de tal notificação não configura uma excepção dilatória")[311];
- Ac. Rel. Porto, de 19.2.2009 ("a intervenção do legislador, embora infeliz quanto à redacção e inserção sistemática do nº 3 do art. 1083º do CC – redacção introduzida pela Lei nº 6/06, de 27.02, que aprovou o NRAU –, não visou limitar o direito de acção do senhorio, mas apenas facilitar/acelerar a entrega coerciva do arrendado, tornando dispensável, em certas situações, a acção declarativa de despejo")[312];
- Ac. Rel. Lisboa, de 31.3.2009 ("a acção declarativa de condenação por falta de pagamento de rendas [à luz do NRAU], no âmbito de um contrato de arrendamento, continua a constituir um meio a poder ser utilizado pelo senhorio para fazer cessar tal contrato")[313];
- Ac. Rel. Porto, de 20.4.2009 ("conclui-se, deste modo, que a intervenção do legislador na matéria em causa, embora infeliz quanto à redacção e inserção sistemática do nº 3 do art. 1083º do CC, não visou limitar o direito de acção do senhorio, mas apenas facilitar/acelerar a entrega coerciva do arrendado, tornando dispensável, em certas situações a acção declarativa de despejo")[314];
- Ac. Rel. Lisboa, de 28.5.2009 (defende-se que "a lei não estabelece a comunicação do artigo 1084º, nº 1 do Código Civil e do artigo 9º, nº 7 do NRAU como meio único de o senhorio alcançar a resolução do contrato de arrendamento em caso de mora de renda por período superior a 3 meses, sendo de admitir que, facultativamente (e, por vezes, como único meio concretamente possível), possa lançar mão da via judicial (da acção declarativa de despejo")[315];

[309] Ac. Rel. Lisboa, de 13.3.2008 (FERNANDA ISABEL PEREIRA), www.dgsi.pt.
[310] Ac. Rel. Lisboa, de 17.4.2008 (LÚCIA SOUSA), www.dgsi.pt.
[311] Ac. Rel. Guimarães, de 10.7.2008 (GOMES DA SILVA), www.dgsi.pt.
[312] Ac. Rel. Porto, de 19.2.2009 (AMARAL FERREIRA), www.dgsi.pt.
[313] Ac. Rel. Lisboa, de 31.3.2009 (ANA RESENDE), www.dgsi.pt.
[314] Ac. Rel. Porto, de 20.4.2009 (DEOLINDA VARÃO), www.dgsi.pt.
[315] Ac. Rel. Lisboa, de 28.5.2009 (NETO NEVES), www.dgsi.pt.

- Ac. Rel. Lisboa, de 18.6.2009 ("à luz do Novo Regime do Arrendamento Urbano, sendo o senhorio confrontado com a falta de pagamento de rendas do inquilino, por um período superior a três meses, a via da acção de despejo constitui sempre uma opção do senhorio")[316];
- Ac. Rel. Lisboa, de 2.7.2009 (indirectamente, afirma-se a faculdade de instauração de acção de despejo; assim releva-se que "no NRAU deixou de ser obrigatório o recurso à acção de despejo por falta de pagamento das rendas, podendo o senhorio recorrer à resolução extrajudicial através da devida comunicação (art. 1083º nº 3, 1084º, nº 1 do CCivil, e art. 9º, nº 7 do NRAU)"[317]);
- Ac. Rel. Coimbra, de 2.2.2010 (parece posicionar-se neste sentido o aresto, assinalando que "encontrando-se o réu em revelia absoluta e fazendo depender [o NRAU] do êxito da comunicação a que aludem os artigos 9º, nº 7 e 14º, nº 4, então, nenhum sentido faz estar a remeter-se o autor/apelante para a resolução do contrato de arrendamento por falta de pagamento de rendas para a via extrajudicial quando são os próprios autos a darem indicação segura que aquela comunicação não mais chegava ao conhecimento do inquilino, por ser desconhecido o seu paradeiro, o que implicaria o recurso, de novo, à via judicial, embora com a prévia informação de ser desconhecido o paradeiro do inquilino o que impossibilitada o recurso à via extrajudicial")[318];
- Ac. Rel. Porto, de 2.3.2010 ("não obstante o NRAU prever a possibilidade do senhorio proceder à resolução extrajudicial do contrato de arrendamento com fundamento em mora superior a três meses no pagamento da renda, continua a ser-lhe permitido lançar mão da acção declarativa de despejo para obter esse desiderato")[319].

Na doutrina, para além da posição neste sentido que tomámos inicialmente[320], outros autores similarmente assim o consideram.

[316] Ac. Rel. Lisboa, de 18.6.2009 (ANA LUÍSA GERALDES), www.dgsi.pt.

[317] Ac. Rel. Lisboa, de 2.7.2009 (NÉLSON BORGES CARNEIRO), www.dgsi.pt.

[318] Ac. Rel. Coimbra, de 2.2.2010 (JACINTO MECA), www.dgsi.pt.

[319] Ac. Rel. Porto, de 2.3.2010 (PINTO DOS SANTOS), www.dgsi.pt.
Ver ainda, não discutindo, a temática, mas admitindo a acção de despejo por falta de pagamento de renda, o Ac. Rel Porto, de 28.4.2009 (ANABELA DIAS DA SILVA), www.dgsi.pt ("ora, no caso dos autos, porque se está perante uma acção judicial de despejo com fundamento na falta de pagamento de rendas pelo inquilino e nas condutas do mesmo, violadoras das regras de sossego e de boa vizinhança, situações que não se mostram de forma alguma excepcionadas pelo art. 26º da Lei 6/2006, há que concluir que o novo regime de arrendamento urbano, NRAU, tem plena aplicação nos autos").

[320] GRAVATO MORAIS, Novo Regime do Arrendamento Comercial, 1ª Ed., Coimbra, 2006, pp. 105 e 106., 2ª Ed., 2007, pp. 219 ss., "Acção de despejo por falta de pagamento da renda – Anotação ao Ac. Rel. de Lisboa, de 23 de Outubro de 2007", Cadernos de Direito Privado, nº 22, 2008, pp. 59 ss.

David Magalhães adopta esta construção, até porque, refere, "o senhorio pode, contudo, optar pela via judicial, como demonstram os arts. 1048/1 CC e 31/2 da Lei nº 6/2006, que mencionam expressamente a efectivação judicial da resolução por falta de pagamento da renda". Aliás, reforça a sua orientação observando "é aqui que o arrendatário pode obstar à resolução durante a pendência do processo judicial", à luz do art. 1048º, nº 1 CC[321].

Laurinda Gemas, Albertina Pedroso e João Caldeira Jorge expressam, de igual sorte, esta ideia, sustentando que "a via da acção de despejo constitui sempre uma opção do senhorio e, até será provavelmente a via mais vantajosa, no caso de resolução fundada na mora no pagamento da renda". Os autores criticam a redacção da lei e destacam os argumentos mais usados pela jurisprudência dos tribunais superiores[322].

Soares do Nascimento partilha também esta visão, partindo da ideia de que a falta de pagamento da renda sempre constitui um incumprimento grave do contrato, afirma que "nem faria, tão-pouco, sentido que o artigo 1083º/3 determinasse o único caso em que a falta de pagamento da renda constitui fundamento de resolução do arrendamento...". Aliás, observa que se admite, "ainda que implicitamente" a resolução judicial no art. 1048º, nº 1 CC[323].

c) Admissibilidade temporalmente limitada da acção de despejo

Há ainda uma outra via assinalada: a acção de despejo deve ser limitada a um dado período, não podendo ser generalizada ou, dito de outro modo, utilizada para além do período de 3 meses.

Este caminho é seguido por Fernando Baptista Oliveira, ao entender que para lá dos mencionados 3 meses (de espera do senhorio) se impõe o recurso ao meio extrajudicial, donde está afastada a admissibilidade de recurso à acção de despejo. Daí que, conclui o ilustre autor, no decurso do período de 3 meses pode o senhorio "lançar logo mão da acção de despejo"[324].

d) A resolução por comunicação como regra que admite excepções

Surgiu entretanto uma outra orientação, que seguidamente damos nota, nos nossos tribunais.

[321] DAVID MAGALHÃES, A resolução do contrato de arrendamento urbano, Coimbra, 2009, pp. 216 e 217.

[322] LAURINDA GEMAS, ALBERTINA PEDROSO e JOÃO CALDEIRA JORGE, Arrendamento Urbano, 3ª Ed., Lisboa, 2009, pp. 408 ss.

[323] PAULO SOARES DO NASCIMENTO, "O incumprimento da obrigação do pagamento da renda ao abrigo do novo Regime Jurídico do Arrendamento Urbano. Resolução do contrato e acção de cumprimento", Estudos em Homenagem da Faculdade de Direito de Lisboa ao Prof. Inocêncio Galvão Telles – 90 anos, Coimbra, 2007, pp. 1009 ss., esp. pp. 1016 ss.

[324] FERNANDO BAPTISTA DE OLIVEIRA, A resolução do contrato no novo Regime do Arrendamento Urbano, cit., p.131 (esp. nota 168).

Assim, no Ac. Rel. Guimarães, de 30.4.2009, entende-se, por um lado, que "a letra da lei é clara no sentido de que, em princípio, a resolução é para ser feita valer extrajudicialmente ou por notificação judicial avulsa". Afasta, como regra geral, a via judicial.

Mas expressa-se, concomitantemente, que "dizemos em princípio porque bem pode suceder que não se logre fazer a comunicação na forma prevista na lei, caso em que necessariamente se tem de admitir o recurso à acção judicial. Donde, a menos que o demandante senhorio alegue factos (ou seja, que não se logrou efectuar a comunicação nos termos indicados na supra citada norma) que legitimem o recurso à arma judicial, a conclusão a retirar é de que carece de interesse em agir em juízo, com a consequente absolvição dos demandados da instância"[325].

e) Posição adoptada: admissibilidade da acção de despejo a todo o tempo

i) Argumentos a favor da admissibilidade da acção (declarativa) de despejo e em alternativa à via extrajudicial

Cremos que a posição da admissibilidade da acção de despejo se mostra a mais adequada. De resto, já o afirmámos várias vezes ao longo de vários textos[326].

Os argumentos invocados neste sentido são variados, tocam vários âmbitos e dão resposta positiva e eficaz do ponto de vista pragmático.

Em relação ao elemento literal, que sustenta a tese contrária (que emerge do facto de o art. 14º, nº 1 NRAU determinar que "a acção de despejo destina-se a fazer cessar a situação jurídica do arrendamento, sempre que a lei não imponha o recurso à via judicial" e, portanto, aqui a lei não impõe tal recurso), deve afirmar-se que esta regra é meramente decalcada do anterior art. 55º, nº 1 RAU. Quanto a nós, o legislador esqueceu-se de a *actualizar*, em conformidade com os ditames da nova lei (ou seja, na sequência da introdução da possibilidade de utilização da via extrajudicial, para além da tradicional via judicial).

De todo o modo, limitando-nos ainda aos argumentos de texto, há vários preceitos que permitem, indubitavelmente – e de forma reiterada –, detectar que o legislador se referiu expressamente à acção de despejo por falta de pagamento da renda, a saber:

- na pendência da acção de despejo[327], as rendas vencidas... (art. 14º, nº 3 NRAU);

[325] Ac. Rel. Guimarães, de 30.4.2009 (MANSO RAINHO), www.dgsi.pt.

[326] Ver nota 236.

[327] Esta regra é similar à existente no passado, sendo que era pacífico que cabiam aqui quer as acções baseadas na falta de pagamento da renda (a regra), quer com base noutro tipo de fundamento.

- a junção do duplicado ou duplicados das guias de depósito à contestação ... de acção baseada na falta de pagamento produz os efeitos da comunicação (art. 19º, nº 2 NRAU);
- quando o senhorio pretenda resolver judicialmente o contrato por não pagamento de renda (art. 21º, nº 2, 1ª frase NRAU);
- a impugnação [do depósito de rendas] deve ser efectuada em acção de despejo ... ou, estando a acção já pendente, na resposta à contestação..." (art. 21º, nº 2, 2ª parte NRAU).

Deve referir-se ainda que o art. 1048º, nº 1 CC permite ao arrendatário fazer caducar o direito de resolução do senhorio "até ao termo do prazo para a contestação da acção declarativa [de despejo]", o que nos permite, textualmente, deduzir a possibilidade de recurso à via judicial.

Portanto, é não só evidente a contradição do legislador (emergente do art. 14º, nº 1 NRAU e do seu confronto com todos os outros preceitos citados), como se pode concluir que a repetição do texto na sequência da transposição da norma (do RAU para o NRAU) não foi a mais indicada.

Mas, do ponto de vista material, há um conjunto de argumentos de forte dimensão que podem ser usados.

Cabe enumerá-los, agrupando-os.

Em termos gerais, pode sustentar-se

- a não limitação do senhorio no tocante ao direito de acção (não o pondo de resto em situação pior do que a do mero locador);
- uma noção lata de acção de despejo.

A acção de despejo pode, por outro lado, ser mais eficaz, mais célere e menos onerosa que o recurso à via extrajudicial. Vejamos:

- há a possibilidade de cumular, na mesma acção de despejo, vários fundamentos resolutivos para além da falta de pagamento da renda (*v.g.*, utilização de imóvel para fim diverso, ineficácia da cessão da posição contratual, obras não consentidas), em vez de instaurar uma acção executiva para entrega de coisa certa, uma acção executiva para entrega de quantia certa e ainda uma acção declarativa de despejo com base noutros fundamentos;
- a desnecessidade de duplicação de acções no caso de existir fiador que garanta a obrigação do arrendatário;
- a redução do (segundo) período de favor (trimestral) dado ao arrendatário (o prazo da contestação da acção declarativa de despejo é bem mais curto que o prazo trimestral da via extrajudicial – o que representa um ganho de tempo considerável);

- é um modo de evitar a espera do decurso de prazo para a exigibilidade da desocupação do locado.

Acresce que o recurso à via judicial permite superar os possíveis e mais do que prováveis entraves do caminho oposto, que podem mesmo ser inultrapassáveis, designadamente:

- a supressão dos problemas relativos à notificação do arrendatário (e assim aos entraves motivados pela comunicação resolutiva não conseguida tendo em conta as formalidades do art. 9º, nº 7 NRAU);
- a dificuldade (não suprível) provocada pela falta de contrato escrito de arrendamento.

Há ainda reflexos, que podem ser bem positivos para o senhorio, resultantes da instauração de uma acção executiva, a saber:

- obvia-se a uma eventual responsabilização do exequente (*in casu*, o senhorio), em virtude art. 930º-E, do CPC; e
- evita-se a possibilidade de suspensão da execução.

Obtém-se, finalmente, um forte ganho nalguns casos:

- seguindo-se a via extrajudicial, o arrendatário pode sempre impedir que o "processo" chegue a juízo, o que significa que o senhorio não pode usar o mecanismo do art. 1048º, nº 2 CC, NRAU, o que já não acontece na via judicial;
- este mesmo ganho é aplicável aos casos de falta de pagamento de encargos e de despesas (art. 1048º, nº 3 CC, NRAU)[328].

ii) Argumentos a favor da admissibilidade da acção (declarativa) de despejo a todo o tempo

Ligada a esta questão, encontra-se uma outra, que pode igualmente ter bastante significado nalgumas hipóteses: a de saber se a acção de despejo pode ser instaurada a todo o tempo.

Assim o sustentamos, admitindo a acção (declarativa) de despejo igualmente no período trimestral inicial.

[328] Deve dizer-se, para finalizar, que o DL 294/2009, de 13 de Outubro, que consagra um novo regime do arrendamento rural, suscita os mesmos reparos de redacção, mantendo-se dominantemente as mesmas normas apostas no NRAU, que aliás foram na larga maioria copiadas na íntegra (ver o art. 13º, o art. 26º, nº 4, o art. 32º, o art. 33º, sem esquecer que o art. 17º, nº 6 remete para o art. 1048º CC, "com as necessárias adaptações").

Note-se que tal via pode ser extremamente vantajosa para o senhorio.

Desde logo, porque há um encurtamento dos (dois) prazos para fazer caducar o direito de resolução.

Diminui o tempo inicial de espera de três meses, já que a acção pode ser proposta logo após a mora relevante (exactamente tal como no passado, o que neste aspecto temporal não põe o senhorio do presente em situação pior que o senhorio de outrora[329]), e afasta-se o posterior prazo trimestral.

Tal ocorre se o arrendatário pagar as rendas em atraso acrescidas da indemnização aludida até à data que tem para contestar a acção declarativa (e não no prazo de três meses). Portanto, aqui mantém-se o regime do pretérito, sendo muito curto – no confronto com a disciplina atrás descrita para a via extrajudicial – o período que o locatário dispõe para fazer "cessar a mora".

Mas o principal benefício respeita à criação de obstáculos a incumprimentos futuros. Se o inquilino pagou as rendas em atraso e a correspondente indemnização até à data da contestação da acção declarativa, então fica a saber que a partir do momento em que o senhorio instaure nova acção tendo por base o não pagamento da(s) renda(s) se mostra inviável a cessação do direito de resolução.

Tal emerge do art. 1048º, nº 2 CC, NRAU. Esta é uma inovação apreciável em face da lei anterior.

Na generalidade, a doutrina[330] e a jurisprudência[331] que sustentam a utilização da acção de despejo permitem que tal possa ocorrer a partir da mora relevante[332].

2.5.3.2. A falta de pagamento da renda na pendência da acção de despejo

a) Enquadramento legal

O art. 14º, nos seus nºs 3, 4 e 5 NRAU trata de um caso específico de falta de pagamento das rendas.

Pode dizer-se que tem o anterior art. 58º RAU como seu homólogo, embora com algumas diferenças acentuadas.

[329] Já não será assim no caso do elemento "inexigibilidade", como veremos.

[330] LAURINDA GEMAS, ALEBRTINA PEDROSO e CALDEIRA JORGE também o afirmam (Arrendamento Urbano, cit., p. 376).

[331] Ver, por exemplo, o Ac. Rel. Porto, de 31.1.2008 (MADEIRA PINTO), www.dgsi.pt, o Ac. Rel. Porto, de 26.2.2008 (CÂNDIDO LEMOS), www.dgsi.pt.

[332] A mora relevante é a que excede o prazo de "oito dias", contados desde o momento do vencimento da renda (ver GRAVATO MORAIS, Novo Regime do Arrendamento Comercial, cit., pp. 212 ss.).

Desde logo, o facto de no passado constituir um incidente enxertado na acção de despejo[333].

Actualmente, como se releva no Ac. Rel. Lisboa, de 17.5.2007, "a execução do despejo passa assim a processar-se no âmbito do processo executivo comum para entrega de coisa certa, ao qual foram aditados pelo NRAU os artigos 930º-B a 930º-E, do Código de Processo Civil. Quanto ao incidente de despejo imediato, é substituído pela tramitação supra referida, a qual se subsume à prática de actos tendentes à formação de título executivo que fundará a instauração de acção executiva comum para entrega de coisa certa"[334].

Alguns dos pressupostos são também modificados, por exemplo, no que toca ao prazo para fazer cessar a mora, que é no NRAU, de 3 meses[335].

b) Razão de ser

O RAU, no seu preâmbulo, aludia ao presente mecanismo como a "única forma de evitar que alguém possa, gratuitamente, desfrutar de imóveis, durante o longo período que pode levar à conclusão de um despejo e numa situação que já não seria reparada por nenhuma condenação em indemnização ou em rendas vencidas, sempre que o despejado não tivesse bens bastantes".

Este instituto tem essencialmente duas finalidades, a saber:

- uma, de natureza preventiva, no sentido de impedir o locatário de deixar acumular as rendas que se vão vencendo;
- outra, de carácter repressivo, ao tutelar o senhorio, por via da coerção do arrendatário ao pagamento das rendas[336].

Estes dois propósitos mantêm-se no regime actual.

[333] Ver PAIS DE SOUSA, Anotações ao Regime do Arrendamento Urbano, cit., p. 154.
Na jurisprudência, entre muitos outros, cfr. o Ac. Rel. Porto, de 28.11.2000 (SOARES DE ALMEIDA), www.dgsi.pt ("o pedido de despejo imediato com base na falta de pagamento de rendas vencidas na pendência da acção traduz-se numa acção enxertada na acção pendente. Tal acção incidental consiste na petição do senhorio, na audiência do arrendatário e na decisão, não havendo lugar a resposta. Se a renda sofreu aumento na pendência da acção, tal facto deve ser alegado naquela petição e não em articulado de resposta").

[334] Ac. Rel. Lisboa, de 17.5.2007 (JORGE LEAL), www.dgsi.pt.

[335] A doutrina tem criticado, em termos gerais, este novo regime. Ver, entre outros, LAURINDA GEMAS, ALBERTINA PEDROSO e JOÃO CALDEIRA JORGE, Arrendamento Urbano, cit., p. 52 (os autores assinalam até algumas dificuldades de aplicação, pois o legislador, na tentativa de simplificação, omitiu a regulação clara de alguns aspectos essenciais do "incidente do despejo imediato").

[336] Realçando estas finalidades, o Ac. STJ, de 5.12.2006 (JOÃO CAMILO), www.dgsi.pt ("tal instituto visa compelir o arrendatário a pagar as rendas que se vão vencendo no decurso da acção e proteger o senhorio da ocupação do locado sem a remuneração correspondente durante o lapso de tempo da pendência da acção, obstando a que o arrendatário se aproveite do tempo de pendência para usufruir o locado sem pagar as rendas que se vão vencendo").

A ideia central é a de protecção do senhorio contra "um arrendatário menos sério que, ou porque soubesse antecipadamente a sua falta de razão, ou por outro motivo, pudesse aproveitar-se da demora da lide para não pagar as rendas que, entretanto no decurso arrastado da acção, se fossem vencendo, mas sem deixar de se aproveitar do prédio"[337].

c) Âmbito de aplicação da disciplina

O nº 3 e o nº 4 do art. 14º NRAU definem o âmbito de aplicação do regime: deve tratar-se de rendas vencidas, mas não pagas, na pendência da acção de despejo.

Vejamos.

No nº 3, estabelece-se a seguinte regra:

– "na pendência da acção de despejo, as rendas vencidas devem ser pagas ou depositadas, nos termos gerais"[338].

Por sua vez, na primeira expressão do nº 4 especifica-se que

– "se o arrendatário não pagar ou depositar as rendas...".

O que está em causa é, portanto, a falta de pagamento da renda num período específico: o da pendência da acção de despejo.

i) Alcance da locução "acção de despejo"

Questionar-se-á o alcance da expressão "acção de despejo".

Por um lado, importa saber se pode ser uma acção (declarativa) de despejo de qualquer tipo, incluindo a que se funda na falta de pagamento da renda

[337] A motivação subjacente ao raciocínio de PAIS DE SOUSA é actual (Anotações ao Regime do Arrendamento Urbano, cit., p. 154).

[338] Ac. Rel. Évora, de 22.1.2004 (PEREIRA BATISTA), www.dgsi.pt ("por outra via, as rendas vencidas *pendente actione*, devem ser pagas ou depositadas nos termos gerais, sob pena de, não sendo tal cumprido, o senhorio ficar habilitado a requerer despejo imediato fundado em tal incumprimento, direito este que caduca se o inquilino pagar ou vier a fazer o depósito devido, de rendas e indemnização. Pressupõe, deste modo, o art. 58º que se esteja no domínio de uma relação locatícia validamente constituída e em que o arrendatário tenha incorrido em mora quanto ao pagamento da contraprestação de renda, de forma que, se, na acção intentada com fundamento em falta de pagamento de rendas, estiverem alegados factos que, a serem provados, conduzam à respectiva improcedência, não deve ser decretado o despejo imediato por via incidental").
Acresce que "se a própria renda ou o seu exacto montante estiverem em litígio na acção, esta vicissitude já não está abrangida pela disciplina estatuída naquele normativo legal (art. 58º do RAU) e, por isso, o despejo imediato não pode ser decretado no enquadramento desta particularidade jurídico-positiva". Assim, "ainda não estamos de posse de todos os elementos necessários para saber qual o montante das rendas em atraso, designadamente não sabemos, por enquanto, o momento a partir do qual tal pagamento é devido, ou seja, quais as rendas já vencidas e relativamente às quais o inquilino é devedor perante o senhorio" (Ac. Rel. Guimarães, de 4.2.2004 (ANTÓNIO GONÇALVES), www.dgsi.pt).

ou se se exclui deste domínio aquela que se baseie na falta de pagamento da renda.

Sustentamos a orientação mais ampla: a de que inclui qualquer acção de despejo, mesmo aquela que se funde na falta de pagamento da renda[339].

Aliás, estes casos são até os mais habituais na jurisprudência[340].

Foi, de resto, com esta amplitude que se sustentou, à luz do NRAU, que "este regime abrange todas as acções instauradas com a finalidade de obter o despejo do arrendatário, independentemente da causa"[341].

ii) Alcance da expressão "pendência da acção de despejo"

Por outro lado, alude-se à "pendência da acção de despejo".

Por esta pendência deve entender-se todo e qualquer período que tem o seu início com a entrada em juízo da petição inicial e termina com o trânsito em julgado da decisão? Ou, ao invés, apenas o período subsequente ao termo do prazo para a contestação da acção declarativa?

Consideramos que a resposta depende do tipo de acção de despejo em causa.

Caso esteja em causa uma acção de despejo com fundamento diverso da falta de pagamento da renda, o início do prazo previsto na 1ª parte do art. 14º, nº 4 NRAU é o da entrada da acção em juízo.

Se estiver em causa uma acção de despejo com base na falta de pagamento da renda, o início do período previsto na 1ª parte do art. 14º, nº 4 NRAU é o do termo do prazo da contestação da acção declarativa[342].

[339] Neste sentido, à luz do RAU, ver os seguintes arestos:
- o Ac. Rel. Porto, de 26.1.2006 (DEOLINDA VARÃO), www.dsgi.pt ("o pedido de despejo imediato por falta de pagamento das rendas vencidas na pendência da acção pode ter lugar ainda que o direito à resolução por falta de pagamento de renda já tenha caducado nos termos do art. 1048º do CC e ainda que a acção se funde noutra causa de resolução do contrato");
- o Ac. Rel. Porto, de 17.10.2002 – sumário (MOREIRA ALVES), www.dgsi.pt (afirma-se que "o incidente do despejo imediato por falta de pagamento da renda vencida na pendência da causa é aplicável a todas as acções de despejo, seja qual for o seu fundamento", acrescentando-se, porém, que "nas acções fundadas na falta de pagamento das rendas, para efeitos do incidente consideram-se vencidas na pendência da acção as rendas que se vencerem após o termo do prazo para a contestação").

[340] Cfr., à luz do NRAU, o Ac. Rel. Lisboa, de 6.12.2007 (ANA LUÍSA GERALDES), www.dgsi.pt, e o Ac. Rel. Porto, de 20.5.2008 (CRISTINA COELHO), www.dgsi.pt.

[341] Ac. Rel. Lisboa, de 6.12.2007 (ANA LUÍSA GERALDES), www.dgsi.pt.

[342] Este foi o entendimento sustentado, entre outros, nos seguintes arestos:
- no Ac. Rel. Porto, de 26.9.2002 – sumário (MOREIRA ALVES), www.dgsi.pt ("as rendas vencidas na pendência da acção são aquelas que se vencerem após o recebimento da petição inicial na Secretaria, excepto quando o fundamento do despejo seja a falta de pagamento da renda porque, neste caso, as rendas vencidas na pendência da acção são apenas as que se venceram após o termo do prazo para a contestação");

Assim sendo, a falta de pagamento da renda no espaço de tempo indicado (de três meses acrescido do período que medeia entre essa data e a notificação e o decurso do posterior prazo de 10 dias) permite ao senhorio pedir certidão dos autos com o propósito de instaurar acção executiva para entrega do local arrendado.

Por outro lado, deve dizer-se que "não há lugar ao despejo imediato fundado na falta de pagamento de rendas na pendência da acção, quando a renda em falta é anterior à propositura da acção"[343].

d) O regime vigente (cont.): a disciplina especial da falta de pagamento da renda

É necessário, por um lado, que haja mora do arrendatário no tocante ao pagamento da renda, embora aquela se reporte a um período específico: o da pendência da acção de despejo.

O que pressupõe a constituição de um relação arrendatícia válida e em vigor[344].

i) O período de favor de 3 meses

Tal como na comunicação resolutiva (art. 1083, nº 3, 1ª parte CC, NRAU) – pode dizer-se que há coerência na duração, mas falta dela no que se pretende a final[345] –, estabelece-se também aqui, quanto às rendas vencidas, um "período superior a três meses" (art. 14º, nº 4, 1ª frase NRAU), cujo início da contagem deve operar nos termos acima descritos.

ii) Apresentação pelo senhorio de requerimento aos autos em que pede a notificação do arrendatário

Decorrido, sem sucesso (do ponto de vista do senhorio), o mencionado período sem que haja o pagamento das rendas em atraso (e da correspondente indem-

- no Ac. Rel. Porto, de 15.10.2002 – sumário (RAPAZOTE FERNANDES), www.dgsi.pt ("as rendas vencidas na pendência da acção, para efeito de poder ser decretado o despejo imediato previsto no art. 58º RAU, são as que se vencerem após o termo do prazo da contestação (se o fundamento de resolução do contrato for a falta de pagamento de rendas) ou as que se vencerem após o recebimento da petição inicial na secretaria do tribunal (se for outro o fundamento da acção)");
- no Ac. Rel. Porto, de 17.10.2002 (MOREIRA ALVES), www.dgsi.pt (assinala-se que "nas acções fundadas na falta de pagamento das rendas, para efeitos do incidente consideram-se vencidas na pendência da acção as rendas que se vencerem após o termo do prazo para a contestação").

[343] Ac. Rel. Porto, de 25.3.1993 (JOAQUIM DE MATOS), www.dgsi.pt.

[344] Cfr. o Ac. Rel. Porto, de 20.5.2008 (CRISTINA COELHO), www.dgsi.pt e o Ac. Rel. Évora, de 22.1.2004 (PEREIRA BATISTA), www.dgsi.pt.

[345] LAURINDA GEMAS, ALBERTINA PEDROSO e JOÃO CALDEIRA JORGE, observam que não vêem "que o novo regime represente ganhos ao nível da simplificação e celeridade do incidente de despejo imediato" (ob. cit., p. 52).

nização) – pois há aqui uma situação de mora juridicamente relevante (a partir do "oitavo dia") – o senhorio pode juntar requerimento aos autos onde pede a notificação do arrendatário, nos termos e para os efeitos do art. 14º, nº 4 e 5 NRAU[346].

iii) Notificação do arrendatário

A notificação do arrendatário deve ser efectuada por via do tribunal, a pedido do senhorio interessado, não podendo ser feita oficiosamente.

Trata-se de uma notificação processual, que deve obedecer às regras do CPC[347].

iv) A concessão de um novo prazo (decenal) para purgar a mora

O arrendatário dispõe de um prazo (complementar, já que, por um lado, a isso já estava obrigado desde a mora juridicamente relevante, e, por outro, já decorreu o período de favor de três meses) de 10 dias, a contar da data da notificação, para "proceder ao pagamento [da renda] ou ao [seu] depósito" e "ainda da importância de indemnização devida" (art. 14º, nº 4, trecho intermédio NRAU).

v) Cessação da mora: suas consequências

O arrendatário dispõe agora de um prazo curto (e, a nosso ver, muito mais adequado) – quando confrontado com o existente em sede de resolução por comunicação (extrajudicial), que, como sabemos, ascende a (um novo período de) três meses (art. 1084º, nº 3 CC, NRAU) – para fazer caducar o direito de resolução do contrato.

O cumprimento do dever em causa pode fazer-se por via do pagamento ou do depósito das rendas em falta e da indemnização devida.

Tanto o nº 3, como o nº 4 do art. 14º NRAU consagram a alternatividade entre os modos de cessação da mora ("as rendas devem ser pagas ou depositadas", no primeiro caso; "se o arrendatário não pagar ou depositar as rendas...", na segunda hipótese).

Trata-se aqui de uma alternatividade real e efectiva, que tem como fim "o de permitir que se evitem entre o senhorio e o inquilino contactos que facilmente

[346] Ver o Ac. Rel. Porto, de 20.5.2008 (CRISTINA COELHO), www.dgsi.pt ("em 11.06.07, vieram os AA. [senhorios] juntar requerimento aos autos, no qual, invocando que, na pendência da acção, não foram pagas nem depositadas as rendas vencidas, requerem a notificação dos RR. [arrendatários] nos termos e para os efeitos dos nºs 4 e 5 do art. 14º da Lei 6/2006 de 27.02") e o Ac. Rel. Lisboa, de 17.5.2007 (JORGE LEAL), www.dgsi.pt ("tal notificação ocorrerá por iniciativa do autor/senhorio, o qual dará conta ao tribunal de que o inquilino não lhe pagou a renda nem lhe deu a conhecer a realização do seu depósito") Cfr. ainda LAURINDA GEMAS, ALBERTINA PEDROSO e JOÃO CALDEIRA JORGE (ob. cit., pp. 51 ss).

[347] Neste sentido, LAURINDA GEMAS, ALBERTINA PEDROSO e JOÃO CALDEIRA JORGE, ob. cit., pp. 52 ss.

se anteveriam como pessoalmente difíceis, dada a existência do litígio. Por isso, ali se faculta ao arrendatário a possibilidade de depositar a renda até ao termo da acção de despejo, dispensando-o de a oferecer ao senhorio"[348].

Note-se que o depósito pode mesmo ser condicional se o arrendatário quiser acautelar o seu direito a reaver o valor entregue, já que não reconhece, por via de tal depósito, a mora.

Na hipótese de o arrendatário proceder ao pagamento das rendas vencidas em atraso e da correspondente indemnização, deve juntar prova do pagamento ou do depósito, consoante o caso, aos autos da acção de despejo[349].

Não o fazendo, tem de ser deferido o pedido de certidão dos autos, de modo a constituir título executivo para efeitos de despejo do local arrendado[350].

Realce-se ainda que, à luz do art. 14º, nº 4, *in fine*, NRAU, a junção da prova do pagamento aos autos não afasta a condenação do arrendatário "nas custas do incidente e nas despesas de levantamento do depósito, que são contadas a final".

e) Oposição do arrendatário

À luz do RAU, suscitava-se a questão de saber quais os meios a utilizar pelo arrendatário para fazer face ao incidente de despejo imediato.

A jurisprudência entendia globalmente que o incidente em causa apenas admitia, como forma de oposição relevante, a prova do pagamento das rendas ou do seu depósito[351].

[348] Ac. STJ, de 12.05.98 (RIBEIRO COELHO), www.dgsi.pt, em comentário efectuado à luz do art. 22º RAU.

[349] Cfr. o Ac. Rel. Porto, de 17.3.2003 (FONSECA RAMOS), www.dgsi.pt (observa-se que "tendo os réus feito a prova do depósito das rendas vencidas na pendência da acção de despejo e até das anteriores à sua propositura, carece de fundamento o pedido de despejo incidental a que se refere o n.2 do art. 58º RAU"), e o Ac. Rel. Lisboa, de 6.12.2007 (ANA LUÍSA GERALDES), www.dgsi.pt (releva que "na pendência da acção de despejo o arrendatário pode proceder ao depósito das rendas devendo, em tal circunstância, proceder à junção das guias de depósito à contestação ou figura equivalente, caso em que a exigência de comunicação de depósito ao senhorio é substituída pela referida junção que, assim, produz os efeitos da comunicação").

[350] Analisando a situação oposta, o Ac. Rel. Lisboa, de 2.7.2009 (NELSON BORGES CARNEIRO), www.dgsi.pt, descreve que "sendo a única defesa possível para [o arrendatário] obstar ao despejo a prova do pagamento ou do depósito das rendas vencidas na pendência da acção (*depósito efectuado condicionalmente no caso de entender não serem devidas*), a mesma não juntou documento comprovativo de tal (*pagamento ou depósito*). Não tendo ... feito tal prova, isto é, que pagou ou procedeu ao depósito (*definitivo ou condicional*) das rendas vencidas, é procedente o pedido, isto é, de ser deferido o pedido de certidão dos autos relativa a tais factos, de modo a constituir título executivo para efeitos de despejo do local arrendado".

[351] Cfr. entre outros, os seguintes arestos:

- o Ac. Rel. Évora, de 8.3.2007 (SÍLVIO SOUSA), www.dgsi.pt ("sendo inerente à natureza dos incidentes que o que neles se discuta e haja de provar seja breve e sucinto, o incidente de despejo imediato gira, apenas, em torno do pagamento ou depósito");

No quadro do NRAU, a jurisprudência já se pronunciou, aliás no mesmo sentido.

Vejamos:

- no Ac. Rel. Lisboa, de 2.7.2009, observa-se que "a única defesa relevante que o arrendatário pode deduzir é que pagou ou depositou a renda a que o senhorio se refere, só sendo no entanto atendida tal defesa se for acompanhada de documento comprovativo do facto respectivo (pagamento ou depósito). Se o réu não fizer prova de que procedeu ao pagamento ou ao depósito de tudo quanto for devido, pode o autor fazer extrair certidão relativa a estes factos a qual constitui título executivo para efeitos de despejo do local arrendado"[352];
- no Ac. Rel. Porto, de 20.5.2008, assinala-se que "a única defesa possível para o arrendatário obstar ao despejo, será apenas a prova do pagamento ou do depósito das rendas vencidas na pendência da acção, podendo este depósito ser efectuado condicionalmente, no caso de aquele entender não serem devidas, tal como resulta da parte final do nº 1 do art. 58º já referido, e da parte final do art. 14º, nº 3 do NRAU, diremos nós. De facto, entendemos que o referido entendimento mantém plena aplicação no caso do art. 14º, nºs 3, 4 e 5 do NRAU, não obstante as alterações relativamente ao normativo anterior, podendo o arrendatário fazer o depósito nos termos do art. 17º e ss. do NRAU, à ordem do tribunal e informando nos autos que o mesmo é condicional, face à excepção de incumprimento alegada nos

- o Ac. Rel. Évora, de 11.1.2007 (ALMEIDA SIMÕES), www.dgsi.pt ("a falta de pagamento de rendas na pendência da acção de despejo, fundamenta a dedução de uma nova acção de natureza incidental, que se confina à petição inicial do senhorio e à resposta do inquilino, sendo que este tão somente poderá alegar e provar o pagamento ou o depósito das rendas e não quaisquer outras circunstâncias modificativas ou impeditivas de tal pagamento, designadamente a mora accipiendi do senhorio");
- Ac. STJ, de 5.12.2006 (JOÃO CAMILO), www.dgsi.pt ("a natureza expedita e sumária deste incidente e as razões que estão subjacente ao mesmo incidente não permitem que o arrendatário obste ao deferimento do despejo a não ser que faça a referida prova do pagamento ou depósito e não também com quaisquer outros meios de defesa que poderiam ser alegados na acção de despejo, como seja, a mora do senhorio, a existência de direito a compensação de um seu crédito sobre o senhorio com o montante de rendas devidas, ou alguma excepção de incumprimento do contrato, por parte do senhorio, ou, ainda, eventual direito de retenção com vista a garantir direito a benfeitorias... Desta forma, a única defesa possível para o arrendatário obstar ao despejo, será apenas a prova do pagamento ou do depósito das rendas vencidas na pendência da acção, podendo este depósito ser efectuado condicionalmente;
- o Ac. Rel. Guimarães, de 24.5.2006 (ESPINHEIRA BALTAR), www.dgsi.pt ("o arrendatário, na sua resposta, pode alegar e provar que não há rendas vencidas na pendência da acção de despejo, que pagou as rendas ou que fez o respectivo depósito, acrescido da indemnização. Mas além disso pode ainda alegar e provar que as rendas não são exigíveis, pelo que não tem que as pagar ou depositar").

[352] Ac. Rel. Lisboa, de 2.7.2009 (NELSON BORGES CARNEIRO), www.dgsi.pt.

autos. E no seguimento da acção serão apreciados, a seu tempo, os fundamentos invocados"[353].

f) A constituição de título executivo impróprio

A falta de pagamento dos montantes devidos (ou a sua demonstração nos autos) permite ao senhorio pedir ao tribunal a emissão de certidão relativa ao não pagamento do arrendatário[354].

Tal certidão confere ao senhorio a possibilidade de instaurar uma acção executiva para entrega de coisa certa (art. 14º, nº 5 NRAU).

Constitui, desta sorte, título executivo impróprio, porque formado num processo, mas não é resultante de uma decisão judicial.

§ 4. Casos de resolução pelo senhorio: falta de pagamento de encargos ou de despesas

Deve ainda realçar-se que há uma certa proximidade do regime enunciado com aquele outro relativo aos encargos e às despesas referentes ao imóvel arrendado.

O que está em causa é, pois, a falta do pagamento de tais custos por parte do arrendatário, quando este esteja perante o senhorio àqueles vinculado (art. 1078º CC, NRAU).

Ora, também aqui se determina a inexigibilidade da manutenção do arrendamento no caso de mora superior a três meses (art. 1083º, nº 3 CC, NRAU).

E, de igual forma, é possível ao senhorio, através de comunicação extrajudicial, fazer operar a *resolução* do contrato, onde motivadamente se invoque fundadamente o incumprimento do dever (art. 1084º, nº 1 CC, NRAU).

No entanto, não há agora – literalmente – lugar a nova dilação (de três meses) semelhante àquela que é permitida ao arrendatário no caso de falta de pagamento da renda, pelo que não poderá este fazer precludir a resolução (art. 1084º, nº 3 CC, NRAU, *a contrario sensu*).

[353] Ac. Rel. Porto, de 20.5.2008 (CRISTINA COELHO), www.dgsi.pt.

[354] Ver, pelo seu interesse, o Ac. Rel. Lisboa, de 17.5.2007 (JORGE LEAL), www.dgsi.pt ("continuam em pleno funcionamento as regras que disciplinam a realização da prestação, nomeadamente as que concernem à cooperação das partes, sob pena de o credor ou o devedor incorrerem em mora, com as consequências inerentes. Se o credor não aceitar, injustificadamente, a prestação oferecida pelo devedor, incorre em mora, e a consignação em depósito das rendas pelo inquilino é meramente facultativa. Se tal questão estiver em discussão na acção de despejo, o inquilino/réu não poderá ser notificado nos termos do nº 4 do art. 14º do NRAU. Por maioria de razão, se na acção de despejo se julgou que o senhorio exigiu do inquilino renda superior à legal e se recusou a receber a renda no valor efectivamente devido, não se mostrando qualquer mudança de atitude a esse respeito, o réu/inquilino não poderá ser notificado nos termos do nº 4 do art. 14º do NRAU").

Todavia, seguindo a via da acção declarativa e, portanto, uma actuação judicial, o entendimento já parece ser diverso. Na verdade, os 2 primeiros números do art. 1048º CC são aplicáveis perante o incumprimento do dever de pagamento dos encargos e das despesas que corram por conta do locatário, por efeito da remissão efectuada pelo art. 1048º, nº 3 CC, NRAU.

Textualmente, do preceito decorre que, na sequência da instauração de uma acção judicial, onde se requer ao tribunal que declare a resolução do contrato por incumprimento do citado dever, o arrendatário pode precludir o *direito de resolução* – ainda que se pudesse socorrer deste mecanismo uma só vez em sede judicial – se pagar, até à data da contestação da acção declarativa, os valores em atraso e "a indemnização referida no nº 1 do art. do art. 1041º", ou seja, 50% desse montante.

As soluções mostram-se, como se constata, contraditórias. Daqui emergem duas consequências:

- a necessidade de efectuar uma interpretação extensiva do art. 1084º, nº 3 CC, NRAU, de molde a entender que nele está em causa a falta de pagamento dos encargos e das despesas; daí que o prazo de 3 meses que permite ao inquilino caducar o *direito de resolução* deve ser também aqui aplicado.
- a necessidade de realizar uma interpretação restritiva do art. 1048º, nº 1 CC, NRAU, de modo a afastar a específica regra indemnizatória nele prevista (de 50%, por efeito do emprego do art. 1041º, nº 1 CC), aplicando-se aqui, ao invés, as disposições gerais (arts. 805º e 806º CC).

Basta assim que o inquilino – independentemente da via (judicial ou extrajudicial) seguida pelo senhorio – pague o valor em dívida e a referida indemnização moratória decorrente do incumprimento de uma obrigação pecuniária.

§ 5. Casos de resolução pelo senhorio: uso do prédio para fim diverso

1. Confronto entre os regimes antigo e novo

O antigo art. 64º, al. b) RAU expressava que o arrendatário não devia utilizar, nem consentir que outrem usasse, o prédio arrendado para fim ou para ramo de negócio diverso daquele ou daqueles a que se destina.

O actual art. 1083º nº 2, al. c) CC, NRAU determina, como fundamento resolutivo expresso, uma locução em tudo similar: "o uso do prédio para fim diverso daquele a que se destina"[355].

[355] Cfr. também o art. 1112º, nº 5 CC, NRAU.

Mas, nesta hipótese mostra-se necessário apreciar se a gravidade ou as consequências do incumprimento tornam inexigível à outra parte (*in casu*, ao senhorio) a manutenção do contrato de arrendamento.

Portanto, o legislador renunciou – e bem no caso – à concretização da ideia de inexigibilidade, cabendo portanto à doutrina e à jurisprudência fixar os respectivos critérios.

Não nos parece, contudo, que tal "mudança" justifique uma alteração em relação ao modo como esta relevante questão era encarada à luz do direito anterior. Daí que a querela doutrinária e jurisprudencial, até à data existente, se manterá necessariamente no futuro. Servimo-nos por isso das opiniões conhecidas e das decisões já publicadas nesta sede.

2. As cláusulas de fim: os seus vários tipos

Em face de uma situação eventualmente subsumível a esta norma, há que observar uma sequência de passos.

Em primeiro lugar, impõe-se a análise do contrato de arrendamento comercial, no sentido de conhecer se existe alguma cláusula que especifique a sua finalidade.

Sendo o negócio omisso, o que é uma hipótese rara, ou dele resultando uma estipulação genérica quanto à utilização do imóvel, o que já é mais comum – por exemplo, prevê-se o uso do locado para "o exercício de qualquer ramo de comércio indústria" –, então o arrendatário tem toda a liberdade de utilizar o prédio para qualquer escopo de natureza mercantil. É a chamada cláusula de *fim amplo*.

O contrato pode ainda ser pouco restritivo, permitindo em geral quaisquer actividades com excepção de algumas delas. Admite-se, *v.g.*, qualquer actividade comercial, com ressalva das poluentes. Podemos designar esta estipulação de *fim relativamente amplo*[356].

Por via de regra, porém, o contrato delimita com mais precisão o destino do arrendamento.

Mas, mesmo aqui, há várias possibilidades a considerar.

Imagine-se que a estipulação em causa permite ao inquilino a realização de várias actividades de natureza mercantil (*v.g.*, o exercício da actividade de perfumaria e de livraria). Trata-se de uma cláusula de *fim plural*.

Noutros casos, o que está em causa é uma só destinação, embora possa haver aqui igualmente uma certa amplitude (por exemplo, a actividade de restauração

[356] No caso decidido pelo Ac. Rel. Évora, de 16.1.1997, CJ, 1997, I, p. 284 o locado destinava-se a qualquer ramo de comércio, mas com exclusão de certas actividades (*v.g.*, "de adubos, carburantes, matérias inflamáveis ou tóxicas e ruidosas ou incómodas").

ou de perfumaria). Estamos perante uma convenção de *fim único (amplo ou restrito*[357]*)*.

3. Âmbito e alcance da cláusula de fim

Há, pois, que examinar a respectiva convenção de escopo, da qual pode até resultar, como vimos, a faculdade de utilização do prédio para uma ou até para mais actividades de natureza mercantil[358].

Cabe determinar o seu âmbito e o seu alcance.

Deve recorrer-se, para saber quais os actos que podem ser praticados pelo arrendatário comercial, às regras gerais de interpretação (art. 236º CC). Relevam, a nosso ver, várias circunstâncias: os termos do negócio, os usos da prática, a finalidade prosseguida pelo declarante, os interesses em jogo, sendo de particular utilidade, nessa concretização, a Classificação das Actividades Económicas (CAE), regulada pelo DL 182/93, de 14 de Maio.

Dessa análise resulta(m) então qual(is) a(s) actividade(s) a exercer pelo inquilino. Em certas situações, exige-se alguma flexibilidade. Imagine-se que o contrato dispõe que o locado se destina a uma "padaria", a uma "papelaria" ou a uma "ourivesaria". Decorre do senso comum que o locatário não fica vinculado apenas à venda de pão, de papel ou de ouro.

Importa ainda referir que deve interpretar-se a cláusula de escopo à luz dos conceitos do presente. Dito de outro modo, a forma como evoluíram as actividades de natureza comercial deve ser tida em conta[359].

4. O exercício ulterior pelo arrendatário primitivo de actividade inicialmente prevista, mas não executada

Temos agora em vista o exercício pelo inquilino primitivo de actividade (principal ou secundária) prevista na cláusula de destinação, mas que não era exercida.

[357] Esta classificação pode aplicar-se à hipótese que analisamos no parágrafo anterior.

[358] Note-se que está apenas em causa o escopo convencionado e não o uso licenciado (cfr. Ac. Rel. Lisboa, de 20.2.2003, CJ, 2003, I, p. 114).

[359] Conclui o Ac. Rel. Porto, de 10.7.2003 (PELAYO GONÇALVES), www.dgsi.pt., que a cláusula de escopo permitia que no imóvel – em 1954 – fosse instalado um "estabelecimento de mercearia e vinhos", sem poder ser aplicado a outro fim. Ora, tal equivale hoje a "supermercado, charcutaria, garrafeira e snack". Afirma o aresto o seguinte: "queremos com o isto dizer que os produtos comercializados e os serviços prestados, atendendo à mudança do tempo, à actualização da actividade de mercearia e vinhos, no essencial continua a mesma. Se antes vendia sandes de pão com chouriço ou presunto na parte de taverna, hoje vende os mesmos produtos e outros na charcutaria, com fumados, no pão na secção própria. E não só vende vinho "carrascão", mas whisky e outras bebidas, alcoólicas ou não, como o exigem os actuais consumidores. Tem um balcão frigorífico, uma máquina de café, um fogão e uma torradeira, talvez anteriormente tivesse um "mosquiteiro" e "chocolateira" para servir o café".

Tomemos como exemplo uma convenção de fim múltiplo. O arrendatário instalou inicialmente no imóvel uma confeitaria, sendo certo que o contrato permitia igualmente o uso para uma outra finalidade (por exemplo, perfumaria).

Desta sorte, caso se convencione mais do que uma actividade a ser realizada pelo arrendatário (*v.g.*, o "comércio de calçado e de artigos regionais"[360]), se este, no entanto, apenas exercer uma delas não cabe falar de incumprimento (por omissão), sendo que o inquilino, querendo, pode, a qualquer momento, executar a outra actividade (cumulativamente ou não)[361].

A alteração do ramo de negócio – para um qualquer dos fins convencionados – nenhum problema coloca ao arrendatário mercantil. Não há aqui qualquer violação do contrato, nem se desconsidera a convenção em apreço.

5. O exercício pelo arrendatário de actividade principal diversa da prevista

A hipótese concreta pode mostrar que os actos praticados pelo arrendatário (primitivo ou subsequente) cabem na previsão contratual ou que, ao invés, daí resulta o exercício de uma actividade diversa, em razão do abandono (pelo inquilino) da estipulada.

É o que sucede se, *v.g.*, o ramo de negócio exercido é o de "café-restaurante" e no locado se instala uma "discoteca"[362] ou se cessa a actividade de "mini-mercado" e se passa a vender no prédio "electrodomésticos"[363] ou ainda se é exercida agora uma actividade de profissional liberal.

As últimas situações descritas não integram o teor da estipulação (específica ou genérica), havendo lugar, sem margem para dúvidas, à resolução do negócio por parte do senhorio, ao abrigo do art. 1083º, nº 2, al. c) CC, NRAU.

Portanto, já no regime anterior, como se constata, a ideia de inexigibilidade da manutenção do arrendamento parecia estar presente.

Pode ainda discutir-se se vale a mesma conclusão para o caso de, para além da actividade mercantil exercida no prédio, o locatário primitivo desenvolver uma outra, a título principal, não contemplada na cláusula de escopo.

[360] Ver Ac. Rel. Porto, de 15.11.1994, BMJ, nº 441, 1994, p. 393.

[361] O último aresto citado considerou que é lícito ao trespassário (novo arrendatário do imóvel), um ano após ter adquirido o "estabelecimento de sapataria" – destinado, por cláusula aposta pelo senhorio no contrato com o anterior arrendatário (trespassante), ao "comércio de calçado e de artigos regionais" –, passar a "vender ali tão somente artigos regionais" (p. 393).

[362] Ver Ac. Rel. Lisboa, de 17.1.1995, CJ, 1995, I, p. 91 (faz-se alusão a "ramos de negócio claramente diferentes").

[363] Cfr. Ac. Rel. Coimbra, de 23.11.1993, CJ, 1993, V, pp. 42 ss. (ainda que o senhorio, na sequência do trespasse, tenha recebido, através da mulher do procurador, a renda de um mês).

Atendendo a um critério de predominância, se a nova e distinta actividade é executada a título principal[364], a solução não pode deixar de ser idêntica à anterior, ou seja, o senhorio dispõe da possibilidade de resolução do contrato, pois não é exigível que, atenta a gravidade ou as consequências do incumprimento, o contrato não se extinga[365].

6. O exercício pelo arrendatário de actividade acessória diversa da prevista

Distinta é a hipótese de o inquilino (originário ou não), mantendo a actividade principal, exercer a título secundário, uma outra que não se encontra fixada na cláusula de escopo.

O problema é, desde há longa data, intensamente debatido na doutrina e na jurisprudência.

6.1. Teoria do acessório segue o principal

Esta construção apoia-se no brocardo *accessorium sequitur principale*, da qual emerge a seguinte ideia: a actividade acessória segue o regime da principal. Nestes termos, mostrar-se-ia inviável que o senhorio pudesse resolver o contrato com base no fundamento invocado[366].

Esta construção deve rejeitar-se, pois para além de simplista e redutora, não soluciona os problemas essenciais postos, descaracterizando e desconsiderando a vontade das partes.

6.2. Teoria que valoriza o aumento do risco e o desgaste do locado

Na procura da razão que presidiu à elaboração desta norma, consideram outros que o preceito visa combater a aplicação do prédio a um fim mais desgastante do que o previsto pelas partes, o não aumento do risco considerado pelos contraentes à data da conclusão do negócio e a desvalorização do locado em maior grau do que o consentido. A disposição tem, pois, como propósito evitar que o imóvel seja utilizado "para um fim que *repugne* ao senhorio ou lhe não convenha aceitar"[367].

[364] Desconsiderou a mencionada Sentença do Trib. 1ª Inst., de 18.1.1984, este critério, referindo-se, a certa altura, que "a par do destino contratual a ré conferiu ao locado outro, de proporção não apurada" (CJ, 1984, II, p. 328).
Já o mesmo não sucedeu no Ac. STJ, de 3.2.1987 (BMJ, nº 364, 1987, pp. 803 ss.), onde se observa que "há que verificar se o *adicionamento* apenas é acessório do fim principal especificamente previsto no contrato".

[365] Apesar de nos ter sido dado a conhecer apenas o sumário da decisão, parece que uma hipótese deste tipo emerge do Ac. Rel. Évora, de 14.7.1998, BMJ, nº 479, 1998, p. 742 (aí se refere que a destinação contratual era a de "oficina de vidraceiro", que tal actividade foi deslocada para a traseira do prédio e que se passou a vender, na frente do estabelecimento, mobiliário de casa de banho).

[366] JOÃO DE MATOS, Manual do arrendamento e do aluguer, II, Porto, 1968, p. 205.

[367] PIRES DE LIMA e ANTUNES VARELA, Código Civil Anotado, Vol. III, 2ª Ed., Rev e Act. (com a colaboração de HENRIQUE MESQUITA), Coimbra, 1987, p. 545. Neste sentido, PAIS DE SOUSA, Anotação ao Regime do

Sustenta-se ainda que "seria lesivo do interesse geral encerrar um estabelecimento comercial, com base em motivos formais que não prejudicam materialmente" o senhorio, sendo que "para além da paralisação de uma unidade económica havia o perigo de desemprego para os que nela trabalham"[368].

Esta tese não deve igualmente acolher-se. Como que expressando a sua falta de consistência, Baptista Machado observa que "se o locatário passasse a exercer no prédio uma actividade menos perigosa ou menos desgastante (passando, p. ex., da indústria de serralharia para a de confecções, ou acrescentando esta àquela), o locador não podia invocar, pois, o fundamento da alínea b) [do art. 64º, nº 1 RAU, actual art. 1083º, nº 2, al. c) CC, NRAU]"[369].

Utilizam-se aqui critérios, a nosso ver, pouco adequados. Suponhamos que numa florista há lugar, acessoriamente, à venda de ouro e de prata. Conquanto não se cause dano substancial ao imóvel, o comportamento do inquilino envolve uma manifesta desconsideração pela concreta estipulação contratual, que sai assim desvalorizada.

Torna-se, por outro lado, a norma aleatória, já que se baseia em critérios eminentemente subjectivos.

Acresce que os interesses dos trabalhadores, relevados por aqueles que sustentam esta tese, não se podem sobrepor à vontade das partes, em especial à do senhorio, expressa no clausulado.

Esta construção, por outro lado, protege desmesurada e excessivamente o inquilino mercantil (e actualmente não é esta a base do novo regime). Com

Arrendamento Urbano, Lisboa, 1996, p. 176 (servindo-se o autor ainda de outros critérios complementares, *v.g.*, da "instrumentalidade necessária ou quase necessária" entre as actividades).
Na jurisprudência, seguindo esta orientação o Ac. Rel. Lisboa, de 15.1.1998, CJ, 1998, I, p. 81 (aí se sustenta que "sendo permitida a reparação de automóveis, com toda a carga poluidora a desgastante do arrendado que essa actividade representa, é de todo evidente que a venda de automóveis se traduz num benefício para os locais cedidos").

[368] Na sentença do Tribunal de 1ª Instância do Porto, de 18.1.1984, observa-se que o arrendado se destina ao "comércio de tecidos de algodão de seda, lã e casimiras, malhas e confecções", sendo que o inquilino expôs nas montras e no interior do estabelecimento muitos outros tipos de objectos, relevando-se entre outros, os candeeiros de tecto, de mesa e de pé, apliques e lanternas de tecto e de parede, *abat-jours* em tela, floreiras, quadros a óleo, grelhas em ferro forjado, carrinhos de mão (CJ, 1984, II, p. 329). O Ac. Rel. Porto, de 19.5.1983, serve-se também deste critério para sustentar que se a cláusula contratual destinava o local a adega e a pomar, "o risco de deterioração ou desgaste para o locado não aumenta pelo facto de nele, além de se venderem produtos pomícolas e hortícolas e vinho, se comerciarem também a retalho géneros alimentícios, artigos de limpeza, de higiene e de cosmética e, bem assim, louças e plásticos", afirmando ainda que tais vendas não acarretam "desvalorização em grau superior ao previsto pelo senhorio" (CJ, 1983, III, p. 237). Ver ainda o Ac. Rel. Lisboa, de 10.5.2001, CJ, 2001, III, p. 89.

[369] "Resolução do contrato de arrendamento comercial. Uso do prédio para ramo de negócio diferente", CJ, 1984, II, p. 16 (afirma ainda o autor que, seguindo-se a posição descrita, a cláusula seria destituída de eficácia jurídica, pois a violação do dever contratual não acarretaria qualquer sanção).

efeito, o locador só em hipóteses muito específicas e pontuais consegue obter o despejo.

6.3. Teoria que releva múltiplos factores

Vasco da Gama Lobo Xavier recorre, para explicar a alínea em causa, a vários elementos. Por um lado, à amplitude do desgaste e ao risco de deterioração, na esteira da orientação anterior. Por outro lado, aos factores tidos em conta na fixação da renda (de modo que a alteração unilateral – por adição ou por substituição – realizada do fim pode romper o equilíbrio contratual, independentemente de causar ou não dano). Releva-se ainda a natureza conexa (ou complementar) da actividade suplementar com a do comércio principal. Por fim, não deixa de se atender, à luz da ideia de razoabilidade e da regra da boa fé, aos casos em que o senhorio "podia e devia contar com o exercício adicional de outra actividade"[370].

[370] "Anotação ao Ac. Rel. Porto, de 1.2.1979", RLJ, Ano 116, nº 3710, pp. 155 ss. e 179 ss.
Na jurisprudência, o Ac. Rel. Lisboa, de 9.7.1992, acolheu esta orientação, considerando que "é evidente que a ré deu ao locado uma utilização complementar que extravasa em muito o contratualmente acordado [o imóvel destinava-se a "posto de distribuição de leite", sendo que aí se vendia não só leite como ainda "diversos géneros alimentícios, tais como gelados, vinho, óleo, grão, batatas, hortaliças e todo o género de mercearia"], com ele não tendo qualquer relação de indispensabilidade ou de mera conveniência sequer, para que, no arrendado se pudesse exercer em boas condições o ramo de negócio contratualmente acordado e literalmente permitido", pelo que decretou a resolução do contrato.
Ver ainda o Ac. Rel. Porto, de 19.3.1998, CJ, 1998, II, pp. 212 e 213, o Ac. Rel. Lisboa, de 16.2.1995, CJ, 1995, I, pp. 131 e 132 – referindo-se ao critério da relação de instrumentalidade necessária ou quase necessária, à (falta de) conexão entre os produtos alienados (venda de pão e de produtos completamente distintos – *in casu*, de mercearia) – e o Ac. STJ, de 3.2.1987, BMJ, nº 364, 1987, p. 808.
Acolhendo esta construção, o Ac. STJ, de 7.4.2005 (PINTO MONTEIRO), www.dgsi.pt. Entendeu-se que "destinando-se o andar a "boutique de senhora" não existe afectação do locado a fim diverso do contratado, se aí se vender e confeccionar roupa de senhora. Não seria assim se o uso dos meios empregues fosse de molde a causar deterioração, diminuição de comodidade, desvalorização". Afirma-se ainda que "não são referidos máquinas, barulhos, incómodos, pelo que, necessariamente (até pelo espaço diminuto), se trata de pequena e artesanal confecção. Ora, este tipo de actividade é acessória, instrumental de uma "boutique de senhora" onde são, como regra, realizados arranjos, modificações, acertos, existindo assim uma relação de instrumentalidade. A confecção (sem que venha precisado em que termos se desenvolve) surge como complemento da actividade da venda, tratando-se, como se trata, de uma "boutique". Há assim uma conexão, um limite de acessoriedade que não é transposto, já que a confecção e venda estão ligados ao ramo de negócio expressamente autorizado".
No mesmo sentido, Ac. STJ, de 29.4.2003 (REIS FIGUEIRA), www.dgsi.pt. Discutia-se a questão de saber se, sendo o local arrendado destinado ao "exercício de qualquer ramo de comércio", o inquilino – tendo como actividade principal a comercialização de ferragens, ferramentas e cutelarias – o podia utilizar como armazém – o que fazia há vários anos. O tribunal entendeu que sim, fundamentando-se na conexão e na instrumentalidade.
Ver ainda, no mesmo sentido, Ac. Rel. Porto, de 16.1.2007 (ANABELA DIAS DA SILVA), www.dgsi.pt.
"Resolução do contrato de arrendamento comercial. Uso do prédio para ramo diferente", CJ, 1984, Tomo II, pp. 14 ss. É este também o entendimento de PINTO FURTADO, Manual do Arrendamento Urbano, cit., p. 780 e de JANUÁRIO GOMES, Arrendamentos Comerciais, cit., pp. 224 e 225.

Alguns dos critérios usados configuram uma extensão da posição anterior, pelo que valem inteiramente as críticas efectuadas.

Assinale-se que outros fundamentos que sustentam esta tese manifestam alguma debilidade. Por via de regra, as partes na fixação da renda não atendem a outro tipo de actividades acessórias que eventualmente se possam realizar no locado. Quanto à natureza conexa da actividade secundária, cremos que ou ela se encontra contemplada, ainda que indirectamente, na estipulação de fim ou, não sendo o caso, dificilmente pode actuar para desconsiderar tal cláusula.

6.4. Teoria da violação do contrato

Já para Baptista Machado a violação do contrato fundamenta a *ratio* do preceito. Deste modo, se o locatário utiliza o prédio arrendado para fim ou para ramo de negócio diverso do acordado incumpre a obrigação contratual. É, portanto, legítima a resolução do contrato por parte do senhorio (à luz do revogado art. 64º, nº 1, al. b) RAU, actual art. 1083º, nº 2, al. c) CC, NRAU).

Complementarmente, os partidários desta teoria sustentam que o princípio da boa fé pode servir de fundamento à exclusão do direito de resolução do senhorio. Enunciemos as situações descritas:

- a actividade ligada à estipulada não se encontra afastada pelo contrato, sendo de presumir a sua não exclusão por um locador normal (*v.g.*, o contrato prevê que o imóvel deve ser usado para a exposição e para a venda de mobílias e o arrendatário procede também à sua reparação)[371].
- a aplicação esporádica do prédio a um outro fim ou a uma finalidade objectivamente insignificante (*v.g.*, o arrendatário tolera a utilização do imóvel – onde está instalado o restaurante – como bar durante a semana de festejos locais)[372].

6.5. Posição adoptada

Acolhemos esta última orientação. Vejamos as razões que a sustentam.

Na jurisprudência, defendendo esta tese, o Ac. Rel. Lisboa, de 25.2.2003, CJ, 2003, I, p. 116, o Ac. Rel. Porto, de 31.5.2001, p. 4, www.dgsi.pt, o Ac. Rel. Lisboa, de 21.1.1993, CJ, 1993, I, p. 121. Parece também pronunciar-se neste sentido o Ac. Rel. Évora, de 16.12.1993 (sumário), BMJ, nº 432, 1994, p. 444 (afirma-se que o adicionamento de um novo tipo de comércio ou indústria ao que fora convencionado é, em princípio, fundamento de resolução).

[371] Ver o Ac. Rel. Lisboa, de 26.10.1995, BMJ, nº 450, 1995, p. 531 (*in casu*, a locatária produz molduras para quadros e peanhas para estatuetas que vende no prédio e procede ao restauro de quadros que lhe são directamente confiados pelos seus clientes).

[372] JANUÁRIO GOMES, Arrendamentos Comerciais, cit., pp. 230 e 231.

Por um lado, é a construção que corresponde melhor ao espírito da lei, que promove em especial um equilíbrio entre as posições do senhorio e do arrendatário.

Por outro, esta via não desconsidera, nem desvaloriza, a cláusula de escopo aposta no contrato. Pelo contrário, realça tal convenção, dando-lhe a importância devida e tida especialmente em conta.

Acresce que esta orientação é aquela que confere um equilíbrio absoluto aos interesses tidos em vista pelas partes.

No entanto, cabe aduzir que na concretização do princípio da boa fé há que atender, em especial, à relação estabelecida entre as partes para efeito de avaliar a exclusão do direito de resolução do senhorio ou, dito de outro modo – em face do novo normativo –, há que apreciar o tipo de incumprimento à luz da ideia de inexigibilidade da manutenção do contrato.

Concretizemos o nosso raciocínio, utilizando a habitual classificação das prestações quanto ao tempo[373].

O exercício de uma actividade secundária "instantânea" – ocasional (não sistemática) ou até aquela que se prolongue de modo fraccionado por um limitado período de tempo (o comerciante de tecidos adquiriu para revender 20 quadros, promovendo a respectiva alienação tão só nos meses de Janeiro e de Abril) – não confere ao senhorio o direito de resolução do contrato.

Ao invés, o exercício de uma (nova) actividade duradoura[374] – cuja realização se protele no tempo –, seja ela continuada ou permanente (não sofrendo portanto interrupção), seja ela reiterada ou periódica (a actividade é executada sucessiva e repetidamente no tempo), acarreta a resolução do contrato[375].

Acresce que a prática pelo arrendatário de actos de "escassa importância", ainda que a actividade realizada no locado seja duradoura, não faz de *per si* actuar o regime previsto no art. 1083º, nº 2, al. d) CC, NRAU (cfr. o revogado art. 64º, nº 1, al. b) RAU).

Saliente-se, por fim, que a figura do abuso do direito é susceptível de aplicação nas hipóteses em que o senhorio nada faz durante um largo período de tempo, como que aceitando a mudança parcial do uso do arrendado para fim diverso. Tal sucedeu, por exemplo, na decisão objecto do Acórdão da Relação do Porto, de 13.1.1997, em que o destino convencionado – "estabelecimento de

[373] ALMEIDA COSTA, Direito das Obrigações, cit., pp. 699 ss.

[374] Afirmando justamente esta ideia, ver o Ac. Rel. Évora, de 1.7.1997, CJ, 1997, IV, pp. 263 ss. Ao carácter duradouro alude igualmente o Ac. Rel. Lisboa, de 16.2.1995, CJ, 1995, I, p. 131.

[375] Não integra fundamento resolutivo se o arrendatário apenas durante alguns meses coloca à venda "alguns pares de sapatos" como complemento de "conjuntos de toilette de malhas comercializadas" (Ac. Rel. Évora, de 16.1.1997, BMJ, nº 463, 1997, p. 656).

fazendas" e "escritório" – nunca foi seguido (decorrendo entretanto mais de 30 anos), o que, de resto, sempre foi do conhecimento do senhorio e, posteriormente, dos respectivos herdeiros[376].

7. O exercício pelo arrendatário sucessivo de actividade convencionada, embora não realizada pelo anterior inquilino

Está agora em causa a questão de saber se o novo arrendatário, por efeito da transmissão definitiva do estabelecimento, tem direito a utilizar o locado para o exercício de actividade diversa, desde que o contrato o permita.

Figuremos um exemplo: na sequência do trespasse da livraria, instalada em imóvel arrendado para essa finalidade ou para uma outra discriminada (*v.g.*, restauração), o novo inquilino vem, mas tarde a exercer tal actividade; pode o senhorio obter o despejo?

A temática não é pacífica.

Uns entendem que a convenção de fim plural só contempla o arrendatário primitivo, não se transferindo apesar da transmissão da posição arrendatícia[377].

Outros consideram que a cláusula de escopo se transmite na íntegra, de modo que o novo inquilino vai poder usar o locado para um dos fins previstos no contrato[378].

[376] Cfr. CJ, 1997, I, p. 202.
Refira-se que é ao senhorio que compete alegar e provar o exercício de uma nova actividade pelo arrendatário, especificamente o seu carácter duradouro (Ac. Rel. Évora, de 1.7.1997, CJ, 1997, pp. 262 e 263), a sua não escassa importância e que não podia nem devia contar com esse exercício.

[377] No Ac. STJ, de 25.3.1999, CJ (STJ), 1999, II, p. 39, observa-se que "a circunstância de se ter autorizado de início o exercício de qualquer ramo de comércio no arrendado, não significa que a verificar-se posteriormente o trespasse lá pudesse exercer-se outro ramo de comércio diferente daquele que o trespassante nele vinha exercendo".
Ver também o Ac. STJ, de 8.3.1984, BMJ, nº 335, 1984, p. 269, o Ac. Rel. Coimbra, de 30.5.1989, CJ, 1989, III, p. 76 (esta faculdade, segundo o entendimento do tribunal, não se transfere para o novo arrendatário na sequência do trespasse).

[378] Diversamente, o Ac. Rel. Lisboa, de 21.1.1993, CJ, 1993, I, pp. 120 e 121 (aí se conclui que qualquer mudança de fim do arrendado é lícita por mais prolongada que tenha sido a anterior destinação e ainda que tal seja posterior a um trespasse com transmissão da posição de arrendatário, aproveitando mesmo ao novo inquilino a cláusula genérica de escopo).
No mesmo sentido, o Ac. Rel. Évora, de 11.3.1999, CJ, 1999, II, pp. 260 e 263 e o Ac. Rel. Lisboa, de 9.1.2000, CJ, 2000, V, p. 90 (estes dois últimos arestos defendem a transferência desse lato poder para o arrendatário, entendendo-se que não sendo provada a natureza pessoal da faculdade de aplicação do prédio a ramo diverso, o trespassário, novo arrendatário, mantém a mesma ampla possibilidade de uso do imóvel; menciona-se mesmo que não existem razões que legitimem a cessão dessa faculdade por morte e que determinem, ao invés, um regime diverso no caso de negócio entre vivos).
Na doutrina, ver JANUÁRIO GOMES, "Trespasse e aplicação do locado a ramo de negócio diverso", O Direito, 1989, pp. 661 ss.

Acolhemos esta última orientação. Aliás, o revogado RAU fornecia, no âmbito dos contratos de duração limitada (art. 99º, nº 1 *ex vi* art. 117º RAU), um argumento de texto relevante: "a transmissão de posições contratuais..." não "conduz a quaisquer alterações no conteúdo do contrato".

De resto, o legislador no passado não contemplava qualquer desvio a esta regra, como sucede, *v.g.*, no art. 412º CC. No quadro legal actual, quando se configura um regime de excepção, ele é devidamente assinalado (cfr., *v.g.*, o art. 26º, nº 6 NRAU).

Ressalvados ficam, porém, os direitos e as obrigações que contratualmente tenham sido limitados ao arrendatário com quem se negociou. Realce-se que o novo art. 1112º, nº 5 CC, NRAU não altera o circunstancialismo anterior.

Note-se que não sendo a cláusula de fim amplo ou múltiplo de carácter pessoal, isso não significa que o novo inquilino, logo após o trespasse do estabelecimento (*in casu*, a livraria), possa modificar o ramo de negócio. Para que essa mudança de fim seja legítima é imperioso que tenha havido a transmissão da propriedade da organização mercantil.

Pode, assim, concluir-se que o senhorio em princípio não tem direito a resolver o contrato de arrendamento com base na utilização do imóvel para fim diverso.

§ 5. Casos de resolução pelo senhorio: não utilização do imóvel onde se encontra instalado o estabelecimento

O art. 64º, nº 1, al. h) do revogado RAU referia que o arrendatário – sob pena de resolução contratual – não podia conservar encerrado, por mais de um ano, o prédio arrendado para comércio, ressalvados os casos de força maior ou de ausência forçada daquele que não se prolongassem por mais de dois anos.

Discutia-se também aqui a razão de ser da norma. Entendiam uns que consistia na violação do dever que incumbe ao arrendatário de ter o locado aberto, considerando outros que estava em causa o interesse do senhorio e, reflexamente, a tutela do interesse geral em fomentar o aproveitamento de facto de todos os locais[379].

Ora, o art. 1072º, nº 1 CC, NRAU impõe o dever de uso efectivo da coisa, prevendo igualmente desvios à regra. Por exemplo, o nº 2, al. a) do preceito em

[379] Aquela orientação implica que se considere a resolução resultado do incumprimento de um dever de uso do imóvel (PINTO FURTADO, Manual do Arrendamento Urbano, cit., p. 823). Esta tese sustenta-a numa justa causa, independente do inadimplemento (JANUÁRIO GOMES, Arrendamentos comerciais, cit., p. 242).

apreço considera o não uso lícito em caso de força maior ou doença, sem consagrar expressamente qualquer restrição de índole temporal.

Também aqui se podem aproveitar os ensinamentos anteriores, embora se deva ter em conta, em sede de transposição do raciocínio, o propósito da revogada disposição, que visava sobretudo tutelar o arrendatário num quadro vinculista.

Cumpre precisar que o dever de utilização do locado, que subjaz à disposição, se apura atendendo a determinados factores e em razão das circunstâncias específicas do caso. Deve, pois, levar-se em conta o grau de diminuição da actividade, a duração e o tipo de encerramento (esporádico, ocasional, intermitente, contínuo, permanente).

Assim, a mera exposição de mercadorias num local agora não aberto ao público[380], o fecho das portas cumulado com a forragem a papel dos vidros da montra de molde a impossibilitar o acesso ao local e o seu visionamento[381], configuram, entre outras, hipóteses de não uso relevante.

Questionar-se-á se deve acolher-se a orientação anterior que impõe a verificação de um requisito de natureza temporal, sem prejuízo de se considerarem outras causas justificativas – logo legítimas – do não uso (*v.g.*, o senhorio autorizou o exercício de obras de grande vulto[382], pelo que durante o período de inactividade o prazo em questão não deve ter-se em conta, ou contribuiu decisivamente para o fecho do prédio[383]).

Quanto à primeira parte do art. 1083º, nº 2, al. d) CC, NRAU, o fundamento para a extinção do contrato é o simples facto de o arrendatário manter o imóvel encerrado por período superior a um ano. Não se exige, porém, que o seu não uso seja consecutivo (por exemplo, não é suficiente para afastar o regime resolutivo a abertura durante 2 ou 3 dias por ano)[384].

Quanto ao prazo máximo de 2 anos resultante do RAU, pensamos que, em princípio, se deve manter. A protecção excepcional dos interesses do arrendatário comercial deve ser temporalmente limitada nos casos de "força maior" (abarcando-se aqui tanto as causas naturais – o abalo sísmico, a inundação grave

[380] Ver o Ac. Rel. Coimbra, de 10.4.1984, CJ, 1984, II, p. 55.

[381] Ac. STJ, de 25.3.1999, CJ, 1999, II, p. 39.

[382] Ac. Rel. Coimbra, de 28.9.1993, BMJ, nº 429, 1993, p. 888.

[383] Ac. STJ, de 21.1.1993, BMJ, nº 423, 1993, p. 422.

[384] No Ac. STJ, de 25.3.1999, afirmava-se que "durante 22 meses o estabelecimento comercial não funcionou (não expondo, nem vendendo artigos eléctricos e electrodomésticos), apenas se tendo em 2 meses do ano procedido a vendas de artigos mantidos em armazém", tendo consequentemente sido declarada a resolução do contrato (CJ (STJ), 1999, II, p. 40).

– como os actos de autoridade ou de particulares – a guerra civil, a ocupação militar[385]) e numa situação de doença[386].

§ 6. Casos de resolução pelo senhorio: realização ilícita de obras

O revogado art. 64º, nº 1, al. d) RAU regulava os casos em que as obras realizadas pelo inquilino, sem o consentimento escrito do senhorio (*ab initio* ou posteriormente), podem originar a cessação do contrato de arrendamento comercial por resolução[387].

Aí previam-se três situações distintas. Vejamos: a alteração substancial da estrutura externa do prédio; a modificação, também substancial, da disposição interna das divisões; finalmente, as deteriorações consideráveis (e injustificadas), quer ao abrigo do art. 1043º CC, quer nos termos do art. 4º RAU.

Ora, no art. 1083º CC NRAU, esta matéria, como bem ressalva Pedro Romano Martinez, "deixou de constar do actual elenco (exemplificativo) de causas de resolução. Ainda assim, atendendo à cláusula geral do corpo do art. 1083º, nº 2 CC dir-se-á que a solução não se altera: as deteriorações que excedam o paradigma do nº 1 do art. 1073º do CC e as obras ilícitas que pela sua gravidade afectem a estrutura do edifício ou ponham em causa a divisão interna facultam ao senhorio o exercício do direito de resolução"[388].

Em razão do fundamento resolutivo em causa, pode afirmar-se que a ele subjaz a seguinte ideia: só o senhorio dispõe do poder de transformação do prédio; ao arrendatário apenas é proporcionado o seu gozo.

Relativamente ao primeiro fundamento resolutivo – enunciado na revogada norma –, a orientação dominante defendia a correspondência da "estrutura externa" à fisionomia do prédio – afastando-se assim o entendimento (minoritário) com correspondência na construção civil, que a concebia como estrutura

[385] Note-se que a insolvência não configura uma causa de força maior, o mesmo sucedendo no caso de penhora ou de arresto do estabelecimento que acarretem o não uso do imóvel.
Repare-se que a norma deve ser interpretada extensivamente de modo a abarcar o depositário judicial em caso de penhora ou o administrador de insolvência, não se restringindo, portanto, ao arrendatário.

[386] Perante o entendimento dominante, na norma anterior abarcavam-se situações particularmente ligadas à pessoa do locatário, que impediam a sua presença no prédio. No entanto, aqui não se contemplava a sua doença. Neste sentido, ARAGÃO SEIA, ob. cit., p. 446. Na jurisprudência, ver o Ac. Rel. Porto, de 18.11.1984, CJ, 1984, I, p. 246.

[387] A questão que suscitámos, vale agora nos mesmos termos quanto à transmissão para o novo arrendatário (que sucede na posição do anterior na sequência do trespasse) do direito a realizar obras no locado, por via da anuência do senhorio em relação ao anterior inquilino (ver Ac. Rel. Évora, de 16.1.1997, CJ, 1997, I, p. 286).

[388] Da cessação do contrato, 2ª Ed., Coimbra, 2006, p. 349.

representativa do lado exterior do imóvel, designadamente da sua resistência e da sua segurança[389] –, permitindo-se, por esta via, a tutela de interesses variados (arquitectónicos e estéticos) e obstando a que o inquilino possa transformar o imóvel. Acrescenta-se ainda que essa alteração deve ser significativa e que só o carácter permanente da obra realizada pode sustentar a via resolutiva[390].

No quadro actual e em razão do exposto, configuram hipóteses deste género o fecho da "montra de uma das fachadas do edifício arrendado voltada para a via que dá acesso à parte superior da povoação"[391] ou "a substituição de parte dos pilares de ferro do locado" (com a modificação da estrutura da loja de 1 para 2 pisos)[392].

No tocante ao segundo fundamento, diga-se que a disposição interna das divisões abarca vários elementos. Cite-se, a título exemplificativo, "as divisões do interior", "a planificação interna", o "modo de distribuição interna". Também aqui a modificação deve ser relevante e ter carácter definitivo.

Deste modo, a divisão efectuada no arrendado em duas partes, através do "levantamento de uma parede de tijolo" e a instalação numa delas de, "pelo menos, uma casa de banho"[393] traduz uma alteração deste tipo[394].

Cabe ainda afirmar que as deteriorações (consideráveis ou substanciais) são todas aquelas que não são inerentes ao prudente uso do imóvel (art. 1043º CC), nem as que, sendo pequenas, sejam necessárias para assegurar o conforto e a comodidade do arrendatário (art. 1073º C, NRAU, que reproduz o anterior art. 4º RAU).

§ 7. A escassa importância do incumprimento

1. O problema

Uma das regras basilares do direito dos contratos é a que se encontra ínsita no art. 801º, nº 2 CC: a escassa importância [do incumprimento do devedor] não permite ao credor resolver o contrato.

[389] Ver o Ac. STJ, de 4.1.1997, BMJ, nº 463, 1997, p. 571.

[390] RABINDRANATH CAPELO DE SOUSA, "Acção de despejo, obras não autorizadas e deteriorações consideráveis", CJ, 1987, V, p. 16.

[391] Ac. Rel. Porto, de 31.5.2001, p. 6, www.dgsi.pt. Já não foi considerada fundamento resolutivo "a demolição da parede exterior de remate de uma das montras", em razão de o alargamento da montra primitiva ter vindo a beneficiar a loja, relevando-se o facto de o estabelecimento estar situado na cidade de Lisboa (Ac. STJ, de 25.3.1999, CJ, 1999, II, p. 40).

[392] Ac. Rel. Évora, de 10.5.2001, CJ, 2001, III, pp. 90 e 91.

[393] Ac. Rel. Porto, de 31.5.2001, p. 6, www.dgsi.pt.

[394] Na sequência de uma autorização genérica do senhorio para a realização de obras, o tribunal entendeu que a diminuição de divisórias (de 6 para 5) e o aumento de compartimentos (4 em vez de 2), não afectando a segurança e a solidez do edifício, não dá lugar à resolução do contrato pelo senhorio (ver Ac. Rel. Évora, de 16.1.1997, CJ, 1997, I, p. 287).

Deve suscitar-se a questão de saber se tal regra vigora em sede arrendatícia, dado que aqui há especialidades a atender.

Note-se que a temática foi discutida no passado, sendo dominante o entendimento de que a escassa importância do incumprimento não se deve desconsiderar na apreciação do direito de resolução do senhorio, e é igualmente debatida no presente[395].

Aliás, na actualidade, a questão ganha até maior acuidade, dadas as soluções específicas consagradas no art. 1083º, nº 2 do CC, que de imediato se concretizam no nº 3 quanto a alguns casos.

Saliente-se, de antemão, que consideramos a escassa importância do incumprimento atendível no quadro da apreciação do eventual direito de resolução ao senhorio. Justifiquemos.

Desde logo, refira-se que o art. 1083º, nº 1 CC, não só não exclui, como ainda remete para os termos gerais de direito, em sede de valoração do direito de resolução. Ora, o art. 801º, nº 2 CC é justamente uma das regras de larga importância nesse domínio.

[395] Neste sentido, ver, na jurisprudência, entre outros, os seguintes arestos:
- o Ac. Rel. Porto, de 23.4.2007 (SOUSA LAMEIRA), www.dgsi.pt (aludindo ao art. 801º, nº 2, observa-se que "o direito do arrendamento urbano, apesar de ter regras próprias e particularidades específicas, não se pode isolar do quadro legal geral e dos princípios que enformam todo o sistema", pelo que "estamos perante uma regra, um princípio geral das obrigações, também, necessariamente, aplicável aos contratos de arrendamento");
- o Ac. Rel. Porto, de 19.12.2006 (MARQUES DE CASTILHO), www.dgsi.pt ("constitui princípio geral das obrigações que o credor não pode resolver o negócio se o não cumprimento parcial, atendendo ao seu interesse, tiver escassa importância, princípio este aplicável ao contrato de arrendamento para habitação");
- o Ac. Rel. Porto, de 4.12.2003 (GONÇALO SILVANO), www.dgsi.pt ("não é lícito a um senhorio pedir a resolução de um contrato de arrendamento com base na falta de pagamento de alguma renda se o incumprimento parcial tiver escassa importância;
- o Ac. Rel. Porto, de 27.9.2001 (PIRES CONDESSO), www.dgi.pt ("havendo litígio sobre o montante a deduzir na renda e estando em causa uma diferença reduzida entre o valor das rendas depositadas, relativas a três meses, e o valor devido, o incumprimento do inquilino assume escassa importância e não justifica a resolução do contrato").

Em sentido diverso, ver o Ac. Rel. Lisboa, de 10.10.2006 (LUÍS ESPÍRITO SANTO), www.dgsi.pt ("afigura-se-nos, porém, que o regime legal vigente nesta matéria, atenta a sua imperatividade, não deixa aqui grande margem para a aplicação do art. 802º, nº 2, CC. A obrigação imposta pelo art. 1041º, CC, encontra-se taxativamente determinada na lei, não se vendo como possa o julgador, sem afrontar e violar directamente o normativo, introduzir excepções ou ressalvas, particulares e casuístas, das quais acaba por resultar que afinal o depósito liberatório, contra o que está escrito na norma, tanto pode fixar-se em 49%, como 45%, 43% ou 30% das rendas em dívida, conforme circunstâncias imprevistas e contingentes").

Por outro lado, a consequência desta resolução para o arrendatário – o despejo do locado – é desequilibrada e é bastante gravosa perante o pouco relevante incumprimento. O que justifica o seu emprego[396].

Acresce que o arrendatário é visto, mesmo nos parâmetros actuais, como a parte mais fraca. Por isso merece protecção nalgumas situações e, em particular, em sede de falta de pagamento da renda.

2. Critério a ter em conta e suas concretizações

2.1. Apreciação objectiva

A escassa importância do incumprimento do arrendatário deve ser apreciada objectivamente. Não há aqui divergências em relação à regra geral.

De todo o modo, neste contexto, há que valorar, em termos particulares alguns elementos:

- o incumprimento à luz do específico contrato de arrendamento;
- os interesses de ambas as partes (senhorio e arrendatário), confrontando-os[397].

2.2. Concretizações

A apreciação objectiva do escasso incumprimento deve atender, na sua concretização, a elementos variados.

Deste modo, podem relevar inúmeras circunstâncias, que devem ser apreciadas até em conjunto, a saber:

[396] Ver o Ac. Rel. Porto, de 13.10.2009 (RODRIGUES PIRES), www.dgsi.pt ("no domínio do contrato de arrendamento a resolução surge como a última sanção, de tal forma que a mesma será naturalmente de excluir quando estejam em causa infracções mínimas, de escassa importância e que de modo algum frustrem o plano contratual ou afectem a base de confiança própria de um contrato *intuitus personae*, como este o é").

[397] Cfr., entre outros,

- Ac. Rel. Porto, de 13.10.2009 (RODRIGUES PIRES), www.dgsi.pt ("a escassa importância terá de ser aferida por um critério objectivo: a gravidade do incumprimento resultará, grosso modo, da projecção do concreto inadimplemento (da sua natureza e da sua extensão) no interesse actual do credor, ou seja, será "aferido" pelas utilidades concretas que a prestação lhe proporciona ou proporcionaria");
- Ac. Rel. Porto, de 23.4.2007 (SOUSA LAMEIRA), www.dgsi.pt (o tribunal "deve utilizar sempre regras objectivas, deve ponderar qual o grau de gravidade do incumprimento no contexto global do contrato, deve ponderar os interesses do credor que a lei visa proteger confrontando-os com os do devedor. O julgador deve ter sempre em atenção as especificidades de caso particular");
- Ac. Rel. Porto, de 19.12.2006 (MARQUES DE CASTILHO), www.dgsi.pt ("essa escassa importância há-de ser aferida por um critério objectivo: a gravidade do incumprimento resultará da projecção do concreto inadimplemento (da sua natureza e da sua extensão) no interesse actual do credor, ou seja, será "aferido" pela utilidades concretas que a prestação lhe proporciona ou proporcionaria").

– o diminuto valor do incumprimento[398];

[398] Cfr. os seguintes arestos, em que se discute esta temática:
- Ac. Rel. Porto, de 13.10.2009 (RODRIGUES PIRES), www.dgsi.pt ("o facto da ré não ter depositado com a renda respeitante ao mês de Janeiro de 2006 (€ 3,25) o valor da indemnização correspondente a 50% desta renda (€ 1,63), devida pelo seu pagamento tardio, tem escassa importância, pois trata-se de infracção mínima que não frustra o plano contratual, nem tão pouco afecta a base de confiança subjacente ao contrato. Determinar, neste caso, a resolução do contrato de arrendamento, com fundamento num incumprimento que roça a insignificância, seria totalmente injustificado, de acordo com os ditames da boa fé, surgindo assim tal sanção como manifestamente desproporcionada face à irregularidade cometida. E, para além do que se vem expondo, também não poderá deixar de se assinalar que a ré/inquilina ... procedeu ao pagamento em duplicado da renda respeitante ao anterior mês de Abril de 2005, o que mais injustificada e abusiva torna a pretensão do autor/senhorio ver resolvido o contrato de arrendamento com o fundamento invocado");
- Ac. Rel. Porto, de 17.4.2008 (FERNANDO BAPTISTA OLIVEIRA), www.dgsi.pt ("em causa está apenas o não pagamento pontual pela arrendatária dum diferencial de renda mensal que importa tão somente na quantia, diríamos, irrisória, de € 1,52! E se é certo que tal situação perdurou por quatro meses (de Janeiro a Abril de 2007), certo é, também, que, não só a partir daí a ré passou a liquidar a renda já em conformidade com a actualização legal, como o montante total em dívida desses quatro meses de mora importou apenas na quantia (que poderemos, sem dúvida, apelidar de (pelo menos) "escassa importância") total de... € 6,08, além de que a mesma já desde 5 de Julho de 2007 que se encontra depositada e acrescida da "penalização" de 50%");
- o Ac. Rel. Porto, de 23.4.2007 (SOUSA LAMEIRA), www.dgsi.pt ("estamos perante uma diferença de € 4 num montante global de € 1 038,06 (692,04+346,02). Trata-se de menos de 0,5% da dívida, o que é manifestamente residual. Para uma violação, um incumprimento tão diminuto, como este afigura-se que a sanção pretendida (resolução do contrato) se mostra perfeitamente desajustada. A resolução do contrato – sanção pretendida – deve ser e é reservada apenas para as violações graves do contrato e não para as violações de escassa importância");
- o Ac. Rel. Porto, de 19.12.2006 (MARQUES DE CASTILHO), www.dgsi.pt ("o não recebimento da quantia de € 5.81 [181,98 (renda devida) – 176,16 (renda efectivamente paga)], necessariamente tem uma escassa importância quanto a utilidade que proporcionaria ao apelado, tratando-se de uma infracção mínima que não tem potencialidade para frustrar a base de confiança acima referida. E o despejo, consequência da resolução do contrato, nestas circunstâncias, seria injustificado à luz da boa fé, por clamorosa e manifestamente desproporcionado como sanção a irregularidade cometida. Tanto mais que o autor, ao não indicar o valor correcto da renda quando a ré lhe ofereceu um valor errado e ao não esclarecer a ré daquele valor correcto quando lhe esta lhe comunicou o depósito, não procedeu de acordo com os deveres de fidelidade, lealdade e honestidade impostos ao credor no exercício do seu direito pelo nº2 do artigo 762º do Código Civil já referido");
- o Ac. Rel. Porto, de 4.12.2003 (GONÇALO SILVANO), www.dgsi.pt (releva-se que o valor de "1.000$00 num universo de 145.000$00 de rendas que foram depositadas ... torna clara que se trata de uma importância escassa perante este total". Trata-se, é certo de um incumprimento parcial imputável ao devedor, mas neste caso conforme dispõe o nº 2 do art. 802º do CC "o credor não pode resolver o negócio se o não cumprimento parcial, atendendo ao seu interesse, tiver, escassa importância");
- Ac. Rel. Porto, de 4.11.1999 (OLIVEIRA VASCONCELOS), www.dgsi.pt (especifica-se que "verificando-se que o Réu não pagou até à contestação a quantia de 1.536$00 referente à diferença entre o valor das rendas depositadas e o das que devia depositar, e que, posteriormente, depositou apenas 1.080$00, ficando a dever 456$00, a escassa importância do incumprimento e o princípio da boa fé obstam a

- a duração do incumprimento[399];
- o carácter reiterado (ou não) da falta de pagamento da renda;
- a falta de pagamento da actualização (e qual o seu acréscimo)[400].

§ 8. Modos do exercício do direito

1. Quadro legal anterior

À luz da lei antiga, as formas do exercício da resolução divergiam em função do sujeito que dela se pretendia socorrer.

Sendo o incumprimento imputável ao senhorio, o arrendatário podia resolver o contrato nos termos gerais, mediante declaração extrajudicial enviada ao senhorio (cfr. o revogado art. 63º, nº 1 RAU e o art. 436º, nº 1 CC).

Diversamente, o senhorio pretendendo fazer actuar o mesmo mecanismo necessitaria – em qualquer caso – de recorrer ao tribunal, sendo o meio processual adequado a acção de despejo (cfr. os anteriores arts. 63º, nº 2 e 55º, nº 1 RAU).

que se decrete o despejo na pendência da acção por falta de pagamento de rendas, sem prejuízo da condenação do Réu na quantia em débito");
- Ac. Rel. Porto, de 22.1.1991 (METELLO DE NÁPOLES), www.dgsi.pt ("a quantia não paga importava em cerca de 4% do montante da renda devida, pelo que se entendeu que não devia "ser de qualificar como de "escassa importância").

[399] Ac. Rel. Porto, de 27.9.2001 (PIRES CONDESSO), www.dgsi.pt ("o inquilino vem depositando a quantia que entende correcta, numa dedução de 80%, depois de prévio aviso ao senhorio e sem que este concordasse com tal percentagem de desconto mas sem recusar os depósitos de tais percentagens (ou pelo menos sem nada alegar nesse sentido). Ora a falta de pagamento de renda (parcial, note-se, e por três meses) apesar de o montante, só por si, não poder considerar-se como de escassa importância – a renda inicial era de 3.472$00; o inquilino passou a depositar 1.050$00 e nós fixamos o montante em 2.570$00, – a verdade é que para os fins do art. 802º, nº 2 CC a questão não se pode limitar ao montante, antes deve ser enquadrada no demais circunstancialismo já apontado. E, a nosso ver, é esse enquadramento, a sua motivação, o facto de haver ocorrido depósito que permite o recebimento da quantia em falta, que nos conduzem à convicção de que o exercício do direito de resolução (pondo-se cobro a um contrato que vem desde 1973, sem notícia de litígio) não encontra justificação face aos falados ditames da boa fé e daí que o referido incumprimento se deva considerar como de escassa importância para efeitos do art. 802º, nº 2 CC. Portanto, à luz desta disposição legal não podem os AA resolver o contrato") – sublinhado nosso.

[400] Ac. Rel. Porto, de 17.4.2008 (FERNANDO BAPTISTA), www.dgsi.pt ("não vemos assente factualidade capaz de indiciar, sequer, que a ré tenha actuado com intenção de prejudicar a autora – ou a tenha prejudicado de forma minimamente relevante –, antes parecendo indiciar-se que o não pagamento atempado da actualização se terá devido à sua idade e ignorância e só se terá apercebido da relevância da situação quando foi demandada nesta acção, ao que logo se apressou a depositar as quantias em falta (mais 50%). Além de que se não alega que a ré tenha noutra altura reiterado no incumprimento pontual da renda ou já incorrido noutra qualquer violação contratual, o que leva a crer que se tratou de situação isolada – que, para mais, não trouxe prejuízo significativo à autora, pois que o verificado foi devidamente ressarcido).

Portanto, a forma do exercício do direito era sempre idêntica quando estivesse em causa o mesmo sujeito: a via judicial quanto ao senhorio; a via extrajudicial no tocante ao inquilino.

2. O regime vigente

A situação está agora tratada de forma parcialmente diferente no novo regime.

Nada se altera no que toca ao arrendatário, bastando também aqui uma mera declaração à contraparte, Com efeito, o art. 1083º, nº 1 CC, NRAU refere-se à resolução "nos termos gerais de direito", esclarecendo o art. 1084º, nº 1 CC, NRAU que aquele mecanismo opera "por comunicação à contraparte".

Em relação ao senhorio, apenas se prescinde da acção judicial de despejo nos casos de falta de pagamento de renda, de encargos ou de despesas e ainda em face da oposição pelo arrendatário à realização de obra ordenada por autoridade pública.

No entanto, mesmo aqui não está excluída a necessidade de, na hipótese de o inquilino não desocupar o imóvel, o senhorio instaurar a competente acção executiva para entrega de coisa certa (art. 15º, nº 1, al. e) NRAU).

Nas outras situações, determina-se que a resolução pelo senhorio "é decretada nos termos da lei de processo" (art. 1084º, nº 2 CC, NRAU), ou seja, mediante o recurso à competente acção de despejo.

§ 9. Prazo para o exercício do direito

Analisemos, em seguida, a caducidade do direito de resolução pelo decurso do prazo.

Suscita-se, desde logo, a questão de saber se a caducidade é de conhecimento oficioso. Assim não se entende, pelo que necessita de ser invocada pelo arrendatário em juízo.

Determina o art. 1085º CC, NRAU (na lei antiga, ver o art. 65º RAU) que o senhorio dispõe do prazo de um ano para o exercício daquele direito. Todavia, o início da sua contagem diverge em razão da situação em causa.

Se se trata de um facto instantâneo – a conduta violadora é uma só – a acção de resolução deve ser proposta no prazo de um ano a contar do facto que lhe subjaz. Assim, verificado o circunstancialismo do art. 1083º, nº 2, al. e) CC, NRAU, o locador dispõe do prazo de um ano para reagir, através da competente acção de despejo, sob pena de extinção do direito (art. 1085º, nº 1 CC, NRAU).

Quanto às rendas vencidas – art. 1083º, nº 3 CC –, cada uma das prestações tem autonomia para a contagem do prazo de caducidade. Aplica-se, relativamente a cada uma delas, o preceituado no art. 1085º, nº 1 CC (na lei antiga, cfr. o art. 64º, nº 1, al. a) RAU).

Tendo em conta a possibilidade de exercício extrajudicial do direito de resolução, o legislador substituiu, no art. 1085º, nº 1 CC, NRAU, a expressão "deve ser proposta" pela locução "deve ser efectivada".

Portanto, independentemente do modo de actuação do senhorio, o prazo para o exercício do direito é de um ano. Só que utilizada a via extrajudicial, o prazo começa a contar – em relação a cada renda – a partir da data em que é possível exercer a pretensão (ou seja, quando a mora for superior a três meses).

Assinale-se, porém, que a obrigação de pagamento de cada uma das rendas (e do valor da indemnização) prescreve(m) no prazo de cinco anos a partir do respectivo vencimento (art. 310º, al. b) CC).

Estando em causa um facto continuado ou um facto duradouro, o período em causa apenas inicia na data da cessação do facto, no pressuposto de que o senhorio conheça efectivamente a situação (ou pudesse realmente conhecê-la). É o caso do art. 1083, nº 2, al. c) CC – utilização do prédio para fim diverso daquele a que se destina –, mas também do art. 1083º, al. d) CC – o não uso do imóvel por período superior a um ou dois anos (art. 1085º, nº 2 CC; na lei antiga, cfr. o art. 65º, nº 2 RAU).

§ 10. Resolução e outras formas de cessação do contrato

O art. 1086º, º 1 CC, NRAU, sob a epígrafe, "cumulações", trata da questão de saber se a resolução é cumulável com as outras formas de extinção do contrato.

A norma tem cariz inovador, mas o mesmo se podia afirmar em termos gerais no quadro da anterior lei.

Assim, dispõe o preceito que a resolução pode cumular-se com a "denúncia" ou com a "oposição à renovação".

Impõem-se alguns esclarecimentos. A referência à "oposição à renovação" não é mais do que, para alguma doutrina, uma das modalidades de denúncia. Discordamos, como se expôs, de tal entendimento, pois a oposição à continuidade do negócio importa a sua caducidade. De todo o modo, cumpre averiguar qual o âmbito da locução "denúncia", fora portanto das hipóteses de extinção do contrato por oposição das partes para o termo do respectivo prazo.

Em função da amplitude conceptual emergente do NRAU, nos contratos de duração indeterminada a denúncia (pelo senhorio) opera de modo motivado, mas também *ad libitum* (por qualquer das partes), enquanto que, nos contratos com prazo certo, a denúncia (do arrendatário) ocorre a todo o tempo e tem natureza imotivada. É este o alcance deste específico instituto em sede arrendatícia.

A nosso ver, a designação aposta na disposição contempla qualquer das hipóteses a seguir descritas:

- accionado o mecanismo resolutivo, nada impede que o senhorio posteriormente se oponha à prorrogação do respectivo contrato com prazo certo ou o denuncie imotivadamente com um dado período de antecedência;
- inversamente, apesar da denúncia imotivada do senhorio, efectuada numa dada altura e com um certo período de antecedência em relação ao fim do negócio (*v.g.*, 5 anos), a verificação ulterior de um fundamento resolutivo (*v.g.*, a falta de pagamento da renda), não obsta a que o senhorio possa invocar esta figura.

§ 11. A cumulação do direito de resolução com a obrigação de indemnizar

O art. 1048º, nº 2 CC, NRAU consagra o que já resultava das regras gerais de direito, nada acrescentando de relevante, o que de resto também já se entendia em face do regime anterior.

Na verdade, do art. 801º, nº 2 CC decorre que a resolução é cumulável com o direito à indemnização (decorrente das regras da responsabilidade civil).

Ora, é isso mesmo que se expressa no art. 1048º, nº 2 CC, NRAU. De notar que numa específica situação – a da falta de pagamento da renda – o montante indemnizatório se encontra pré-definido. Numa outra – a da falta de pagamento das despesas e dos outros encargos –, o apuramento do valor dos danos é também determinável. Quanto às outras hipóteses, há que demonstrar o valor dos prejuízos causados para obter o seu ressarcimento.

§ 12. Desocupação do locado e entrega do imóvel

Dispõe o art. 1081º, nº 1 CC, NRAU que a cessação do contrato "torna imediatamente exigível... a desocupação do local e a sua entrega".

A regra geral vigente é afastada em sede resolutiva. Na verdade, o art. 1087º CC, NRAU prevê que a "desocupação do locado ... é exigível no final do 3º mês seguinte à resolução". Na parte final do preceito, ressalvam-se as hipóteses em que, por decisão judicial, possa ter sido fixado outro prazo ou em que convencionalmente possa ter sido acordada outra data.

Atentemos na primeira parte do art. 1087º CC, NRAU no sentido de analisar o momento da efectiva da desocupação do prédio.

Impõe-se saber se, no caso de resolução extrajudicial por falta de pagamento de renda, é relevante para efeito do início da contagem do prazo – dado que o senhorio só pode fazer actuar o mecanismo extintivo no final do 3º mês após a mora – o momento do seu exercício (ou melhor, o da recepção da carta enviada) ou a data da (não) oponibilidade pelo arrendatário (o que implica que aqui deve contar-se novo período de 3 meses).

Figure-se a seguinte situação: o arrendatário, em mora desde o dia 8 de Janeiro, recebe a declaração extrajudicial a 12 de Maio; todavia, não se opõe ao *direito de resolução* (até ao dia 12 de Agosto), nem abandona o prédio.

Se atendermos àquela data, a desocupação do locado é exigível a 31 de Agosto (ou seja, no final do 3º mês seguinte à resolução). Caso se considere o outro momento, o início da contagem do prazo de 3 meses ocorre a 12 de Agosto, pelo que termina a 12 de Novembro, de sorte que a desocupação deverá ocorrer a 31 de Novembro.

Em razão da dupla dilação que já favorece o inquilino, não parece razoável estender-se o prazo por novo período de 3 meses. Aliás, na lógica do art. 1087º CC, NRAU a *resolução* ocorre no primeiro momento assinalado.

Capítulo VIII
Cessação do contrato (cont.): denúncia

§ 1. Os caracteres da denúncia no direito privado

Cabe tecer, antes de abordar esta específica temática em sede de arrendamento comercial, algumas considerações acerca da denúncia no quadro do direito privado. Esta análise permite compreender o esquema (parcialmente) diferenciado seguido pelo legislador arrendatício nesta área.

Há várias orientações na doutrina quanto ao conceito em discussão. António Pinto Monteiro assinala até que se trata de uma "matéria em que a terminologia jurídica é muito fluida"[401].

Assim, alguns autores entendem que a figura é aplicável aos negócios de prestações duradouras celebrados por tempo indeterminado[402]. Ora, é justamente este facto – a duração indefinida do negócio – que faculta a qualquer das partes, de forma imotivada, através de declaração *ad nutum*, a sua extinção. Na verdade, pretende-se aqui evitar que os contraentes se mantenham vinculados a um dado negócio para toda a vida, em termos perpétuos. Mas, por força das próprias expectativas criadas na esfera da contraparte quanto à não extinção do contrato, impõe-se um dever de aviso prévio em relação ao termo do mesmo. Este, em princípio, cessa na data indicada[403].

Outros autores, sem deixar de seguir tal posição, sustentam que o conceito abarca ainda a "oposição à prorrogação". Portanto, a denúncia é igualmente empregue aos "contratos de prestações duradouras" (e com prazo certo), sendo "dirigida à sua não renovação ou continuação"[404]. Também aqui o denunciante está adstrito a um dever de pré-aviso, maior ou menor, por referência ao momento em que o contrato "a prazo" se prorroga. Daí que tais autores designem esta modalidade como "denúncia-oposição à prorrogação".

Partilhamos a primeira proposta enunciada. Com efeito, a denúncia é por natureza imotivada e tem uma finalidade última – a de evitar vínculos contratuais perpétuos.

Já a "oposição à prorrogação" visa a extinção do negócio, aproximando-se de uma situação de caducidade, na sequência do prazo de pré-aviso concedido pela parte que não pretende, no seu termo, a sua continuidade[405].

De todo o modo, para efeito de facilitar a exposição, abordamos a temática em função da sequência legal, pelo que tratamos ambas as questões em conjunto, sem que isso envolva qualquer posicionamento nesse sentido.

[401] ANTÓNIO PINTO MONTEIRO, Contratos de distribuição comercial, Relatório, Coimbra, 2002, p. 136.

[402] Neste sentido, ANTÓNIO PINTO MONTEIRO, Contratos de distribuição comercial, Relatório (o autor afirma, a certa altura, que "a denúncia é privativa dos contratos por tempo indeterminado" - cit., p. 134 – e, um pouco mais à frente, que "se trata de uma forma típica de fazer cessar relações duradouras por tempo indeterminado"). Esta orientação é perfilhada também, *v.g.*, por MARIA HELENA BRITO, Contrato de concessão comercial, Coimbra, 1990, pp. 237 ss.

[403] Como bem expressa MARIA HELENA BRITO, tais regras "não se encontram expressamente consagradas em termos gerais", mas "podem extrair-se de certos preceitos inseridos na disciplina dos contratos por tempo indeterminado". A autora cita o art. 1002º, nº 1 CC, o art. 185º, nº 1, al. a) CSC, o art. 29º, nº 1 DL 178/86, entre vários outros (Contrato de concessão comercial, cit., p. 237).

[404] Ver, neste sentido, ALMEIDA COSTA, Direito das Obrigações, 10ª Ed., Reelaborada, Coimbra, 2006, pp. 279 ss.

[405] ROMANO MARTINEZ assim o expressa (Cessação do contrato, cit., p. 121).

§ 2. Perspectiva genérica do legislador arrendatício

Deve desde já dizer-se que, tal como outrora, o legislador arrendatício consagra uma noção de denúncia distinta de todas as vigentes ou mesmo com significativas particularidades em relação àquela que perfilha uma visão mais lata do instituto.

Daí que se imponha a necessidade de constatar o seu alcance.

Para uma compreensão do sistema consagrado no NRAU, na esteira do que aliás sucedia já no RAU e na anterior versão do Código Civil, importa descrever genericamente as distintas modalidades de denúncia, havendo aqui que diferenciar os negócios quanto à sua duração.

Nos contratos com prazo certo, é admissível a oposição à prorrogação pelo senhorio em determinadas circunstâncias. Não se permite, porém, a denúncia *ad libitum* a todo o tempo. Já o inquilino pode extinguir o contrato, de forma imotivada, em qualquer momento (desde que decorrido um certo tempo de vigência) ou para o termo do prazo[406].

Em relação aos contratos por tempo indeterminado, o locador pode fazer cessar o negócio a todo o tempo e de forma imotivada, desde que conceda um prazo de pré-aviso (no caso, de 5 anos) e que ratifique posteriormente a declaração. Pode também denunciar o negócio de forma motivada, verificadas certas circunstâncias formais, temporais e substanciais. Por sua vez, o arrendatário pode extinguir o contrato, sem restrições, embora tenha aqui que conceder igualmente um curto prazo de antecedência ao senhorio.

§ 3. A denúncia no arrendamento comercial

No NRAU, tal como sucede quanto à duração, a denúncia e a oposição à prorrogação do contrato são livremente estabelecidas pelas partes no domínio do arrendamento comercial (art. 1110º, nº 2 CC, NRAU).

Quer isto dizer que, tanto ao locador como ao locatário, é permitido regular os seus termos. Daí que se imponha a apreciação do alcance das cláusulas contratuais que definem os parâmetros do exercício do direito.

Cabe, desde logo, distinguir as várias possibilidades por referência às modalidades contratuais quanto à duração.

[406] Aliás, confere-se a possibilidade de o contrato se extinguir desde logo se o arrendatário pagar as rendas que se venceriam até ao decurso do prazo de pré-aviso.

1. Contratos com prazo certo

1.1. Traços gerais do arrendamento habitacional

Ao abrigo dos arts. 1095º ss. CC não se prevê a possibilidade de o senhorio "denunciar" a todo o tempo o contrato de arrendamento, mas tão só o de se opor à sua prorrogação automática.

Solução diversa vale para o arrendatário, já que o art. 1098º, nº 2 CC permite a denúncia "a todo o tempo, mediante comunicação escrita ao senhorio com uma antecedência não inferior a 120 dias do termo pretendido do contrato, produzindo essa denúncia efeitos no final de um mês do calendário gregoriano".

Deve notar-se que os antigos "contratos de duração limitada" estão sujeitos ao regime do NRAU (art. 26º, nº 1 NRAU), pelo que esta disciplina lhes é inteiramente aplicável desde o dia 28 de Junho de 2006.

1.2. Denúncia imotivada no arrendamento comercial com prazo certo

Analise-se agora a denúncia a todo o tempo, curando, em primeiro lugar, de saber se as partes se encontram de algum modo limitadas, caso entendam regular os seus termos, para, posteriormente, conhecer o que sucede no silêncio do contrato.

1.2.1. Existência de previsão contratual expressa

Quid juris em relação à admissibilidade de convenção expressa que permita ao senhorio a *denúncia* "a todo o tempo"?

Conquanto se possa sustentar que ao senhorio, dentro do espírito liberalista que subjaz ao arrendamento mercantil, assiste o *direito de denunciar* o contrato a "todo o tempo", também não é menos verdade que, utilizando o argumento da similitude de regimes (habitacional e não habitacional), pelo menos quanto aos contratos celebrados entre determinadas datas (ou seja, os negócios concluídos até 28 de Junho de 2006), o locador do imóvel não dispõe da faculdade de extinguir o contrato "a todo o tempo".

Esta orientação parece ser mais forte quando se considera o regime privatista da denúncia – em especial o da não compatibilidade com os contratos de duração determinada ou, para quem defende outra posição, o da compatibilidade com a denúncia – oposição à prorrogação.

Aduza-se ainda um outro fundamento: os interesses do arrendatário comercial do imóvel (e da circulação do estabelecimento comercial neste instalado) não se encontrariam bem tutelados, caso se admitisse, como princípio genérico, a invocação da denúncia a todo o tempo nos contratos com prazo certo.

Para além disso, o senhorio sempre pode conformar o negócio de acordo com os seus interesses, conferindo-lhe um cunho mais temporário.

Acresce que ao locador já é permitida a denúncia para o termo do prazo.

Admitimos, porém, que numa situação especial (de longevidade do prazo contratual, *v.g.*, 20 anos), em razão de interesses ponderosos, o senhorio possa exercer o direito após o decurso de um certo período de vigência e com um particularmente alargado prazo de pré-aviso.

Nesta circunstância peculiar, deve atender-se, em larga medida, aos interesses do arrendatário mercantil para apreciar a validade da cláusula.

Em relação ao inquilino, e mantendo a premissa de que partimos – a regulação completa do regime da denúncia *ad nutum* "a todo o tempo" –, deve dizer-se que a extinção do contrato em qualquer momento se mostra viável.

No que concerne ao prazo de pré-aviso, também nada parece impedir que se convencione um período de tempo superior (ou inferior) ao previsto no art. 1098º, nº 2 CC, NRAU e que se estipule uma data distinta para que operem os efeitos.

1.2.2. No silêncio do contrato

Se as partes nada dispuserem relativamente à duração do contrato com prazo certo, há que aplicar, em princípio, as regras do arrendamento para habitação (art. 1110º, nº 1 CC, NRAU). Todavia, no sentido de evitar alguma incerteza quanto ao tipo de contrato e em razão dos interesses do arrendatário comercial (aqui prevalentes), aquele considera-se celebrado por um relativamente amplo "prazo certo" – e não por tempo indeterminado –, ou seja, 10 anos.

Quanto à *denúncia* do contrato "a todo o tempo", no art. 1110º, nº 1 CC, NRAU apenas se regula a sua extinção pelo inquilino. Trata-se de uma denúncia *ex lege* (que decorre da lei), onde se prevê que o arrendatário só o pode fazer com uma antecedência igual ou superior a um ano (art. 1110º, nº 1 CC). Pretende-se, com esta medida, tutelar os interesses do senhorio, que se encontra assim a coberto de uma cessação contratual num prazo breve ou escasso, caso se entendesse aplicável o prazo de 120 dias sobre a data em que o locatário pretenda a extinção, apesar de esta só operar no final de um mês do calendário gregoriano (art. 1098º, nº 1 CC, NRAU).

No que concerne ao senhorio, resta saber qual o regime a aplicar no silêncio do contrato. Ora, na esteira do que afirmámos, não se mostra possível a denúncia imotivada a todo o tempo, até porque no arrendamento habitacional, de igual sorte, tal não se permite.

1.3. Denúncia-oposição à prorrogação do contrato com prazo certo

A questão aqui suscita-se especialmente em relação ao senhorio, já que o locatário pode fazer cessar o contrato a todo o tempo, não tendo que aguardar pelo fim do prazo de duração.

Quanto àquele, valem, em princípio, as regras do art. 1097º CC, NRAU: o prazo de pré-aviso é de um ano por referência ao termo do contrato.

Uma cláusula que preveja um prazo inferior, deve relevar os interesses em jogo e em particular, tomar em consideração a tutela do arrendatário comercial (e do estabelecimento mercantil instalado no prédio).

1.4. Exercício do direito

Em qualquer das situações em que se admite a denúncia (em qualquer das suas modalidades), impõe-se àquele que extingue o negócio a efectivação de uma comunicação à contraparte.

Quanto ao modo do exercício do direito, cabe aplicar o regime consagrado no art. 9º, nºs 1 a 6 NRAU.

A denúncia opera extrajudicialmente através de escrito assinado pelo declarante, remetido por carta registada com aviso de recepção ou entregue em mão, devendo o destinatário, neste caso, apor a sua assinatura, com nota de recepção.

1.5. Efeitos da declaração de denúncia

1.5.1. O período de pendência

Todavia, não se pode descurar que, após a recepção da comunicação, subsiste um período de pendência – o do prazo de pré-aviso – em que o contrato de arrendamento comercial se mantém em vigor, devendo ser integralmente cumprido pelas partes.

1.5.2. A extinção do contrato

Esgotado o prazo de antecedência previsto na lei ou fixado no clausulado, o negócio cessa de imediato.

A extinção da relação arrendatícia opera para o futuro, portanto com efeitos "ex nunc".

1.5.3. A restituição do locado

1.5.3.1. Denúncia pelo senhorio

Tendo sido o senhorio a denunciar o contrato, há que aplicar o regime previsto no art. 1081º, nº 1 CC, pelo que é "imediatamente exigível... a desocupação do local e a sua entrega".

No caso de o arrendatário – na sequência da *denúncia-oposição à renovação* efectuada pelo senhorio – não restituir o locado na data devida, este último pode socorrer-se da disciplina prevista no art. 15º, nº 1, al. c) NRAU. A comunicação extrajudicial (constante do art. 1097º CC, NRAU) pode, conjuntamente com o contrato escrito de arrendamento, servir de base à execução para entrega de coisa certa.

1.5.3.2. Denúncia pelo arrendatário

Pode igualmente suceder que o arrendatário denuncie regularmente o contrato, observando, portanto, o correspondente prazo de pré-aviso, mas posteriormente não desocupe o locado.

Cabe ao senhorio exigir ao inquilino a restituição do imóvel, nos termos do art. 1081º, nº 1 CC. Se ainda assim não houver lugar à entrega do prédio, suscitar-se-á a questão de saber se é possível a constituição de um título executivo extrajudicial, ao abrigo do art. 15º, nº 1 NRAU.

O art. 15º, nº 1, al. c) NRAU tem em vista a oposição à *renovação* pelo senhorio, regulada no art. 1097º CC, NRAU. Por outro lado, o art. 15º, nº 1, al. d) NRAU actua no quadro da denúncia, também pelo locador, mas quanto aos contratos de duração indeterminada.

A situação não está, desta forma, textualmente prescrita. Parece-nos, todavia, que a declaração de denúncia do arrendatário, a comunicação do senhorio em que exige a restituição do imóvel e o contrato de arrendamento mercantil são susceptíveis de constituir título executivo que permita a entrega do imóvel. Propomos assim a extensão teleológica do art. 15º, nº 1, al. c) NRAU a esta hipótese.

1.6. A indemnização pela denúncia

A denúncia de um negócio não importa o pagamento de qualquer valor ressarcitório ao outro contraente, ainda que a cessação da relação jurídica cause a este prejuízos. Este princípio geral aplica-se inteiramente ao caso concreto.

No entanto, as partes, ao abrigo da liberdade contratual, podem prever um dever, àquele que denuncia, de compensar o outro contraente.

Há, porém, que apreciar em particular a cláusula em apreço, pois a compensação estipulada pode impedir a denúncia que se pretende livre. Imagine-se a hipótese em que se permite ao arrendatário comercial a extinção do contrato com o prazo de pré-aviso tipo (o do art. 1098º CC, NRAU), mas se fixa, em simultâneo, uma indemnização avultada a pagar por este se tal suceder.

1.7. A ilicitude da denúncia

Como salienta Romano Martinez, "se uma das partes denunciar o contrato fora do contexto em que esta formação é admitida, nomeadamente sem se encontrarem preenchidos os respectivos pressupostos, a sua actuação é ilícita"[407].

[407] Cessação do contrato, cit., p. 124.

Como afirma o autor, este tipo de actuação, em termos gerais, pode fazer operar (cumulativamente ou não) dois efeitos: "a não produção total ou parcial dos efeitos da denúncia" e a "constituição da parte que actuou ilicitamente na obrigação de indemnizar os prejuízos causados à contraparte"[408].

A questão assume particular relevo no quadro do arrendamento mercantil, pois como se sabe as partes são livres de convencionar o regime da denúncia.

No contexto em causa, parece-nos que o exercício ilícito do direito em causa (*v.g.*, o senhorio não deu o prazo de pré-aviso suficiente[409]) não acarreta a extinção do negócio, embora subsista a possibilidade de obtenção de uma indemnização pelos danos causados.

2. Contratos de duração indeterminada

Cabe agora abordar a denúncia nos contratos de duração indeterminada, interessando-nos sobretudo, no tratamento desta questão, as situações em que a extinção é provocada pelo senhorio[410].

2.1. Denúncia imotivada

Decorre *a contrario sensu* do art. 1110º, nº 2 CC, NRAU, que os contratos de arrendamento comercial celebrados por tempo indeterminado devem resultar do próprio clausulado, dado que se nada for previsto o negócio considera-se concluído pelo período de 10 anos.

[408] *Ibid. Ibidem.*

[409] Note-se que, quanto ao arrendatário, é possível a denúncia sem observância do prazo de pré-aviso, nos termos do art. 1098º, nº 2 CC, NRAU.

[410] O arrendatário comercial pode denunciar imotivadamente o contrato, através de comunicação extrajudicial remetida ao senhorio.
Impõe-se um prazo de pré-aviso de 120 dias sobre a data em que pretenda a extinção.
No entanto, os efeitos operam apenas no final do mês de calendário gregoriano (assim se os 120 dias se esgotam, *v.g.*, a 10 de Outubro, o negócio cessa apenas no dia 31 de Outubro).
Repare-se que a inobservância do prazo não impede a cessação imediata do contrato, tal como ocorre com a típica denúncia. Mas aqui prevê-se uma obrigação de indemnização a cargo do arrendatário que corresponde ao pagamento das rendas ao período de pré-aviso em falta, por efeito da aplicação do art. 1098º, nº 3 *ex vi* art. 1100, nº 2 CC, NRAU, vigente em sede de arrendamento com prazo certo.
Realce-se que não se exige aqui um qualquer período de duração efectiva do contrato, pelo que o arrendatário pode denunciá-lo a todo tempo.
Confrontando com o anterior arrendamento vinculístico, em alguns aspectos similar ao arrendamento de duração indeterminada, o inquilino também podia, nos termos do art. 68º, nº 1 RAU, denunciar – extrajudicialmente – o contrato para o termo do prazo inicial ou da sua prorrogação. Devia, contudo, também aqui observar-se um dos prazos de denúncia, previstos no art. 1055º CC, consagrados em razão do tempo de vigência do contrato.

Pode também aqui suceder uma de duas coisas: ou o clausulado cura especificamente dos requisitos e dos termos da denúncia ou aquele nada refere. Impõe-se a análise de ambas as situações.

2.1.1. Previsão contratual expressa

Neste domínio, as partes podem remeter para a aplicação das regras dos contratos de duração indeterminada, donde decorre que os arts. 1099º ss. CC, NRAU são aqui inteiramente empregues.

Mas os contraentes podem dispor acerca dos requisitos e dos termos da denúncia em moldes diversos?

Por exemplo, é admissível que se estipule que "o senhorio pode denunciar o contrato de duração indeterminada mediante comunicação ao arrendatário com antecedência de 6 meses sobre a data em que pretende a cessação"? Ou convencionar que se prescinde da "confirmação da denúncia"?

Em termos genéricos, a doutrina já se pronunciou sobre a temática.

Januário Gomes responde afirmativamente quanto ao facto de as partes poderem disciplinar os termos da denúncia, alertando, no entanto, para a relevância da "regulamentação que as partes façam da antecedência ou do prazo de pré-aviso"[411].

A orientação deve acolher-se, pois a regra da liberdade negocial possibilita a conformação da denúncia pelos contratantes. O problema reside justamente em saber quais os seus contornos.

Nessa sede, as interrogações suscitam-se, por exemplo, no que toca ao decurso de um prazo razoável após a celebração do contrato, ao prazo de pré-aviso e à cláusula que prescinde da ratificação. Vejamos então os pontos assinalados.

2.1.1.1. Decurso de um prazo razoável após a celebração do contrato

Deve pôr-se a questão de saber se a denúncia imotivada pelo senhorio só pode ser exercida após o decurso de um certo prazo após a conclusão do contrato de arrendamento comercial.

No domínio do direito privado, tal limitação encontra-se consagrada expressamente nalguns regimes jurídicos (no art. 12º, nº 1 DL 430/73, que regula os agrupamentos complementares de empresas, no art. 30º, nºs 3 e 4 DL 231/81, que disciplina a associação em participação, nos arts. 185º, nº 1, al. a) do Código das Sociedades Comerciais), em razão de múltiplos factores e interesses[412].

[411] "Disposições especiais do arrendamento para fins não habitacionais", O Direito, 2005, II, p. 382.

[412] Ver MARIA HELENA BRITO, O contrato de concessão comercial, cit., pp. 239 a 241.

Parece-nos que, no contexto em análise, não se deve descartar tal via. O NRAU não nos serve de grande auxílio, pois apenas num outro âmbito – o da denúncia motivada – faz alusão à duração total do contrato que não pode ser inferior a 5 anos (art. 1103º, nº 7 CC, NRAU). Ora, o arrendatário comercial, atento o facto de instalar no locado, o seu negócio, de efectuar investimentos, de dinamizar a sua actividade também em razão do local em causa, de necessitar até de algum tempo para amortizar determinados bens que adquiriu, deve beneficiar de uma especial vantagem.

2.1.1.2. Prazo de pré-aviso

a) Interesses a proteger

Aprecie-se a convenção que consagra a denúncia pelo senhorio com um prazo de pré-aviso inferior a 5 anos.

A resposta a dar a tal problema não pode ser rígida, pois diverge em face da situação concreta.

Cabe, desde logo, afirmar que os interesses do arrendatário comercial merecem uma protecção específica, como transparece em muitas outras normas (cfr., *v.g.*, o art. 1113º CC, NRAU).

Para além disso, não pode esquecer-se que aos valores da circulabilidade e da negociabilidade do estabelecimento são conferidos, de igual sorte, uma tutela particular, ainda que com um menor alcance quando se confronta com a protecção decorrente do regime anterior.

Aduza-se ainda um argumento de especial relevância: se o prazo de antecedência for escasso e breve, isso tornaria inútil ou esvaziaria em larga medida o efeito útil do art. 1112º, nº 1 CC, NRAU. Isto porque o legislador permitiria a transmissão da posição de arrendatário comercial sem necessidade de consentimento do senhorio em caso de trespasse, mas ao mesmo tempo coarctava os interesses do novo locatário. Na verdade, o contrato de arrendamento estaria sujeito à extinção em curto prazo e, consequentemente, impunha-se a mudança de local onde se encontrava instalado o estabelecimento.

Em última instância, pode afirmar-se que se limitaria o próprio trespasse do estabelecimento, dado que a sua mais valia provém muitas vezes não só da localização, mas ainda da fidelização da clientela a um dado espaço (pense-se, *v.g.*, num tradicional café ou confeitaria próximos de uma universidade). Doutra forma, haveria uma insegurança clara para o novo arrendatário.

Não se afaste a intervenção da regra da boa fé e da tutela da parte mais débil no sentido de limitar o exercício do direito de denúncia.

b) Limites temporais indicativos

Para determinar limites temporais indicativos e meramente tendenciais quanto ao prazo de antecedência há que atender à regra da boa fé e à ideia de razoabilidade.

Parece ainda legítimo retirar-se um argumento próximo ao que usamos em sede da obrigação de não concorrência.

Ora, nesse quadro está em causa o período de tempo necessário para que o adquirente proceda à fixação da clientela no estabelecimento transmitido. Na falta de disposição legal que defina tal espaço temporal, o prazo de 5 anos tem sido apontado como o limite temporal máximo para que se consolidem os valores específicos do estabelecimento na esfera do adquirente[413]. Sustentamos ainda que se pode aproveitar o prazo de dois anos como limite mínimo de duração da obrigação em razão da semelhança material com duas normas: o art. 9º DL 178/86 e o art. 146º CT. A fixação, em concreto, do período em causa deverá ser apreciada de acordo com a específica situação, em razão de vários factores, a saber: da actividade exercida, do tipo de estabelecimento[414], bem como do local onde aquele está instalado.

Ora, tais limitações temporais parecem-nos poder ser usadas, como meros indicativos, na hipótese em discussão em razão da existência de uma analogia material. Explicitemos.

Também aqui, quanto ao prazo de pré-aviso, deve existir um espaço de tempo adequado que permita ao inquilino (e proprietário do estabelecimento comercial) não só retirar os proveitos da organização que criou, mas também conferir-lhe a possibilidade de a negociar. Acresce que o novo arrendatário, no caso de trespasse (o transmissário da organização mercantil) – deve dispor de um período razoável que lhe permita fidelizar a clientela do estabelecimento, de forma a que a alteração do local – se necessária – não acarrete perdas consideráveis. Neste caso releva ainda, como justificação, a amortização do valor do trespasse.

[413] Foi o caso dos legisladores italiano e brasileiro (art. 2557º CCIt e art. 1147º CCBr), porque se entendeu ser prazo mais adequado para que o trespassário possa preservar a imagem do seu estabelecimento ao nível da clientela Ainda aqui a doutrina tem defendido que a proibição pode caducar, independentemente de cláusula específica em contrário, se for demonstrado que a empresa se consolidou definitivamente nas mãos do adquirente antes do decurso do prazo em causa (veja-se, neste sentido, COLOMBO, "L'azienda e il divieto di concorrenza dell'alienante", Trattato di Diritto Commerciale e di Diritto Pubblico dell'Economia, Vol. III, Padova, Cedam, 1979, p. 214).

[414] NOGUEIRA SERENS a este alude para concretizar o âmbito temporal da proibição ao tipo de estabelecimento ("Trespasse de estabelecimento comercial, CJ (STJ), 2001, II, p. 7).

Invoque-se, por outro lado, que "a exigência de um adequado prazo de pré-aviso", como afirma a doutrina, "encontra-se consagrada nos casos em que é admitida a denúncia"[415].

Em face do exposto, entendemos assim que não se deve *liberalizar* o prazo de antecedência do direito de denúncia, como é feito noutro tipo de contratação, dada a necessidade imperiosa de protecção do arrendatário mercantil.

2.1.1.3. Confirmação da denúncia

Quanto à temática da *confirmação* da denúncia, resultante do art. 1104º CC, NRAU, em sede de arrendamento habitacional, e potencialmente aplicável a alguns arrendamentos comerciais (aos celebrados até 28 de Junho de 2006, desde que ocorra qualquer das vicissitudes previstas no art. 26º, nº 6 NRAU) –, parece-nos perfeitamente legítimo que se convencione que o exercício do direito não está dependente de qualquer ratificação[416].

E o mesmo se afirme quanto a uma eventual conformação dos prazos máximos e mínimos para a referida ratificação. Aí admitimos que um qualquer prazo (*v.g.*, entre o segundo e o quarto mês por referência à data em que opera a denúncia) seja fixado pelas partes, já que aqui não estão em causa os mesmos valores a que atendemos no tocante ao período de pré-aviso.

2.1.2. Silêncio do contrato

No silêncio do contrato, suscita-se o problema de saber se a disciplina do arrendamento para habitação (quer em relação ao senhorio, quer em relação ao arrendatário) é susceptível de ser empregue.

Januário Gomes, em sede de comentário ao anteprojecto NRAU (que sofreu, no entanto, algumas modificações) considerava que "o regime aplicável será o da denúncia dos contratos de duração indeterminada, que deve ser feita com um pré-aviso razoável, a determinar caso a caso"[417]. Afirma ainda o autor que se "algum contributo podemos retirar do regime do arrendamento para habitação será o de equacionar a aplicação do prazo de 120 dias previsto no artigo 1100/1 como antecedência mínima ou *de partida* – que pode, no entanto, ser tida, em concreto, como insuficiente – para denúncia por qualquer das partes"[418].

[415] MARIA HELENA BRITO, O contrato de concessão comercial, cit., p. 238 (cfr. os invocados arts. 1002º, nº 3 CC e 185º, nº 4 CSC).

[416] Como sabemos, o termo "confirmação" é utilizado no caso de negócios anuláveis (art. 288º CC). Ora, não é isso que aqui está em causa, mas sim, como se alude no art. 1104º CC, a um problema de (in)eficácia da denúncia. Em razão do facto, parece-nos mais adequado, embora as circunstâncias não sejam exactamente idênticas, que se aluda à ratificação da denúncia. Com efeito, o instituto da ratificação aplica-se aos negócios ineficazes.

[417] "Disposições especiais do arrendamento para fins não habitacionais", cit., p. 382.

[418] "Disposições especiais do arrendamento para fins não habitacionais", cit., p. 383.

Em face do NRAU, textualmente, afirma-se que – quanto à matéria enunciada – se aplica "na falta de estipulação, o disposto quanto ao arrendamento para habitação". Donde parece resultar, consequentemente, o emprego dos arts. 1100º a 1104º ss. CC, NRAU.

Não parece, pois, sustentável que as regras (gerais) de carácter privatista possam ser aqui usadas, até porque os interesses do arrendatário comercial – que o legislador protege em certos termos – seriam desconsiderados.

2.1.3. Exercício do direito

Também aqui se exige àquele que denuncia o contrato a realização de uma comunicação à contraparte, sendo igualmente empregue o regime consagrado no art. 9º, nºs 1 a 6 NRAU.

A denúncia e a sua confirmação, caso exista, operam extrajudicialmente, nos termos do citado preceito

2.1.4. Efeitos da declaração de denúncia: em particular a restituição do locado

Quanto aos efeitos da declaração da denúncia, remetemos para o que supra afirmámos. Apenas relevamos aqui as particularidades inerentes à (não) restituição do locado.

Caso o arrendatário não entregue o locado no tempo devido, impõe-se saber se o senhorio que tenha denunciado o contrato por comunicação se pode socorrer do art. 15º, nº 1, al. d) NRAU.

Determina o preceito que o contrato escrito de arrendamento e as duas comunicações (de denúncia e de confirmação da mesma) "previstas na alínea c) do artigo 1101º do Código Civil e no art. 1104 do mesmo diploma" podem "servir de base à execução para entrega de quantia certa".

Ora, como referimos, é muito provável que, no contexto em análise, não esteja aqui em causa uma comunicação com pré-aviso de 5 anos, nem sequer uma segunda declaração que confirme a denúncia. Mas mesmo aqui consideramos a norma aplicável. O legislador disse menos do que aquilo que queria dizer. Não cremos que as referências ao art. 1101º, al. c) e ao art. 1104º, ambos do CC, se devam entender textualmente. Isso implicaria aplicar esta regra, no quadro do arrendamento comercial, só em sede transitória ou nos casos em que o contrato remete para o regime habitacional. Ora, os interesses que se protegem na denúncia imotivada pelo senhorio (cujas regras foram estipuladas ao abrigo da autonomia privada) seguida da não desocupação pelo inquilino são rigorosamente os mesmos dos casos regulados.

2.2. Denúncia motivada

2.2.1. Os fundamentos da denúncia

Em sede de arrendamento mercantil nada impede o locador de se socorrer do regime previsto no art. 1101º, a) e b) CC, NRAU, e assim denunciar justificadamente[419] o contrato nos casos aí enunciados.

São várias, como se sabe, as hipóteses reguladas no preceito que permitem tal extinção:

- a necessidade do prédio para habitação do próprio ou pelos seus descendentes em primeiro grau (art. 1101º, al. a) CC, NRAU; cfr. o anterior art. 69º, nº 1, al. a) RAU);
- a demolição ou a realização de obra de remodelação ou de restauro profundos (art. 1101º, al. b) CC, NRAU; cfr., apesar das alterações efectuadas, as revogadas als. c) e d) do art. 69º RAU).

Ambas as situações já foram por nós analisadas aquando do estudo das normas transitórias, pelo que daremos apenas relevo breve ao tema, destacando os aspectos distintivos.

2.2.2. A acção de despejo

Em qualquer das hipóteses identificadas mostra-se necessário, em relação à denúncia imotivada, um maior formalismo quanto ao exercício do direito.

A extinção do contrato está subordinada à instauração de uma acção de despejo, como prevê o art. 1103º, nº 1, 1ª parte CC, NRAU (cfr. ainda quanto às duas últimas situações o art. 8º, nº 1 DL 157/2006), que deve ser proposta com uma antecedência de 6 meses em relação à data pretendida para a sua desocupação[420].

2.2.3. Necessidade do prédio para habitação pelo próprio ou pelos seus descendentes em 1º grau

O exercício do direito de denúncia pelo senhorio quando necessite do prédio para sua habitação ou dos seus descendentes em 1º grau depende da verificação cumulativa de requisitos exigentes e variados.

[419] Esta é assim uma figura *sui generis*, pois a denúncia por natureza é imotivada. De todo o modo, mantém-se as outras características: o contrato deve ter sido celebrado por tempo indeterminado; não há qualquer incumprimento do arrendatário.

[420] No anterior RAU, a denúncia motivada encontrava-se prevista no art. 70º RAU. Impunha-se a instauração da competente acção de despejo com a antecedência mínima de 6 meses relativamente ao final do prazo contratual.

Substancialmente, a denúncia está sujeita, por um lado, à circunstância de o locador ser proprietário, comproprietário ou usufrutuário do imóvel há mais de 5 anos ou, independentemente do prazo, da aquisição do prédio por via sucessória (art. 1102º, nº 1, al. a) CC, NRAU).

Por outro lado, está ainda dependente do facto de o senhorio não ter na área da comarca onde reside casa própria ou prédio arrendado que satisfaça as suas necessidades de habitação própria (ou dos seus descendentes em 1º grau) – art. 1102º, nº 1, al. b) CC, NRAU.

Acresce que o senhorio que tenha vários prédios locados só pode denunciar justificadamente o contrato relativamente àquele que esteja arrendado há menos tempo (art. 1102º, nº 2 CC, NRAU).

A denúncia pressupõe ainda o pagamento do valor equivalente a um ano de renda, verificando-se aqui substanciais diferenças em relação ao quadro legal anterior[421].

Exigem-se ainda ulteriormente dois requisitos: que o senhorio dê ao local a utilização invocada no prazo de seis meses e que o use (efectivamente) por um período de três anos (art. 1103º CC, NRAU).

2.2.4. Realização de obra de remodelação ou de restauro profundos ou demolição do locado: considerações gerais

Os arts. 1101º, als. a) e b) e 1103º CC, NRAU referem-se a duas formas específicas de denúncia. Mas a regulamentação desta matéria é complementada num diploma autónomo – DL 157/2006.

Uma nota prévia se impõe: o exercício do direito de denúncia pelo senhorio, quando pretenda a realização de obra de remodelação ou de restauro profundos ou a demolição do prédio, depende, de igual modo, da verificação cumulativa de requisitos de vária índole.

Refira-se que da denúncia não pode resultar uma duração do contrato inferior a 5 anos.

Uma última consideração de índole sistemática. Invertemos a análise dos tipos de denúncia em causa (e, portanto, a enunciação prevista na alínea b) do

[421] A cessação do contrato pelo senhorio, através deste meio, podia acarretar, em face do RAU, duas consequências, a saber:
- por um lado, quando o imóvel tivesse aumentado o seu valor locativo por facto imputável ao arrendatário, este tinha direito a uma compensação em dinheiro, fixada pelo tribunal segundo um juízo de equidade, embora tal compensação nunca pudesse exceder 10 vezes a renda anual (art. 113º, nº 1 RAU);
- por outro lado, previam-se especificidades quanto ao prazo do diferimento da desocupação do imóvel caso o contrato tivesse durado um ou mais anos (art. 114º, nº 1 RAU); se o arrendamento vigorasse há menos de 10 anos (à data da decisão que efectiva a denúncia), o prazo para a desocupação era de 1 ano; se o arrendamento durasse há 10 anos ou mais, o prazo seria de dois anos.

art. 1101º CC, NRAU) em razão da sequência consagrada no DL 157/2006, e, em particular, da remissão efectuada pelo art. 7º desse diploma para o art. 6º.

2.2.4.1. Obras de remodelação ou de restauro profundos

De notar que, nos termos do art. 5º, nº 1 DL 157/2006, alternativamente à denúncia, se permite ao senhorio a suspensão da execução do contrato pelo período da realização das obras[422].

Aliás, num caso específico impõe-se mesmo a obrigação de suspensão do contrato – impedindo-se assim o exercício do direito de denúncia –, a saber: na hipótese de as obras não serem estruturais (ou seja, quando não originem uma distribuição de fogos sem correspondência com a distribuição anterior – art. 4º, nº 2 *a contrario*)[423-424].

De todo o modo, optando o locador (se as obras forem de tipo estrutural) pela denúncia do contrato, consagram-se obrigações diversas ou de conteúdo distinto em razão da existência ou não de um acordo entre as partes. Explicitemos.

Naquele caso, identificam-se dois tipos de deveres:

- um dever de indemnizar o arrendatário (por todas as despesas e danos patrimoniais e não patrimoniais), prevendo-se um montante ressarcitório mínimo (que não pode ser inferior a 2 anos de renda), nos termos do art. 6º, nº 1, al. a) DL 157/2006[425];
- e um dever de garantir o realojamento do inquilino (no mesmo concelho e em condições análogas) por prazo não inferior a 5 anos – art. 6º, nº 1, al. b) DL 157/2006;

[422] A suspensão produz os seus efeitos no momento da desocupação do locado pelo arrendatário.

[423] Para tal efeito, o senhorio deve comunicar ao inquilino a intenção de proceder às obras, o local e as condições do realojamento, a data de início e a duração previsível das obras (art. 10, nº 1 DL 157/2006).
O arrendatário tem, em sede de resposta, a faculdade de denunciar o contrato escolhendo o momento em que operam os efeitos dessa extinção, mas tendo como limite a data do início das obras (art. 10º, nº 2 DL 157/2006).
O locatário tem a faculdade de preferir uma indemnização por todas as despesas e danos (patrimoniais e não patrimoniais) em vez do realojamento (art. 10º, nº 4 DL 157/2006).

[424] A suspensão da execução do contrato pelo período em que se realizam as obras impõe que o senhorio garanta o realojamento do arrendatário.

[425] Esse valor deve ser – quando o senhorio não pretenda assegurar o realojamento – depositado nos 15 dias posteriores à propositura da acção (art. 8º, nº 3 DL 157/2006). Sendo a indemnização apurada de valor superior, a sentença não será proferida enquanto não se encontre depositada a sua totalidade (art. 8º, nº 4 DL 157/2006). O arrendatário pode levantar o depósito após o trânsito em julgado da sentença que decrete a extinção do contrato (art. 8º, nº 5 DL 157/2006).

Na hipótese de inexistência de acordo prevê-se apenas uma obrigação de indemnização a cargo do senhorio, com a mesma limitação inferior, mas que atende agora ao pagamento de todas as despesas e danos, nos termos do instituto da responsabilidade civil (art. 1103º, nº 4 e nº 3, al. a) CC, NRAU e art. 6º, nº 2 e nº 1, al. a) DL 157/2006).

2.2.4.2. Demolição do prédio

Quanto à demolição do prédio utilizam-se as mesmas regras, em particular o art. 1103º e o art. 7º DL 157/2006.

Assim, tem inteira aplicação o que afirmámos em relação à alternativa do locador quanto às obrigações decorrentes da denúncia (art. 1103º, nºs 3 e 4 CC, NRAU e art. 7º, nº 1 DL 157/2006).

É de realçar, porém, que o regime em causa não é empregue, por força do art. 7º, nº 2 DL 157/2006, sempre que cumulativamente se verifiquem os dois pressupostos que a seguir se enunciam:

- a necessidade de demolição por força da degradação do prédio, em razão da sua incompatibilidade técnica com a reabilitação e da circunstância de gerar risco para os ocupantes do prédio;
- a verificação das condições enunciadas, depois de ouvida a Comissão Arbitral Municipal, deve ser atestada pelo município.

Portanto, o que se pretende referir aqui é que apenas há uma obrigação de ressarcimento dos danos causados ao arrendatário, nos termos das regras gerais da responsabilidade civil.

Exclui-se aqui naturalmente a possibilidade de suspensão do contrato pelo senhorio.

Capítulo IX
Cessação do contrato (cont.): caducidade

§ 1. Caracterização. § 2. Casos de caducidade previstos no regime locatício. 1. Decurso do prazo. 1.1. O fim do prazo convencionado. 1.2. Desocupação do locado. 1.3. Da possibilidade de criação de título executivo no caso de não desocupação do locado pelo arrendatário. 2. Verificação da condição resolutiva. 3. Certeza da não verificação da condição suspensiva. 4. Cessação do direito ou dos poderes legais de administração. 4.1. Situação-regra. 4.2. Situações em que não se verifica a caducidade. 5. Morte do arrendatário, pessoa física. 6. Extinção da pessoa colectiva. 7. Perda da coisa locada. 7.1. Perda total. 7.2. Perda parcial equiparada. 7.3. Mera perda parcial. 8. Expropriação por utilidade pública. 9. Confusão. 9.1. Aquisição do prédio pelo arrendatário. 9.2. Aquisição do estabelecimento comercial pelo inquilino. § 3. Restituição do locado. 1. Prazo a partir do qual é exigível a restituição. 2. Exercício do direito de restituição. § 4. Indemnização. § 5. A falta de oposição do locador perante o gozo do locado pelo arrendatário.

§ 1. Caracterização

No quadro do direito civil, a caducidade representa uma das formas de extinção do contrato. Caracteriza-se pela inexistência de uma manifestação de vontade tendente a esse efeito, operando *ope legis*, de modo automático, A cessação é assim a consequência de um facto relativamente ao qual a lei atribui esse efeito[426]. Opera *ex nunc*, sem que se lhe atribua eficácia retroactiva[427].

[426] Como se salienta, "a sua causa é algo de objectivo" – MOTA PINTO, Teoria Geral do Direito Civil, 4ª Ed. por ANTÓNIO PINTO MONTEIRO e PAULO MOTA PINTO, Coimbra, 2006, p. 630.
[427] ALMEIDA COSTA, Direito das Obrigações, 10ª Ed., Reelaborada, Coimbra, 2006, pp. 317 (nota 2) e 318.

O NRAU apenas se refere à caducidade no art. 1079º CC, quando enumera os distintos modos de cessação do contrato, ao contrário do que ocorria no revogado RAU, já que se fazia aí alusão à temática nos arts. 66º e 67º, embora sem que assumisse carácter distintivo[428].

Na disciplina do presente remete-se, pois, indirectamente para o regime locatício geral, decorrente do art. 1051º CC, que sofreu, no entanto, ligeiras modificações[429].

§ 2. Os casos de caducidade previstos no regime locatício

Em sede de arrendamento mercantil, cumpre analisar seguidamente as hipóteses de caducidade. Todavia, não limitemos o nosso estudo às situações consagradas no art. 1051º CC.

Algumas considerações prévias se impõem.

Por um lado, os casos de cessação automática do contrato restringem-se à extinção da pessoa colectiva (al. d) do art. 1051º CC[430]), de perda da coisa locada (al. e) do art. 1051º CC) e de expropriação por utilidade pública (al. f) do art. 1051º CC).

Por outro lado, nem todas as alíneas do art. 1051º CC parecem enquadrar-se na figura da caducidade em sentido estrito, conquanto dela se aproximem. Com efeito, nas als. c), d), e), f) do citado preceito civilista, está em causa uma "impossibilidade superveniente, que determina a extinção do vínculo"[431].

1. Decurso do prazo

1.1. O fim do prazo convencionado

Dispõe o art. 1051º, al. a) CC que o contrato caduca "findo o prazo estipulado ou estabelecido por lei".

À luz da disciplina do pretérito esta regra não se aplicava ao arrendamento comercial, em virtude de este se encontrar sujeito a uma de duas modalidades quanto ao prazo: o vinculismo e a duração limitada. O que representava, respectivamente, a sua prorrogação imperativa ou a sua prorrogação automática. Não

[428] O art. 66º RAU efectuava uma remissão para o art. 1051º CC, o art. 67º RAU remetia, por sua vez, para o regime do Código das Expropriações.

[429] No passado, havia uma remissão expressa no art. 66º RAU para o preceito civilista.

[430] Em face da morte do arrendatário mercantil, pessoa física, o contrato em princípio continua.

[431] Esta é a posição de ROMANO MARTINEZ, que acompanhamos (Da cessação do contrato, 2ª Ed., Coimbra, 2006, pp. 323 a 325). As alíneas a) e b) configuram, portanto, situações típicas de caducidade.

se permitia assim a celebração de contratos de arrendamento com prazo definido, que findassem no termo do período estipulado.

Ora, por força do art. 1110º CC, NRAU, a matéria relativa à duração é livremente estabelecidas pelas partes. Desta sorte, mostra-se viável que os contraentes prevejam que, no termo do período convencionado, o contrato cesse sem mais, afastando-se as mencionadas regras (que, no pretérito, envolviam sempre a prorrogação do negócio)[432].

Note-se que, sendo o clausulado omisso, o art. 1110º, nº 2 CC, NRAU considera que o contrato se entende celebrado com prazo certo pelo período de 10 anos. Pode discutir-se se a lei fixa – indirectamente – uma hipótese de caducidade ou se sujeita o negócio à regra da prorrogação automática. Parece-nos ser esta a hipótese tida em vista no citado normativo. Embora a parte final da disposição não seja sugestiva (em nenhum dos sentidos) ao aludir tão só à denúncia pelo arrendatário "com antecedência [não] inferior a um ano", é de admitir que a referência a um "prazo certo", ainda por cima de 10 anos, portanto superior ao limite previsto no art. 1095º, nº 2 CC, NRAU, estará sujeita à regra emergente do art. 1096º, nº 1, 2ª parte CC, NRAU.

1.2. Desocupação do locado

Havendo prazo definido no contrato, as partes conhecem antecipadamente o momento da extinção do contrato. Daí que não haja necessidade de diferir o momento da desocupação para data ulterior. Esta dilação tem como finalidade evitar prejuízos para o inquilino decorrentes da entrega inesperada do locado. Tal circunstancialismo não se verifica aqui.

Desta sorte, o arrendatário comercial deve restituir o imóvel findo o prazo estabelecido do contrato.

Realce-se que não se pode afirmar que o locatário do presente está, neste aspecto, pior do que o do passado. Poder-se-ia alegar que o revogado art. 114º RAU previa prazos de diferimento da desocupação para algumas hipóteses de caducidade, mas, como demonstrámos, os contratos de outrora não podiam revestir a faceta "não renovável".

1.3. Da possibilidade de criação de título executivo no caso de não desocupação do locado pelo arrendatário

O art. 15º, nº 1 NRAU prevê a criação de 6 títulos executivos extrajudiciais tendo em vista a entrega de imóvel arrendado.

Ora, um dos casos aí regulados é justamente o da "caducidade pelo decurso do prazo", conquanto limitado às situações de contrato não renovável "por ter

[432] OLINDA GARCIA parece não admitir esta possibilidade (Arrendamentos para comércio, cit., p. 178).

sido celebrado para habitação não permanente ou para fim especial transitório". Aí "o contrato escrito donde conste a fixação desse prazo" serve o referido objectivo.

A caducidade do contrato de arrendamento comercial pelo decurso do prazo não está expressamente regulada. Parece-nos, todavia, que a norma deve ser interpretada no sentido de a englobar. Repare-se que nela se regulam apenas os contratos de "habitação não permanente" ou os contratos concluídos "para fim especial transitório". Ora, estas são justamente as situações em que, convencionalmente, é admissível a fixação da caducidade pelo decurso do prazo. A mesma argumentação deve utilizar-se para o arrendamento comercial. Aliás, os requisitos exigidos para a criação do título executivo são, como veremos, exactamente os mesmos.

Por um lado, é fundamental o contrato escrito. Mas não só. Ele deve determinar o prazo de duração, findo o qual se extingue, devendo dele constar expressamente a sua "não renovação".

2. Verificação da condição resolutiva

As partes podem subordinar a resolução de um contrato a um acontecimento futuro e incerto. Tal via é admissível ao abrigo dos arts. 270º ss. CC.

O contrato de arrendamento comercial não escapa a esta regra, como *supra* assinalámos. Todavia, há aqui limitações de cariz geral e de natureza específica a ter em conta.

Por um lado, as condições lícitas e impossíveis não se admitem.

Por outro lado, a condição aposta não pode pretender contornar regras imperativas, nem defraudar as regras resolutivas[433].

3. Certeza da não verificação da condição suspensiva

A aposição de uma condição suspensiva no contrato de arrendamento comercial não suscita particulares obstáculos (art. 270º CC).

Atendendo a que o negócio ainda não produziu efeitos, basta a certeza da não verificação do facto condicional para que se considere aquela como não verificada (art. 275º, nº 1 CC).

4. Cessação do direito ou dos poderes legais de administração

Os casos que a seguir se enunciam estão ligados à pessoa do locador. É na esfera deste que se há-de verificar (ou não) a causa extintiva do arrendamento.

433 A doutrina conhecida tem sido, neste aspecto, unânime. Ver ROMANO MARTINEZ, Direito das Obrigações, cit., p. 207 (e as referências que ai são feitas noutros tipos de arrendamento), OLINDA GARCIA, Arrendamentos para comércio..., cit., pp. 179 ss, e MENEZES LEITÃO, Arrendamento Urbano, cit., p. 99.

4.1. Situação-regra

A al. c) do art. 1051º CC tem em vista a cessação do direito ou o fim dos poderes legais de administração com base nos quais o contrato foi celebrado.

Portanto, hão-de estar em causa, em concreto, hipóteses em que o senhorio se encontra temporalmente limitado no que toca ao poder de proporcionar o gozo do imóvel.

Ora, se o locador, na qualidade de usufrutuário, dá de arrendamento um prédio, e, ulteriormente, se extingue o seu direito ao usufruto (com base no qual aquele contrato foi concluído), em princípio, este último termina. Desta forma, com a morte do senhorio termina o usufruto (art. 1476º, nº 1, al. a) CC) e, consequentemente, a relação locatícia.

4.2. Situações em que não se verifica a caducidade

Note-se que o art. 1052º CC consagra desvios à regra enunciada, permitindo assim a continuidade do arrendamento.

Tal sucede se se consolidar na mão do senhorio o usufruto e a propriedade (art. 1052º, al. a) CC). Trata-se de uma outra causa de extinção do usufruto, prevista no art. 1476º, nº 1, al b) CC, mas que faz operar uma consequência diversa do ponto de vista do arrendamento.

A alienação do direito pelo usufrutuário (art. 1444º CC) ou a renúncia ao usufruto (art. 1476º, nº 1, al. e) CC) não tem igualmente como consequência a cessação do arrendamento. Aqui o contrato só finda "pelo termo normal do usufruto" (art. 1052º, al. b) CC). O regime é compreensível. Na primeira situação, o adquirente sub-ingressa nos mesmos direitos e deveres do trespassante. No outro caso, a regra visa proteger o inquilino, já que se assim não se determinasse, a relação arrendatícia estaria dependente da mera vontade do usufrutuário[434].

Uma outra hipótese em que o contrato de arrendamento não caduca resulta da circunstância de ter sido celebrado pelo cônjuge administrador (art. 1052º, al. c) CC).

[434] ROMANO MARTINEZ, Direito das Obrigações, cit., p. 209.
Neste sentido, entre outros, PINTO FURTADO, Manual do Arrendamento Urbano, cit., pp. 715 ss., ROMANO MARTINEZ, Direito das Obrigações, cit., p. 270, ARAGÃO SEIA, ob. cit., p. 669, PAIS DE SOUSA, ob. cit., pp. 297 e 298.
Diversamente, ALBERTO DOS REIS, "Jurisprudência crítica sobre processo civil – comentário ao Ac. STJ de 6 de Julho de 1948", RLJ, Ano 81, nº 2894, p. 330, ISIDRO MATOS, Arrendamento e aluguer. Breve comentário ao Capítulo IV do Título II do Livro II (arts. 1022º a 1120º do Código Civil), Coimbra, 1968, pp. 295 ss. (considera o jurista que as situações são em tudo idênticas, pelo que não cabe discipliná-las diversamente), JANUÁRIO GOMES, Arrendamentos Comerciais, cit., pp. 270 ss. (o autor equipara a situação das pessoas colectivas à do arrendatário, pessoa física).

5. Morte do arrendatário, pessoa física

Ao invés do que sucede no domínio da locação (art. 1051º, al. d) CC) – onde a morte do locatário importa a extinção do contrato –, no arrendamento comercial consagra-se disciplina oposta: o negócio "não caduca por morte" do inquilino (art. 1113º, nº 1, 1ª parte CC, NRAU).

Neste âmbito, não se modifica a regra da continuidade do negócio, que já vigorava no antigo art. 112º RAU. Desta sorte, o direito ao arrendamento comunica-se aos sucessores (legais ou voluntários) do falecido (art. 1113º, nº 1, 2ª parte CC, NRAU).

Confere-se assim tutela ao interesse do sucessor que pretenda manter (ou até eventual transmitir) o estabelecimento a funcionar no locado. Mas atendendo ao novo enquadramento, esta protecção é agora mais escassa, já que existe nos precisos termos contratuais definidos depois da entrada em vigor da Lei 6/2006.

Mas o novo regime trouxe algumas mudanças em relação às restantes circunstâncias que envolvem a referida transmissão ou a possível renúncia.

Pretendendo o sucessor renunciar à transferência da posição contratual, cabe-lhe comunicar tal facto ao senhorio no prazo de três meses após a morte do arrendatário comercial (art. 1113º, nº 1, 2ª parte CC).

Se, ao invés, o que está em causa é a continuidade do contrato, o art. 1113º, nº 2 CC, NRAU remete, com as necessárias adaptações, para o art. 1107º CC, NRAU. Ora, aí impõe-se igualmente ao sucessor não renunciante a notificação ao senhorio, "com cópia dos documentos comprovativos e no prazo de três meses a contar da ocorrência". Constata-se que há uma redução – para metade – do antigo período de 180 dias (cfr. o revogado art. 112º RAU).

Acresce que existe, actualmente, um só prazo para realizar a respectiva comunicação (da renúncia ou da notificação da transmissão).

Quanto aos documentos a remeter ao locador, para efeito da cessão da situação jurídica, não há alterações:

- exige-se a entrega da respectiva certidão de óbito para demonstrar a morte do arrendatário;
- impõe-se a entrega de documentos que comprovem a qualidade de sucessor (*v.g.*, a certidão de casamento, se se trata do cônjuge, a certidão de nascimento, no caso do filho).

Em jeito de conclusão, refira-se que o herdeiro está, pois, sempre vinculado a efectuar uma declaração (em que comunica a morte do *de cujus* e remete os documentos necessários para a eficácia da transmissão ou em que renuncia a essa transmissão), sob pena de responder por essa omissão perante o senhorio.

6. Extinção da pessoa colectiva

Na análise do art. 1113º CC, NRAU – que se assemelha materialmente ao revogado art. 112º RAU –, cumpre transpor a discussão doutrinária existente no passado.

Debatia-se, em face do normativo, a questão de saber se a extinção da pessoa colectiva (designadamente uma sociedade comercial) acarretava (ou não) a caducidade do contrato de arrendamento comercial.

O entendimento predominante – que se acolhe – é o de que o contrato de arrendamento comercial, em princípio, caduca por extinção da pessoa colectiva, conquanto não se exclua a possibilidade de existir convenção das partes em sentido contrário (art. 1051º, nº 1, al. d) CC). O art. 1113º CC não é, portanto, empregue.

Do normativo retiram-se alguns argumentos de texto, que sustentam a sua não utilização: a alusão à "morte" (da pessoa singular) e aos "documentos comprovativos da ocorrência", assim como a referência aos "sucessores". Acresce que, em sede de sucessão por morte, se atende a regras específicas, distintas das que vigoram ao nível da extinção de uma sociedade comercial. Aqui a destinação do património societário realiza-se mediante liquidação, na sequência da dissolução. As situações não são deste modo equiparáveis.

Repare-se que há hipóteses em que esta regra locatícia não funciona. Estamos a pensar na extinção da sociedade por fusão ou por cisão. Aqui o estabelecimento comercial transmite-se, a título universal, para a nova sociedade ou para a sociedade incorporante, sendo que se transfere também a posição arrendatícia, exactamente com o mesmo conteúdo. O art. 112º, al. a) CSC derroga a regra do art. 1051º, al. d) CC[435].

7. Perda da coisa locada

7.1. Perda total

Dispõe a al. e) do art. 1051º CC que o contrato caduca pela perda total ou parcial do bem locado.

Como se assinala no Ac. Rel. Porto, de 3.6.1997, "a perda da coisa locada abrange não só a situação em que essa coisa desaparece ou deixa de existir por causa natural ou por acção do homem, como a situação em que a coisa locada não desaparece, mas sofre danificações tais que fica inutilizada ou se torna imprópria para servir os fins do arrendamento"[436].

[435] Para mais pormenores, ver GRAVATO MORAIS, Alienação e oneração do estabelecimento comercial, cit., pp. 129 ss.

[436] Ac. Rel. Porto, de 3.6.1997 – sumário (RAPAZOTE FERNANDES), www.dgsi.pt.

Ora, se tal causa não for imputável ao locador (por exemplo, a destruição do imóvel por incêndio provocado pelo arrendatário), extingue-se imediatamente a sua obrigação – art. 790º, nº 1 CC –, não tendo o inquilino direito a qualquer indemnização.

7.2. Perda parcial equiparada

Pode dar-se o caso de a perda ser apenas parcial. Assim, se o grau de destruição impedir a finalidade para que foi constituído tem-se entendido que faz operar, de igual sorte, a caducidade do contrato[437].

7.3. Mera perda parcial

A mera perda parcial, que não impossibilite o fim a que o arrendamento se destina faz operar determinadas consequências na relação contratual, conquanto esta não cesse.

Por um lado, o senhorio permanece obrigado a proporcionar o gozo possível da coisa (art. 793º, nº 1 CC). Correspondentemente, o arrendatário pode obter uma redução da renda, atenta a diminuição do gozo (art. 1040º, nº 1 CC), ou resolver o contrato (art. 1050º CC), sem prejuízo de – cumulativamente com qualquer das vias assinaladas – exigir uma indemnização em razão dos danos causados.

8. Expropriação por utilidade pública

A expropriação por utilidade pública do imóvel determina, de igual modo, a caducidade do contrato de arrendamento comercial (art. 1051º, al. f), parte inicial CC, NRAU, na esteira da remissão do revogado art. 67º, parte inicial RAU para esse normativo).

Esta regra geral sofre, porém, um desvio quando naturalmente a expropriação se compadece com a subsistência do contrato (art. 1051º, nº 1 al. f), *in fine* CC).

Extinto o contrato, a entidade expropriante está obrigada a indemnizar o arrendatário mercantil, sendo a posição deste considerada para esse efeito como um encargo autónomo (art. 67º, nº 1, segunda parte RAU e art. 30º, nº 1 Código das Expropriações – Lei 168/99, de 18 de Setembro).

O valor dessa indemnização é calculado nos termos do citado diploma.

Relevam, no quadro do art. 30º, nº 3 Código das Expropriações, as despesas relativas à nova instalação (aqui se integrando os diferenciais de renda a pagar pelo arrendatário), assim como os prejuízos resultantes do período de paralisa-

[437] ARAGÃO SEIA, Arrendamento Urbano, cit., p. 487.
Na jurisprudência, ver Ac. Rel. Porto, de 23.101995 – sumário (BESSA PACHECO), www.dgsi.pt.

ção da actividade necessário para efectuar a transferência do imóvel. Neste âmbito, contabilizam-se, por exemplo, os salários pagos, os encargos relativos à Segurança Social que a entidade empregadora continue a suportar[438]. O cálculo desse montante é efectuado nos termos gerais do direito.

9. Confusão

A reunião, no mesmo sujeito, das qualidades de senhorio e de arrendatário faz operar igualmente a caducidade do contrato. Agora por confusão (arts. 868º ss. CC)[439].

9.1. Aquisição do prédio pelo arrendatário

O NRAU mantém o direito de preferência do arrendatário no caso de o senhorio pretender vender ou dar em cumprimento o locado (art. 1091º, nº 1, al. a) CC). Apenas se alteram – em relação ao passado – as condições do exercício do direito. Mostra-se necessário que o arrendamento perdure há mais de três anos, e não há apenas um, como dispunha o antigo art. 47º RAU.

Se se verifica esta hipótese, o locatário torna-se proprietário do prédio, cessando consequentemente a relação arrendatícia.

9.2. Aquisição do estabelecimento pelo senhorio

A situação pode, todavia, ser a oposta, ou seja, é agora o senhorio que adquire o estabelecimento comercial instalado no imóvel que arrendou, por força do direito de preferência que se lhe atribui no caso de venda ou dação em cumprimento da organização mercantil. Tal via é admissível nos termos do art. 1112º, nº 4 CC, NRAU.

§ 3. Restituição do locado

1. Prazo a partir do qual é exigível a restituição

O art. 1053º CC consagra uma regra especial acerca da restituição do prédio quando opere a caducidade do contrato de arrendamento (aqui se incluindo também o comercial).

[438] Ver Ac. Rel. Porto, de 8.3.1993, BMJ, nº 425, 1993, p. 622.
Nos casos em que é o proprietário do prédio que exerce uma actividade comercial, à indemnização pelo valor do prédio acresce a que corresponde aos prejuízos da cessação inevitável ou da interrupção e da transferência da actividade (art. 31º, nº 1 Código das Expropriações).

[439] Ver MENEZES LEITÃO, Arrendamento Urbano, cit., p. 102, OLINDA GARCIA, Arrendamentos para comércio, cit., p. 182.

Textualmente, afirma-se que abrange só os casos previstos nas "als. b) e seguintes art. 1051º".

Exclui-se, portanto, a alínea a), hipótese esta à qual fizemos já referência.

A restituição do prédio apenas pode ser exigida (pelo senhorio) passados 6 meses sobre a verificação do facto que determina a caducidade (*v.g.*, a condição resolutiva, a cessação do direito).

Confrontando com o regime do passado, a disciplina vigente importa uma diminuição da tutela do inquilino mercantil, já que se previa um diferimento da desocupação mais longo (de um ano ou de dois anos), num prazo que variava em função do tempo de vigência do contrato (art. 114º, nºs 1 e 2 RAU). Porém, este benefício não se concedia nos casos de perda da coisa e de morte do arrendatário quando o sucessor não cumprisse os deveres de comunicação.

2. Exercício do direito de restituição

Quanto ao modo como pode o senhorio obter a restituição do imóvel, o legislador não se pronuncia expressamente, nem no (modificado) art. 1053º CC, nem no art. 1081º CC, que nos poderia servir de auxiliar.

Menezes Leitão considera que "parece bastar a comunicação à outra parte, cumpridos os requisitos dos arts. 9º e ss. do NRAU"[440].

Perfilhamos esta orientação. Assim, o senhorio pode servir-se de dois caminhos para fazer operar tal efeito: o escrito assinado pelo declarante deve ser remetido por carta registada com aviso de recepção ou entregue em mão (art. 9º, nºs 1 a 6 NRAU).

Se o arrendatário mercantil não restituir voluntariamente o prédio, o locador necessitará de instaurar a competente acção de despejo.

§ 4. Indemnização

Outrora, o art. 113º RAU atribuía ao arrendatário uma compensação em dinheiro – ressalvados determinados casos (os de perda da coisa locada e os do art. 112º, nº 3 RAU) e a indemnização prevista no Código das Expropriações – "sempre que por facto seu o prédio arrendado [tivesse] aumentado de valor locativo".

Este regime específico foi suprimido com o NRAU.

Assim, à luz do quadro vigente, nas situações de impossibilidade superveniente do contrato de arrendamento é necessário apurar se houve ou não culpa do senhorio quanto à verificação do facto que originou a sua extinção. Se se concluir afirmativamente, caberá a este ressarcir o inquilino dos danos causados[441].

[440] Arrendamento Urbano, cit., p. 105.

[441] Ver ROMANO MARTINEZ, Da cessação do contrato, cit., p. 328.

§ 5. A falta de oposição do locador perante o gozo do locado pelo arrendatário

Apesar da caducidade do contrato, pode haver lugar à sua "renovação", posto que verificado determinado circunstancialismo.

Por um lado, mostra-se necessário que o arrendatário se mantenha no gozo da coisa pelo prazo de um ano. Por outro lado, é ainda imperioso que, durante esse período, o senhorio se não tenha oposto a esse gozo (art. 1056º CC).

O preceito em causa parece apenas aplicável, em sede de arrendamento comercial, às hipóteses de caducidade previstas nas als. a) e b)[442].

A consequência é a renovação do contrato, expressando Menezes Leitão que esta é uma autêntica causa de "sanação da caducidade"[443].

[442] Já que a al. g) não é empregue no quadro do arrendamento mercantil.

[443] Arrendamento urbano, cit., p. 105.

Capítulo X
A fiança prestada no contrato de arrendamento comercial

§ 1. Os riscos inerentes à prestação de fiança em sede arrendatícia. § 2. Regime da fiança mercantil. 1. *Solidariedade* do fiador. 1.1. Pressupostos. 1.2. O carácter imperativo da solidariedade. 2. Acessoriedade da fiança. 2.1. Considerações gerais. 2.2. Manifestações da acessoriedade. 2.2.1. Renda. 2.2.1.1. Falta de pagamento da renda. 2.2.1.2. Pagamento da indemnização por falta do pagamento da renda. 2.2.1.3. Pagamento de juros de mora. 2.2.1.4. Cláusula penal. 2.2.2. Encargos. 2.2.2.1. Falta de pagamento de encargos. 2.2.2.2. Pagamento da indemnização por falta atempada do pagamento de encargos. 2.2.3. Indemnização a pagar após a cessação do contrato. 2.2.3.1. Regra geral. 2.2.3.2 Não entrega atempada do locado após a extinção do contrato; a) Breve descrição do regime; b) Posição do fiador em face da inexistência de cláusula contratual específica; c) Posição do fiador em face da existência de cláusula que estende o âmbito da sua obrigação à do arrendatário. § 3. A revogação da regra que estabelecia limitações à responsabilidade do fiador. 1. Enquadramento, interesses em confronto e aplicabilidade em sede arrendatícia. 2. Âmbito da obrigação do fiador no silêncio do contrato. 3. Vinculação do fiador na sequência de estipulação contratual. 3.1. Admissibilidade. 3.2. Extensão da vinculação do fiador. 3.2.1. Prestação de fiança sem limitação dos períodos de prorrogação. 3.2.1.1. A alteração da renda. 3.2.1.2. O decurso do prazo de 5 anos. 3.2.2. Prestação de fiança de extensão máxima com afastamento das causas legais de cessação. 3.2.2.1. A pluralidade de orientações; a) A natureza da norma e o carácter da obrigação do fiador; b) A "nova convenção"; 3.2.2.2. Posição tomada. 3.2.3. Prestação de fiança com limitação dos períodos de prorrogação. 4. A revogação do art. 655º CC e as suas implicações nos contratos do passado. 5. A disciplina da fiança nos contratos celebrados após a entrada em vigor do NRAU.

§ 1. Os riscos inerentes à prestação de fiança em sede arrendatícia

A fiança prestada no quadro das obrigações do arrendatário mercantil é a garantia mais usual.

Essa fiança envolve riscos acrescidos para o respectivo garante.

Concretizemos.

Para além do regime da solidariedade do fiador imposto pelo art. 101º CCom – a que em seguida aludimos –, e da responsabilidade do garante, como é natural nas garantias pessoais, se estender a todo o seu património, a sua posição torna-se bem mais débil em razão das especialidades do contrato em causa.

Queremos com isto afirmar que, ao contrário do senhorio – que pode fazer cessar o contrato para o fim do prazo certo ou com um certo prazo de pré-aviso, caso se trate de um negócio de duração indeterminada –, e do próprio arrendatário – que pode igualmente extinguir o contrato, independentemente da sua modalidade, a todo o tempo, com um dado pré-aviso –, o fiador está pura e simplesmente vinculado ao negócio realizado pelos contraentes. Não o pode, desta sorte, fazer cessar, através da concessão de um mero prazo de pré-aviso, mais ou menos longo.

Claro que o fiador pode limitar a garantia a um dado período temporal, mas apenas num momento inicial. Todavia, normalmente isso não acontece, atenta a especial relação de confiança que o une ao inquilino que lhe solicitou a prestação da garantia, sendo que uma eventual restrição temporal da mesma não permitiria, em regra, ao inquilino concluir o contrato (nos termos em que o senhorio o pretende).

Daí que acompanhemos, em especial em sede arrendatícia, o entendimento de Januário Gomes, que considera que "na dúvida sobre o sentido da declaração, não será directamente relevante o critério subsidiário do art. 237º CC – *dicotomizado* entre os negócios gratuitos e os onerosos – mas, antes, o critério do carácter menos gravoso para o declarante. Assim resulta, natural e razoavelmente, do facto de a fiança ser um negócio de risco, donde decorre que deve ser o credor, beneficiário da garantia, a curar no sentido de a declaração "cobrir", inequivocamente, todas as situações que pretende ver resguardadas".

Assinala ainda o autor, com rigor, que "uma vez firmado que a garantia em causa é uma fiança, as dúvidas (internas) que poderão surgir na interpretação da declaração deverão, de acordo com o mesmo critério, ser resolvidas por estoutro princípio: *in dubio pro fideiussore*. As dúvidas que possam surgir, neste particular – não dúvidas subjectivas, mas, antes, dúvidas com suporte objectivo, após a interpretação da declaração nos termos legais (art. 236º CC) – podem dizer respeito a qualquer aspecto da vinculação fidejussória, desde o tempo de vinculação, ao âmbito da responsabilidade, passando pelo sentido de qualquer cláusula acessória"[444].

De todo o modo, em face do NRAU, existem várias regras onde a discussão é fértil quanto ao envolvimento do fiador nas mesmas ou não. Destaque-se, em especial, o art. 15º, nº 2 NRAU[445].

§ 2. Regime da fiança mercantil

O Código Comercial não regula, na íntegra, o regime da fiança mercantil. Apenas uma norma – o art. 101º – aborda a temática, que se cinge a uma das características da fiança, justamente a solidariedade.

Quanto à outra característica da fiança – a acessoriedade –, mantêm-se as regras civilistas, aplicáveis em via subsidiária.

Começamos por estudar aquela, para seguidamente curar desta.

1. Solidariedade do fiador

1.1. Pressupostos

O contrato de arrendamento comercial configura um acto de comércio objectivo, à luz do art. 2º, 1ª parte do CCom[446]. Quer utilizando o critério das necessidades ou interesses a satisfazer pelo legislador com o regime em causa[447], quer empregando a tese da auto-qualificação do acto[448], chegamos sempre àquela conclusão.

De um acto mercantil decorrem naturalmente obrigações do mesmo tipo. Por isso, os deveres do arrendatário assumem essa característica, sendo que a fiança prestada nesse quadro tem inevitável e consequentemente carácter comercial.

[444] Assunção fidejussória de dívida, Coimbra, 2000, p. 24.

[445] Sobre o tema e as suas distintas orientações, ver Ac. Rel. Lisboa, de 12.12.2008 (TOMÉ GOMES), www.dgsi.pt (não obriga à comunicação ao fiador do "montante em dívida, nem se torna necessário que seja interpelada para o seu pagamento, porquanto, como fiadora que é, responde pelas rendas vencidas do afiançado, independentemente de interpelação, como decorre do preceituado no artigo 634º do CC"; Ac. Rel. Porto, de 23.6.2009 (CÂNDIDO LEMOS), www.dgsi.pt. Ac. Rel. Lisboa, de 8.11.2007 (JOSÉ EDUARDO SAPATEIRO), www.dgsi.pt; e, por fim, Ac. Rel. Lisboa, de 31.3.2009 (ANA RESENDE), www.dgsi.pt.

[446] Sem prejuízo de o acto em causa poder ser ainda qualificado como subjectivamente comercial, ao abrigo da 2ª parte do art. 2º CCom.

[447] FERRER CORREIA, Lições de Direito Comercial, Vol. I, Coimbra, pp. 82 ss.

[448] COUTINHO DE ABREU, Curso de Direito Comercial, Reimpressão da 7ª Edição, Coimbra, 2009, pp. 43 e 44.

Ora, dispõe o art. 101º do CCom. o seguinte:

- "todo o fiador de obrigação mercantil, ainda que não seja comerciante, será solidário com o respectivo afiançado" (sublinhados nossos).

Do citado normativo retiram-se dois pressupostos:

- a necessidade de constituição de uma fiança; e
- que o afiançado seja um obrigado mercantil[449].

Releva-se ainda que o garante não necessita sequer de ser comerciante. Portanto, pode mesmo não o ser. O que, de resto, está em perfeita consonância com a primeira locução usada ("todo o fiador..."). O que releva é a natureza da obrigação e não a circunstância de o fiador ser comerciante. E isto acontece pelo objectivo em causa: a garantia que é conferida ao terceiro credor no quadro de uma relação jurídica.

A consequência que emerge do preenchimento dos assinalados requisitos é a da *solidariedade* do fiador com o afiançado[450].

Esta característica da fiança não configura, porém, uma verdadeira solidariedade ou uma solidariedade em sentido próprio.

Com efeito, a posição do fiador *solidário* não se "identifica com a do condevedor solidário", já que a obrigação daquele "continua a ser *acessória* em relação à do devedor afiançado, com as respectivas consequências"[451].

Assim, ao fiador que cumpre o dever perante o respectivo credor assiste um direito de regresso, na totalidade, junto do devedor principal, sendo que a regra mercantil tem em vista essencialmente afastar o benefício da excussão prévia, consagrado no art. 638º do CC.

[449] Releve-se que as obrigações mercantis são as que procedem de actos de comércio.

[450] Tendo o mesmo âmbito da responsabilidade deste (que pode ser devedor solidário ou conjunto) – ver OLIVEIRA ASCENSÃO, Direito Comercial, Vol. I, 5ª Ed., Coimbra, 2004, p. 555, e JOAQUIM BARROS, "Regime geral dos actos comércio", As operações comerciais, Coimbra, 1988, p. 80.

[451] PINTO FURTADO, Disposições gerais do Código Comercial, Coimbra, 1984, p. 275, OLIVEIRA ASCENSÃO, Direito Comercial, cit., p. 555, ALMEIDA COSTA, Direito das Obrigações, cit., p. 896, nota 2, JANUÁRIO GOMES, Assunção fidejussória de dívida, Sobre o sentido e o âmbito da vinculação como fiador, Coimbra, 2000, p. 716.

Na jurisprudência, ver o Ac. STJ, de 13.5.2008 (FONSECA RAMOS), www.dgsi.pt, o Ac. Rel. Lisboa, de 9.3.2004 (FERREIRA PASCOAL), www.dgsi.pt ("assumindo o fiador a obrigação de principal pagador, aplica-se por analogia a norma do nº 1 do art. 519º do Código Civil, que preceitua que o credor tem o direito de exigir de qualquer dos devedores toda a prestação, respondendo, pois, o fiador solidariamente (solidariedade imperfeita) perante o credor pela prestação").

1.2. O carácter imperativo da solidariedade

A nosso ver, quanto à natureza da norma, consagra-se imperativamente o regime da *solidariedade*[452].

Dois argumentos de texto sustentam a nossa posição:

- por um lado, a utilização da locução "será [sempre] solidário" (sublinhado nosso), o que denota o carácter injuntivo da regra;
- por outro lado, a sua conjugação com o termo inicial, já que "todo o fiador..." (sublinhado nosso), expressa justamente essa mesma ideia.

Acresce que a razão de ser da norma é a de tutelar os credores no quadro da actividade mercantil, tendo em conta os seus particulares interesses na garantia prestada, justificando-se assim a especial disciplina injuntiva. Doutra sorte, tal não se mostraria efectivamente conseguido[453].

Daqui decorrem duas consequências:

- a não derrogabilidade por vontade das partes (sob pena de nulidade da estipulação, por força do art. 294º do CC);
- a desnecessidade de existência de convenção no sentido da sua consagração[454].

2. Acessoriedade da fiança

2.1. Considerações gerais

A acessoriedade da fiança, característica civilista aplicável subsidiariamente ao caso, mantém-se intacta em sede de arrendamento mercantil (art. 627º, nº 2 CC)[455].

[452] Afirmando a imperatividade da regra, JOAQUIM BARROS, "Regime geral dos actos de comércio", cit., p. 80 (embora sem o justificar), ENGRÁCIA ANTUNES, "Contratos comerciais. Noções fundamentais", Direito e Justiça, Volume Especial, 2007, p. 165.
Sustentando o carácter supletivo da disposição, PINTO FURTADO, Disposições gerais do Código Comercial, cit., p. 275 ("trata-se, porém, de uma norma com carácter supletivo"). Mais recentemente, CASSIANO DOS SANTOS, Direito Comercial Português, Coimbra, 2007, p. 169 (observa o autor que "tendo em conta esta *ratio* [benefício geral da obtenção do crédito por parte de quem entra na esfera mercantil], não se vislumbra razão, apesar da letra da lei (impressiva quando comparada com a do corpo do artigo anterior), para que não possa haver estipulação em contrário; em todo o caso, terá sempre que ser estabelecida entre fiador e beneficiário da garantia").

[453] ALMEIDA COSTA, ob. cit., p. 897.

[454] Acresce que uma estipulação que preveja – o que de resto é até frequente – a solidariedade do garante ou que este renuncia ao benefício da excussão prévia ou ainda que responde ao lado do devedor principal, não tem outro significado que não seja o de tornar claro para o fiador o grau da sua responsabilidade. Mas tal mostra-se até desnecessário, dada a intervenção dispositiva do citado preceito comercialista, devendo considerar-se tal convenção meramente clarificadora, nada alterando.

[455] Ver, sobre estes aspectos, ALMEIDA COSTA, Direito das Obrigações, cit., pp. 831 ss. e ANTUNES VARELA, Das Obrigações em geral, cit., II, pp. 481 ss.

Releva a vários níveis, a saber:

- em sede da validade do acto (art. 632º, nº 1 CC);
- relativamente à equiparação formal das obrigações (art. 628º, nº 1 CC)[456];
- quanto ao conteúdo (art. 634º CC);
- no quadro da extinção da obrigação principal (art. 651º CC); e
- no tocante aos meios de defesa a opor pelo fiador (art. 637º CC)[457-458].

2.2. Manifestações da acessoriedade

Impõe-se saber em que medida a acessoriedade da fiança se manifesta em sede arrendatícia.

A responsabilidade do garante pela falta de pagamento da renda é a situação mais frequentemente encontrada. Todavia, impõe-se apreciar outros casos, quer em sede de falta de pagamento pelo arrendatário de outros encargos, que ao nível indemnizatório (relevando em especial a indemnização devida pela não desocupação do locado após a cessação do contrato).

2.2.1. Renda

2.2.1.1. Falta de pagamento da renda

O art. 634º, 1º trecho do CC determina que "a fiança tem o conteúdo da obrigação principal".

[456] Ver os seguintes arestos:

- o Ac. STJ, de 4.5.2000 – sumário (PEREIRA DA GRAÇA) afirmou-se que "a fiança prestada a contrato de arrendamento comercial nulo por vício de forma, é nula em si, e assim, não pode produzir efeitos";
- o Ac. STJ, de 4.10.1997 – sumário (SOUSA INÊS), onde se observa que "a declaração de nulidade do negócio jurídico tem efeito retroactivo, devendo ser restituído o que tiver sido prestado, e tem por consequência a invalidade da fiança.
- o Ac. STJ, de 30.11.1994 – sumário (PEREIRA CARDIGOS), expressa-se que "sendo nulo o contrato de arrendamento também o são as fianças prestadas, porquanto a vontade de prestar fiança deve ser expressamente declarada pela forma exigida para a obrigação principal, não sendo válida a fiança se aquela não o for.

[457] Ac. Rel. Porto, de 17.6.2003 (FERNANDO SAMÕES), www.dgsi.pt, "o nº 1 do citado art. 637º permite ao fiador invocar os que são próprios do devedor, salvo se forem incompatíveis com a obrigação do fiador. Deste modo, o fiador pode invocar, por exemplo, a prescrição da obrigação principal, a nulidade desta e a sua extinção".

Cfr. VAZ SERRA, "Fiança e figuras análogas", BMJ (nº 71), 1957, pp. 87 e 95, JANUÁRIO GOMES, Assunção fidejussória de dívida..., cit., pp. 1011 ss.

[458] Observa-se, com acerto, no Ac. STJ, de 25.5.2000 (FERREIRA DE ALMEIDA) que "face ao princípio da acessoriedade da fiança contemplado no nº 2 do artigo 627º do C. Civil, é inadmissível que o obrigado principal se afiance a si próprio".

Desta sorte, sendo o dever fundamental do arrendatário o pagamento da renda emergente do contrato de arrendamento o fiador é, consequentemente, isso responsável no caso de falta de pagamento.

Assim se assinala no Ac. Rel. Porto, de 12.11.2007, quando se expressa que "o fiador pode, findo o contrato, ser responsabilizado pela mora do devedor principal, desde que tal mora se reporte ao cumprimento da obrigação de que a fiança é acessória. Será o caso de não pagamento de rendas, na vigência do contrato"[459].

2.2.1.2. Pagamento da indemnização por falta do pagamento da renda

De igual modo, o fiador é responsável pelo pagamento da indemnização legalmente prevista de 50% do valor das rendas em atraso (art. 1041º, nº 1 CC)[460]. Tal deduz-se do art. 634º do CC, quando se determina que a fiança "cobre as consequências legais ... da mora ... do devedor".

2.2.1.3. Pagamento de juros de mora

Tem-se discutido se os juros de mora se vencem apenas a partir da citação[461] ou a partir da data do vencimento[462].

A nosso ver, à mora na falta de pagamento da renda deve ser aplicado o regime geral em conjugação com as especialidades decorrentes da disciplina arrendatícia.

Não parece, pois, que se tenha pretendido, em momento algum, destacar a data da citação judicial em relação àquela em que efectivamente a mora tem consequências. Seria estender excessivamente o benefício do inquilino. Apesar de a sua posição ser débil, não se justifica uma tal extensão.

Por outro lado, o art. 1041º, nº 2 CC só dá relevo à mora a partir de certa altura. O que parece querer significar que, para efeitos indemnizatórios (sejam os 50% ou outro valor ressarcitório, no caso inferior), o atraso apenas se conta desde essa data.

[459] Ac. Rel. Porto, de 12.11.2007 (ANABELA LUNA DE CARVALHO), www.dgsi.pt, (determina-se aí que o facto de o montante das rendas em dívida ter sido reduzido por transacção entre senhorio e arrendatário não desvirtua a obrigação do seu pagamento decorrente do contrato de arrendamento. Essa obrigação nasceu com o contrato, logo o fiador responde pelas mesmas. Só não responderá por pagamentos derivados não de rendas, mas de indemnizações, como seria o caso de não entrega atempada do locado em desrespeito do prazo acordado em transacção para a cessação do arrendamento).

[460] É sempre possível a existência de limitação da obrigação do fiador, pelo que o contrato pode considerar que ele não é responsável pelo pagamento da indemnização em causa.

[461] ARAGÃO SEIA, Arrendamento Urbano, 7ª Ed., 2003, p. 235.

[462] No Ac. Rel. Lisboa de 17.5.2007 (SOUSA PINTO), defende-se que "o cômputo dos juros de mora, referente a dívida de rendas, faz-se a partir da data em que o arrendatário fica constituído em mora face a cada uma das rendas devidas e não a partir da citação".

Cremos pois que não se deve considerar, para o efeito em causa, o período de *oito dias* após a mora. Foi o legislador que assim o pretendeu, embora não se perceba a lógica e o sentido da medida[463]. Deu a possibilidade de pagamento da renda em momento posterior ao do vencimento sem consequências, pelo que não cabe penalizar o arrendatário durante esse curto período.

Assim, os juros de mora referentes a cada uma das rendas não pagas, vencer-se-ão depois de decorrido aquele prazo de *oito dias*.

De todo o modo, é pacífico que o fiador responde pelos juros de mora legais[464].

2.2.1.4. Cláusula penal

Tem sido debatida a admissibilidade da convenção, aposta no contrato de arrendamento, nos termos da qual se prevê – sempre que ao senhorio não seja possível exigir a título indemnizatório o valor correspondente a metade das rendas em atraso (o que vale por dizer que tal estipulação está em causa apenas no caso do exercício do direito de resolução do contrato pelo senhorio) – um valor percentual superior ao legalmente estabelecido.

Cite-se, a título exemplificativo, a estipulação aposta num contrato de arrendamento e discutida no Ac. STJ, de 27.11.1008, a saber:

- "*sempre que o inquilino se constitua em mora quanto ao pagamento de rendas e o senhorio não possa exigir uma indemnização igual a cinquenta por cento do que for devido, assiste ao senhorio o direito de cobrar, além das rendas em atraso, juros de mora calculados por aplicação da taxa supletiva legal, majorada em nove pontos percentuais*".

Foi entendido acertadamente que a convenção não pode ser havida como usurária, em razão de não estarem preenchidos os pressupostos do art. 282º CC.

Acresce que a valor percentual em causa é coincidente com o limite máximo estabelecido no art. 1146º, nº 2 CC, que permite, no caso de não existir garantia real, que a cláusula penal possa exceder em nove pontos percentuais a taxa legal, que como sabemos, é supletiva[465].

[463] GRAVATO MORAIS, "Mora do devedor nas obrigações pecuniárias", SI, 2008, pp. 243 ss. (como afirmámos, "trata-se aqui de uma tutela específica do locatário, decorrente de uma tradição que se fundamenta em razões de protecção da parte mais necessitada. Todavia, não é inteiramente compreensível o alcance da medida. Tal solução terá sido pensada dominantemente para o arrendamento – cuja filosofia actual (constante da Lei 6/2006, de 27 de Fevereiro) é bem diversa, já que se procura o reequilíbrio das posições das partes –, devendo mesmo aí discutir-se o seu sentido útil").

[464] Assinala o Ac. Rel. Lisboa, de 15.2.2007 (VAZ GOMES), que o "fiador é também co-responsável pelo pagamento das rendas vencidas e juros de mora tal como o arrendatário".

[465] Ac. STJ, de 27.11.2008 (PIZARRO BELEZA), www.dgsi.pt.

Esta temática, de resto, tinha sido já suscitada no Ac. Rel. Lisboa, de 27.6.2002, exactamente nos mesmos termos, sendo que aí também foi idêntica a decisão. Aí se assinalou que "a taxa estipulada não é usurária na justa medida em que não excede as previsões do nº 2 do art. 1146º do CC"[466].

A mora no pagamento da renda configura, a nosso ver, uma situação subsumível ao regime geral do incumprimento das obrigações pecuniárias, ressalvadas as especificidades que a lei lhe entendeu conferir[467], sendo que o fiador responde igualmente por esse valor.

2.2.2. Encargos

2.2.2.1. Falta de pagamento de encargos

Da cláusula de fiança típica emerge a responsabilidade do garante nos seguintes termos:

- "o fiador responde por todas as obrigações decorrentes do contrato para o arrendatário".

Cremos, por isso, que o fiador responde, perante o senhorio, pela falta de pagamento das despesas previstas no contrato que incumbam ao inquilino (*v.g.*, a prestação do condomínio, o pagamento de prémios de seguro), a contar da data da constituição em mora.

2.2.2.2. Pagamento da indemnização por falta atempada do pagamento de encargos

Tal como afirmámos em sede de falta de pagamento da renda, a responsabilidade do fiador estende-se ainda ao pagamento da indemnização pelo atraso, que consiste, como vimos, nos juros moratórios devidos.

2.2.3. Indemnização a pagar após a cessação do contrato

2.2.3.1. Regra geral

A cessação do contrato de arrendamento importa o termo da fiança. É a consequência decorrente do art. 651º CC, enquanto manifestação da acessoriedade da garantia em apreço:

- "a extinção da obrigação principal determina a extinção da fiança".

Importa, porém, analisar algumas situações específicas.

[466] Ac. Rel. Lisboa, de 27.6.2002 (URBANO DIAS), CJ, 2002, III, p. 118.

[467] Assim será quanto ao período de graça e quanto à inaplicabilidade da regra, no caso de serem exigidas as rendas em atraso e a indemnização correspondente a metade do seu valor.

2.2.3.2. Não entrega atempada do locado após a extinção do contrato

a) Breve descrição do regime

Findo o contrato de arrendamento sem que ocorra a restituição da coisa locada, expressa o art. 1045º, nº 1 CC, o seguinte:

- "o locatário é obrigado, a título de indemnização, a pagar até ao momento da restituição a renda ... que as partes tenham estipulado...".

Por sua vez, o nº 2 do citado preceito, impõe que

- "logo, porém, que o locatário se constitua em mora, a indemnização é elevada ao dobro".

A restituição da coisa locada, depois de extinto o contrato, constitui um dever do inquilino (art. 1038, al. i) do CC). Todavia, a restituição do locado impõe em regra a sua exigibilidade pelo senhorio, que pode ser, também em princípio, imediata (art. 1081º, nº 1 do CC). Em tais hipóteses, é a partir da interpelação efectuada pelo senhorio que o arrendatário entra em mora quanto à restituição do locado, com as respectivas consequências: indemnizatórias (art. 804º, nº 2 do CC) e de inversão do risco pela perda ou deterioração da coisa (art. 807º do CC).

Extinto o arrendamento, a indemnização por cada mês de atraso no cumprimento da obrigação de restituição coincide com o valor da renda mensal. Só após a interpelação para restituir o locado, o arrendatário paga uma indemnização superior (*in casu*, o dobro da renda).

b) Posição do fiador em face da inexistência de cláusula contratual específica

Na falta de convenção sobre o alcance específico da fiança, limitando-se o contrato a uma estipulação genérica[468], entendemos que o garante não pode ser responsabilizado pelo pagamento de qualquer dos valores assinalados, nos termos do art. 1045º do CC (a renda em singelo ou o dobro do seu valor após a mora).

Trata-se de uma obrigação pós-contratual do agora ex-inquilino, que não emerge do contrato de arrendamento. Aliás, é configurada como uma indemni-

[468] Por exemplo, "o fiador responde pelo cumprimento de todas as obrigações exigíveis à segunda contraente emergentes do presente contrato" ou, como se expressa no Ac. 9.7.2009 (ILÍDIO SACARRÃO MARTINS) "a declaração do garante, de assunção da responsabilidade como fiador e principal pagador, por tudo quanto venha a ser devido ao Primeiro Outorgante pelo cumprimento de todas as obrigações exigíveis à segunda contraente (a inquilina) emergentes daquele contrato, pressupõe que o arrendamento não está findo, não abrangendo, assim, a indemnização devida pelo atraso da locatária na restituição do locado – artigo 1045º nº 1 e 2 do Código Civil".

zação e não como renda. Por isso, o garante não deve responder. A regra geral mantém-se: extinto o contrato, cessa igualmente a fiança.

Aliás, configura uma situação similar àquele que ocorre em sede de resolução do contrato, onde muitas vezes se apõe em convenção que "há lugar à resolução no caso de incumprimento de quaisquer obrigações emergentes do presente negócio". Trata-se de uma estipulação que remete para o regime resolutivo geral. Nada mais do que isso.

Cabe ainda afirmar que, através desta convenção genérica, o fiador não tem consciência do âmbito da sua vinculação, continuando a ter inteira validade o princípio *in dubio pro fideiussore*.

Tal situação foi suscitada no Ac. Rel. Porto, de 12.11.2007, sublinhando o aresto que "em desrespeito do prazo acordado em transacção para a cessação do arrendamento, o inquilino não entregou o locado atempadamente, donde o fiador não pode por isso ser responsabilizado, sob pena de se alargar injustificadamente a fiança para lá do seu próprio objecto contratualmente assumido, retirando-lhe o imprescindível carácter acessório e tornando-a indeterminada"[469].

À mesma conclusão de chegou no Ac. Rel. Lisboa, de 19.10.2006[470]. Extinto o contrato, "por acordo entre senhoria e inquilino – acordo em que nem sequer participaram os fiadores – qualquer nova obrigação que venha a nascer entre locadora e locatário é já extrínseca ao contrato. Com efeito, a condenação do [arrendatário] no pagamento de uma indemnização, calculada com base no dobro das rendas vencidas, não tem por fonte um eventual incumprimento do contrato de arrendamento, que já cessara, mas a ocupação indevida do imóvel sem qualquer título que para tal o legitime"[471].

Do mesmo modo se decidiu no Ac. Rel. Porto, de 31.1.2007: "no contexto das cláusulas do contrato de arrendamento em causa, a declaração do garante, de assunção da responsabilidade pelo *cumprimento de todas as obrigações exigíveis à segunda contraente emergentes do presente contrato*, incluindo-se, expressamente, apenas, as decorrentes das *eventuais renovações* e o *caso de alteração de renda*, pressupõe que o arrendamento ainda não está findo, não abrangendo, assim, a indemni-

[469] Ac. Rel. Porto, de 12.11.2007 (ANABELA LUNA DE CARVALHO), www.dgsi.pt.

[470] Ac. Rel. Lisboa, de 19.10.2006 (ANTÓNIO VALENTE), www.dgsi.pt.

[471] Posição diversa foi, porém, tomada no Ac. STJ, de 9.11.1999 – sumário (ARAGÃO SEIA), www.dgsi.pt (afirma-se que "a obrigação de restituir o arrendado resulta da natureza temporária do arrendamento, e decorre dos artigos 1022 e 1043 a 1046 do C.Civil, e artigo 1 e 4, n. 2 do RAU, tendo, pois, o arrendatário de pagar a renda estipulada até ao momento da restituição. Assim, as Rés fiadoras, são solidariamente responsáveis com a Ré arrendatária pelo pagamento da renda até à restituição do arrendado").

zação devida pelo atraso da locatária na restituição do locado (art. 1045º, nº 1 e 2 do C. Civil)"[472-473].

c) Posição do fiador em face da existência de cláusula que estende o âmbito da sua obrigação à do arrendatário

Deve, porém, apreciar-se a possibilidade de convencionalmente se responsabilizar, no contrato de arrendamento, o fiador pelo incumprimento do inquilino da obrigação de restituição do locado após a cessação do contrato[474].

Cremos que tal se mostra admissível[475]. Com efeito, não só o fiador tem consciência do âmbito da sua vinculação, como ainda o valor da indemnização é determinável em função do critério usado na lei, que tem como pano de fundo o valor da renda (que, no máximo, pode duplicar em caso de mora).

§ 3. A revogação da regra que estabelecia limitações à responsabilidade do fiador

O Novo Regime do Arrendamento Urbano, consagrado na Lei 6/2006, de 27 de Fevereiro, modificou algumas regras do Código Civil em várias áreas, sendo que o art. 2º, nº 1 da Lei 6/2006 revogou expressamente o art. 655º CC, que dispunha sobre o fiador do locatário.

[472] Ac. Rel. Porto, de 31.1.2007 (MARQUES PEREIRA), www.dgsi.pt.
Ver ainda Ac. Rel. Porto, de 14.2.2000 (PAIVA GONÇALVES), onde se expressa que "a fiança prestada em contrato de arrendamento para habitação, apesar de abranger todas as cláusulas do contrato, não garante a indemnização pela não restituição do prédio locado após a extinção da relação locatícia".
No mesmo sentido, o Ac. Rel. Porto, 4.5.1999 (MÁRIO CRUZ), www.dgsi.pt, "a responsabilidade assumida por fiança quanto ao pagamento das rendas não abrange a indemnização devida por falta de restituição do local arrendado após a cessação do contrato de arrendamento, mesmo que o montante dessa indemnização seja igual ao das rendas", e o Ac. Rel. Porto, de 14.2.2000 (PAIVA GONÇALVES), no qual se sustentou que "a fiança ... não garante a indemnização pela não restituição do prédio locado após a extinção da relação locatícia"

[473] JANUÁRIO GOMES parece entender diversamente quando o fiador se vincula "pelo cumprimento das obrigações resultantes do contrato, em cujo elenco se encontra [alínea i) do art. 1038º do CC] a obrigação de restituir a coisa locada findo o contrato", admitindo assim a responsabilidade do garante à luz do art. 1045º –"A fiança do arrendatário face ao NRAU", O Direito, 2007, p. 1095.

[474] Cfr. Ac. Rel. Lisboa, 14.12.2010 (TOMÉ GOMES), www.dgsi.pt, onde se releva a seguinte cláusula: "Nos termos da cláusula 10ª do contrato [de arrendamento], o 2º R... fiador da 1ª R., com renúncia ao benefício de excussão prévia, solidariamente com ela como principal pagador, para responder pelo incumprimento da arrendatária de qualquer cláusula do contrato, seus aditamentos e renovações, <u>até efectiva restituição do locado livre de pessoas e bens</u>" (sublinhado nosso).

[475] Neste sentido, JANUÁRIO GOMES, "A fiança do arrendatário face ao NRAU", O Direito, 2007, p. 1095 (embora aluda a necessidade de interpretação da cláusula contratual).
O Ac. Rel. Lisboa, 14.12.2010 (TOMÉ GOMES), www.dgsi.pt, admite-o igualmente.

1. Enquadramento, interesses em confronto e aplicabilidade em sede arrendatícia

O art. 655º do CC dedicava particular atenção à fiança prestada pelas obrigações do locatário.

Na verdade, o facto de a larga maioria dos contratos de arrendamento serem prorrogáveis imperativamente em relação ao senhorio suscitava interrogações de diversa índole quanto ao âmbito da obrigação do fiador, designadamente se o vinculava pelo período inicial de duração do contrato ou se tal ligação se estendia – e em que termos – aos períodos subsequentes.

A discussão centrava-se sobretudo nesse domínio. O campo de aplicação da disposição era bem mais vasto, como demonstraremos no ponto seguinte.

As soluções legislativas ditadas deveriam atender aos interesses opostos do locador e do fiador, a saber: aquele pretendia manter vinculado o garante por todo o tempo de vigência do contrato, especialmente quando não lhe podia pôr termo para o fim do prazo: este não queria ficar adstrito ao longo do seu período de duração, em particular quando este se podia protelar indefinidamente.

A primeira reflexão envolve necessariamente o alcance do art. 655º do CC.

Sem dúvida que o contrato de arrendamento (independentemente da sua modalidade, urbano – para habitação, para comércio, para o exercício de profissões liberais ou para qualquer outro fim lícito –, rural) estava naquela contemplado, conquanto não se limitando a este específico negócio[476]. Apesar de o art. 655º do CC não se circunscrever à matéria arrendatícia, não deve esquecer-se que nessa área encontrava a sua forte expressão.

[476] Textualmente, o art. 655º CC referia-se, de modo amplo, ao locatário (na sua epígrafe e no nº 1). Sistematicamente, integrava-se no regime da fiança, não tendo sido inserido num quadro estritamente arrendatício. É certo que o epíteto "renda" poderia sugerir a exclusão do "aluguer" (ou, dito de outra forma, da locação de bens móveis). De todo o modo, este argumento releva pouca consistência, pois o legislador terá sido induzido em erro pela aplicabilidade da norma ao arrendamento, atenta a particular incidência das situações verificadas nesse domínio. A doutrina em geral assim o entendia. Ver ALMEIDA COSTA, Direito das Obrigações, 9ª Ed., Rev. e Act., Coimbra, 2001, p. 762, PIRES DE LIMA e ANTUNES VARELA, Código Civil Anotado, Vol. I, 4ª Ed. Rev. e Act. (com a colaboração de HENRIQUE MESQUITA), Coimbra, 1987, p. 673.
Era ainda aplicável a outros actos, como por exemplo, a cessão de exploração de estabelecimento comercial enquanto contrato de locação, pois nele estão presentes os elementos essenciais deste tipo negocial (a obrigação de proporcionar a outrem o gozo de uma coisa móvel *sui generis* – a organização mercantil – , de modo temporário e mediante retribuição), não poderia deixar de ser semelhante a conclusão retirada (neste sentido, cfr. Ac. STJ, de 22.3.1990 (sumário), em www.dgsi.pt, e o Ac. STJ, de 13.1.1976 (sumário), em www.dgsi.pt) o *leasing* (financeiro ou operacional) ou o *renting*, entre outros.

2. Âmbito da obrigação do fiador no silêncio do contrato

Vejamos agora a disciplina do art. 655º CC, de acordo com o regime arrendatício do pretérito.

Do seu nº 1 emergia a seguinte regra: no silêncio do clausulado, a fiança abrangia "o período inicial de duração do contrato".

O "prazo inicial do contrato" variava em razão do tipo de negócio. Realce-se o prazo geral supletivo de 6 meses (art. 10º do RAU) ou o prazo (mínimo) de 5 anos para os arrendamentos de duração limitada, consagrado no art. 98º, nº 2 do RAU (aplicável ainda *ex vi* art. 117º do RAU).

Na hipótese de continuidade do contrato – o que sempre ocorria nos contratos vinculistas – e sendo este *ab initio* omisso quanto ao alcance da fiança, esta, em princípio, extingue-se decorrido o período inicial. A garantia não acompanha, portanto, o negócio que lhe subjaz.

Tal deve-se, para alguns, à circunstância de o fiador se restringir a prestar um favor ao locatário, não sendo de presumir, em virtude de estar em causa uma obrigação alheia, que pretenda vincular-se pelos períodos subsequentes[477].

Por esta via ter-se-á pretendido, no silêncio do contrato, não onerar o garante, visto que ele não teria consciência efectiva da extensão da sua vinculação, o que se faria especialmente notar sempre que o negócio se protelasse indefinidamente no tempo. A omissão contratual favorecia o fiador do locatário que, doutra forma, veria a sua posição substancialmente agravada com o prolongamento da garantia.

3. Vinculação do fiador na sequência de estipulação contratual

3.1. Admissibilidade

O art. 655º, nº 1 CC previa, no entanto, a possibilidade de se convencionar o vínculo do fiador por prazo não coincidente com o período inicial de duração do contrato.

O fiador podia assegurar as obrigações do locatário para além daquele espaço de tempo. Nada impedia, contudo, que o fizesse por um período inferior, conquanto esta fosse uma hipótese rara.

A disposição tinha, neste âmbito, natureza supletiva.

3.2. Extensão da vinculação do fiador

O nº 2 do mesmo normativo dispunha sobre o alargamento da vinculação do fiador.

[477] VAZ SERRA, "Fiança e figuras análogas", BMJ, 1957 (nº 71), p. 262.

Obrigando-se este para além do citado período inicial, há que conhecer qual a extensão dessa ligação. Isto porque a garantia prestada podia limitar-se a alguns períodos da prorrogação ou, ao invés, estender-se a todos.

Note-se que textualmente se aludia (indistintamente) a "renovação" (art. 655º, nº 2, parte inicial CC) e a "prorrogação" (art. 655º, nº 2, parte final CC). Mas tão só. Não se diferenciavam as suas modalidades (legal ou não, automática ou não, imperativa ou não). Não se quis, assim, restringir o alcance da norma a determinados tipos. Reforça esta orientação a circunstância de, em sede de fiança, existir um regime específico para a "prorrogação legal" (art. 648º, al. e) CC).

3.2.1. Prestação de fiança sem limitação dos períodos de prorrogação

Regulava-se expressamente a fiança sem limitação dos períodos de prorrogação (art. 655º, nº 2 CC)[478].

Aqui a verificação de uma de duas circunstâncias – a "alteração da renda" ou o "decurso do prazo de cinco anos sobre o início da primeira prorrogação" –, importava a sua caducidade.

Explicite-se a sua razão de ser: não estava assegurado que o fiador tivesse previsto o exacto alcance da garantia; daí a consagração de certos parâmetros.

Houve aqui uma clara intenção de restringir o espaço temporal pelo qual responde o garante, especialmente na falta de conhecimento exacto do período de vinculação, de modo a não o tornar indefinidamente adstrito a um dever alheio sem lhe poder pôr termo e que não terá pesado devidamente. Repare-se que, ao invés, o devedor principal poderia fazer cessar o contrato para o fim do prazo contratual previsto ou a todo o tempo (nos arrendamentos de duração limitada).

Analisemos as duas causas, autónomas e alternativas, de cessação da fiança.

3.2.1.1. A alteração da renda

Atentemos na primeira hipótese mencionada: a alteração da renda.

Quanto ao substantivo "alteração", havia que apreciar a sua latitude. Devia entender-se em sentido amplo, envolvendo qualquer modificação da renda ou do aluguer, ou em sentido restrito, de molde a afastar, por exemplo, as actualizações anuais legais da renda?

A questão era pertinente, já que alguns arrendamentos estavam sujeitos a um regime específico. A renda estava sujeita anualmente a actualização, em regra legal (art. 31º, al. a), 1ª parte RAU e art. 32º RAU), mas nalguns casos podia resul-

[478] Determina-se, por exemplo, que "a fiança vale por todas as prorrogações contratuais".

tar de convenção das partes (*v.g.*, o art. 119º RAU permitia a cláusula de renda variável). Noutras hipóteses, a actualização podia ter como fundamento as obras de conservação ou de beneficiação realizadas pelo senhorio (arts. 38º ss. RAU)[479].

A doutrina divergia.

Januário Gomes, tratando o problema no quadro arrendatício, considerava não fazer sentido que relevasse "uma *banal* alteração de renda com base no coeficiente legal" ou uma modificação resultante "de um outro critério de actualização anual previsto no contrato de arrendamento e conhecido do fiador quando prestou a fiança". As modificações tidas em vista são apenas as anómalas, ou seja, as "que excedam o quadro das previsões e expectativas do fiador". Justifica-o no facto de saírem "fora do quadro de risco traçado pelo fiador" e na circunstância de serem "pouco relevantes"[480].

Já Pires de Lima e Antunes Varela não distinguiam "entre alteração contratual da renda e alteração legal resultante de actualização imposta ao arrendatário", afirmando que, em qualquer das situações e salvo estipulação em contrário, a garantia caduca[481].

Afastamos a orientação de que uma qualquer modificação do montante a pagar conduz à cessação da fiança.

O regime estabelecido nos dois números do art. 655º CC beneficiava – mas apenas supletivamente – o fiador. Por um lado, restringia-se a garantia ao período inicial de duração do contrato. Por outro, quando ele se vincula sem limite temporal, pretende fixar-se o alcance daquela.

De acordo com o espírito da lei, somente as alterações extraordinárias, substanciais e supervenientes faziam cessar a fiança. Se o garante de todo não podia prever aquele tipo de modificação (pois isso implicaria a sua oneração injustificada), então prevaleceria a sua posição em detrimento da situação do credor.

Deste modo, não consideramos que as actualizações legais anuais ou convencionais, previstas originariamente no contrato, se repercutam na esfera do garante. Aqui este tinha consciência do alcance da sua vinculação.

Acresce que devem compatibilizar-se as duas causas legais de extinção da fiança. Com efeito, dificilmente se verificaria a hipótese regulada na parte final

[479] Repare-se que, quanto aos outros contratos mencionados, atendendo a que a prorrogação pode ser convencionada sem as restrições arrendatícias, é viável dispor-se acerca de eventuais alterações do valor a pagar.

[480] JANUÁRIO GOMES, Assunção fidejussória de dívida..., cit., pp. 321 a 324.
Na jurisprudência, no sentido de que as actualizações legais de carácter anual não fazem cessar a fiança, o Ac. Rel. Coimbra, de 21.9. 2004, pp. 4 e 5 e o Ac. Rel. Porto, de 17.4.1997 (sumário), ambos em www.dgsi.pt.

[481] Ob. cit., p. 673 (os autores parecem apoiar-se especialmente no texto legal).
Na jurisprudência, ver o Ac. Rel. Porto, de 16.11.1993 (sumário), em www.dgsi.pt.

do nº 2 se utilizássemos outro critério. Aliás, poderia mesmo falar-se da inutilidade dessa parte no quadro arrendatício tradicional (onde a norma se pretendia sobretudo aplicar), pois a actualização legal sempre ocorreria em primeiro lugar, tornando supérflua a 2ª parte do nº 2.

3.2.1.2. O decurso do prazo de 5 anos

Quanto à segunda causa, o decurso de um prazo de 5 anos – contado do momento da primeira prorrogação contratual – acarretava a caducidade da fiança. Não havia que perpetuar ou que estender a situação de incerteza do fiador para além de um certo espaço temporal.

Realce-se que o decurso do prazo fazia operar automaticamente aquele efeito[482]. Portanto, prescindia-se de uma comunicação ao locador quanto à cessação da fiança. É o que retiramos da expressão "logo que", ínsita no art. 655º, nº 2 CC[483-484].

3.2.2. Prestação de fiança de extensão máxima com afastamento das causas legais de cessação

Podia ainda prever-se a subsistência da fiança, desconsiderando (ou tornando irrelevantes) as citadas causas legais de extinção.

Concretizemos: o garante vincula-se por todas as prorrogações; para além disso, expressa-se que a fiança não cessa apesar da modificação da renda, nem mesmo depois de decorrido o prazo de 5 anos sobre o início da primeira prorrogação[485].

Cabe, pois, apreciar o seu valor jurídico.

3.2.2.1. A pluralidade de orientações

a) A natureza da norma e o carácter da obrigação do fiador

Diga-se de antemão que o tema era assaz discutido na nossa ordem jurídica.

[482] Ver Ac. Rel. Coimbra, de 21.9.2004, p. 5, www.dgsi.pt (in casu, a responsabilidade do fiador não se manteve decorridos que foram 5 anos sobre a primeira prorrogação; isto porque o clausulado previa que o fiador garantia o cumprimento de todas as cláusulas inerentes ao contrato celebrado "e suas prorrogações"; o contrato, de natureza vinculista, concluído em Agosto de 1989, tinha-se prorrogado em Agosto de 1990, sendo que em Agosto de 1995 a fiança se extinguiu).
Cfr. ainda Ac. Rel. Porto, de 19.12.2002 (sumário), www.dgsi.pt.

[483] Nada impede que ulteriormente exista uma nova convenção que estenda o alcance da garantia.

[484] Este raciocínio aplica-se de igual modo à outra causa legal de extinção da fiança.

[485] Pense-se numa cláusula deste género: "a fiança subsistirá enquanto durar o contrato ainda que haja alteração da renda e mesmo depois do decurso do prazo sobre o início da primeira prorrogação".
Vide o Ac. Rel. Lisboa, de 19.12.2006, p. 4, www.dgsi.pt.

Para uns a disposição era imperativa. Esse entendimento foi preconizado pelo Ac. da Relação de Lisboa, de 3 de Fevereiro de 1981[486].

Alguns dos partidários desta tese sustentavam que a cláusula que desconsidera as causas de extinção da fiança[487] era nula por tornar indeterminada e ilimitada a obrigação do fiador.

Esta construção era contestada por outros, argumentando-se que se mostrava sempre possível determinar o alcance da fiança à data da vinculação, mediante o cálculo das rendas em dívida[488].

Maioritariamente defendia-se o carácter supletivo da regra, considerando-se válida qualquer convenção que derrogasse o regime traçado. Admitia-se a renúncia ao benefício (encarado na perspectiva do fiador) previsto no art. 655º, nº 2 CC. Antunes Varela[489], por Almeida Costa[490], entre outros[491], e grande parte dos tribunais acolheram esta construção[492].

Januário Gomes rejeitava, porém, o "carácter supletivo total", propugnando tão só o prolongamento da fiança – para além do prazo de 5 anos previsto – através da fixação de "um número limite de prorrogações ou um número limite de anos de vinculação"[493]. Essa posição era perfilhada nalguns arestos. Por exemplo, referia-se no Ac. Rel. Lisboa, de 7.12.2005, que a fiança em que não há prazo

[486] Cfr. BMJ, nº 309, 1981, pp. 393 e 394 (sumário).

[487] Ac. STJ, de 23.4.1990, BMJ, nº 396, 1990, pp. 388 ss.

[488] Cfr. o Ac. Rel. Lisboa, de 19.12.2006, p. 5, www.dgsi.pt, o Ac. Rel. Lisboa, de 18.5.1995, CJ, III, p. 110, o Ac. Rel. Lisboa, de 15.6.1989, CJ, 1989, III, p. 142 e a vasta argumentação usada no Ac. STJ, de 17.6.1998, CJ (STJ), 1998, II, p. 115.

[489] Das Obrigações em geral, Vol. II, cit., p. 512.

[490] Ob. cit., p. 762.

[491] PEREIRA COELHO, Arrendamento, cit., p. 192 (sem no entanto o autor aduzir qualquer justificação), PINTO FURTADO, Manual do Arrendamento Urbano, 3ª Ed., Rev. e Act., Coimbra, 2001, p. 460.

[492] Cfr. o Ac. STJ, de 17.6.1998, CJ (STJ), 1998, II, p. 114 (considera este válida a cláusula que estende a responsabilidade do fiador até à restituição do arrendado; aduz, por outro lado, que "não sofre dúvida que o fiador, à sombra do art. 405º, nº 1 CC, que consagra o princípio da liberdade contratual, podia assumir esta última obrigação).

Ver, neste sentido, o Ac. Rel Lisboa, de 19.12.2006, p. 5 (assinala-se que "alusão a uma nova convenção afasta de todo o carácter injuntivo do preceito), o Ac. Rel. Porto, de 26.4.2005, p. 3, de 19.2.2002, p. 7, o Ac. Rel. Porto, de 23.4.2001, sumário (considera este também válida a cláusula que estende a responsabilidade do fiador até à restituição do arrendado), o Ac. Rel Évora, de 28.1.1999, p. 3 (aduz-se que a norma não tem subjacente qualquer interesses de ordem pública que justifique a sua imperatividade), o Ac. Rel. Porto, de 12.3.1998, sumário (admite-se a vinculação do fiador "pela totalidade do período em que o mesmo [o contrato] vigorar"), o Ac. Rel. Porto, de 8.1.1998, sumário, de 27.2.1997, sumário (para o tribunal a fiança vale "até ao fim da vigência do contrato de arrendamento celebrado entre o credor e o locatário") – todos em www.dgsi.pt –, o Ac. Rel. Porto, de 9.5.1995, CJ, 1995, III, p. 210, o Ac. Rel. Porto, de 16.11.1993, CJ, 1993, V, p. 219, o Ac. Rel. Lisboa, de 15.6.1989, CJ, 1989, III, p. 141, e o Ac. Rel. Lisboa, de 25.11.1986, CJ, 1986, V, p. 126.

[493] Ob. cit., p. 319.

definido não é nula, mas extingue-se decorrido o prazo de 5 anos sobre a primeira prorrogação.

Já o Ac. Rel. Lisboa, de 19.12.2006, entendia diversamente que a não fixação do número de períodos de prorrogação do contrato e dos eventuais aumentos de renda não significa que a fiança se torna "incerta, ilimitada e indeterminável"[494].

b) A "nova convenção"

Passemos para um outro plano da discussão: o da "nova convenção". A questão está agora em saber se podia ela ser aposta *ab initio* no contrato ou apenas em declaração posterior.

Aquela via, perfilhada pela jurisprudência dominante, baseava-se em argumentação variada. Aduzia-se, por exemplo, que "se à partida e na formação do contrato se estipular que a obrigação ultrapassa ou se prolonga para além desses 5 anos, desnecessária será nova convenção nesse sentido"[495] ou que "pode ser inserida no próprio contrato de arrendamento em sentido diverso do que é preceituado no nº 2"[496].

Januário Gomes afirmava tratar-se de "uma convenção autónoma necessariamente posterior à assunção da vinculação fidejussória", já que se pretende que "o fiador faça uma nova avaliação do risco fidejussório e decida, em conformidade, se assume, por mais tempo, continuar a garantir o cumprimento das obrigações do arrendatário"[497].

Esta tendência era partilhada por um sector jurisprudencial, relevando que, se assim não fosse, se esqueceria "o sentido inequívoco da expressão utilizada pelo legislador", assegurando-se assim que o fiador está consciente daquilo a que se obriga[498].

Existem ainda posições que valoram a locução com outros contornos. Assim, observa-se que "não pode deixar de ser uma convenção nova, diferente da inicial" e que "terá que ser posterior à primeira, sob pena de se esquecer o sentido inequívoco da expressão usada". Todavia, na convenção originária, permitia-se

494 Ac. Rel. Lisboa, de 19.12.2006, pp. 6 e 7, www.dgsi.pt.

495 Cfr. o Ac. Rel. Lisboa, de 25.11.1986, CJ, 1986, V, p. 127.

496 Ver o Ac. Rel. Porto, de 16.11.1993, CJ, 1993, V, p. 218. Cfr., no mesmo sentido, o Ac. Rel. Porto, de 26.4.2005, p. 3 (afirma o tribunal que "por um lado, está definido o critério de determinação da prestação do devedor e, por outro, não se compreenderia que fosse válida a obrigação principal e não fosse a obrigação acessória), o Ac. Rel. Porto, de 16.9.1999 (sumário) – observa-se neste que a convenção deve ser "autónoma, ou seja, específica da obrigação que se pretende assegurar" (estes dois últimos em www.dgsi.pt).

497 Ob. cit., p. 319.

498 Ac. Rel. Lisboa, de 18.5.1995, p. 111, www.dgsi.pt.

o afastamento da "necessidade de recurso a nova e futura convenção". Doutra sorte, o fiador ficaria "indefinidamente amarrado a obrigações porventura pesadas, permitindo ao credor-locador desinteressar-se da sorte do arrendamento, pois sempre teria ao seu dispor o património do fiador"[499].

Outros aduziam que a nova (porque posterior) estipulação só se mostrava necessária quando convencionada a responsabilidade do fiador pelos períodos de renovação sem se limitar o seu número. Caso estivesse desde logo prevista a sua responsabilidade, por exemplo, para além dos cinco anos, poderia daquela prescindir-se[500].

3.2.2.2. Posição tomada

Enunciemos, desde já, as três conclusões a que chegamos: o art. 655º, nº 2 CC tem carácter supletivo; a fiança, apesar de faltar a fixação de um termo, é determinável; a convenção pode ser aposta *ab initio* no contrato.

Analisemos os argumentos que permitem extrair as conclusões enunciadas.

A expressão "na falta de nova convenção" sugere, desde logo, que a norma pode ser derrogada mediante vontade das partes em sentido contrário (sublinhado nosso).

Acresce que a obrigação do garante, apesar da inexistência de limitação temporal à sua vinculação, permanece ainda assim determinável.

Por outro lado, não se vislumbra na letra da lei, nem no seu espírito, qualquer impedimento à fiança de extensão máxima. A não limitação dos períodos de prorrogação só extingue a garantia se não existir uma convenção em sentido diverso. Estando clara e explicitamente regulada tal via no clausulado, então não há razões para não a considerar válida. O normativo apenas tutelava o fiador no silêncio do contrato e não também no caso inverso.

Consideremos agora a convenção inicial de fiança. Do vocábulo "nova" decorre literalmente que se trata de algo que "surgiu mais tarde" ou "que se acrescenta ao que já existe"[501].

Apesar do argumento de texto cremos não ser essa a posição mais consentânea com o espírito da lei. Justifiquemos.

Atentemos no arrendamento vinculístico. Aqui o senhorio não podia denunciar o contrato para o fim do prazo (art. 68º, nº 2 RAU). Extinguindo-se a fiança

[499] Ac. Rel. Porto, de 19.2.2002, p. 8 e 10, www.dgsi.pt (o tribunal não considera que a disposição tem carácter supletivo, pois tal implicaria a possibilidade de, por ocasião da estipulação inicial da fiança, se convencionar logo que esta vigoraria para além daquele limite de 5 anos, mesmo sem se limitar o número de renovações (p. 8)).

[500] Ac. Rel. Lisboa, de 25.11.86, CJ, 1986, V, p. 127.

[501] Dicionário da Língua Portuguesa Contemporânea, Vol. II, Lisboa, 2001,pp. 2620 e 2621.

(ou perspectivando-se a sua cessação) por uma das duas causas legais previstas e solicitando o senhorio (posteriormente à data da conclusão do contrato) uma "nova garantia", a sua actuação estaria votada ao fracasso em razão de o fiador, em regra, não estar disposto a prestá-la. A posição do locador tornar-se-ia extremamente débil.

Acresce que, apesar de se permitir a extensão máxima da fiança, o garante não deixa de se encontrar efectivamente protegido. Com efeito, fica desde o início a conhecer com precisão e com rigor o âmbito da sua vinculação, muito embora não pudesse extinguir (ao contrário do devedor principal) o contrato para o termo do prazo.

Admitimos assim a convenção inicial de fiança de extensão máxima. Deve, no entanto, tal estipulação ser concreta e específica[502].

3.2.3. Prestação de fiança com limitação dos períodos de prorrogação

O fiador pode, contudo, não se vincular por todos os períodos de prorrogação, mas limitar o seu número. Tal ideia está contida implicitamente no art. 665º, nº 2 CC, quando se utiliza a expressão "sem se limitar o número destes".

Esta é uma hipótese frequente, até porque é uma forma de evitar os perigos do nº 2 e de possíveis interpretações diversas.

Nada impede que se estabeleça um prazo específico pelo qual responda o fiador, sem considerar o número de períodos contratuais, ou que se releve até outra circunstância diversa do prazo. Assim, pode determinar-se, *v.g.*, que "o fiador se vincula pelo período inicial de duração do contrato e até ao limite de cinco prorrogações" ou que "a garantia é prestada pelo prazo de 10 anos".

Quanto às consequências da limitação da fiança, afirme-se que resulta *a contrario* do nº 2 do art. 655º CC que aquela não cessa apesar de haver alteração da renda, nem após o decurso do prazo de 5 anos sobre o início da primeira prorrogação.

Realce-se que o decurso do período convencionado importa automaticamente a extinção da garantia.

4. A revogação do art. 655º CC e as suas implicações nos contratos do passado

Como se referiu, o NRAU revogou o art. 655º CC.

De todo o modo, as relações constituídas no seu domínio mantêm-se, sem dúvida, inteiramente válidas, devendo ser discutidas à luz do citado preceito.

Podem surgir, todavia, algumas dificuldades.

[502] Discordamos da designação "autónoma" por ter significado diverso. O Ac. Rel. Lisboa, de 6.10.1994, sumário – www.dgsi.pt – por exemplo, utiliza-a.

Vejamos, em primeiro lugar, a fiança no arrendamento vinculístico e, em particular, o problema da primeira prorrogação do contrato.

Os contratos ("sem duração limitada") do pretérito, para além de estarem submetidos ao NRAU (art. 26º, nº 1, ainda aplicável *ex vi* art. 28º), regem-se agora pelas regras dos contratos de duração indeterminada, ainda que com especificidades (art. 26º, nº 4º).

Figuremos uma situação específica: o contrato foi celebrado em Janeiro de 2006, pelo prazo de um ano; a sua prorrogação verificar-se-ia em Janeiro de 2007. Após a entrada em vigor do NRAU (em 28 de Junho de 2006), o arrendamento "sem duração limitada" transforma-se num contrato "sem prazo". Portanto, na prestação de fiança sem limitação dos períodos de prorrogação caberia saber quando se deu a "primeira prorrogação". A resposta parece-nos, apesar da formulação legal, clara: ainda que se entenda que está aqui em causa um contrato sem prazo, deve considerar-se que Janeiro de 2007 marca o início do período de 5 anos, decorrido o qual cessa a fiança.

Outra tema controverso – com uma implicação, a nosso ver, residual – emerge da actualização extraordinária da renda prevista nos arts. 30º ss., quanto ao arrendamento habitacional, e nos arts. 51º ss., em relação ao arrendamento não habitacional. Afecta ela a fiança?

A questão suscita-se agora na prestação de fiança apenas com limitação dos períodos de prorrogação. Sem dúvida que a actualização em causa não tem um cariz regular. Com toda a probabilidade o fiador não a podia prever.

No entanto, a actualização é, em princípio, faseada pelo prazo de 5 anos (art. 38º, nº 1 e arts. 53º ss. NRAU) e ainda gradual (arts. 40º e 41º NRAU). O que pode de alguma forma atenuar o impacto do acréscimo.

Não se pode, porém, prescindir da análise da situação concreta para concluir pela sua manutenção ou pela sua extinção. Pretendemos aqui distinguir os casos em que o acréscimo é pouco significativo em relação à renda vigente, embora esta seja bem mais subida, daqueles em que o valor adicional representa materialmente um encargo bastante elevado.

5. A disciplina da fiança nos contratos celebrados após a entrada em vigor do NRAU

Inexistindo agora uma disciplina específica quanto à fiança pelas obrigações do locatário, o legislador deixou às partes a faculdade de regularem os termos da garantia.

Desta sorte, são os próprios contraentes que definem o seu âmbito e sua extensão, inexistindo daqui para a frente restrições legais (temporais ou de outra índole) que actuem apesar da estipulação.

Há, no entanto, que prever com precisão, na convenção de fiança, qual o alcance da mesma. O seu carácter vago pode gerar dificuldades interpretativas.

Título IV
O novo regime arrendatício e os contratos de trespasse e de locação de estabelecimento comercial

§ 1. Sequência. § 2. Trespasse de estabelecimento comercial instalado em imóvel arrendado. 1. Direito de preferência do senhorio. 1.1. Considerações gerais. 1.2. Âmbito do direito de preferência: o trespasse por venda ou dação em cumprimento do estabelecimento comercial. 1.3. Problemas de regime. 1.4. Natureza supletiva do preceito: seu significado. 1.5. Notas finais. 2. Forma. 3. Desnecessidade de consentimento do senhorio. 4. Determinação da existência de trespasse. 5. Comunicação do *trespasse*. 5.1. Finalidade. 5.2. Forma. 5.3. Legitimidade para efectuar a comunicação. 5.4. Conteúdo. 5.5. Prazo. 5.6. Efeito da comunicação regular do *trespasse*. 5.7. Extemporaneidade ou inexistência da comunicação. § 3. Locação de estabelecimento comercial instalado em imóvel arrendado. 1. Forma. 2. Desnecessidade de aquiescência do senhorio. 3. Determinação da existência de locação de estabelecimento. 4. Comunicação da cessão do gozo do imóvel.

§ 1. Sequência

Importa seguidamente saber em que medida o actual regime arrendatício interfere com as regras aplicáveis aos negócios sobre o estabelecimento comercial, em particular no que respeita ao trespasse e à locação (ou, como também se designa, cessão de exploração).

Apenas tratamos aqui da matéria que directamente contende com a nova disciplina locatícia.

A ordem que seguimos é cronológica, por referência aos distintos momentos que envolve cada um dos actos. Curamos assim dos problemas que se suscitam antes da sua realização, ao tempo da sua celebração e no período imediatamente posterior à sua conclusão.

Refira-se ainda que os arts. 1108º ss. NRAU trazem alterações a vários níveis: de sistematização, de reorganização da matéria, de redacção das próprias normas e até de modificação do conteúdo, embora aqui com menos impacto. Perante tal situação, impõe-se, em qualquer caso, um breve cotejo com o revogado RAU.

§ 2. Trespasse de estabelecimento comercial instalado em imóvel arrendado

Como afirmámos, o trespasse é um negócio que envolve a transmissão da propriedade de um estabelecimento comercial, de forma onerosa ou gratuita, por acto entre vivos[503].

De resto, é essa a noção subjacente à larga maioria das normas existente no NRAU.

1. Direito de preferência do senhorio

1.1. Considerações gerais

A primeira nota a reter do NRAU, quanto ao direito de preferência do senhorio, é a da perda da autonomia normativa.

O art. 116º RAU, que continha com os três números, deu lugar ao art. 1112º, nº 4 CC, NRAU. A actual disposição é muito sucinta e genérica, talvez até demasiadamente breve.

Cumpre ainda salientar que algumas das suas matérias perderam, pelo menos formalmente, significado. Estamos a referir-nos à remissão para algumas das regras gerais do pacto de preferência, que o nº 2 do art. 116º RAU continha, e às temáticas da contitularidade da posição do senhorio e da existência de mais do que um arrendamento com dois ou mais preferentes.

1.2. Âmbito do direito de preferência: o trespasse por venda ou dação em cumprimento do estabelecimento comercial

No período que precede o projectado trespasse de estabelecimento instalado em imóvel arrendado para fins comerciais, o inquilino deve notificar o senhorio para que este, querendo, exerça o direito de preferência que a lei lhe atribui (art. 1112º, nº 4, 1ª parte CC, NRAU, na esteira do revogado art. 116º, nº 1 RAU).

[503] Cfr. *supra* TIT. II CAP. II, SEC. II, § 1, 2.1..

Todavia, tal direito – como no passado – só se verifica no trespasse por venda ou por dação em cumprimento da organização mercantil.

1.3. Problemas de regime

Ao contrário do diploma anterior, que remetia expressamente para "os art. 416º a 418º e 1410º do Código Civil", da actual redacção não há agora referência a essas disposições. Aqueles tratam dos requisitos formais e substanciais. Este alude à acção de preferência.

Ao invés, em todos os outros casos em que se alude a um direito de preferência, tais regras constam expressamente de um número autónomo do respectivo preceito. Veja-se o art. 1091º, nº 4 CC, NRAU e o art. 46º, nº 3 DL 157/2006. Tratou-se, a nosso ver, de um mero esquecimento, sem que daí se possa concluir pela não aplicabilidade das correspondentes normas. Todavia, seria importante tê-lo explicitado.

Do confronto do art. 1112º, nº 4 CC, NRAU com o revogado 116º, nº 3 RAU há igualmente uma diferença significativa: os problemas da contitularidade da posição do senhorio (*v.g.*, porque o imóvel é detido em regime de compropriedade) e da existência, no estabelecimento trespassado, de mais de um arrendamento (*v.g.*, porque o estabelecimento ocupa vários imóveis), deixaram de ter expressamente uma solução específica. Recorde-se que da antiga disposição resultava o seguinte quadro: se duas ou mais pessoas fossem titulares do direito de preferência seria efectuada uma licitação entre elas tendo em vista a aquisição do estabelecimento, revertendo o excesso para o trespassante. A questão pode passar agora pela aplicabilidade do art. 419º CC.

1.4. Natureza supletiva do preceito: seu significado

O preceito, diversamente do anterior, tem natureza supletiva. As partes podem, assim, convencionar no contrato de arrendamento comercial que ao locador não assiste qualquer direito de preferência nos casos de trespasse por venda ou dação em cumprimento. Desta sorte, o direito de preferência atribuído *ex lege* ao senhorio pode ser afastado por estipulação em sentido contrário.

1.5. Notas finais

Impõem-se duas notas finais quanto ao art. 1112º, nº 4 CC, NRAU.

Por um lado, a modificação operada (a da atribuição de um carácter supletivo ao direito de preferência) é pouco relevante em termos materiais.

Por outro lado, também parece ser de pouco interesse e assumir carácter meramente formal, à luz da filosofia da lei actual, a atribuição do direito em causa ao locador. Na verdade, o senhorio não terá na larga maioria dos casos, à luz do regime vigente, interesse em exercer o direito de preferência. Tal direito tinha razão de ser no quadro vinculista anterior, pois permitia a "retoma da propriedade não onerada do imóvel", sendo praticamente o único meio eficaz ao seu alcance para o conseguir. Embora o locador (que não é, na maior parte dos casos, um comerciante) tivesse que despender uma quantia, as mais das vezes avultada, para adquirir o estabelecimento (e com isso a disponibilidade do imóvel), também não é menos verdade que, posteriormente, podia recuperar esse valor caso alienasse o estabelecimento agora seu. A disciplina liberal do NRAU não parece muito adequada ao exercício de tal direito pelo senhorio.

Não se descure, no entanto, que o locador possa estar interessado na aquisição do estabelecimento, seja porque pretende exercer ele próprio a actividade levada a cabo pelo arrendatário, seja porque projecta alienar posteriormente o estabelecimento, tratando-se, na sua perspectiva, de um bom investimento.

2. Forma

O trespasse, tal como no passado recente – desde o DL 64-A/2000, de 22 de Abril –, está sujeito a escrito particular (art. 1112º, nº 3, 1ª parte CC, NRAU).

Em face da recente alteração do Código das Sociedades Comerciais, também a entrada com um estabelecimento (um bem móvel *sui generis*) para uma sociedade – que configura um trespasse – não impõe, em princípio, a outorga da escritura pública (art. 7º, 1ª parte CSC[504]).

No entanto, há desvios a esta regra geral. Por exemplo, quando o prédio seja parte integrante de um estabelecimento, a transferência definitiva deste exige a realização do competente acto público[505]. O mesmo se expresse quando se trata da entrada em espécie para uma sociedade (e o imóvel faça parte do estabelecimento) – art. 7º, nº 1, 2ª parte CSC[506].

A inobservância da forma legalmente prescrita acarreta a nulidade do contrato (art. 220º CC), da qual decorre a restituição de eventuais prestações de facto.

[504] Dispõe actualmente a referida parte inicial do preceito que "o contrato de sociedade deve ser reduzido a escrito e as assinaturas dos subscritores devem ser reconhecidas presencialmente".
Actualmente, e "sem prejuízo da competência atribuída a outras entidades, às câmaras de comércio e indústria, nos termos do Decreto-Lei nº 244/92, de 29 de Outubro, os conservadores, os oficiais de registo, os advogados e os solicitadores podem fazer reconhecimentos simples e com menções essenciais, presenciais e por semelhança..." (art. 38º, nº 1 DL 76-A/2006). Tais reconhecimentos "conferem ao documento a mesma força probatória que teria se tais actos tivessem sido realizados com intervenção notarial" (art. 38º, nº 2 DL 76-A/2006).

[505] Em sentido contrário, cfr. CAROLINA CUNHA e RICARDO COSTA, A simplificação formal do trespasse de estabelecimento comercial e o novo regime do arrendamento urbano, Coimbra, 2006. Os autores entendem que no caso não se mostra necessária a outorga da competente escritura pública (em especial, pp. 38 ss.).

[506] Determina a disposição o seguinte: "... salvo se forma mais solene for exigida para a transmissão dos bens com que os sócios entram para a sociedade, devendo, neste caso, o contrato revestir essa forma".

3. Desnecessidade de consentimento do senhorio

Não há, pelo menos do ponto de vista formal, mudança de disciplina no que toca ao problema da aquiescência do locador quando ocorre a cessão da posição contratual de arrendatário na sequência do trespasse.

Mantém-se, nos exactos termos, o revogado art. 115º, nº 1 RAU.

A norma actual – o art. 1112º, nº 1, al. a) CC, NRAU –, também de cariz imperativo[507], prescinde do consentimento do senhorio no caso de trespasse de estabelecimento comercial instalado em local arrendado.

No entanto, se formalmente, como se observou, a regra se mantém imutável, já o mesmo não se pode afirmar em termos práticos.

Com efeito, a quebra do vinculismo afecta em larga medida os interesses do arrendatário mercantil e do novo locatário (adquirente do estabelecimento), dada a possibilidade que o senhorio tem de denunciar o contrato de arrendamento de duração indeterminada *ad nutum* e a todo o tempo, embora com um certo período de antecedência.

No que toca aos contratos com prazo certo – tal como sucedia com os anteriores contratos de duração limitada, embora aqui em menor escala (atento o prazo inicial mínimo de duração imposto) –, o interesse do novo arrendatário pode ser igualmente afectado, apesar do regime "protector" resultante do art. 1112º, nº 1, al. a) CC, NRAU.

4. Determinação da existência de trespasse

O art. 1112º, nº 2 CC, NRAU substituiu o art. 115º, nº 2 RAU. A alínea a) mantém exactamente a mesma redacção. A alínea b) é parcialmente alterada. No entanto, o regime é materialmente idêntico, apesar de as consequências daí resultantes – em razão da cessação do vinculismo – serem substancialmente diversas.

Traçando um breve panorâmica sobre a disciplina revogada, sustentávamos, a par de outros autores e de alguma jurisprudência, que o art. 115º, nº 2 RAU continha sinais ou sintomas que permitiam saber se tinha sido transmitido o estabelecimento e com ele o gozo do imóvel (prescindindo-se aqui da aquiescência do senhorio) ou apenas este (mas aqui sem a necessária autorização do senhorio). Visava-se, portanto, a prevenção e a detecção de acordos simulatórios, cabendo ao locador do prédio demonstrar que o estabelecimento não tinha sido objecto de trespasse[508].

[507] Não pode, pois, ser afastada por vontade das partes em sentido contrário, sob pena de nulidade, nos termos do art. 294º CC.

[508] Neste sentido, ver COUTINHO DE ABREU, Curso de Direito Comercial, cit., pp. 302 e 303, ORLANDO DE CARVALHO, "Anotação ao Acórdão de 24 de Junho de 1975", RLJ, Ano 110º, nº 3592, pp. 112 ss. Na juris-

O actual art. 1112º, nº 2 CC, NRAU tem exactamente a mesma finalidade. Pode assim transpor-se o mesmo raciocínio.

O primeiro índice permite detectar, mas só em face do caso concreto, a transferência do número mínimo de elementos do específico estabelecimento que configura a existência de um verdadeiro trespasse.

O segundo sinal – agora melhorado do ponto de vista da redacção do normativo – incide sob o aspecto da alteração de destino do imóvel, no sentido de se apreciar se as partes visaram, com o específico acto em causa, o exercício, no prédio, de outro ramo de comércio ou a afectação a um outro fim.

Em qualquer das hipóteses, se as circunstâncias assim o permitirem deduzir, é legítima a conclusão de que não há trespasse da unidade jurídica. Este é, portanto, o negócio simulado, logo nulo nos termos do art. 240º CC. O que as partes pretenderam foi tão só a transmissão da posição de arrendatário, sendo que para tal, dada a inexistência de trespasse, se mostrava necessária a aquiescência do senhorio. A sublocação do imóvel (não autorizada) é, pois, o negócio dissimulado, o que faculta ao locador a resolução do contrato, ao abrigo do art. 1083º, nº 2, al. e) CC, NRAU[509].

Em jeito de conclusão, pode dizer-se que a manutenção do mesmo regime não se reflecte na sua correspondente aplicação. Com efeito, no quadro actual, há muito menos motivos para que as partes se socorram de acordos simulatórios. A existência de um regime vinculista suscitava uma "negociação" daquele tipo. O carácter liberal dos novos arrendamentos previne, de *per si*, tais casos.

prudência, cfr., entre outros, o Ac. Rel. Coimbra, de 16.4.1991, CJ, 1991, II, p. 87 e o Ac. Rel. Lisboa, 20.12.1990, CJ, 1990, V, p. 149.

Outros juristas afirmavam que tais índices configuram tecnicamente presunções *juris tantum* da inexistência de trespasse, podendo o arrendatário – querendo ilidir tais presunções – demonstrar que houve, de facto, trespasse. Esta é a posição de PEREIRA COELHO, Arrendamento, cit., p. 215, e de JANUÁRIO GOMES, Arrendamentos Comerciais, cit., p. 171. Por sua vez, FERRER CORREIA refere-se "à presunção de que as partes não quiseram realmente negociar sobre o estabelecimento" ("Sobre a projectada reforma da legislação comercial portuguesa", ROA, 1984, p. 39). Também o Ac. Rel. Coimbra, de 4.3.1997, CJ, 1997, II, p. 15 alude a "presunções de inexistência de trespasse". A nosso ver, o legislador não consagrou (nem sequer implicitamente) nenhuma presunção deste tipo, pelo que não se acolhe esta orientação.

Contrariando a ideia de presunção ilidível e rejeitando ainda a noção de facto indiciário, PINTO FURTADO sustenta uma delimitação negativa da noção legal de trespasse (Manual do Arrendamento Urbano, cit., pp. 574 ss.).

[509] Note-se que o art. 1112º, nº 5 CC, NRAU sanciona outro tipo de conduta. Houve trespasse, mas ulteriormente foi dado outro destino ao prédio. Trata-se de uma situação de incumprimento do contrato de arrendamento pelo novo arrendatário (e trespassário do estabelecimento mercantil), pelo que o senhorio tem direito à sua resolução.

A hipótese estava já prevista no art. 1083º, nº 2, al. c) CC, NRAU, mas o legislador quis agora esclarecer e confrontar tal situação com a referida no art. 1112º, nº 2, al. b) CC, NRAU.

5. Comunicação do trespasse

Vejamos agora o período de tempo imediatamente posterior à transmissão definitiva do estabelecimento mercantil

Em relação à comunicação do "trespasse" – já que é disso que se trata, como veremos –, após a celebração do mesmo, o art. 1112º, nº 3, parte final CC, NRAU prevê expressamente tal obrigação[510], embora não regule os seus termos.

5.1. Finalidade

Não se altera, em face da lei anterior, a razão de ser do dever de comunicação.

Ele impõe-se, essencialmente, por duas razões:

- a necessidade do senhorio em fiscalizar o negócio de trespasse ocorrido;
- e para que o locador fique a conhecer o novo arrendatário, para quem se transmite a posição contratual do anterior inquilino.

Em relação aos arrendamentos (de tipo vinculista) anteriores à entrada em vigor do DL 257/95, a comunicação do trespasse reveste ainda outras funções:

- a de o senhorio tomar conhecimento da possibilidade de denunciar imotivadamente o contrato de arrendamento por força da aplicabilidade do art. 1101º, al. c) CC, NRAU (art. 26º, nº 4, al. c) NRAU);
- e a de permitir ao senhorio tomar conhecimento da possibilidade de actualização imediata da renda, ao abrigo do art. 56º, al. b) NRAU.

5.2. Forma

O normativo em apreço não se refere expressamente ao formalismo que deve revestir a comunicação do "trespasse".

Na lei anterior, vigorava o princípio da liberdade de forma, mas – por uma questão de prova ulterior – mostrava-se prudente o envio de uma carta registada com aviso de recepção.

Note-se, contudo, que o mesmo art. 1112º, nº 3 CC, NRAU – que regula singelamente a comunicação – impõe para a transmissão do estabelecimento a redução a escrito. Daí que seja pensável que a notificação do negócio ao senhorio deva revestir, pelo menos, a mesma solenidade. Aliás, seguindo o princípio expresso no art. 9º, nº 1 NRAU, que entendemos ser aplicável às comunicações legalmente exigíveis entre as partes, relativas à cessação – ou como entendemos à continuidade do contrato de arrendamento – se deverão "realizar mediante escrito assinado pelo declarante e remetido por carta registada com aviso de

[510] Aliás, é isso justamente que a disposição refere. Vejamos: "a transmissão [definitiva do estabelecimento mercantil] deve ser ... comunicada ao senhorio".

recepção" (art. 9º, nº 1 NRAU) ou por "escrito assinado pelo declarante... entregue em mão, devendo o destinatário (o senhorio) apor em cópia a sua assinatura, com nota de recepção" (art. 9º, nº 6 NRAU). Note-se que se utiliza até, no art. 1112º, nº 3 CC, NRAU, o mesmo termo ("comunicada").

5.3. Legitimidade para efectuar a comunicação

Também aqui não se modifica o entendimento do pretérito. O inquilino, atenta a sua qualidade, está adstrito à comunicação ao senhorio. Mas o trespassário do estabelecimento, para quem se transmite *ex silentio* a posição contratual de locatário, tem também a faculdade de a realizar (art. 1049º, parte final CC).

Aliás, ambas as partes no negócio de trespasse têm nisso interesse. Aquele, porque só assim se exonera das suas obrigações perante o senhorio. Este, pois apenas deste modo torna efectiva em relação a si a transferência da situação de arrendatário.

5.4. Conteúdo

Como já sustentávamos perante a lei antiga, também aqui consideramos que se mostra necessária a remessa ao senhorio da cópia ou de um exemplar do contrato de trespasse[511].

Com efeito, ao tempo em que se exigia a outorga da escritura pública de trespasse, entendia-se, pacificamente, que bastava a comunicação da data e do local da realização do acto em causa, assim como a identificação do novo arrendatário.

A partir do momento em que se reduziu o formalismo exigido – com o DL 64-A/2000 –, não parece razoável efectuar uma comunicação em moldes semelhantes. Com efeito, na sequência da diminuição da exigência, se tal ocorresse, o senhorio não tinha a possibilidade de se dirigir ao cartório notarial para requerer a correspondente fotocópia do acto em causa. Agora, só o envio do contrato ao senhorio possibilita tal conhecimento nos mesmos e exactos termos. É isso que se impõe utilizando um argumento de igualdade de razão.

Ressalvem-se, porém, os casos em que há lugar a escritura pública de trespasse, seja por força da lei, seja por que as partes assim o pretenderam.

5.5. Prazo

Em face da lei antiga, o entendimento generalizado era o de que o "trespasse" devia ser comunicado ao senhorio no prazo (de urgência) de 15 dias após a sua realização[512]. No entanto, tal solução não resultava expressamente das regras

[511] GRAVATO MORAIS, Alienação e oneração de estabelecimento comercial, cit., pp. 99 e 100.

[512] É essa a data relevante para efeito da contagem do prazo e já não o momento da entrega do estabelecimento.

arrendatícias de cariz mercantil resultantes dos art. 110º a 120º RAU, mas do art. 1038º, als. f) e g) CC.

Actualmente, o art. 1112º CC, NRAU alude, entre outras situações, ao trespasse de estabelecimento instalado em local arrendado. Mas a parte final do nº 3 do preceito em análise apenas determina que "a transmissão (do estabelecimento) deve ser ... comunicada ao senhorio". Nada se refere, contudo, quanto ao prazo da notificação.

Podíamos ser levados a pensar que se manteria o regime anterior e, portanto, o prazo quinzenal mencionado. Com efeito, pode argumentar-se que, como o NRAU não regula esta matéria, se emprega o mesmo preceito civilista. Esta posição é de resto sustentada por Maria Olinda Garcia. Alude a autora que, pelo facto de o art. 1112º, nº 3 CC, NRAU não estabelecer um "prazo específico", ao contrário do que sucede no art. 1109º, nº 2 CC, NRAU, "terá de ser observado ... o prazo de 15 dias previsto na alínea g) do art. 1038ºº do CC"[513].

Não sustentamos tal tese. Cabe, a nosso ver, observar o prazo de um mês previsto no art. 1109º CC, NRAU. Justifiquemos.

O espírito e a lógica da subsecção VIII importam a aplicação, com as necessárias adaptações, à locação de estabelecimento instalado em prédio arrendado das regras do trespasse, ocorrido nas mesmas circunstâncias (art. 1109º, nº 1, *in fine* CC, NRAU). Daí que também se possa afirmar que, se o mesmo motivo o justificar, o raciocínio deve ser igualmente usado em sentido inverso.

Aduza-se uma razão de coerência da disciplina da transmissão (seja ela definitiva ou seja ela temporária) da organização mercantil. Não faz sentido aplicar o prazo de 15 dias à comunicação do trespasse e o prazo de um mês à notificação da "cessão de exploração". Do ponto de vista material, ambos os deveres têm funções similares, como decorria já do passado. Aliás, o prazo sempre foi idêntico.

Acresce que se assim não se concluísse obteríamos estaríamos perante uma discrepância de regimes jurídicos dificilmente sustentável: quando, na sequência do trespasse do estabelecimento, ocorre a transmissão da posição de arrendatário – ou seja, o mais – o prazo para a comunicação seria de 15 dias; quando, por efeito da locação do estabelecimento, ocorre a transmissão (apenas) do gozo do imóvel – ou seja, o menos – o prazo para a comunicação seria de um mês.

Para além disso, o "esquecimento" do legislador – quanto ao prazo – resulta de uma sistematização pouco adequada seguida nesta subsecção. Esta, de resto, não é a única deficiência ou incompletude dos arts. 1109º ss. CC, NRAU. Figuremos um exemplo: exige-se a redução a escrito do contrato de trespasse de esta-

[513] Arrendamentos para comércio e fins equiparados, Coimbra, 2006, pp. 108 e 109.

belecimento (instalado em imóvel arrendado); mas se a organização mercantil se encontra em imóvel próprio a situação parece já não estar prevista; uma tal conclusão não se pode aceitar.

Dito isto, entendemos assim que o art. 1109º, nº 1 CC, NRAU consagra um afloramento de um princípio geral aplicável a qualquer transmissão (definitiva ou temporária) de estabelecimento mercantil instalado em prédio arrendado. Daí que se imponha a notificação do "trespasse" ao senhorio igualmente no prazo de um mês.

5.6. Efeito da comunicação regular do trespasse

Importa, pois, saber que efeito produz a regular comunicação do *trespasse*, pois é justamente isso que se leva ao conhecimento do senhorio.

De acordo com o art. 224º, nº 1 CC, é a chegada ao poder da declaração (*v.g.*, o depósito da carta na caixa do correio) – ou o seu conhecimento – que faz operar a alteração da posição jurídica de arrendatário[514].

Só nesse momento se torna eficaz perante o senhorio a transferência de tal situação, a qual tem na sua base o específico negócio de trespasse realizado. Doutra sorte, a modificação contratual subjectiva operada sempre estaria dependente do consentimento do locador, ao abrigo do art. 424º CC *ex vi* art. 1059º, nº 2 CC.

5.7. Extemporaneidade ou inexistência da comunicação

Em face do RAU e mesmo da versão anterior do CC, entendia generalizadamente a doutrina e a jurisprudência que a sanção para a extemporaneidade (ou para a inexistência) da comunicação era a resolução do contrato de arrendamento, conquanto a larga maioria dos autores considerasse tal remédio excessivo, dada a sua extrema severidade. Tal disciplina resultava da conjugação do disposto no art. 1038º, als. f) e g) CC com o art. 64º, nº 1, al. f) RAU[515].

A formulação do art. 1083º, nº 2 CC, NRAU, proémio – embora exista uma alínea similar no normativo que cura da mesma temática (cfr. art. 1083º, nº 2, al. e) CC, NRAU e art. 64º, nº 1, al. f) RAU) – permite, todavia, suscitar a questão de saber se o mecanismo resolutivo pode actuar logo de imediato, após o decurso do prazo em causa, ou se deve ser outro o entendimento.

Em face do NRAU, alguma doutrina já se pronunciou sobre o assunto. Assim, Maria Olinda Garcia considera que "a demonstração objectiva do incumprimento daquele dever no prazo de 15 dias não é, por si só, fundamento decisivo

[514] Cfr. ainda o art. 10º, nº 1 NRAU.

[515] Ver, quanto às referências bibliográficas, GRAVATO MORAIS, Alienação e oneração de estabelecimento comercial, cit., p. 100.

para efeitos da resolução do contrato. Deverá demonstrar-se também o requisito geral previsto no nº 2 do art. 1083º. Assim aquele incumprimento terá de ser de tal modo grave ou as suas consequências terão de ser de tal modo significativas que torne inexigível ao senhorio a manutenção da relação de arrendamento"[516].

Deve começar por afirmar-se que o prazo de um mês é razoável e adequado à comunicação e aos seus termos.

Cabe referir ainda que é a recepção da comunicação pelo senhorio que torna eficaz perante ele a transmissão da posição de arrendatário.

Portanto, a inobservância do prazo (ou a inexistência de notificação) parece-nos susceptível de gerar, em princípio, a resolução do contrato pelo senhorio. É até legítimo concluir-se que está aqui em causa uma *presunção ilidível de inexigibilidade*.

De todo o modo, não se exclua que, em determinadas hipóteses e em face do específico circunstancialismo, possa ser exigível ao senhorio a manutenção do arrendamento.

Uma última nota para referir que não se deve excluir, porém, que o reconhecimento pelo senhorio do novo inquilino – como se determina no art. 1049º CC – afasta o direito de resolução, mesmo que não tenha ocorrida a notificação do trespasse nos precisos termos descritos.

§ 3. Locação de estabelecimento comercial instalado em imóvel arrendado

Em relação à lei antiga, o NRAU, altera o *nomen juris* deste contrato. Tal como já sucede noutros textos (por exemplo, o art. 1682º-A, nº 1, al. b) CC), adopta-se agora, com mais rigor, a designação "locação de estabelecimento comercial" em vez da anterior expressão "cessão de exploração".

O conceito, porém, não se modifica. Trata-se pois de um negócio de cariz temporário e oneroso, que tem por objecto um estabelecimento mercantil.

1. Forma

O art. 1109º CC, NRAU determina que a locação de estabelecimento se rege "pelas regras da presente subsecção, com as necessárias adaptações". Ora, a subsecção em análise dispõe, no essencial, sobre a matéria do arrendamento comercial (mas também, *v.g.*, do arrendamento para o exercício de profissão liberal), sem descurar o regime aplicável quando ocorre a "cessão de exploração" de estabelecimento mercantil.

[516] Arrendamentos para comércio e fins equiparados, Coimbra, 2006, p. 109.

Nada refere, porém, a disposição em causa quanto à forma da locação de estabelecimento. No entanto, o art. 1112º, nº 3, 1ª parte CC, NRAU considera que "a transmissão deve ser celebrada por escrito".

Tal preceito deve ser aqui empregue, quer por efeito da remissão implícita que dele resulta, quer ainda por força do art. 1112º, nº 3, 1ª parte CC, NRAU ser redigido em termos muito amplos – alude-se genericamente a "transmissão" –, cabendo portanto aí qualquer transferência (definitiva ou temporária) da organização mercantil.

Assim, nada se altera em relação ao revogado art. 111º, nº 3 RAU (introduzido pelo DL 64-A/2000, de 22 de Abril), que também exigia um escrito particular para a locação de estabelecimento, aí designada "cessão de exploração".

A inobservância da forma legalmente prescrita importa a nulidade do negócio sobre o estabelecimento, possibilitando ao senhorio a resolução do contrato de arrendamento, por efeito da aplicação do art. 1083º, nº 2, al. e) CC, NRAU.

2. Desnecessidade de aquiescência do senhorio

Ao contrário do anterior regime – onde inexistia uma disposição expressa quanto ao problema de saber se era necessário o consentimento do senhorio para que ocorresse a cessão do gozo do imóvel por via da locação de estabelecimento – o NRAU pronuncia-se expressamente sobre a temática.

O art. 1109º, nº 2, 1ª parte CC, NRAU determina que "a transferência temporária e onerosa de estabelecimento comercial instalado em local arrendado não carece de autorização do senhorio..." (sublinhado nosso).

Termina assim a discussão existente há largos anos – embora a posição largamente dominante fosse no exacto sentido da orientação adoptada pelo legislador actual[517] – sobre este assunto.

[517] Ver, em face da lei antiga, ORLANDO DE CARVALHO, Critério e Estrutura do Estabelecimento Comercial. O problema da empresa como objecto de negócios, Coimbra, 1967, p. 603, PEREIRA COELHO, Arrendamento..., cit., p. 232, RUI DE ALARCÃO, ob. cit., p. 27, nota 12, de JANUÁRIO GOMES, Arrendamentos Comerciais, cit., p. 77, PAULO DE TARSO DOMINGUES, "A locação de empresa", RDE, 1990/1993, pp. 559 ss., GRAVATO MORAIS, "Comunicação da cedência do gozo do imóvel ao senhorio no caso de locação de estabelecimento", Anotação ao Ac. do TRE de 17.6.2004, Cadernos de Direito Privado, 2004, nº 10, pp. 60 ss., ALEXANDRE DIAS PEREIRA, "Da resolução de arrendamento comercial", CJ (STJ), 1998, II, p. 15, SANTOS JÚNIOR, "Sobre o trespasse e a cessão de exploração do estabelecimento comercial", As operações comerciais, Coimbra, 1988, p. 426, FERNANDO CARDOSO, Reflexões sobre o estabelecimento comercial ou industrial e respectivo contrato de aluguer, Lisboa, 1991, p. 197 (refere-se a uma solução de coerência do ordenamento jurídico), de COUTINHO DE ABREU, Curso de Direito Comercial, cit., p. 315, PINTO FURTADO, Manual do Arrendamento Urbano, cit., p. 611, PUPO CORREIA, Direito Comercial., cit., p. 328 (entende que se trata de uma norma de direito especial, pelo que existindo, como sustenta, uma lacuna aplica o

Podem, pois, aproveitar-se as considerações efectuadas nessa altura quando se busca a razão de ser da lei. Os interesses do arrendatário do imóvel e transmissário do estabelecimento sobrepõem-se assim aos do senhorio, podendo justificar-se a orientação legal do seguinte modo: por um lado, privilegia-se o aspecto da negociabilidade temporária do estabelecimento; por outro lado, se, no caso de trespasse, se permite a mudança da posição de arrendatário sem necessidade de consentimento do senhorio, quando inexiste sequer tal alteração na situação jurídica de arrendatário, como sucede na locação de estabelecimento, não deve haver lugar à aquiescência daquele.

3. Determinação da existência de locação de estabelecimento

Na sequência da remissão efectuada pelo art. 1109º CC, NRAU para as regras da presente subsecção, o art. 1112º, nº 2 CC, NRAU é inteiramente aplicável, com as necessárias adaptações. Era, de resto, o que se passava já em face da remissão expressa realizada pelo revogado art. 111º, nº 2 RAU para o art. 115º (também o nº 2) RAU. Valem, *mutatis mutandis*, as considerações efectuadas a este propósito sobre o trespasse.

4. Comunicação da cessão do gozo do imóvel

Outra questão assaz discutida no passado consistia em saber se, após a celebração do contrato de locação (ou de "cessão de exploração") do estabelecimento comercial, se impunha a comunicação da transmissão do gozo do imóvel ao senhorio[518].

Deve assinalar-se que, se num primeiro momento, a doutrina e a jurisprudência quase coincidiam a uma só voz – obrigando à comunicação da cessão do gozo do imóvel ao senhorio –[519], ao longo dos últimos anos a tendência nos nos-

art. 115º, nº 1 RAU analogicamente), ARAGÃO SEIA, ob. cit., pp. 620 e 621 e CARVALHO MARTINS, Sobre a locação de estabelecimento ou cessão de exploração, Coimbra, 1989, pp. 19 e 20.
A jurisprudência defendia generalizadamente semelhante orientação. Ver, entre outros, os Ac. Rel. Évora, de 2.9.1998 (BMJ, nº 473, 1998, p. 583) e de 13.10.1998 (BMJ, nº 480, 1998, p. 560), o Ac. Rel. Lisboa, 9.7.1998 (BMJ, nº 479, 1998, p. 702), o Ac. Rel. Porto, de 18.1.1994 (BMJ, nº 433º, 1994, p. 615) e o Ac. Rel. Coimbra, de 4.11.1998, (BMJ, nº 481, 1998, p. 549).

[518] Note-se que do que se trata é de efectivamente comunicar ao senhorio a *cessão de exploração*. É justamente esse o negócio que o senhorio pode fiscalizar e que permite ao exercente dispor do gozo do estabelecimento e, consequentemente, também do gozo do prédio.

[519] Cfr., na doutrina, COUTINHO DE ABREU, Curso de Direito Comercial, cit., pp. 315 e 316, GRAVATO MORAIS, Alienação e oneração de estabelecimento comercial, cit., p. 145, GRAVATO MORAIS, "Comunicação da cedência do gozo do imóvel ao senhorio no caso de locação de estabelecimento", Anotação ao Ac. do TRE de 17.6.2004, Cadernos de Direito Privado, 2004, nº 10, pp. 66 ss. PAIS DE SOUSA, Anotação ao regime do arrendamento urbano, cit., p. 295, e JANUÁRIO GOMES, Arrendamentos Comerciais, cit., p. 77. Na jurisprudência, ver o Ac. STJ, de 20 de Outubro de 1992, os Acs. Rel. Lisboa, de 16 de Dezembro de

sos tribunais foi-se alterando significativamente. Com efeito, algumas decisões afastavam o dever em causa, exonerando o arrendatário (e também o cessionário da exploração que se encontrava no gozo do imóvel)[520].

O prazo para realizar a comunicação é agora – expressamente – de um mês (art. 1109º, nº2, parte final CC, NRAU), ao contrário dos anteriores 15 dias – para aqueles que assim o entendiam.

Quanto às restantes questões, remetemos para o que se afirmou *supra* a propósito da notificação do trespasse, com as devidas alterações.

2003, de 6 de Dezembro de 2003 e de 2 de Julho de 1998 (CJ, 1998, III, pp. 84 ss.), os Acs. Rel. Porto, de 26 de Novembro de 2001, de 29 de Maio de 2000 (sumário) e de 27 de Janeiro de 1997 (CJ, 1997, I, pp. 214 ss.), o Ac. Rel. Coimbra, de 24 de Setembro de 2002, o Ac. Rel. Évora, de 31 de Janeiro de 1991 (CJ, 1991, I, pp. 290 ss. – os acórdãos sem referência de publicação encontram-se no site *www.dgsi.pt*.

[520] Seguindo esta linha de orientação, o Ac. STJ, de 16 de Novembro de 2004, o Ac. Rel. Évora, de 17 de Junho de 2004, os Acs. Rel. Porto, de 23 de Janeiro de 2003 (sumário), de 16 de Outubro de 2001, de 26 de Abril de 2001, de 15 de Março de 2001 e o Ac. Rel. Coimbra, de 26 de Março de 1996 (CJ, 1996, II, pp. 31 ss.) – os acórdãos referidos sem alusão à publicação encontram-se no site *www.dgsi.pt*.

BIBLIOGRAFIA

ABRANTES, José João – A Excepção de Não Cumprimento do Contrato no Direito Civil Português. Conceito e fundamento, Coimbra, 1986

AFONSO, Ana Costa – Os contratos de instalação de lojistas em centros comerciais, Porto, 2003

ALBERTO DOS REIS, José – "Jurisprudência crítica sobre processo civil – comentário ao Ac. STJ, de 6 de Junho de 1948, RLJ, Ano 81, nº 2894, pp. 330 ss.

ALMEIDA COSTA, Mário Júlio – Direito das Obrigações, 10ª Ed., Reelaborada, Coimbra, 2006

ANDRADE, Manuel – Teoria Geral da Relação Jurídica, Vol. I (reimp. 1992), Coimbra, 1960

ARAGÃO SEIA, Jorge – Arrendamento Urbano, 7ª Ed., Rev. e Act., Coimbra, 2003

BALDI, Roberto – Il contratto di agenzia, 5ª Ed., Milano, 1992

BAPTISTA MACHADO, João – "Resolução do contrato de arrendamento comercial. Uso do prédio para ramo de negócio diferente", CJ, 1984, pp. 15 ss.

BRITO, Maria Helena – Contrato de concessão comercial, Coimbra, 1990

CALVÃO DA SILVA, João – Cumprimento e Sanção pecuniária Compulsória, 4ª Ed., Coimbra, 2007

– Sinal e contrato-promessa, 12ª Ed., Rev. e Aum., Coimbra, 2007

CAPELO DE SOUSA, Rabindranath – "Acção de despejo, obras não autorizadas e deteriorações consideráveis", CJ, 1987, V, pp. 17 ss.

CARDOSO, Fernando – Reflexões sobre o estabelecimento comercial ou industrial e respectivo contrato de aluguer, Lisboa, 1991

CARNEIRO DA FRADA, Manuel – "O Regime dos Novos Arrendamentos Urbanos: nótula", O Direito, 2004, II, III, pp. 255 ss.

CASTRO FRAGA, Francisco e GOUVEIA CARVALHO, Cristina – "As normas transitórias", O Direito, 2005, II, pp. 407 ss.

– "O regime transitório", O Direito, 2004, II, III, pp. 355 ss.

CARVALHO, Orlando de – "Anotação ao Ac. STJ de 24 de Junho de 1975", RLJ, Ano 110, nº 3592, pp. 102 ss.

– Critério e Estrutura do Estabelecimento Comercial. O problema da empresa como objecto de negócios, Coimbra, 1967

CARVALHO MARTINS, António – Sobre a locação de estabelecimento ou cessão de exploração (O problema da empresa como objecto de negócios), Coimbra, 1989

COLOMBO – "L'azienda e il divieto di concorrenza dell'alienante", Trattato di Diritto Commerciale e di Diritto Pubblico dell'Economia, Vol. III, Padova, 1979

COUTINHO DE ABREU, Jorge – Curso de Direito Comercial, Vol. I, Reimpressão da 7ª Edição, Coimbra, 2009
– Curso de Direito Comercial, Vol. II, 2ª Ed., Coimbra, 2007
CUNHA, Carolina e COSTA, Ricardo – A simplificação formal do trespasse de estabelecimento comercial e o novo regime do arrendamento urbano, Coimbra, 2006
DIAS PEREIRA, Alexandre – "Da resolução de arrendamento comercial", CJ (STJ), 1998, II, pp. 13 ss.
ENGRÁCIA ANTUNES – "Contratos comerciais. Noções fundamentais", Direito e Justiça, Volume Especial, 2007
ESPÍRITO SANTO, João – "Especificidades dos arrendamentos para comércio ou indústria", Estudos em Homenagem ao Prof. Doutor Inocêncio Galvão Telles, Vol. III, Coimbra, 2003, pp. 429 ss.
FERRER CORREIA, A. – "Sobre a projectada reforma da legislação comercial portuguesa", ROA, 1984, pp. 5 ss.
GARCIA, Maria Olinda – Arrendamentos para comércio e fins equiparados, Coimbra, 2006
GEMAS, Laurinda, PEDROSO, Albertina e JORGE, João Caldeira – Arrendamento Urbano, Lisboa, 2006
GLÓRIA GARCIA, Maria da – "A utilização dos edifícios habitacionais, a sua conservação e a certificação das condições mínimas de habitabilidade dos edifícios arrendados", O Direito, 2004, II, III, pp. 385 ss.
GRAVATO MORAIS, Fernando de – Falta de pagamento da renda, Coimbra, 2010
– "Arrendamento (vinculístico) para comércio e a questão da "oposição à renovação" do contrato pelo senhorio" – Anotação ao Ac. do Supremo Tribunal de Justiça, de 27 de Maio de 2010 – Cadernos de Direito Privado, nº 33, 2011, pp. 50 ss.
– Arrendamento para habitação. Regime transitório, Coimbra, 2007
– "Fiador do Locatário", Scientia Ivridica, 2007, pp. 87 ss.
– "Arrendamento para o exercício de profissão liberal", Maia Jurídica, Revista de Direito, Julho/Dezembro 2006, pp. 23 ss.
– Manual da locação financeira, Coimbra, 2006
– "Comunicação da cedência do gozo do imóvel ao senhorio no caso de locação de estabelecimento – Anotação ao Ac. do TRE de 17.6.2004", Cadernos de Direito Privado, 2005, nº 10, pp. 60 ss.
– Alienação e oneração de estabelecimento comercial, Coimbra, 2005
– "Algumas reflexões em torno da figura do trespasse parcial", SI, 1997, pp. 143 ss.
GUERRERA, Fabrizio – "Le fattispecie traslative negoziale", I Trasferimenti di Azienda, coordenado por Fabrizio Guerrera, Milano, 2000, pp. 69 ss.
HENRIQUE MESQUITA, Manuel – "Anotação ao Ac. Rel. Lisboa, de 25 de Outubro de 1994", RLJ, Ano 128, nºs 3849, pp. 382 ss., nº 3850, pp. 57 ss.
– "Anotação ao Ac. Rel. Coimbra, de 24 de Junho de 1997, RLJ, Ano 131, nº 3890, p. 152 ss.
JANUÁRIO GOMES, Manuel – Assunção fidejussória de dívida, Coimbra, 2000
– Arrendamentos comerciais, 2ª Ed. Remodelada (reimp.), Coimbra, 1993
– "Trespasse e aplicação do locado a ramo de negócio diverso ao abrigo de cláusula do contrato de arrendamento – Parecer", O Direito, 1989, pp. 661 ss.
LOBO XAVIER, Rita – "O Regime dos Novos Arrendamentos Urbanos e a perspectiva do Direito da Família", O Direito, 2004, II, III, pp. 315 ss
LOBO XAVIER, Vasco da Gama – "Anotação ao Ac. Rel. Porto, de 1 de Fevereiro de 1979", RLJ, Ano 116, nº 3709, pp. 117 ss., nº 3710, pp. 153 ss. e nº 3711, pp. 179 ss.
MATEUS, Carlos – "A actualização de rendas nos arrendamentos não habitacionais – algumas considerações", Maia Jurídica, Revista de Direito, Julho/Dezembro 2006, pp. 39 ss.

- "Nulidade do contrato de arrendamento não habitacional (o art. 7º do RAU)", SI, 2002, pp. 531 ss.

MATOS, Isidro – Arrendamento e Aluguer. Breve Comentário ao Capítulo IV do Título II do Livro II (arts. 1022º a 1120º do Código Civil), Coimbra, 1968

MATOS, João – Manual do arrendamento e do Aluguer, Porto, 1968

MENEZES CORDEIRO, A. – "O novo regime do arrendamento urbano", O Direito, 2005, II, pp. 317 ss.

- "A modernização do Direito português do arrendamento urbano", O Direito, 2004, II, III, pp. 235 ss.

MENEZES LEITÃO, Luís – Arrendamento Urbano, 3ª Ed., Coimbra, 2007

- "Primeiras observações sobre as disposições preliminares do Regime dos Novos Arrendamentos Urbanos e sobre os novos artigos 1064º", O Direito, 2004, II, III, pp. 263 ss.

MOTA PINTO, Carlos – Teoria Geral do Direito Civil, 4ª Ed. (por António Pinto Monteiro e Paulo Mota Pinto), Coimbra, 2005

NOGUEIRA SERENS – "Trespasse de estabelecimento comercial", CJ (STJ), 2001, II, pp. 5 ss.

PAIS DE SOUSA, António – Anotação ao Regime do Arrendamento Urbano, Lisboa, 1996

PAIS DE VASCONCELOS, Pedro – A participação social nas sociedades comerciais, Coimbra, 2005

- Teoria Geral do Direito Civil, 3ª Ed., Coimbra, 2005

PEREIRA COELHO, F. M. – Arrendamento. Direito substantivo e processual, Coimbra, 1988

PINTO FURTADO, Jorge – Manual do Arrendamento Urbano, Vol. I, 5ª Ed., Revista e Actualizada, Coimbra, 2009

- "Do arrendamento para comércio ou indústria no Regime dos Novos Arrendamentos Urbanos", O Direito, 2004, II, III, pp. 335 ss.

- Manual do Arrendamento Urbano, 3ª Ed., Rev. e Act., Coimbra, 2001

- Disposições gerais do Código Comercial, Coimbra, 1984

PINTO DUARTE, Rui – "O penhor de estabelecimento comercial", Comemorações dos 35 anos do Código Civil e dos 25 anos da reforma de 1977, Coimbra, 2007, pp. 63 ss.

PINTO LOUREIRO – Tratado da Locação, I, Coimbra, 1948

PINTO MONTEIRO, António – Contrato de agência. Anotação ao Decreto-Lei 178/86, 5ª Ed. Actualizada, Coimbra, 2004

- Contratos de distribuição comercial. Relatório, Coimbra, 2002

PINTO MONTEIRO, António e VIDEIRA HENRIQUES, Paulo – "A cessação do contrato no Regime dos Novos Arrendamentos Urbanos", O Direito, 2004, II, III, pp. 289 ss.

PINTO MONTEIRO, João António – "O Regime Dos Novos Arrendamentos Urbanos sob uma perspectiva de Direito comparado", O Direito, 2004, II, III, pp. 407 ss.

PIRES DE LIMA e ANTUNES VARELA – Código Civil Anotado, Vol. III, 2ª Ed., Rev. e Act. (com a colaboração de HENRIQUE MESQUITA), Coimbra, 1987

PRATA, Ana – O contrato-promessa e o seu regime civil, Coimbra, 1994 (reimp. 2006)

RODRIGUES, Manuel – A posse. Estudo de Direito Civil português, 4ª Ed., Revista, Coimbra, 1996

ROMANO MARTINEZ, Pedro – Da cessação do contrato, 2ª Ed., Coimbra, 2006

- "Celebração e execução do contrato de arrendamento segundo o Regime dos Novos Arrendamentos Urbanos", O Direito, 2004, II, III, pp. 273 ss.

- Direito das Obrigações (Parte Especial) – Contratos, 2ª Ed., Coimbra, 2007 (3ª reimpressão da edição de 2001)

- Cumprimento defeituoso. Cumprimento defeituoso em especial na compra e venda e na empreitada, Coimbra, 1994

SANTOS JÚNIOR, E. – "Sobre o trespasse e a cessão da exploração do estabelecimento comercial", As Operações Comerciais, Coimbra, 1988, pp. 397 ss.

SOARES DO NASCIMENTO, Paulo – "O incumprimento da obrigação do pagamento da renda ao abrigo do novo Regime Jurídico do Arrendamento Urbano. Resolução do contrato e acção de cumprimento", Estudos em Homenagem da Faculdade de Direito de Lisboa ao Prof. Inocêncio Galvão Telles – 90 anos, Coimbra, 2007, pp. 996 ss.

TARSO DOMINGUES, Paulo de – "A locação de empresa", RDE, 1990/1993, pp. 539 ss.

VENTURA, Raúl – Fusão, cisão, transformação de sociedades, Coimbra, 1990

ÍNDICE GERAL